U0506732

本書係山東大學基本科研業務費資助項目

山東大學文史哲研究專刊

里仁居語言蹕步集

孫劍藝 著

上海古籍出版社

圖書在版編目（CIP）數據

里仁居語言踥步集／孫劍藝著.—上海：上海古
籍出版社，2015.11
（山東大學文史哲研究專刊）
ISBN 978-7-5325-7842-9

Ⅰ.①里… Ⅱ.①孫… Ⅲ.①語言學—文集 Ⅳ.
①H0-53

中國版本圖書館 CIP 數據核字（2015）第 246815 號

山東大學文史哲研究專刊

里仁居語言踥步集

孫劍藝 著

上海世紀出版股份有限公司
上 海 古 籍 出 版 社 出版
（上海瑞金二路 272 號 郵政編碼 200020）

（1）網址：www.guji.com.cn
（2）E-mail：guji1@guji.com.cn
（3）易文網網址：www.ewen.co

上海世紀出版股份有限公司發行中心發行經銷
江陰金馬印刷有限公司印刷

開本 890×1240 1/32 印張 17.625 插頁 5 字數 442,000
2015 年 11 月第 1 版 2015 年 11 月第 1 次印刷
印數：1—1,050
ISBN 978-7-5325-7842-9
H·137 定價：69.00 元
如有質量問題,請與承印公司聯繫

《山東大學文史哲研究專刊》出版説明

　　山東大學素以人文學科見長。二十世紀三十年代,以聞一多、梁實秋、楊振聲、老舍、沈從文、洪深等爲代表的著名作家、學者,在這裏曾譜寫過輝煌的篇章。二十世紀五十年代以來,以馮沅君、陸侃如、高亨、蕭滌非、殷孟倫、殷焕先爲代表的中國古典文學、漢語言文字學研究,以丁山、鄭鶴聲、黄雲眉、張維華、楊向奎、童書業、王仲犖、趙儷生爲代表的中國古代史研究,將山東大學的人文學術地位推向巔峰。但是,隨着時代的深刻變遷,和國內其他重點高校一樣,山東大學的文史研究也面臨着尖鋭挑戰。如何重振昔日的輝煌,是山東大學領導和師生的共同課題。"周雖舊邦,其命維新"。山東大學文史哲研究院正是在這一特殊歷史背景下成立的,她肩負着不可推卸的歷史責任,將形成山東大學文史學科一個新的增長點。

　　文史哲研究院是一個專門從事基礎研究的學術機構,所含專業有中國古典文獻學、中國古代文學、漢語言文字學、史學理論與史學史、中國古代史、科技哲學、文藝學、民俗學、中國民間文學等。主要從事科研工作,同時培養碩士、博士研究生。知名學者蔣維崧、王紹曾、吉常宏、董治安等在本院工作,成爲各領域的學科帶頭人。

　　興滅業、繼絶學、鑄新知,是本院基本的科研方針;重點扶持高精尖科研項目,優先資助相關成果的出版,是本院工作的重中之重。《山東大學文史哲研究院專刊》正是爲實現上述目標而編輯

的研究叢書。感謝上海古籍出版社對出版本叢書的支持，歡迎海
內外學友對我們進行批評和指導。

山東大學文史哲研究院
2003 年 10 月

【附記】

《山東大學文史哲研究院專刊》在過去 10 年中已陸續編輯
出版 5 輯 19 種 28 册，在海內外引起廣泛關注和好評。2012 年
1 月，山東大學文史哲研究院（2002 年成立）與山東大學儒學高
等研究院（2010 年成立）、山東大學儒學研究中心（2005 年成
立）、《文史哲》編輯部整合組建爲新的山東大學儒學高等研究
院（“文史哲研究院”名稱同時使用），許嘉璐先生任院長，龐樸
先生任學術委員會主任。目前全院共有教職工 65 人，在讀碩士
研究生、博士研究生 258 人，另有尼山學堂古典實驗班本科生兩
屆 47 人，在研博士後 23 人，科研教學事業都有長足的發展。本
院一如既往，以中國古典學術爲主要研究範圍，其中尤以儒學研
究爲重點。鑒於新的格局，《專刊》名稱改爲《山東大學文史哲
研究專刊》，在前 5 輯之後繼續編輯出版。歡迎海內外朋友提出
寶貴意見。

2013 年 10 月

弁言：彈指一揮間

回首當年，我 1975 年夏高中畢業，年底參加糧食部門工作。恢復高考令人振奮，1978 年夏我於緊張工作之際匆匆應考，各門文科成績均好，因數學無暇複習僅考 20 分而進入聊城師專，又因英語專業招不滿，遂將我們十幾位同學由中文調成英語單獨編爲一個小班。彼時心存迷惘，頗有不甘，常與好友跑書店，廣購文史書籍閱覽。就這樣在聊城師專英語系"混"了兩年，1980 年畢業赴陽穀師範執教新招英語專業，同學大多爲高考落榜優秀生，頗具奮進精神與上升空間。兩年後又赴陽穀一中任教不題。在此期間於教學之餘，私下用力鑽研漢語言文字之學，幾經周折，於 1985 年考取山東大學中文系研究生，方向音韻學，導師即爲我高山仰止的殷煥先（孟非）先生（1913—1994），畢業論文爲《論照二系在上古音中的獨立地位應該取消》。1988 年畢業留校跟隨擅長詞彙訓詁研究的吉常宏先生從事辭書編纂與詞彙訓詁研究工作。屈指算來，走上工作崗位業經 40 年，從事教育行業已 35 年，跋涉於語言研究之路也 30 餘年了。往事如昨，彈指一揮間！

語言有語音、詞彙、語法諸要素，我讀研究生的方向是音韻，然最終研究方向還是要由科研教學工作需要和個人興趣來決定。致力於《漢語稱謂大詞典》、《漢語大詞典簡編》等辭書編纂達十數年，工作中的發現、見解一併記錄積累下來，都是進行詞彙訓詁考據的好素材；同時我還對文字、語文規範化及兩岸書同文、語言與文化民俗以及社會語言學等感興趣，也取得了一批成果。2001 年我將原稱謂研究加以拓展申請到教育部"十五"規劃課題，歷經十

數寒暑,率衆弟子撰寫了一部上百萬言的《二十世紀中國社會變遷
與社會稱謂分期研究——社會語言學新探》;2006 年又承擔了《中
華大典·民俗典·禮儀民俗總部》的編纂工作,一幹六年,同時積
累下一批古代喪葬婚嫁等禮俗資料,形成新的研究目標及設想。
後兩項大工作,都是帶研究生與教學科研兼顧進行的。這一切都
是必須面對和立足的工作現實,從而影響和決定着自己的研究,
"實踐決定認識"嘛。所以我的治學道路,距離韓愈的"術業有專
攻"還很遠,却在不知不覺間帶上了孟非師《自敍小傳》所説隨遇
而"雜"的色彩。① 不過與先師之淵博不可同日而語,自己這一丁
點"雜貨"比之國學之廣博與學海之無涯,尤顯狹隘得很。然儘管
精力、能力有限,自己態度是認真踏實的。我家鄉有一句話,誠實
做人和做一切事都叫"良心買賣兒",每個人從事的行業不同,都
應該以竭誠的態度爲社會做奉獻。當年編詞典時,吉先生常教誨
我們的一句口頭禪"你不欺騙工作,工作也不欺騙你"總是響在耳
旁。所以我在完成教學科研任務的同時,在力所能及、興之所至的
情況下,隨機性地將平時心得與發現整理發表出來,又積累下一批
論文。

　　及門學友動議,將以往發表文章匯攏結集,我則頗以轉寫整理
爲難。沒想到數十位學友一起發動,文檔下載、複製和繁簡轉換
等,很快搞定。我在大家基礎上再加校核,從中簡選出小大文章凡
72 篇,定爲是編,大體按照下面的順序排列——文字、語文規範化
及書同文;音韻、語音;詞彙訓詁、辭書編纂及語詞文化考據;語法
虛詞及少數民族語言;對殷師孟非先生的懷念及學術評議;末以一
篇發言收尾,其中包含自己點滴人生認識。雖然涉獵"寬"些,却
也未出"語言"範疇,因命名爲《里仁居語言踱步集》,作爲一份自
我總結,聊供學界批評參考。其中與友人合作或同署名者,全部或

---

　　① 殷焕先:《自敍小传》,《大衆日報》,1994 年 11 月 27 日第 7 版。

大部爲我完成,均代表我的觀點。古人論文章學問,有"義理"、"考據"、"辭章"之辨,拙文多可入"考據"之列。小至一字、一詞、一音、一義,秉承古人"勿以善小而不爲"之精神,詳加考證,不尚空談,不作泛泛之論,力求解決一點實際問題。"里仁居"是我的居室兼書房,取自《論語》"里仁爲美"——這其實也蘊含一種儒家親仁履善精神。文集得以出版,當然要歸功於我儒學院专刊出版資金和領導同事們的大力支持,特此致謝!

　　"人生苦短"是老生常談的感慨,我自幼體質薄弱,尤不敢奢望南山之壽。惟因如此,人活着更應努力實現人生價值,不做臧克家謂之"活着已經死了"的人,更不能做"活着不如死了"(危害社會)的人。王力先生80歲的時候有詩云"還將餘勇寫千篇",孟非師70歲的時候有詩云"七旬盛世當而立",又有110歲仍思想活躍的學界泰斗周有光先生的鼓舞,我理應振奮信心,以此番回顧總結作爲第二次學術青春的開始,力爭爲學術事業,爲文化強國的軟實力建設多作新奉獻。最後也以一句詩作結:且從耳順再青春。

孫劍藝

乙未歲末於山東大學南山之里仁居

目　錄

轉注異說辯證

　　《周禮·地官·保氏》始見六書之名。班固著《漢書》,鄭衆注《周禮》,許慎撰《說文解字》,各自給六書定出名稱,許慎還給六書下了定義,舉了例字。此後,研究六書的便多了起來,尤其轉注、假借二書,更是異說蜂起,其中又以轉注爲最甚。據高亨先生擇要統計,解釋轉注的竟達十八家之多(《文字形義學概論》)。這些學說,或出於對許慎"建類一首,同意相受"以及"考"、"老"兩個例字的不同理解,或由於對《說文》研究的角度和着重點不同,或索性拋開許氏定義另立新說,或脫離《說文》而從文字發展的規律中去尋求轉注真諦,因而自許慎後一千八百餘年,一直未有較爲一致的解釋,就是對其屬造字之法還是用字之法也尚未取得一致性的結論。但是,這並不等於說這些研究是没有意義的。他們或者從不同角度揭示出《說文》中值得引起注意的某些現象;或由此發現了文字另外的發展規律,開拓了文字學研究的新領域;或者在研究中已闡發了對轉注的某些合於理性的認識,等等。這大大推動了文字學乃至整個"小學"的研究,是我們應該很好地繼承的。本文擬從各家轉注學說中選取有代表性的幾家加以評議,指出其長短得失,最後認爲還是"同部互訓"說較爲合理。

一、轉　形　說

　　唐裴務齊《切韻序》:

　　　　考字左回,老字右轉。

元戴侗《六書故》：

> 何謂轉注？因文而轉注之。側山爲阜，反人爲匕……之類是也。

這是以字形的顛倒、反轉爲轉注。他們舉的例子還有：反欠爲旡，反子爲云，反之爲帀，反正爲乏等。這種整體反轉的字，《説文》中還有一些。但許慎既沒把它們舉作轉注例字，又沒在説解中指明它們是轉注。就這些字而論，山、人、欠、子是象形，之、正是指事，把它們反轉過來，仍然是象形、指事。我們以爲這一派之所以把轉形看成轉注，其源蓋出於對考、老二字形體的錯誤認識。如果僅從"考"、"老"二字的下方看，確是"考字左回（丂），老字右轉"（匕）。但這只不過是出於偶然。"考"、"老"二字既非整體反轉，其局部丂和匕也非同一形體的反轉。這一派抓住這點表面現象，並將局部推廣到全部，便得出了轉形即轉注之説。但這絕非許慎轉注之本意。"左回右轉"説，南唐徐鍇早已斥爲"俗説"，宋郭忠恕亦已斥爲"野言"，至今仍無多少人同意。對此無須多加批評。要論此説的意義，那就是他們發現了有些漢字確是另一些漢字轉形的現象。

二、轉　聲　説

宋張有《復古編》：

> 轉注者，展轉其聲，注釋他字之用也，如其、無、少、長之類。

宋毛晃《增注禮部韻略》：

> 《周禮》六書轉注謂一字數義，展轉注釋，而後可通。

清顧炎武《音學五書·音論》：

> 凡上去入之字，各有二聲或三聲四聲，可遞轉而上同以至於平，古人謂之轉注。

這一派是以轉換聲音來區別意義爲轉注。如多少之少，本讀上聲，而用爲年少之少則讀去聲，長久之長，本讀平聲，而用爲長幼之長則讀上聲。此説並非許氏轉注之意，反與許氏之假借混同起來了。許氏舉令、長爲假借例字，命令之令借作縣令之令，長久之長借爲縣長之長，其間不也包含了聲音的轉換嗎？至於顧炎武之説則更是適合了他"四聲一貫"的主張。許氏轉注並没有轉聲的意思。"考"、"老"雖然有聲音的聯繫(疊韻)，但這與形體上的"左回右轉"一樣，亦屬偶然，或是漢代聲訓習氣所致。所以，轉聲之説不可取。不過，這一派的研究使我們發現了古漢語中有一種"音變(屈折)構詞"的規律，而又以變調爲常見。對此，六朝經師及清代諸大師多有闡發，謂之"破讀"。今人周祖謨之《四聲別義釋例》、周法高之《中國古代語法：構詞編》論述甚詳。

三、同 部 説

南唐徐鍇《説文繫傳》：

> 轉注者，建類一首，同意相受，謂老之別名有耆，有耋，有壽，有耄。又孝，子養老是也。一首者，謂此孝等諸字皆取類於老，則皆從老；若松柏等木之別名皆同受意於木，故皆從木。

清江聲《六書説》：

> 立老字以爲部首，即所謂建類一首。……由此推之，則《説文解字》一書，凡五百四十部，其分部即建類也；其始一終亥五百四十部之首，即所謂一首也；下云凡某之屬皆從某，即同意相受也。

這一派認爲"建類一首"就是劃分部首，"同意相受"就是同部首字受意於部首。僅從字面看，這種説法是使許慎定義得到了落實，細想則不然。一、這種主張解釋"建類一首"還算可以，解釋"同意相受"則不可通。因爲部首所標示的意，只是一個模糊籠統的“類”，所屬的字根本不可能個個跟它“同意”。這一點已經有不少學者指出。二、從《説文》體例看，若依此理論，則 9353 個字都成了轉注字，所謂六書，就只剩下一書。可見這種主張似是有理，實則大謬於客觀事實。

四、引 申 説

清朱駿聲《説文通訓定聲》：

> 轉注者，轉移、遷移之謂；注者，“挹彼注兹”之注。許君當曰：“轉注者，體不改造，引意相受，令長是也。”

又：

> 就本字本訓而因以展轉引申爲他訓者曰轉注。

很明顯，朱氏是把字義的引申作爲轉注。但這只是朱氏本人之轉注説，而非許氏之轉注。其一，他改變了許氏定義；其二，他把許氏舉作假借例的“令”、“長”二字用作轉注，而另給假借立“朋”、“來”二字。這種不盲從古人的精神誠屬可喜，但究屬“強古人以就我”，未免主觀。他的貢獻主要在於看到了一個重要事實：詞義引申的“本無其字”，與純粹假借的“本無其字”是有區別的。命令之令與縣令之令，長久之長與縣長之長，皆有意義上的内在聯繫。而朋鳥之朋與朋友之朋，來麥之來與來往之來，意義上實在無關。朱氏區別之云：“凡一意之貫注，因其可通（按：意有聯繫）而通之爲轉注；一聲之近似，非其所有（按：意無聯繫）而有之爲假借。”已故著名文字學家唐蘭先生所著《古文字學導論》，對此有精闢的見解。他把詞義的引申叫做“象語”，把純假借叫做“象聲”。唐先生並舉日、羽二字爲例，當太陽講的日借作今日之日是象語（引申），羽借作翌日之翌是象聲（假借）。再者，朱氏又説：“轉者，旋也。如發軔之後愈轉而愈遠。轉者，還也。如軌轍之一，雖轉而同歸。”這就是説，字義的引申輾轉，總要圍繞本義，萬變不離其宗。這種見解,對區分多義詞和同音詞,對字詞典的編纂,無疑有重要意義,而用以釋轉注則不確。

五、互 訓 説

清戴震《六書論》:

> 一其義類,所謂"建類一首"也;互其訓詁。所謂"同意相受"也。

又:

> 考老二字屬諧聲、會意者,字之體;引之言轉注者,字之用。……轉相爲注,互相爲訓,古今語也。

他的弟子段玉裁在《説文解字敍注》中説:

> 轉注猶言互訓也,注者,灌也。數字展轉互相爲訓,如諸水相爲灌注,交輸互受也。轉注者,所以用指事、象形、形聲、會意四種文字者也。數字同義,則用此字可,用彼字亦可。

又:

> "建類一首"謂分立其義之類而一其首,如《爾雅·釋詁》第一條説始是也;"同意相受",謂無慮諸字意旨略同,義可互受相灌注而歸於一首,如初、哉、首、基、肇、祖、元、胎、俶、落、權、輿,其於義或近或遠,皆可互相訓釋而同謂之始是也。

桂馥、王筠也持這種見解。

這一派認爲轉注就是同義互訓。互訓説能夠解釋"同音相受",但於"建類一首"則不可通。他們把"建類"説成"分立義類",把每一義類説成"一首"。照此看來,《爾雅》一書也全是轉注了。這種説法的錯誤在於:一、違於許書體例。衆所周知,《説文》是一部形書,全書以形符爲部首來分類,而《爾雅》才是義書。二、謬於保氏小學之教學。班固説:"古者八歲入小學,故《周禮》保氏掌養國子,教之六書。"(《漢書·藝文志》)試想,八歲孩童又有何等智力? 正如有人早就指出的:《爾雅》互訓集群經數十字爲一訓,"童子何必習此淵博廣大之學? 字異而義同者,由於五方之音不一。童子既非輶軒之使,何必通各國之方言?"(白沙《轉注》,《甲寅》雜誌 1914 年第 1 卷第 2 號)

六、省 形 説

曾國藩《與朱太學書》:

凡轉注之字,大抵以會意爲母,亦以得聲者爲子,而母字從無不省劃者,……如老字雖省去匕字而可知考臺等字從老而來。

曾氏所列減省部首共 16 部。

近人汪榮寶《轉注説》:

轉注者,以改字爲造字者也。……許書之例,凡特立一字爲部首,而其隸屬於此部之字皆從部首之省以爲形者,皆轉注也。

汪氏在曾氏 16 部基礎上增減,共得 18 部首(不包括老)。

今人羅君惕《六書説》:

所謂轉注,轉就是輾轉,注就是灌注。轉注的部首總括全部的意義而灌注於屬文;屬文則各具一部分的意義而承受於部首。所以部首象水的主流,屬文象水的支流,主流是常常灌注支流的。如《老部》……考、孝諸字都取義於老,這就是"同意相受";既受老義,便以它爲部首而省去一部分,這就是"建類一首"了。

這一派基本認爲轉注是造字之法,是"以改字爲造字",轉注字就是"減筆之形聲、會意",是"從部首之省以爲形者"。

這種理論與許慎定義相吻合,又證明了轉注是一種造字之法,看起來是很合理了。然而爲什麽要省形? 是造字呢,還是爲了別的目的？不省行不行？我認爲，省形既算不上造字法也算不上轉注。而是由於另外的原因。從漢字形體結構的發展歷史看，據梁東漢先生研究，西周的鐘鼎銘文，行款已很整齊，每行的字數多少，字體大小，已基本一致，還有的明顯看出是先在範上畫了方格再寫字的。這說明“漢字的方塊形式在西周末年已經完全奠定下來了”（《漢字的結構及其流變》）。到小篆，筆畫行款更整齊，隸變以後，漢字的方塊結構也就定型化了。可見，我們的祖先很早就注意了漢字結構的整齊、勻稱、平衡、美觀，既不能過長，也不能過寬，否則就要加以“改造”。這就回到了“爲什麼要省形”的問題。比如考、耆、耇三字，都從“老”省。如不省，意思沒什麼兩樣，但從形體結構看，就未免太長了，所以就把老的“匕”部分給省去了。又如：瓢從瓠省，弑從殺省。如不省，就太寬了。省聲又何嘗不是如此？如：徽，從糸，微省聲。把聲符微挖去一部分（几），然後把形符“糸”補在那個地方，實在妙不可言。從另一個角度講，偏旁減省了，字也就簡了，寫起來也就快了。業師殷焕先先生指出：“語言是交際工具，文字是記錄語言的，是輔助工具。作爲文字，它就要服從文字的發展規律，它要求‘明’，它要求‘快’，它要求‘簡’，以適應交際的需要。”（《漢字三論》）先生還指出，要“簡而求快而不傷其明”。段玉裁也說《說文》省聲多不可信，就是因爲它已“傷其明”，看不出是從什麼省的。因涉及省聲，這裏就不多討論了。

總之，省形的會意和形聲，仍是會意、形聲之一種。省形和省聲一樣，是結構平衡的要求，是書寫的要求。它既不是造字法，也不是用字法，更不是轉注。

七、同 源 說

這一派認爲，按照音近義通的原則從同一語源派生出來的一組字就是轉注。

章太炎《國故論衡》：

何謂建類一首？類謂聲類……首者今所謂語基。

又：

所謂同意相受者，義相近也；所謂建類一首者，同一語原之謂也。

黃侃《黃侃論學雜著》：

水之與川，聲有對轉，而語無殊；……日之與入，義有微殊，而聲未變。此如造自一時，何由重複？是則轉注之例，已行於諸文之間久矣。

陸宗達《說文解字通論》：

在語言上有同一語根派生若干新詞的現象。從造字來講，也就要循其聲義，各為制字，這就是"轉注"造字的法則。

這一派認為轉注是造字之法。陸宗達先生在其《說文解字通論》中將轉注歸納為三類：第一，因方言殊異或古今音變而制字。如：逆—迎，"關東曰逆，關西曰迎"，二字為轉注，這就是方言殊異。又如：夭—歪，"夭，屈也"，本讀於兆切，後音變為烏乖切，便另制一"歪"字。於是二字得同源，為轉注，這是古今音改。第二，因詞義發生變化而制字。如齊—劑—剪—翦—穧，都是沿着"音近義通"的綫索，由同一語源派生出來的。第三，為同一語根派生的相互對立的詞制字。如：天—地，古—今，男—女，始—終，受—授，教—效，問—聞，買—賣，等等。①

的確，社會在發展，人們的認識在深化，推動着語言也在發展。文字為適應語義的日益複雜化，也就必須不斷孳乳、繁衍，其中一條，就是循着"音近義通"的"血緣關係"，造出一群群的同源字。

但是，幾位大師卻沒有注意到，這已成了另一種意義上的造字法，而不是六書意義上的造字法了。因為同源字是遵循音近義通

---

① 參陸宗達：《說文解字通論》，北京出版社 1981 年版，第 59—62 頁。

的方式造出來的,但它們本身却並不是按照什麽新的結構方式構成的。比如:暗—日無光;闇—冥,昏時;晻—不明;黯—深黑;陰—闇也,水之南,山之北;蔭—草陰;窨—地室;隱—蔽也。這些字都有"陰暗"的音義,聲母相同(影母),暗與闇同音,與晻爲侵談旁轉;而暗又與黯、陰、蔭、窨疊韻;陰與隱是侵文通轉。很明顯,這些字是由同一"語基"沿聲音綫索滋生出來的。但它們本身的構造却都是形聲!可見,音近義通是文字的創造、産生、繁衍、孳乳的方法,而不是文字本身的構造方法。唐蘭先生在其《中國文字學》中闡述了形聲字産生的三條途徑,其中之一就是"孳乳",並舉例水少是淺,貝少是賤等。這就説明音近義通只是淺、賤等字的孳乳方式,而形聲才是它們的構造方式。

上面是説音近義通的同源説不是六書意義上的造字法。下面再談三點,説明同源即爲轉注之説不可信。

(一)章、黄諸大師把"建類一首"解釋爲義類和聲首,大違許氏本意,也違背了《説文》全書的體例。陸宗達先生反而責備許慎説:"他過分强調了《説文》分部建首的作用,是不符合語言發展的實際情况的。"(《説文解字通論》)我們知道,《説文》是一部分析字形,辨析本義的書,而不是一部文字發展史。按形分部建首正是它的最大特色。如果撇開這個體例,搞成按義的《爾雅》,按音的《釋名》,那還是《説文》嗎?

(二)這一派是不贊成戴、段一派的互訓説的。但是,同源字既音近義通,不是也可以互相訓釋嗎?梁東漢先生説得好:"如果意義相同、聲音相同或相近的字都是轉注字,那麽這種主張和主義派的互訓説有什麽區别?轉注字和假借字又有什麽不同?"(《漢字的結構及其流變》)

(三)按照同源説,王聖美的"右文説"也應算轉注了,因那也是按音近義通從同一語源派生出來的。但那仍不脱形聲範疇。並且,照此觀點,天地,古今,男女,始終,都是"同意相受"了。這實在有點玄。無怪乎王力先生編了一部《同源字典》都沒敢接收這樣的例子。

同源說於六書的轉注無補，但對語源學研究確是一個重大貢獻。

八、同部互訓説

唐賈公彥《周禮義疏》：

> 轉注者，考老之類是也。建類一首，文意相受，左右相注，故名轉注。

近人劉師培《轉注説》：

> 轉注當指互訓言，非以轉注該一切訓釋也。其曰建類一首者，則許書所謂轉注，指同部互訓言，不該異部互訓言也。

高亨先生《文字形義學概論》：

> 許慎之説轉注是否與班固之意相同，是否與《周禮》六書之轉注相合，亦無從質證也。但依許氏定義以論轉注，轉注確爲同部互訓，劉師培之説甚是。……吾國歷史悠久，邦土遼闊，一事一物之名，自不免因時而殊稱，隨地而異謂，一事一物既有數名，自必各爲造字，此諸字既代表同一事物，自當從同一偏旁之字以爲意，故爲同部；亦自必同義，而可彼此相注，故爲互訓。此轉注之所由生也。

這一派似乎和戴段互訓説是一家，但冠以“同部”二字，實與戴段之説劃然不同。相對而言，我認爲還是同部互訓説較爲合理。因爲這樣既使許慎“建類一首”得到了落實，符合《説文》按部首編排的形書體例，同時也糾正了戴段“該一切訓釋”爲轉注的弊病。

這不仍是“四體二用”之説嗎？是的，“四體二用”之説有其合理性。所以我們認爲“同部互訓”仍屬“用字之法”的範疇。一者，

《説文》全書没有指出一個轉注字和假借字,看來這二書雖和象形、指事、會意、形聲四書同列六書,但却有着層次的不同。這二書雖然不是文字的構造之法,但却間接促進文字的創造或製造。比如轉注,意義相同或相近,又是同一部首,只是更換一個聲符,這不類似於"造"了一個新字嗎? 再者,"同部互訓"作爲用字之法,實大有利於《周禮·保氏》的八歲國子對文字的學習。試想,兒童們遵循部首和意義這兩條綫索,通了甲字便可通乙字,通了乙字又可通丙字,學起來極爲便利。

此外,高亨先生把轉注擴大到同訓、遞訓、域訓(即異域方言之異稱)作爲"互訓之變例",我認爲也是對的——這不是陳澧著《切韻考》用的"系聯法"嗎? 同用、遞用、互用者屬於一類。但高亨先生又進了一步,把異部互訓作爲"轉注之變例",我覺得這就應該謹慎爲是,以免又入戴段之歧途。

結　語

以上對八種轉注學説發了一通議論,但不見得就確切。評價的標準,當然還是從許慎的定義和例字以及《説文》本身出發。因爲"五經無雙"的許慎,畢竟去古未遠,又有《説文》這一不朽之作,其意見之合理性會更大些。只是如何才能得許慎原意的問題。正如俞敏先生所説:"要問許慎原意是什麽,怕是許瀚講的最對——'同部互訓'。"[①]於是我才最後贊同了同部互訓爲轉注之説。

需要説明的是,這只是我暫時的想法,也是在現階段不得已而爲之的事情。至於將來,我倒是認爲:要對漢字的構造之法作出科學的解釋,就必須跳出"六書"説的圈子,以唯物辯證法爲指導,從實際出發,利用一切可能利用的材料,包括甲骨文、金文、籀文

---

① 《六書獻疑》,《中國語文》1979 年第 1 期。

等,用現代化的科學方法對它們進行細緻地分類,比較和分析,認真地研究我國文字的產生和發展,歷史和現狀,最後得出結論,有幾書算幾書! 我想只有這樣得出的結論才能是確鑿可信的。

（原載《固原師專學報》1989 年第 3 期）

漢字的性質功用問題辯正

引　言

漢語文教學問題,無論是對華人的還是對外國人的,都難免牽扯到漢字問題。首先面對的就是漢字的性質問題。解決好了這個問題,才能擺正漢字和漢語的關係,才能正確處理漢字教學和漢語教學的關係。

本來,漢字的性質問題已經不成其問題,"漢字是記寫漢語的書寫符號系統",已成爲人所共知的常識。可是近年來,這個"常識"又被有些人徹底否定了。他們認爲這是受西方語言學理論影響而得出的認識,索緒爾的"文字表現語言"①,只適合拼音文字而不適合漢字;漢字是表意文字,是擺脱語言、繞過語音直接表達思維的。② 並且搬出索緒爾的話來説:"對漢人來説……文字就是第二語言。"③

這類似是而非的觀點,迷惑了相當一部分人,有的人覺得好像

---

① 索緒爾:《普通語言學教程》,商務印書館 1980 年版,第 47 頁。

② 例如申小龍説:漢字"能以形達意,與思維直接聯繫,直接反映思維的内部語言代碼,而無須通過語音的間隔帶。"(見申小龍《漢字的文化形態及其演變》一文,香港《語文建設通訊》1993 年 12 月總第 42 期。)又如《漢字文化》1993 年第 2 期第 17 頁説:"擺脱語言的局限與羈絆,直接與思維溝通……漢字就是當今世界上獨一無二的這樣一種文字。"第 19 頁説:"漢文字不是語言的書寫符號,而是思維的表達符號。"

③ 索緒爾:《普通語言學教程》,商務印書館 1980 年版,第 51 頁。

不大對頭,但也説不出錯在哪里。所以,在全世界都掀起了漢語熱的今天,要搞好漢語文教學,不得不重申漢字的性質問題,撥開罩在這上面的迷霧。不然,循着"漢字不通過語言直接表達思維"的邏輯,就會把漢語文教學引入歧途。

一

　　漢字的性質究竟該如何認識? 漢字不表音是否就等於"繞過"了語音?"漢字記録漢語"是中國人受了西方語言學的影響才産生的認識嗎? 我們的老祖宗是怎樣認識的?

　　關於漢字的起源,有圖畫、結繩和八卦等説法,都有道理。在文字産生之前,這些都是人們用來幫助記憶的方式。一、二、三之類指事數字很可能源於結繩,複雜些的則可能源於契刻,八卦之坎、離的確像水火。但這類字所占數量極少,所以就總體而言漢字還是源於圖畫,因而古老的漢字都帶有濃重的圖畫性。關於圖畫,我們完全可以説,它是"直接和思維聯繫的",是"不通過語音的"。例如看徐悲鴻的一幅奔馬圖,可以各人有各人的思維,也可按各人的話語來表述。比如"這幅畫畫的是馬","這匹(些)馬在奔跑","這是國畫大師徐悲鴻的奔馬圖",等等。但是一旦成爲文字,它也就和固定的讀音取得了聯繫,而不管這種讀音是顯性的還是隱性的。比如"馬"這個字,固然可能引起人們對這種動物的思維,但那首先在於認識這個字。這些思維是通過這個字所表示的語音和語義才引起的,並且儘管有種種思維,它却不能允許人們再用任意的話語形式(或曰語音形式)去表述。用上古音念可能是[mea],用中古音念可能是[ma],用現代標準音念是[ma²¹⁴],用方音念則又有差别,但畢竟都有了相對固定的讀音。一個英國人看到徐悲鴻的奔馬圖可能念成 horse,但看到漢字"馬"却絶不能念成horse,那樣就成了翻譯。

　　實際上,漢字從一産生出來就和語言結下了不解之緣,否則它就永遠走不出圖畫來。文字和圖畫的本質區別就在於文字有固定的讀音,與語言中的詞或語素産生了聯繫,而不在於它表達了或引起了什麼思維。文字記録語言,不僅僅適用於表音文字,也適用於漢字。漢字記録漢語,我們的老祖宗早就這樣認識了,而絕非、也不可能受他們的後輩——西方現代語言學者的影響。

二

　　我國古代的語言學,先秦時是附屬於名學的。"名"指語言中給事物定的名稱,實際相當於現代語言學中的"詞"。語詞叫"名",用字把詞寫下來也叫"名"。《儀禮・聘禮》:"百名以上書於策,不及百名書於方。"鄭玄注:"或曰:古曰名,今曰字。使四方知書之文字,得能讀之。"對此,清人陳澧在其《東塾讀書記》卷十一中說得更清楚:"未有文字,以聲爲事物之名;既有文字,以文字爲事物之名,故文字謂之名也。"看來字與名是一體的。至今還把人名叫做"名字",因爲古人有名有字,字是與本名意義相關的別名。這説明書面上的名(字)是口頭上的名(詞)的記録,漢字確是記録漢語的。

　　《易・繫辭上》:"子曰:書不盡言,言不盡意。"這説明大聖人孔子就認爲語言是直接達意的工具,文字是記録語言的工具,只不過由於文字有限而語言豐富多彩又易於發展變化才"書不盡言",由於人的思想複雜萬端才"言不盡意"。

　　《莊子・天道》:"世之所貴道者,書也。書不過語,語有貴也。"莊子的"書不過語"與孔子的"書不盡言"意思是相同的,都説明漢字首先是記録漢語的工具,只是限於條件而無法"盡言"和"過語"而已。

　　《荀子・正名》:"名聞而實喻,名之用也;累而成文,名之麗也。”“累而成文”就是説把語詞記寫累積成爲文章。這説明荀子也認爲文字是記寫語言的,不認爲讀寫的“名”和聽説的“名”是兩碼事。

以上數條代表了上古先哲對漢字性質、功用的認識。

東漢的王充是我國古代杰出的唯物主義思想家,他的《論衡》後人皆作哲學著作看,而其中好幾處都談到了文字和語言密不可分的關係以及漢字的性質、功用。例如:“通人積文十篋以上,聖人之言,賢者之語……刺世譏俗之言,備矣”(《別通》);“聖人之言與文相副,言出於口,文立於策,俱發於心,其實一也”(《問孔》);“出口爲言,集札爲文……出口爲言,著文爲篇”(《書解》);“經藝之文,賢聖之言”(《自紀》)。王充總是將“文”跟“語”對舉,有時乾脆將“文語”聯用。例如他責難孔子“文語不同”、“文語相違”(《問孔》);又“二尺四寸,聖人文語,朝夕講習”(《謝短》)。這充分説明王充認爲漢字是和漢語緊密相聯的,書面的“文”是口頭的“言”、“語”的轉化形式,二者是一體的;起碼,漢字不是什麽“繞過語言和思維相聯”的“第二語言”!

但王充並没有把口頭語言和書面文字等同起來,而是看到了它們各自的特點,各有其性質、功用。他在《自紀》篇中説:“夫文由語也,或淺露分別,或深迂優雅。孰爲辯者?故口言以明志,言恐滅遺,故著之文字。文字與言同趨。”這段話説得再清楚不過了。口頭語言是直接達意、交流思想的,即“口言以明志”;而口語稍縱即逝,不能傳之久遠,“言恐滅遺”所以才“著之文字”。大家看,一千九百年前的王充早就把漢字的性質和功用以及書面語和口語的關係揭示出來了!

我國南朝梁代,出了一個文學理論大家叫劉勰。他的名著《文心雕龍》在論述文學創作原理的同時,字裏行間也流露出了對文字的性質功用、漢字與漢語關係的正確認識。他説:“夫人之立言,因字而生句,積句而爲章,積章而成篇”(《章句》);“蓋聖賢言辭總爲之《書》……故書者，舒也，舒布其言陳之簡牘"（《書記》）；"鳥迹明而書契作，斯乃言語之體貌，而文章之宅宇也……心既托聲於言，言亦寄形於字"（《練字》）。劉勰説得也夠明白了：言語"寄形於字"，字是"言語之體貌"，這不明明是説文字是記錄語言的工具嗎？

　　唐孔穎達奉詔撰五經正義，他在《書·序》正義一開頭，就用一大段文字詳細闡明"書"（文字）與"言"的關係，"書"（文字）的功用，以及《尚書》稱"書"的由來：

> 聖賢闡教，事顯於言；言愜群心，書而示法……言者意之聲，書者言之記。是故存言以聲意，立書以記言。故《易》曰："書不盡言，言不盡意。"是言者意之筌蹄，書、言相生者也。書者，舒也……書者，如也。則書者寫其言，如其意，情得展舒也。……五經六籍皆是筆書，此獨稱"書"者，以彼五經者非是君口出言，即書爲法，所書之事各有云爲，遂以所爲別立其稱，稱以事立，故不名"書"。至於此《書》者，本書君事，事雖有別，正是君言。言而見書，因而立號。

孔氏所謂"書言相生"，正説明"書"是離不開"言"的。"書者言之記"，"立書以記言"，"書者寫其言"，明明白白："書"是記"言"的，文字是記錄語言的符號！其他經籍以記事爲主，所以不稱"書"；《尚書》是直接記言，所記皆帝王言辭，所以才稱"書"。這與《漢書·藝文志》所説"左史記言，右史記事，事爲《春秋》，言爲《尚書》"是一致的。由此可知，古代直接記言的文字才配稱"書"；以作者間接敍述語言記事的文字，廣義地看雖亦爲筆書，但還不得稱"書"。至於真正"繞過"語言的文字，自古就未曾有過！

　　清代小學大盛，學者們對漢字漢語的關係有了更清醒的認識，兹舉三例：

　　清初劉淇寫了一本虛詞專著《助字辨略》，他在自序中説："蓋文以代言，取肖神理。"所謂"文以代言"正是指文字代表（或曰代替）語言的工具作用。實詞如此，虛詞也不例外。

陳澧《東塾讀書記》卷十一："聲不能傳於異地，留於異時，於是乎書之爲文字。文字者，所以爲意與聲之迹也。"這段話可與前舉王充的"言恐滅遺，故著之文字"互相發明，又可與孔穎達的"言者意之聲，書者言之記"互相發明。

章太炎被稱爲傳統語言學的殿軍。他在《國故論衡上·轉注假借說》中説："字之未造，語言先之矣，以文字代語言，各循其聲。"此"以文字代語言"可與劉淇的"文以代言"互相發明。

<h1 style="text-align:center">三</h1>

以上我列舉了我國先秦至清兩千多年間歷代哲人對語言文字的關係及漢字的性質功用的論述。我完全讓古人出來説話，而非自己閉眼瞎説。須知，他們絕非"西方"和"現今"的語言學家①，因而他們的思想不是"舶來品"。請問他們是"根本錯誤"的嗎？是"徹底弄錯了語言和文字的關係"、"維護着一個錯誤的假説"嗎？②

王充的"言恐滅遺，故著之文字"，劉勰的"言亦寄形於字"和文字是"言語之體貌"，孔穎達的"立書以記言"、"書者言之記"和"書者寫其言"，這一切，與現代語言學所謂"文字是記録語言

---

①　有人説："西方的語言學家和現今中國的'語言學'家，一直都把文字定義爲只是'記録語言的書寫符號'。……然而語言和文字關係的這一界説却是根本錯誤的。"《漢字文化》1993 年第 2 期，第 16 頁。

②　《漢字文化》1994 年第 4 期第 42 頁説："完全是舶來品的'語言學'徹底弄錯了語言和文字的關係。它的那個狹隘而膚淺的關於語言和文字的基本定義——文字是語言的書寫符號，就像地心説的托勒玫體系一樣地，維護着一個錯誤的假説。"

的書寫符號系統"，又有什麼差別呢? 劉淇的"文以代言"，章太炎的"以文字代語言"，與索緒爾的"文字表現語言"，又有什麼差別呢?

四

文字記寫語言，但不是照搬和複製語言，不過是對語言的素描和速寫。所以文字不是要而且也不能够窮盡語言的方方面面，也難以顯示語言的歷史變化。這就不難明白索緒爾爲什麼一方面説"文字表現語言"，一方面又提醒大家"必須認識它的效用、缺點和危險"。① 文字的"效用"就是表現語言，其"缺點"就是難以窮盡語言和追隨語言的發展變化，以至"後來寫法終於變成了不符合它應該表現的東西"。② 實際上兩千多年前的孔子和莊子也看到了文字的"缺點"，即"書不盡言"、"書不過語"。於是，通過文字研究語言時，如果把文字和語言看成等同物，也就會有"危險"。所以必須透過文字的"假裝"③來研究語言及其發展變化。我國清代一批優秀學者，正是這樣設法衝破漢字形體的束縛來再現先秦的古音古義，作出了卓越的貢獻。

有人機械地認爲，"文字表現語言"就應該窮盡語言的一切，否則便是不表現語言。例如有人説："語言和文字的發展是不同步的，文字不是表現語言的……(索緒爾)怎麼明明看到了文字不表現語言的現象，還堅持它應該表現語言呢? 這不是自相矛盾嗎?"④實際並不矛盾。孔子和莊子也並沒有因爲文字不能"盡言"

---

① 索緒爾:《普通語言學教程》，商務印書館 1980 年版，第 47 頁。
② 索緒爾:《普通語言學教程》，商務印書館 1980 年版，第 52 頁。
③ 索緒爾:《普通語言學教程》，商務印書館 1980 年版，第 56 頁。
④ 《漢字文化》1994 年第 4 期，第 12 頁。

和"過語"而否定其記錄語言的功用。索緒爾也不因爲文字有"缺點"和"危險"而否認其表現語言的"效用"。他們都是全面而且辯證的。記言而無法"盡言",這是一個問題的兩個方面,正如我們認識真理而無法窮盡真理、一切真理都是相對真理一樣。索緒爾把語言和文字比作一個人和他的"照片",①也是很有啓發意義的。照片是表現人的,這也應該是誰都承認的。可是照片是平面的,人是立體的、多面的;照片是不變的,而人又是變的,若干年後,人也"終於變成了不符合它所應該表現的"了。所以照片表現人也有"缺點",通過照片認識人也有"危險"。但我們能因此而否認照片的效用而說"照片是不表現人的"嗎?顯然不能。那些認爲"索緒爾的錯誤是堅持'文字表現語言'"②的人士,是該反思一下了:到底是誰錯了?

<h1 style="text-align:center">五</h1>

文字記錄語言,這不成問題了。而語言又有音有義,所以無論什麼類型的文字都要兼表這兩方面。因而我們不能説表意文字中没有音,正如不能説表音文字中没有義一樣。清人陳澧在《説文聲表自序》中説得好:"文字既作,意與聲皆附麗焉。"只是不同類型的文字與語言音義聯繫的方式不同。表音文字聲音是顯性的,意義是隱性的;表意文字意義是顯性的,聲音是隱性的。即如漢字"馬",它表面没有音,但任何一個認識它的人都會把它的音讀出來。這説明它是有音的,它的音在裏面隱着呢,正所謂"寓音於形"。如果漢字没有音,我們就不會有詩歌、韻文這類書面文獻,就不會在字上講平仄格律,就不會有反切和《切韻》一系

---

① 索緒爾:《普通語言學教程》,商務印書館 1980 年版,第 47 頁。
② 《漢字文化》1994 年第 4 期,第 16 頁。

的韻書。

正因爲漢字有音，一些有成就的文字訓詁學家特别重視漢字字音的研究。清人戴震在《轉語二十章序》中指出，考求文字時"疑於義者以聲求之，疑於聲者以義正之"。他的學生段玉裁在給王念孫《廣雅疏證》作的序中指出："學者之考字，因形以得其音，因音以得其義。"近人黄侃《聲韻略説》説得更爲明確："（形音義）三者之中，又以聲爲最先，義次之，形爲最後。……小學徒識字形，不足以究言語、文字之根本，明已。"清代乾嘉學派正因爲重視了漢字的聲音，因聲求義不限形體，才取得了輝煌的成就。

有人説，古代經典可用今音讀懂，《人民日報》可用不同方音讀懂，這不説明漢字可以"繞過語音"的間隔帶嗎？這正是不了解漢字隱性表音的特點。漢字，以古"六書"爲例，象形、指事、會意這些純表意字，是用整個字形寓含那個音節籠統的"類"，形聲字則又"猶抱琵琶半遮面"式地想顯示一下這個"類"。總之，漢字上面的音是一個籠統的音節的"類"。有人會説，既是籠統的"類"，那還不等於空的麽？不！這個"籠統的類"在不同時代各有其具體的"值"，在不同方音中也各有其具體的"值"。這些"值"同屬於這個"類"。比如"馬"字，古人念，今人念，用普通話念，用方音念，各有其"值"；但萬變不離其宗，萬變不離其"類"（如果念成"horse"那就是離其類了）。《論語·述而》載：孔子雖是魯國人，但讀《詩》、《書》却要用標準音即"雅言"。這也説明具體情況下漢字有具體的音值。

正因爲如此，漢字在各個朝代都有其標準音，當然現在也有標準音，即普通話語音。我們國家很重視漢字的標準讀音，專門組織專家對異讀字詞進行審音。進入新時期以來，又大力開展以"四定"爲内容的漢字規範化，其中一項就是定音。定音就是給漢字讀音確定一個具體的"值"。

六

綜前所述，漢字不是什麼"不怎麼依賴語音，可以由字形直接達到意義"①的文字。"文字是記錄語言的書寫符號系統"這個定義沒有錯。日本漢學家石井勛先生指出，"文字是爲表現語言而創造出來的，理所當然應兼備意義和發音"，把"表意文字"理解成不通過語言直接表達思維的文字"純屬誤解"。有鑒於此，他建議把漢字叫做"表語文字"。②

那麼，被有些人奉爲令箭同時又作爲擋箭牌的索緒爾的"對漢人來說……文字就是第二語言"，到底是怎麼一回事呢？我們可以想象，索緒爾生活的年代（1875—1913），漢字的使用即漢語書面語，是一種怎樣的情形？是文言文！文言文起初也是"白話文"，是言文一致的，就連"乎哉兮"之類也都是當時語言的反映，正如"嗎呢啊"之類是現代漢語的反映一樣。可是自漢武帝罷黜百家，獨尊儒術，定《詩》、《書》、《禮》、《易》、《春秋》爲五經，立於學官，後經歷代擴充爲十三經，作爲科考取士的標準，於是由於"經"的權威性和典範性，先秦的那種語言模式就在書面上固定下來了。後來的唐宋八大家古文，以至清代桐城派古文，都是這個模式。可是實際的語言却不斷在發展，久而久之，言與文離得越來越遠了，人們最後發現：自己說的是一套語言，寫的是另一套語言，以至於近代不斷有人大聲疾呼"我手寫我口"。所以當時的漢人看那種正統的漢字書面語，自然就覺得它是"第二語言"了。索緒爾指的

---

① 申小龍：《中國語言學：反思與前瞻》，河南人民出版社 1993 年版，第 211 頁。

② 石井勛：《文字與漢字的特點》，《漢字文化》1994 年第 3 期，第 43 頁。

正是這種情況。直到今天有些專業(如中醫)還規定可以考古漢語以代外語,仍是把古漢語作"第二語言"對待的。

可是這種"第二語言"絕非像有人說的是"不通過語言直接表達思維的第二語言"!它不通過現在的語言,卻要通過過去的語言,其句法結構以至虛詞的運用,都要嚴格按照先秦的那種語言模式。你以爲文言文的寫作是隨便的麼?它有一套嚴格的要求,不容許你信手拈來隨意表達你的思維。例如桐城派就講求"義法",講求"神、理、氣、味、格、律、聲、色"等。假如有人寫出這樣的文言句:"女憂何懼何,有何於女哉","吾敢怨誰","我無詐爾,爾無虞我",應該說也表達出思維了,可是放在文言中卻屬狗屁不通;放在科舉時代,我敢斷定他老掉牙也考不取個秀才。可見文言文也是一種客觀外在的語言的反映,絕不是任何個人頭腦裏的"内部語言代碼"!

文言文雖是過去的語言模式,卻也難"繞過"當代的語言。例如"畫虎不成反爲狗"這句古俗語,唐代要說成"畫龍(或獸、彪、豹)不成反爲狗",因爲高祖李淵的爺爺叫李虎。"勾當"一詞,南宋要說成"幹當",因爲高宗名趙構。語言都避開了,文字敢不避麼?《淳熙重修文書式》規定要避開的與"構"同音的字竟達55個。誰要硬是擰着幹,用老百姓的話說就是:得摸摸你肩膀上吃飯的傢伙兒還要不要!乾隆四十二年,江西舉人王錫侯就因書中直書康、雍兩朝廟諱及乾隆御名而丟了腦袋。時上諭有云:"閱其進到之書,第一本敘文後凡例,竟將聖祖世宗廟諱及朕御名字樣開列,深堪髮指。此實大逆不法,爲從來未有之事,罪不容誅,即應照大逆律問擬,以申國法而快人心。"生當彼時,還有人敢說"漢字不通過語言直接表達思維"的大話麼?

語言學大師王力先生在談語言學習時,反復強調要有歷史觀點。比如《三國演義》寫劉備三顧茅廬時,諸葛亮醒來口吟五絕一首:"大夢誰先覺,平生我自知。草堂春睡足,窗外日遲遲。"王力先生就指出這首詩是假的。因爲漢代根本没有這種講求平仄的五絕，"知"和"遲"也不押韻，"睡"也不當困覺講。之所以知道羅貫中造假，就是因爲他"繞過"了諸葛亮時代的語言。但反過來恰恰證明：羅貫中筆下的漢字，没有"繞過"他自己的語言呀！

今天的漢字就更不同了。本世紀初的一場革命，把文言文趕下了書面語歷史舞臺，白話文取得了統治地位。如果說漢字是"第二語言"是指文言文還算有所針對的話，今天就不應再這樣說了，今天的漢字書面語，比如《人民日報》，就不應該再是"第二語言"了。可是有人偏偏是現在這樣説。他們把索緒爾的"文字表現語言"大批一通，而抓住索緒爾的漢字是"第二語言"如獲至寶，却根本没弄懂它的真正含義和具體背景，並進而扯出了一個關於漢字的新定義，諸如"以形達意，與思維直接聯繫"，"擺脱語言的局限與羈絆，直接與思維溝通"，"漢文字不是語言的書寫符號，而是思維的表達符號"，真是海外奇談。按照這種邏輯，歷史上有掉腦袋的例子；"文革"期間直書領袖大名也是大不敬。按照這種邏輯，文言文時代會培養出狗屁不通的文人，今天也只能培養出大學畢業也寫不通作文的庸才。不信就請看一段"與思維直接聯繫"的文字：

> 夕飯食完，我前馬途逛步，近見一名歡愛的童，圓面上有
> 兩粒亮明的大目。

這樣的文字大家也看懂了，但讀者會啞然失笑，譏笑作者的語言不通。可作者會振振有詞：這樣寫有什麼錯呢？漢字是"擺脱語言的局限與羈絆直接與思維溝通"的文字呀，我的思維也溝通了、表達了呀！假如作者把"語言的局限與羈絆"再擺脱一下，寫成：

> 我的，馬途逛步的有。小孩，大目的，可愛大大的。

我想讀者更會笑掉大牙，雖然看懂了作者的思維，但就是覺得有點像日本話。

所謂漢字的新定義對漢語文教學貽害無窮！

七

所以新時期"新派人物"們在漢字性質功用問題上的某些"新見",是不能成立的。依照這類"新見","文字是記錄語言的符號"固已成爲謬誤,而"文學是語言的藝術"也只能視爲胡説。漢語文教學也應該取消,關在屋子裏學會幾千個漢字,胡亂拼凑、任意表達思維也就可以了。因此,我們要搞好漢語文教學首先就該肅清這類"新見"的影響,爲漢字的語言性質正名,重新強調——漢字是記錄漢語的書寫符號系統,把漢字教學納入漢語言教學(而不使之孤立),以漢字教學帶動和促進漢語言教學,使漢語文教學達到一個新的水準,讓漢語文以不愧爲一個泱泱大國的語文的面目走向世界。

(原載王均主編《語文現代化論叢》第二輯,
語文出版社 1996 年 9 月第 1 版)

漢字不應該這樣"再認識"

我們的民族，創造了自己輝煌的文化，也創造了自己輝煌的文字。有了文字，我們才有了自己的歷史記載，才走出了蒙昧，走進了文明。漢字實在是我們民族和歷史的功臣，是我們祖先的偉大發明。

我們的民族既能創造文字，也就可能而且應該回過頭去認識它（包括其性質、特點、構造、起源和發展等）。漢代的許慎，就是爲了要認識漢字自身的構形特點和其內在規律，才寫下那部不朽名著《說文解字》的。繼許慎以後，又不斷有人對漢字進行"再認識"，以致形成了"許學"、"說文學"，到清代達到鼎盛時期，出現了段、桂、王、朱等一系列大家。甲骨文發現後，我們對漢字的再認識，達到了一個新的水平，涌現出一大批甲骨學、古文字學專家。漢字發展到今天，已經發生了很大的變化，於是又有的學者對漢字的從古到今進行全面、系統的再認識，近些年較有影響的就有裘錫圭先生的《文字學概要》、王鳳陽先生的《漢字學》等著作。這些都是力求按照漢字的本來面目、固有的構形原理和內在的發展規律，對漢字進行客觀的（而非主觀隨意的）解說和科學的研究，是嚴格意義上的漢字學。

可是，就現行漢字的識字教學來說，過去漢字自身固有的那些構形理據，以往對漢字形體那些科學、正確的解說，由於歷史的發展和漢字形體的演變，而越來越不適用於現在的漢字教學了。這就迫使人們從現實應用出發對漢字進行新的"再認識"，探討一套識字教學的新方法。20 世紀 80 年代初，殷煥先生就大聲疾呼重視"最常用千字教學",大力倡導適合現行識字教學的"新説文解字"。① 在這方面貢獻突出的要算辛勤工作在漢字教學第一綫的中小學教師們。過去的象形、指事、會意、形聲等字理,能利用的就儘量利用,不便利用的就另闢蹊徑。比如"話"、"裕"二字,依舊説形聲字來講,初學者已不易接受了,講成會意:舌頭發出言(言)來就是"話",有穿的(衤)有吃的(谷)就是富"裕",倒也淺顯易記。"攀"本來是從"手""樊"聲,著名特級教師斯霞却解釋作:"山上有許多樹木,樹上有許多枝枝杈杈,用大手一攀就上去了。"②這樣學生很容易就把字義和字形記住了。在這方面,小孩子也"不甘示弱"。他們學"愉",就想象"一個人拿着一把玩具刀,到月亮上去玩,他的心裏一定很愉快。"③學"奶",右邊的"乃"還没學過,就想象成"彎腰駝背、拄着拐杖的老奶奶"。④ 真是絶妙。

香港著名實業家安子介老先生,爲了方便外國人學漢語,就是采用這種方法,用他自己的話説就是"不受傳統束縛,完全在另一個嶄新的基礎上追蹤漢字⑤,用英文寫下了五卷本的《解開漢字之謎》(後又出了中文簡縮本)。在書中,他絞盡腦汁讓5888個漢字形體與現代常用義聯繫起來。前人説解仍可利用的,他就"重複"之,否則自己"杜撰"之,"只求在邏輯上説得過去"。⑥ 例如他

---

① 殷焕先:《漢字三論》,齊魯書社 1981 年版,第 23 頁。

② 斯霞:《我的教學生涯》,上海教育出版社 1982 年版,第 44 頁。

③ 李衛民:《電影蒙太奇和奇特聯想識字》,《漢字文化》1994 年第 4 期,第 40 頁。

④ 賈國均:《"字理識字"是解決漢字初學繁難問題的有效途徑》,《漢字文化》1995 年第 1 期,第 31 頁。

⑤ 袁曉園主編:《文字與文化叢書》(三),光明日報出版社 1988 年版,第 83 頁。

⑥ 安子介:《我對漢字的看法》,中文版《解開漢字之謎》,香港瑞福有限公司 1990 年版,第 V—XVI 頁。

在頭頭是道地解釋完“鬻”字爲什麼具有“賣”義之後,特意追加説明“我却完全没有證據”,可是“這樣完全可幫助學習漢字的人,容易記住這個筆畫很多的字形”。①

有證據也罷,無證據也罷,只要便利初學者記認漢字,原則上就應該予以承認。因爲你的對像是——初學者,所以不能把識字教學講成古文字學,也不能講成博物和考古。相對於嚴格意義上的漢字學來説,這種從現實需要出發、對漢字進行人爲的聯想和通俗的説解的方法,可稱爲“俗漢字學”。有人稱之爲“俗形義學”②,也是這個意思。安子介先生本人也一再聲稱他的方法是“異教徒的做法”。③

漢字學和俗漢字學各有各的目的、用途和適用範圍,我們不能以彼代此,也不宜是此非彼。因而安子介漢字研究的意義有其特定的範圍,評價安子介漢字研究自然也有其特定的範圍。可是劉光裕先生的大作《“漢字需要再認識”》(以下簡稱《再認識》)④,在“談安子介的漢字研究”的副標題下,却撇開安先生的具體研究不談,而僅就安先生的隻言片語生發出許多微言大義來,諸如“對漢字本身價值的認識”之類。固然這也可以算作者自己對漢字的“再認識”,可惜這些認識却有不少理論性的乃至常識性的錯誤。事關語言文字學的學術問題,故不揣固陋,略述淺見,以就教於劉先生和方家讀者。

---

① 安子介:《我對漢字的看法》,中文版《解開漢字之謎》,香港瑞福有限公司 1990 年版,第 XI 頁。
② 李萬福:《談俗形義學》,《漢字文化》1995 年第 1 期,第 6—10 頁。
③ 安子介:《劈文切字集》,香港瑞福有限公司 1987 年版,第 231 頁。
④ 劉光裕:《“漢字需要再認識”》,《漢字文化》1995 年第 2 期,第 5—11 頁。

一

《再認識》第一個小標題是"'拼形'與'表意'"，並將這兩點當成安子介的認識和漢字的特點。"拼形"固然可算是漢字的特點，但却不能算安子介一個人的認識，因爲 1800 多年前的許慎就這樣認識了，其《説文解字》就是把漢字看成可拆拼的形體。至於"表意"，劉先生這裏跟我們所説漢字是表意文字的概念不同，實際是指安子介分析漢字的方法，即：聲旁都是表意的，漢字 90% 以上都是會意字。這一條可以算是安子介先生的個人認識，但却不能説是漢字的特點。聲旁兼表義，本來也是少部分漢字的客觀現象，但大多數形聲字如"松"、"柏"、"梧"、"桐"、"花"、"草"等，其聲旁都是不表義的。判定聲旁是否有義，要有嚴格的語源學原則。《説文》中的"亦聲"字，都是聲旁有義的，如"娶，取婦也。從女從取，取亦聲"。王力先生集語源學研究之大成，寫下了《同源字典》一書，真正聲旁有義的字都被他搜羅進去了。王先生判定聲旁有義或同源的原則就是"以先秦古音爲依據"、"謹慎從事"、"寧缺勿濫"。"聲旁有義"没錯，擴大化就錯，絶對化更錯。所以，用嚴格意義上的漢字學和科學的語源學觀點來衡量，安子介先生把所有的聲旁看成都有義，漢字 90% 以上是會意字，倒應是根本錯誤的。

不過話又説回來，撇開學術研究的角度，而站在現實應用和識字教學的角度，則完全是另一碼事。比如識字教學把"話"中的"舌"、"裕"中的"谷"當成有意義的成分講，通俗易懂，易學易記。如果非講成聲旁，小孩子和初學者反倒大惑不解。對他們講古文字和古音吧，更是不切實際的做法。又比如安子介先生給外國人講"江"，聲符"工"不僅表示音義，還顯示形狀。安先生説："在長江和黃河之間，我國還有一條運河。"①外國人如果翻開地圖一看：哎，還真是！講"誕"，安先生說："'新生嬰兒由母親腹中出來的瞬間，尚未開腔，是父母感到十分緊張的時刻'，一開口，哇的一聲哭叫起來，本來左右心血液能直接通流的狀態，一下子由於心臟的中隔閉上而分流，也就是生命真正的開始……一聲被'延遲'了的'言'，被叫成'誕'，不是沒有理由。"②安先生運用了現代醫學的知識，這樣初學這個字的人就比較容易記住"誕"的字形和"誕生"的意義。

　　但是需要強調的是，這僅僅是識字教學的方法。安子介的解說也是他從識字教學角度對漢字的認識。評價安子介"會意"說，也應該緊緊扣住識字教學這一環。可是，《再認識》中雖也有一兩句關於安先生的解說"應用性強"、"是識字教學的好方法"之類的話，可惜劉先生並未以此立意，而是以"漢字的特點"來立論，把安子介的見解上綱上綫抬成漢字的特點，這就是根本性的錯誤了。

　　安子介先生關於漢字 90% 以上都是會意字的見解如果算作漢字的特點的話，那麼自許慎以後那一代一代直到當代的漢字學者們的見解又如何解釋呢？漢字中的象形字、指事字以及一代代不斷出現的大量的形聲字又如何處置呢？認真起來，任何一個嚴格意義上的漢字學者都不敢說"話"中的右半是"舌"，"裕"中的"谷"也不會有人講成吃的谷米。"江"中之"工"那一豎，安子介譯爲大運河，可大運河是隋朝才有的，運河出現以前又該作何解釋呢？所以把安子介的這類見解統統拔高爲漢字的特點，則事與願違，反倒顯出其荒謬來。安氏之"聲旁有義"說，除了他吸取前人的那些正確解釋外，有相當一部分，連他本人都說是"杜撰"和"完全沒有證據"。這種隨意解釋漢字的做法，僅僅在一個特定領域

---

①　安子介：《解開漢字之謎》（上冊），香港瑞福有限公司 1990 年版，第 178 頁。

②　安子介：《劈文切字集》，香港瑞福有限公司 1987 年版，第 202 頁。

(識字教學領域)可以認爲是可行的,而劉先生非要把它推到另一個領域(嚴格的漢字學即對漢字自身價值、本質和特點認識的領域)去"曝光"。這與其說是表揚安子介,不如說是幫了倒忙。這恐怕連安先生本人也不會同意的。

二

《再認識》的第二個小標題是"漢字適應漢語"。漢字與漢語相適應的諸多方面,前人所論不少了,可是劉先生的本意却是向拼音化上扯,藉以説明將漢字改進爲拼音"是難以實現的空想"。這反倒陷入了一種"説不清"的境地。因爲主張拼音化的就説出拼音化的許多優點,反對拼音化的就説出拼音化的許多缺點,但這都是些理論上的説明,並没有拼音文字和漢語適應不適應的實踐證明。但理論上的説明也要説到點子上。即如劉先生所説漢語"音節簡短"、"獨立分明"、"聲韻對稱而優美"等,就不能作爲只有漢字才能適應漢語的證明,因爲這些特點用拼音文字表達照樣也可以顯示出來。

同音詞對拼音化來説倒是個問題,但也不像平常人想的那麼嚴重。口語中的同音詞自然是依靠語境來區分,用拼音文字寫成書面語,也有一個由特定上下文構成的語境。比如單獨一個拼音詞 gǔzhǎng,我們不知道它是"鼓掌"還是"股長"。可是我們把"全場熱烈鼓掌"改寫成拼音,其中的 gǔzhǎng 就不會有人非理解成"股長"不可,因爲有特定的上下文定着呢。至於劉先生説:聲調的區別作用在不同方言中總是更差些,則是常識性的錯誤了。因爲誰都知道,全國絶大多數方言的聲調系統都比普通話複雜得多,類別有五個、六個直到九個、十個不等,其"區別作用"只能是更加細緻,劉先生却説它們"差",此言何來呢?

劉先生所説拼音文字不適應漢語的第二點理由無非是説漢語

不是形態語言。這也不是根本性問題。越南語、緬語、馬來語也是非形態語的詞根語，但它們都能用拼音文字記寫。

劉先生把他的兩點理由歸結起來説"漢語的語音區別作用比較説來顯得弱一些"，這更是無據之論。就過去看，漢字産生之前，我們就用漢語進行交際；就現在説，我們談話、作報告、聽廣播、打電話等，語言交際更加廣泛；進入現代化高科技時代，我們還有專門利用語音搞聲控電腦和人機對話。這一切，不是全靠語音的區別作用嗎？它又"弱"在哪里呢？劉先生的理由不僅没能證明他的觀點，反而跑了"題"—— 爲反證漢字之優美，不惜造出漢語之缺陷。

劉先生説不到點子上，我們不妨替他説一説。我們也認爲目前以及今後相當長的一個歷史時期内，拼音文字確與漢語不適應。其中最主要的原因絶不在於漢語的語音區別作用弱，乃在於漢語語音的不統一。因爲拼音文字是直接與人們口説的語音相聯繫的，它首先要求全國十幾億人的口頭上有共同的語音才行。而我國的現狀恰恰是：方言分歧，語音不一。

我們雖然給劉先生提供了這條在目前漢字適應漢語、拼音文字不適應漢語的有力證據，但我們也不同意劉先生拿去證明他所謂漢字拼音化是"難以實現的空想"。因爲事物總是發展變化的，這是馬克思主義的基本觀點。漢語這種方言語音不一的狀況如果改變了呢？假如有一天中國十幾億人都會説一口標準的普通話，那肯定是另一番情形；到那時再看拼音文字與漢語適應不適應的問題，可能會得出另一種結論。我們的東方鄰國已有了這方面的實踐證明。日本歷史上全用漢字與日語適應，後來漢字與假名混用也適應；朝鮮、韓國全用漢字與其語言適應，全用表音的諺文也適應。所以我國將來是"文字拼音化一定實現"還是"漢字萬歲"，都將由客觀情況而定，而不能憑我們的主觀願望而定。"千歲"後的事就很難説，因此我們還是別當算命先生，別把事情説得太死，免得到時候我們的後代埋怨他們的祖宗武斷。

三

《再認識》的第三個小標題是"語文簡潔與構詞靈活"。這也是當前議論漢語的一種較流行的說法。什麼是"簡潔"？劉先生說："中文篇幅小,漢語簡潔。"這種僅僅以篇幅大小來評判一種語言簡潔與否,並進而評判語言優劣的機械論調,學術界早就提出批評了。這不過是以漢語的文本比人家薄來說明漢語比別的語言優越。人家要來個"以子之矛攻子之盾",反問一句："你們古代漢語和現代漢語哪個簡潔,哪個優越？"這下就露餡了。因爲誰都知道,我們的古漢語是以單音節詞爲主,而今是以雙音節詞爲主,一篇古文譯成現代文,篇幅要增大好多。這豈不是說我們的漢語越來越不簡潔、越來越惡劣了嗎？這正是"簡潔說"的捉襟見肘處。

漢語"構詞靈活"倒是實情,只是劉先生的解說未免缺乏常識。劉先生說："這個構詞靈活,是指只需應用數量有限的漢字,足以構造人們所需要的應有盡有的詞語。"這是爲了給漢字爭功而生拉硬扯。對此我們不需多說,只消問一句話即可見其誤：我國尚有許多文盲、半文盲,他們並不認識那"數量有限的漢字",可他們那"應有盡有的詞語"是怎樣"構造"的呢？他們口中的"電燈"、"電話"之類是由什麼構造的呢？其實,漢語的詞是由語素(或曰詞素)構造而成的。漢語中的五級語言單位——語素、詞、詞組、句子、句群,存在着由低到高的逐級構造關係。用漢字書寫漢語,那已經是"二傳手"的東西了。所以"漢字造詞"云云,不過是識字者由閱讀時的表面現象而得來的誤解。對此,筆者已有專文予以駁正①,茲不多述。

———————————

① 孫劍藝：《"漢字創詞說"說》,《語文建設》1992 年第 6 期,第 2—6 頁。

　　劉先生爲了"高度評價漢字對漢語的積極影響",把這兩條説成是漢字造成的,並説安子介"認爲其要者有二:一是使漢語簡潔,二是使漢語構詞靈活"。請大家先注意那兩個"使"字。據我們所知,安子介先生並没有説過這樣的話,就連"漢語簡潔"、"漢語構詞靈活"這兩條,也是另有出處。《漢字文化》1989 年第 1—3 期上連載了袁曉園、徐德江兩位先生的十篇總題爲《論漢語漢字的科學性》的系列文章。劉先生的"漢語簡潔"來源於其第十篇,其中原話是漢語文"明確而簡短"、"明確而簡約"。"漢語構詞靈活"則來自其第三篇標題叫做"富於理性的靈活的層層組合構詞"。至於是漢字"使"漢語簡潔、"使"漢語構詞靈活,則純屬劉先生杜撰出來的個人認識,可惜這種認識又是不符合事實的。

　　文字對語言有影響,它把語言記録爲書面語,總是要進行一番加工整理,因而更加精確細密,可以促進語言的規範和發展,但却不能決定語言的本質和特點。就我們漢語來説,它已有了多長的歷史? 就從"北京人"算起吧,有的學者認爲約有 50 萬年了,而我們最早的甲骨文却只有 3000 多年,姑且説 4000 年吧,50 萬和 4000 是一個什麼樣的比例? 劉先生怎麼就認定 4000 年前的漢語就不"簡潔"不"靈活"? 存在了幾十萬年乃至更長時間的漢語的本質特點,何勞只有幾千年歷史的漢字來決定? 所以,説文字決定語言的特點,就像説兒子決定父親的特點一樣。有這樣一則小幽默:李四説張三"你長得像你兒子"。張三説:"不對! 我兒子長得像我。"張三之所以説"不對",就是因爲這裏面有一個誰決定誰的問題。劉先生一口咬定:"完全可以這樣認爲,漢語今天這樣簡潔,是我們民族長期使用漢字的結果。這樣説不會有錯。"其實大錯特錯了。

　　現存活語言的事實,也足以證明劉先生認識之"錯"。普通語言學知識表明,整個漢藏語系有幾十種語言,它們有一些共同的特點。舉其要者:一、有聲調;二、單音節詞根占多數;三、缺乏形態變化而以詞序和虛詞爲表達語法意義的主要手段。① 劉先生所謂"簡潔"、"靈活",可以説它們都具備! 可是除了漢語之外,它們都不使用漢字呀! 是什麽"使"它們那樣的呢?

四

《再認識》第四個小標題是"漢字是中國的第五大發明"。説漢字是"大發明",這是没有問題的。關鍵是要找準看問題的角度,以防人家問"爲什麽"。即如本文一開頭我們就肯定了漢字的偉大功績,假如没有文字的産生,我們將永遠在史前蒙昧階段徘徊。若將文字和指南針相比,哪一個更重要呢? 如果像魚與熊掌那樣必欲舍棄其一,恐怕大多數人的意見是寧願舍棄指南針也不能没有文字。所以無論是從産生的年代還是從作用看,説漢字是"第一大發明"都不爲過呢。

可是劉先生的根據或看問題的角度卻又跟我們截然不同。他説,"當古埃及的聖體字、巴比倫的楔形文字、中美洲的古瑪雅文字等相繼成爲歷史的陳迹之後,唯我漢字獨存",成爲"世界文字史上獨一無二的奇迹"。"既是獨一無二的奇迹,稱其爲'第五大發明',有何不可?"可見劉先生判定"大發明"的標準是"獨存"和"獨一無二",這就有問題了。

君不見:當今世界大勢,隨着電腦打字和激光照排的推廣,我們"四大發明"之一的活字印刷術,又快要成爲"歷史的陳迹"了! 如果真的有一天活字印刷被徹底淘汰了,它難道就不是"大發明"了嗎? 我們相信劉先生不會因此而否認其爲發明吧。我們也相信我們的民族也不會爲了讓活字"獨存"而拒絕電腦打字和激光照

① 馬學良主編:《語言學概論》,華中工學院出版社 1985 年版,第 255 頁。

排,去創一個"獨一無二的奇迹"。

　　如此看來,古埃及、古巴比倫和古瑪雅文字,雖然成了"歷史的陳迹",仍不失爲"大發明"。它們消亡了,並不是没有文字了,而是發展演變或更换成了另一種類型的文字。假如一萬年後我們的漢字發展演變或更换成了另一種類型的文字,我們的後代絕不會因爲它不"獨存"而否定其爲大發明。所以劉先生說"漢字是第五大發明"的論點成立,論據却立不住。

　　接下來,劉先生又談了漢字的三條優點,雖然表面看來也有一定道理,但實際上却還是立不住。

　　劉先生所謂漢字的第一條優點是"漢字具有超越方言和古今語言差别的功能"。如果從表面上看,就漢字記寫語言的工具性來說,這樣說說也無妨,並且我們還應再補充一條:漢字還能"超越中外"。因爲它還被用來記寫日語和朝鮮語呢。但是如果拿着棒槌當了"針",向深層上說,以爲漢字真有超越語言差别的功能,那就大錯特錯。因爲任何語言都是需要專門學習的。比如,漢語的古今文獻都是用漢字記載的,但一個人如果不在古漢語上下些專門的功夫,是無法單憑"認"得字而讀懂古文的。假設孔聖人再世,他也肯定讀不懂我們的《人民日報》,給他用金文甲骨文特排也白搭,因爲他不懂我們的語言。各方言區的人都能讀懂《人民日報》,那是因爲各方言的基本詞彙和語法結構都大致相同,同時由於采用普通話,一般詞彙也有了一致的標準。如果純寫成粤語或吴語就不好辦。用漢字寫外語就更不行了。日文、韓文和中文現在所用的漢字加在一起也不過三四千個,是否"認"得了這幾千個漢字就能互相讀懂對方的語言呢?是否就"超越"了三方的"語言差别"呢?堅信漢字國際性强的人士預言將來漢字可能會成爲世界通用的文字。我們可以想象,即便真的那樣,那也是法國人用它寫法語,英美人用它寫英語,俄羅斯人用它寫俄語……我們無法僅憑漢字讀懂那許多的語言,更難以超越那許多的"語言差别"(除非將漢語確立爲世界語)。既然漢字在實際上並不能超越方言和語言差別,那劉先生説的這條優點就該打打折扣了。

　　至於《再認識》所引國學大師錢穆先生所説文字對語言和方言的"控制"作用,實際是指共同語所具有的這種作用。錢先生所擧"虎"與"於菟"、"筆"與"不律"之別,正是古代的通語和方言之別。通語或曰共同語,總是建立在一個基礎方言之上,並吸收其他方言的成分而成。一些新詞能否進入共同語,主要看其流通程度並兼及其他一些因素。正如錢穆先生所説:

　　　　又如火柴,有些處呼作"洋火",有些處呼作"自來火",有
　　　些處呼作"取燈兒",各地的方言,譬如各地各造各的新字
　　　(按:此處指新詞),但結果是"火柴"一名通行了,那其餘的
　　　都淘汰了……而且火柴一名,又控制了各地的方言,使他們都
　　　稱火柴而不再有別的稱呼。①

錢穆先生這裏正是如實地敍述了"火柴"一詞如何進入普通話又如何反過去給方言以示範的情形。可是錢穆大師的話到《再認識》一文中經劉先生一"補充",却成了這個樣子:

　　　　本世紀初,方言中有"洋火"、"自來火"、"取燈兒"等稱
　　　呼,後來漢字的"火柴"兩字通行全國(着重號爲筆者所
　　　加)……這詞語的差別消除了。

劉先生爲了給自己的"再認識"製造根據,竟不惜曲解錢穆大師的意思,把"火柴"的通行説成是"漢字"的原因!實際這也是明眼人一看便知的常識性問題:"火柴"寫下來是漢字的,"洋火"、"自來火"寫下來就不是漢字的了嗎?再請劉先生看一下當今社會和報刊吧:眼睜睜的,漢字加譯音的"面的"通行了,而漢字的"麵包計程車"淘汰了;譯音加拉丁字母的"卡拉 OK"通行了,漢字的"無人伴奏樂隊"淘汰了;純拉丁字母的"MTV"又差點取代純漢字的"音

────────────

①　錢穆:《中國文化史導論》,商務印書館 1994 年版,第 90 頁。

樂電視"……對此,劉先生又該做何感想和解釋呢?

　　劉先生所謂的漢字第二條優點是"漢字是可以引發想象和聯想",所舉例子是"盲"可聯想"亡"了"目"。但這種優點只限於極少數字。除了"盲"外,"忙"、"忘"聯想作"亡"了"心"尚可捉摸,而大多數的字如"妄"、"肓"、"杧"、"芒"、"虻"、"牤"、"邙"、"氓"等字,又該聯想成"亡"了什麼呢? 所以這法子的有效性却極有限。這還僅限於識單字,閱讀就更不行了。就拿"漢字需要再認識"和"漢字是中國的第五大發明"這兩句話來說吧,劉先生說"漢字以形表意,使用漢字時觀其形而得其意",那就請劉先生說說上面兩句話中的每一個字是怎樣"以形表意"的,您又是怎樣經過"想象和聯想"而"觀其形得其意"的呢? 我們敢斷定劉先生說不出來! 因爲漢字根本就不是這樣閱讀的。既如此,這條優點也得打打折扣了。

　　第三條優點是"漢字有利於發展大腦智力"。學文字是學文化的開始,應該說,任何文字都有利於發展大腦智力。可劉先生却又是拿拼音文字鋪墊着說的,意在說明: 拼音文字比漢字不利於發展大腦智力。所舉的確鑿證據是: 神經語言學家的研究表明,拼音文字是"單腦文字",漢字是"複腦文字"。不過我們也看到另外的專家研究出的相反的結論: 右腦損傷者能認出所給的漢字,左腦病人則認不出,因而漢字不是什麼"複腦文字"。[1] 既然有兩種相反的觀點,劉先生所舉這條漢字的優點,只得存疑。兩種觀點孰是孰非? 筆者對腦科學一竅不通,也就不敢妄說,還是恪守"不知爲不知"的聖訓,學習先哲許慎的榜樣,"其於所不知蓋闕如也",免得貽笑大方。如此而已。

(原載王均主編《語文現代化論叢》第三輯,
語文出版社 1997 年 10 月第 1 版)

---

　　① 曾志朗:《漢字閱讀與腦功能的組合》,中國語文現代化叢書第一輯《科學地評價漢語漢字》,華語教學出版社 1994 年版,第 218—226 頁。

汉字构形理性的發展與現代漢字的理據

（上）漢字構形理性發展的
原因、階段和趨勢

談起漢字的特點，人們往往説：漢字是表意體系，其構形是有理性的，或者説是有理據的。這裏的"理性"或"理據"是何義呢？本師殷焕先先生指出："甲骨文字體系重要的性格之一，是文字構形的有理性，一般所謂的'合乎六書'。"①蘇培成先生指出："文字的理據就是字理。"②可見講漢字構形時所謂的"理性"和"理據"是同一範疇的概念，均是就字理而言的。

講起漢字構形理性，人們又馬上會想起"六書"。所謂"六書"就是古人對當時漢字構形理性(或曰理據、字理)的總結。我們講漢字構形理性的發展，核心也是講"六書"的發展。眾所周知，自古迄今，漢字構形理性不是忽然就有的，也不是保持不變的，而是有個形成、完善和繼續發展變化的進程。有這樣一個進程，就要研究推動這一進程的原因，這一進程分爲幾個階段，各階段呈現什麽發展趨勢，總體看來又呈現什麽趨勢等。

推動漢字構形理性的形成和發展變化，有各方面的原因，例如書寫材料和工具的變化，人們追求書寫便捷的主觀願望等，結果都能造成漢字形貌和結構的變化，勢必也影響到其内部理性的變化；

---

① 殷焕先：《漢字三論》，齊魯書社1981年版，第2頁。
② 蘇培成：《現代漢字學綱要》，北京大學出版社1994年版，第81頁。

但要説決定和促使漢字構形理性形成和變化的最主要原因却只能是語言。立足於文字的角度來考察,語言力量是内因,其他都是外因。道理很簡單,文字是工具,其直接目的是記寫語言以助交際,因而就要使字形跟語言成分建立某種聯繫,這種聯繫就是文字構形的理性。所謂"六書",就是早期漢字的構形跟當時的語詞聯繫的體現,换句話説,"六書"就是字形表現當時語詞的六種方式。所以"六書"從産生那天起,就是語言作用的結果,這一點應成爲我們的共識。

漢字發展的階段,人們習慣以隸變爲界,分爲古今文字兩個大階段,這是着眼於漢字形貌的顯性變化來劃分的。形貌的變化又的確引起了内部理性的巨大變化,所以我講理性的發展,也首先以隸變爲界,分爲上、下兩個大階段。但僅僅這樣劃分是非常籠統的,因而是很不够的。因爲"六書"理性不是一下子就發達起來的。也不是一下子就跌落下去的,其間又可細分爲若干個小的發展階段。

"六書"從産生到完善,也有一個發展過程。越來越多的學者認識到,漢字從産生到完備,經歷了標形、假借、形聲三個階段。①證之以古代典籍、字書、金石銘文和甲骨文,這還是比較合於實際的。我們大致同意這種劃分。

古人創制文字以記録語詞,而語詞又具有聲音和意義兩方面,其中意義又是核心,因爲達意是交際的最終目的。於是我們的祖先首先想到的是如何把語詞的意義内容在字形上顯示出來,這就有了象形、指事、會意造字法的産生。這幾種方法我們可統稱爲"標形",因爲它們都是用形體直接顯示語詞的意義。象形字不必

① 例如劉又辛先生就有表形、假借、形聲三階段之説,見其《從漢字演變的歷史看文字改革》一文,載《文字訓詁論集》,中華書局 1993 年版。本文爲同"表意"相區別,改"表形"爲"標形"。

説,指事字的大部分也都是在象形字的基礎上産生的,會意字則是用兩個以上的象形字或指事字合成一個新字。這類方法有很大的優點,就是具有顯示意義的直接性、形象性和直觀性,體現着字形與語義聯繫的某種必然性。

可是先民們後來意識到,這種標形法又有很大的局限性:語言中好多詞的意義用這種方法顯示不出來。所以我們漢字寶庫中這類的字所占比例很小,以《説文解字》而論,象形、指事、會意加起來也不到五分之一,顯然不敷記録語言、表達思想之需要。用這種方法把能造的字造出來之後,一時又想不起更合適的方法給另外那許多詞造字,但又要記録語言,情急之下,先民們就發明了另一種方法——假借! 因爲他們大約意識到:語詞除了意義要素外還有一個聲音要素,在一個詞"本無其字"的情況下。可以借用一個音同音近字以應急,借形示音,再以音帶義。這樣,那些没字的詞也就等於有了字,因而古人明確地把假借作爲一種造字法列於"六書"。有了假借,人們就在以有限的文字記録無限的語詞方面獲得了很大的自由。據古文字學家姚孝遂先生統計,甲骨卜辭中漢字的實際應用,假借占 70% 以上。[①] 假借在漢字發展史上,在中華文明史上,實在是立下了汗馬功勞。要説標形的"以形顯意"反映了我們祖先的一種聰明的話,假借的"借形示音"則體現了我們祖先的另一種聰明。

然而假借法也有很大的缺點和局限,它仍是表意體系中的表音,與標形表意法並行,容易發生混淆,給閱讀理解造成困難。兩類方法各走一個極端,在顯示音義方面難以兩全,頗不符合後來儒家哲學的中庸思想。於是先民們又想出了辦法,給假借字添上示意的形符,如:每—悔、晦,胃—謂,井—邢,才—在,辟—避、僻、

---

① 　姚孝遂:《古漢字的形體結構及其發展階段》,《古文字研究》第四輯,中華書局 1980 版。

孼、臂,這樣,原來的很多假借字就都有了後起專用字,而借字仍歸還回去表本義,分工也清楚了。還有的假借字被借走後卻永遠借下去而不歸還了,本義沒有了着落,先民們就在借出的字的基礎上加一個形符再造一個字爲本義所用,如:其—箕,莫—暮,要—腰,求—裘,匚—筐,易—蜴。孫雍長先生的專著《轉注論》①,把前面兩種造字法都叫做"轉注",把原來的假借字和古本字叫做"轉注原體字",把加注的形符叫做"類首"。所以轉注是指把舊字改造成爲新字的方法,而形聲,則專指在一個詞沒有文字代表的情況下,重新提供兩個構形要素"名符"(即形符)和"音符"(即聲符)構成一個新字的方法。這樣分析還是頗有道理的,既能使轉注作爲一種造字法得到落實,又能把文字的結構和造字方法區分開來。但是,無論轉注還是形聲,造出的字在結構上仍可統謂之"形聲字"。到《說文解字》中,形聲字已占到80%以上了。所以,我們仍可把形聲作爲漢字發展的一個階段。至小篆爲止,漢字已走過了標形、假借、形聲三個階段,從産生初期的簡陋走向了完善。

　　形聲字吸取了標形和假借的長處而揚弃了它們的短處,是我們祖先智慧的高度體現,又恰與不偏不倚的傳統中庸思想相合,是自然界對稱美和人類社會和諧美的凝結。正如我在一篇文章中所說:"應該算作祖先一大發明的形聲字,的確高明。它就像人有兩隻手,一隻手伸向語音,一隻手伸向語義,實現了形、音、義的高度統一,實在妙不可言。"②形聲字和其他的漢字一起,順利地承擔起記錄漢語的重任。

　　由前所述可以看出,漢字表現語詞音義的"六書"字理,是一步步發展完善起來的。而推動其發展的內因或曰內動力卻正

---

①　孫雍長:《轉注論》,岳麓書社1991年版。

②　孫劍藝:《論祖國書同文的基礎》,香港《語文建設通訊》1994年6月總第44期。

是——語言！具體地説就是語言的聲音和意義這一對矛盾在推動着漢字的創造、結構和字理的發展。反映到漢字上就成了形與義、形與音這兩對矛盾。漢字的形體一會兒想解決形與義的矛盾，一會兒又想解決形與音的矛盾，最後終於來了個折中，讓聲音和意義在字形上平分秋色。至此，漢字的"六書"字理達到了頂峰，漢字體系以形聲結構爲主體，與象形、指事、會意、假借諸種類型相配合，成爲一種最具構形理性的文字體系。

但是，我同意漢字發展的三階段論，却不同意把這三階段一直説到現在。講漢字的構形理性尤其如此。換句話説，我絕不同意"六書"字理一直管到今天！我認爲，在漢字發展史上，這三階段應合爲一個大階段，那就是逐漸地完善"六書"、強化字理的階段。其下限是秦代的小篆，其頂峰及其標誌就是《説文解字》。《説文解字》雖是東漢許慎所作，但其所立"正篆"却不是當時的字體。當時通行的是隸書，早在西漢初就被稱爲"今文"了。所以《説文》不過是對秦篆以及秦以前文字的總結，代表着漢字構形理性的最高峰。這還真應了"物極必反"的哲理，小篆以後，漢字馬上進入了另一個發展階段。這個階段的起始標誌就是——隸變！也就是説，漢字構形理性的發展還有第二個大階段，那就是隸變至今天的階段。細分一下其間又有兩個小階段：隸變雖短暫亦應獨自成爲一個小階段；隸定後至今爲第二個小階段。

本師殷焕先先生在《漢字三論》中論述了篆書以前漢字構形的有理性之後，筆鋒一轉指出："晴空霹靂，來了個'隸變'。"①這句話把隸變對漢字形體面貌及"六書"字理的震動之大，昭示無遺了。隸變使篆書筆形的圓轉屈曲變成了方折平直，綫條變成了筆畫，筆意變成了筆勢，圖形變成了符號。象形、指事、會意這三類標形的純表意字，既然形不"象"了，其意也就顯不出來了。現在的

---

① 殷焕先：《漢字三論》，齊魯書社 1981 年版，第 13 頁。

"日"、"月"、"水"、"火"、"馬"、"牛"、"耳"、"目"之類如何象的
形？若拿"日"問一個不識字的小朋友像什麼,他很可能説像一扇
窗户;拿"目"問他,限定猜五官,他很可能猜鼻子。形既不象,依
形指事的也就指不出來了,合形會意的也會不出來了。"尺"、
"寸"、"才"、"干"、"民"、"屯"、"司"、"正"、"甘"、"夫"、"巾"
之類指事字是如何指的事,"閏"、"瑞"、"咸"、"周"、"局"、
"送"、"道"、"具"、"章"、"竟"、"史"、"隸"、"肥"、"制"、"哥"、
"全"、"表"、"盜"、"老"、"兄"、"古"、"今"、"内"、"外"、"黑"、
"白"之類會意字是如何會的意,都没法講了。現在略加體味還
能看出來的"刃"、"本"、"末"幾個指事字,"休"、"信"、"男"、
"劣"、"涉"、"囚"幾個會意字,不過是僅有的秃子頭上明擺着的
幾個虱子。隨着象形的"不象",形聲字的形符也變成了標號,其
示意功能大大降低了,例不贅舉。

　　總之,隸變是對漢字象形性和構形有理性的一次空前大破壞!
有人既無法否認隸變的事實,又要維持所謂漢字理據性、表意性的
優越,却説隸變後漢字的發展是象形表意性的完善。① 哪里是什
麼完善,簡直是毁滅! 許慎説:"初有隸書,以趣約易,而古文由此
絶矣。"隸書所"絶"的正是古漢字的圖畫性和象形表意性。隸變
後"六書"中標形的那幾種純表意字以及形聲字標形的部分,其顯
示意義的直接性就變成了間接性,形象性就變成了抽象性,直觀性
就變成了隱晦性。從而漢字形體和語言意義聯繫的那種必然性就
被切斷了,至少是減弱了。這一切是好事呢,還是壞事呢? 主張漢
字優美的人士會認爲是大壞事,因爲照他們的理論,只能是隸變前
的漢字更加優美,更具理性,而隸變使漢字的優美度、理性度大大

---

　　① 申小龍説:"漢字數千年的發展過程,是其與生俱來的象形、表意功
能不斷完善的過程。"見其《漢字的文化形態及其演變》,香港《語文建設通
訊》1993 年 12 月總第 42 期。

降低了，真是太可惜了。主張進化論的人士則會認爲是大好事。正是隸變才使漢字真正具有了符號性，把它拉向了文字的正位。隸變使漢字退化掉了原始的圖畫性、象形性和以形顯意的直觀必然性，正如人類退化掉了體毛和尾巴，有什麽值得可惜！所以殷焕先師極力稱頌隸變"是漢字演變史上偉大的一變"！①

經過隸變，原來的象形、指事、會意以及形聲字的形符，都成了抽象性的標號。但是我們仍可以應用約定俗成的原則死記這些標號，讓它們仍固定地表示原來的意義，因而這些標號我們仍可視爲具有表意的理據性。加之那時去古未遠，人們大都用字的本義或近引申義寫作和讀書，而漢字 80% 以上又是形聲字，聲符都能較準確地表音，而形義毫無聯繫的那類假借畢竟占極少數，且已有了固定職能，不再跟其他字發生衝突，所以隸變後的早期（我們且定爲秦漢時期）的漢字，仍算有較強的表現語詞音義的理據性的。

相對於語言內因來說，隸變就成了人爲外因的作用，是人們追求書寫便利的願望直接造成的。所以我們單獨把隸變作爲漢字發展的特殊階段。雖然經過調整，隸定的漢字仍具有較強的理據性，可是進入下一個階段再往後發展呢？恕我說一句可能不受聽的話：隸變後漢字的發展，是對其自身構形理性的繼續破壞！不過這種破壞不再是集中性的，而是零星的和漸進的，漢字構形理性是逐漸地減弱和淡化；而原因呢，則又成了漢字的語言內因。問題非常簡單。我們說秦漢時的隸古定仍具有相當的理據性，是指它表現當時語言的明確性或者說其形體與當時語詞音義的相合性。可是字形是保守的，而語言是不斷發展變化的；新義新詞不斷湧現而仍借舊形表示，語音已變而仍用舊聲符表示，長此以往，還能"明確"嗎？還能"相合"嗎？原來的理據不就破壞了嗎？人們總愛以

① 殷焕先：《漢字三論》，齊魯書社 1981 年版，第 13 頁。

"形音義"的統一來描述漢字有理據時的情形。可是正如我在一篇文章中所説:"一千年前的形,仍和一千年後的音義完美統一,豈非咄咄怪事!"①這還是從雕版印刷使楷書定型化算起,若從秦時的隸變算起,則有兩千多年了,從楷書盛行的魏晉算起,也有一千七百多年了。語言發展了這麼多年,音義演變了這麼多年,早就不是當時字形所表示的那種情形了。兩者已經不相合了,不明確了,越離越遠,甚至完全脱節了,原來的那種"相合"的字理不就逐漸減弱甚至喪失了嗎?

先説語義的變遷使字理減弱或喪失的例子。"難"、"易"、"能"、"而"、"又"、"我"、"汝"、"若"、"斯"、"焉"、"然"這類自古至今的純假借字,本來就是借其形(及音)另裝新義,它們不具備表意的字理自不待言。"走"本指人跑,現在指步行;"聞"本指聽見,後來又指嗅;"糞"古指掃除,今指糞便;"獄"古指官司或案件,今指監牢;"特"本指公牛,今指特殊、特別;"物"本指雜色牛,今指東西;"塘"本指堤防,今指水池;"穿"本指鑿通,今指把衣服、鞋襪等套在身上;"趣"本指督促,今指趣味;"題"本指頭額,今指題目、題寫;"造"本指往、到,今指製作;"旨"本指味美,今指意義;"字"本指生孩子,今指文字;"術"本指道路,今指方法;"方"本指並船,今指方正、方向、方法等;"官"本指房子謂官署,今指人謂官員;"廉"本指堂屋的側邊,今謂廉潔;"英"本指花,今指杰出人物,"尊"本指酒器,今謂尊敬;"解"本指宰牛,今用於解放、解説、見解、了解等。這樣的例子比比皆是。

一個字所表示的詞的意義演變了、轉化了,就應該視爲該字的構形理性弱化了或消失了。因爲我們説一個字在顯示意義方面有理性是指其造形與詞義的相合與一致。這在篆書以前體現爲字的

---

① 孫劍藝:《論祖國書同文的基礎》,香港《語文建設通訊》1994 年 6 月總第 44 期。

形體以及形符能直觀性地顯示詞的本義或意義類屬，隸變後則體現爲字的形體及形符能規定性地表示詞的本義或意義類屬。《説文解字》中的字是最具表意理性的，就是因爲許慎對每一個字形所表示的最初的詞義都盡力地闡發出來，反過來説也就是讓每一個字最初的造形依據得到落實。即便有少數錯了，一般來説也不是許慎的錯，因爲他沒有看到更古的字形，例如甲骨文。所以對漢字"字字有理性"的評價，應該也只能送給《説文解字》，因爲它的説解的確達到了形與義、形式與内容的統一。秦漢時的隸古定後的初期，字形面貌雖然改變了，然而詞義尚未變，還可算是具有形、義統一的字理。但是詞義内容是一定要變化的呀！比如一個瓶子，有精美的標籤，上寫"優質芝麻油"，其中裝的也的確是優質芝麻油而非假冒僞劣之物，也就是説其形式和内容是統一的，那麼我們就可以説這個瓶子和標籤是有"理性"的。可是如果把芝麻油倒掉，假借這個瓶子盛醬油、醋，當然這個瓶子和標籤就沒有"理性"了；即便不倒掉，時間一久跑了味，一嘗不像芝麻油了，甚至變質發霉發臭了，那麼這個瓶子和標籤也應是沒有理性了。因爲：形式和内容不統一了。同樣道理，久而久之，字形所"盛"的意義内容發生了變化，已經不是當初造形時所依據的本義了，甚至"味道"全非了，那麼字形這種"瓶子和標籤"不是同樣沒有理性了嗎？前舉例字都應作如是觀。這裏再舉一些表意偏旁爲例。如"治"的三點水旁在"治水"中有理性，在"治國"、"治病"、"治罪"中就"變了味"，顯不出從"水"的道理了，亦即沒有理性了。"誅"的言字旁，在"口誅筆伐"中有理性，在"誅殺"中就沒有理性了。在現代意義中，"婁"、"妄"、"妥"、"委"、"始"、"姓"、"耍"、"威"、"妨"、"婪"、"婿"、"嫩"等字中"女"旁的理性也不好講了。"嬰"、"娃"、"媒"、"妁"爲什麼非得是"女"的？"嫉妒"爲什麼是"女"人的專利？"婿"是男的還是"女"的？表示瓜果蔬菜的"嫩"爲什麼也從"女"？——都不好講了。"斬"、"軟"、"轟"、"輕"、"較"、"輔"、

“輯”、“輦”、“轄”、“輙”中的“車”，“駁”、“闖”、“駐”、“駭”、“驗”、“騙”、“騷”、“驕”、“鶩”、“駢”、“驟”中的“馬”，“禿”、“秀”、“私”、“積”、“秩”、“委”、“科”、“稽”、“稿”、“秘”、“稱”、“秤”、“移”、“稅”、“稚”、“程”、“穆”、“穢”中的“禾”，“刊”、“列”、“剛”、“則”、“創”、“別”、“刪”、“齊”、“刹”、“制”、“刷”、“剽”、“劇”、“前”、“剩”、“副”中的“刂”……也都不好講了。它們的理性哪裏去了呢？表意功能哪裏去了呢？都隨着語義的發展演變被淡化掉了。其意義內容都不是原來的“優質芝麻油”了，這不就使得字形以及表意形符這種“瓶子和標籤”的理性喪失了嗎？

　　形聲字聲符表音理性的淡化，更是人所共知。我不必舉例子了，有好多人已根據不同材料做過形聲字表音度的統計，這裏僅就手頭所見引兩則數據資料如下：據周有光先生統計1971年版《新華字典》，其中形聲字占81％，以較寬泛的標準即只論聲、韻不計聲調來計算，聲旁的有效表音率只有39％。① 又據陳亞川先生以聲、韻、調皆同的嚴格標準統計545個簡化字中的269個形聲字，能準確表音的只有64字，占不到25％。② 這就是說，形聲字的音如果按聲符音來讀，每讀四個字就得錯三次！“漢字是形聲體系”的說法，最起碼在現代漢字中立不住了。

　　綜上所述，我認爲漢字構形理性從產生到今天的發展過程，可分爲兩個大階段、五個小階段。兩大階段的分水嶺就是隸變。前一大階段又分標形、假借、形聲三個小階段，總趨勢是屬於完善“六書”、強化字理的階段，中間雖有不得已而完全擺脫表意字理的大量假借階段，但很快被形聲（包括轉注）補救了。後一大階段又分

───────────────

　　①　周有光：《現代漢字中聲旁的表音功能問題》，《中國語文》1978年第3期。
　　②　陳亞川：《六書説、簡體字與漢字教學》，《語言教學與研究》1982年第1期。

隸變和隸定後至今兩個階段,是漢字字理走向弱化的過程。雖然這中間人們鑒於語言音義的變化有時對字形進行修整或另造,如"驚"的繁體"驚"是從"馬"、"敬"聲,本義是"馬駭",而它在現代的常用義却是指人受到突然刺激時精神心理的緊張,形符換成"忄",既使其示意字理獲得了新生,同時聲符"京"表音也準確了。又如"遞"、"証"、"據"、"憲"、"桩"、"胶"、"窍"、"窃"之類簡體字,則是使聲符的表音理據獲得新生的例子。但這種強化字理的例子畢竟是少量的,並且在過去不得入"正字"之列,所以這一階段的總趨勢還是字理的弱化。我以前曾把這種觀點概括爲一句話在一篇文章中提出過,即"漢字本身的發展史,就是一部逐步淡化自己'字理'的歷史。"①嚴格地説這句話應指隸變後至今這一大階段更合適些,籠統地則亦可包括前一大階段在內。因爲在前一大階段中也有淡化字理的假借階段出現。總之,在整個漢字發展史中,漢字的字理,尤其表意字理,有強化,也有弱化。人們的意願是使其強化,但歷史變遷和語言的發展又使其弱化。而最終,強化没有抵過弱化。強化或弱化的原因,五個階段中除隸變這個短暫的階段是人爲求簡的作用外,其他四個階段都是語言的作用,是爲了明顯、準確地表現語言而使字理強化,又是語言的發展演變使其弱化。由此更可看出"漢字繞過語言"之説的錯誤。漢字不僅在共時應用中不能繞過語言,在歷時發展中也不能繞過語言——是語言在後面始終操縱着它。

　　且看今天的漢字吧,它們身上還有多少象形、指事、會意、形聲的影子?《説文解字》中的 9353 個字,許慎説不出構形理性而注"闕"的只有 14 個,況且注"闕"並不是没有理性,只是不知道而已。而今呢,即以數千常用字或通用字而論,誰又能對它們一一來個"六書"分析?許慎的説解,不僅講出了每一個字的構形理性,

---

　　①　孫劍藝:《評"識繁寫簡"》,《語文建設》1992 年第 2 期。

而且連帶講出了構成一個字的各個組成部分乃至一點一畫的理性。可以說，那時的每一個字、每個部件、一點一畫，都有其"所以然"的道理。而現代漢字呢？去除隸變等因素不論，由於語言音義的變遷，就使得大批意符和音符失效了，以至於裘錫圭先生在其《文字學概要》中分析現代漢字的構字部件時不得不於意符、音符之外另立"記號"一類。記號這東西，就是既非意符亦非音符、毫無理性的成分，如果照許慎看來，這絕對是不可思議的。承認這種事實，就無異於承認漢字原有構形理性的淡化或弱化。總之，我們應該正視客觀現實，至於將來會是什麼樣子，也應由客觀的發展而定，而不能僅憑主觀好惡去預測。或許有人會對"淡化"論提出這樣那樣的質疑，比如：如果照"淡化"論，那就會永遠淡化下去，漢字原有的表意範疇的構形理性不就將一點也沒有了嗎？這樣懷疑和否定"淡化"論是不合情理的。將來，漢字原先那種構形理性也許會真的一點也沒有（而完全變成另外的理性），也許會永遠地保留一部分而淡化不淨盡，就像一個數永遠不能被另一個數除盡而只能得無限小數一樣，或者像人類會保留古猿的少部分特徵而永遠退化不淨盡一樣。總之，不能慮及將來而無視現在，將來無論怎樣都不能否認歷史和當前的事實。

（下）現代漢字的理據

爲了有所區別，下面講現代漢字的字理，我們將更多地采用"理據"的說法。我大談了一通漢字理性的"弱化"或"淡化"，大家不免要問：現代漢字還有沒有理據呢？如果說沒有，它不就成了無理文字該馬上廢除了麼？如果說有，那它又是什麼理據呢？我的"淡化"說一提出，有些好心的人士就已表現出憂心忡忡之感。例如蘇培成先生就對我的說法表現出了不解和擔憂："有人說：'漢字本身的發展史，就是一部逐漸淡化自己"字理"的歷史。'……按照這種理論，漢字發展到了最後不是就變成一堆完全沒有理據的符號堆積了嗎?"①

　　語言具有聲音和意義兩個方面,所以世界上的文字也依據表達這兩方面方式的不同而形成表音和表意兩種不同的體制。表音文字是顯性聯繫語音而隱性表達語義,表意文字是顯性聯繫語義而隱性表現語音。但這並不是說表音文字中沒有表意趨向,表意文字中沒有表音趨向,而是僅就其總體而言。

　　漢字既然從總體上說是屬於表意體系,我們平常說漢字的理據也多偏重在表意的理據。照"四體二用"之說,"六書"中只有象形、指事、會意、形聲這"四體"具備自身表意的理據。而今孫雍長先生《轉注論》既論定了轉注是一種把古本字和古借字加注一個表意"類首"改造成一個形聲結構的造字法,則轉注也屬於具有表意理據的一類。那麼"六書"也就只剩下假借這一"書"是不具備自身表意理據的了,以至"四體二用"說都不承認它爲造字之法。本文前一部分論證漢字理據的弱化,也是除開假借而談的。

　　如前一部分所論,勿庸置疑,漢字原來固有的表意理據(連同形聲字聲符的表音理據),的確是隨着語言的不斷發展而逐漸弱化乃至喪失了,以至於現代字形的可分析性和可解釋度越來越差,而不得不更多地依靠"整體認讀"。蘇培成先生對現代漢字的字元和結構進行類比分析後得出結論說:"根據以上的統計,我們推測現代漢字的理據度大約在 50% 上下。"②這不恰好證明了我的"淡化"論嗎? 因爲人們會問: 那 50% 呢? 答案只能是: 淡化(或弱化)掉了。所以蘇先生的統計沒推翻我的"淡化"論,也沒有解除他對漢字最後會"變成一堆完全沒有理據的符號堆積"的隱憂。因爲,語言再繼續發展演變下去,現在有理據的這 50% 的命運如

---

①　蘇培成:《現代漢字學綱要》,北京大學出版社 1994 年版,第 81 頁。
②　蘇培成:《現代漢字學綱要》,北京大學出版社 1994 年版,第 83 頁。

何呢……

　　像蘇先生這樣由於漢字理據的喪失而對漢字擔憂的誠篤人士不在少數。可還有另外一些人士，非但不承認漢字原有理據的弱化與喪失，而且仍高談漢字理性的優美；可是説着現代漢字却暗中閃向古漢字，説着現代漢字的理據却暗中閃向古代的"六書"。所以到頭來還是空對空，眉毛、鬍子混而不分，根本不能説明現代漢字有什麽理據。

　　現代漢字究竟有無理據呢？我説現代漢字是既没有了理據而又新生了理據！它是弱化或喪失了舊理據，而漸生或形成了新理據！具體點説，它是弱化掉了"六書"中那五書的理據，而漸漸把它們變到了另外一書——即假借的理據！

　　這裏我們首先得給"假借"正正名，還得從許慎的定義和例字説起。《説文解字敘》説："假借者，本無其字，依聲托事，令、長是也。"可是一般流行的觀點都認爲許慎的定義正確而例字舉錯了。理由是命令之"令"與縣令之"令"，生長之"長"與官長之"長"，在意義上有聯繫，只有和本字意義上没有聯繫的才叫假借。這是拿現代語義學觀念來律古，是缺乏歷史觀點的。

　　古人造字都是顯示語詞本義的，反過來説只有本義才有本字。假借義是"本無其字"，引申義也是"本無其字"，即如"令"、"長"二字，依《説文解字》"令"是個會意字，義爲"發號"，"長"在甲骨文中像人披着長頭髮，表示長短之長，長（cháng）是因爲生長，故也可表示生長之長（zhǎng）。許慎没有看到甲骨文，把"長"解作"久遠也"，即長久之長。又説"久則變化"，實際也表示了生長之長。總之，"令"、"長"的本形顯示的僅僅是動作行爲，而顯不出與此相關的人之義。因此，表人的令、長也是"本無其字"借表動作行爲的令、長來表示，同樣是"依聲托事"。古人認爲這也是以不造字爲造字，也是假借。如果按照後世造區別字的習慣，一定會給他們另加一個義符"人"旁，造出"伶"、"倀"二字來（假如另外没有這兩個字的話）。事實上後世的區別字或曰分化字,都是這樣造出來的。例如"座"來自"坐","趾"來自"止","智"來自"知","債"來自"責","訃"來自"赴",等等。以"坐"、"知"二字爲例,其原字形本是表示動詞坐和知道之義,可古代亦可借原字再去表示名詞坐具和智慧之義。用現在的觀點看是詞義引申。而古人則認爲是字形上的假借。這點對照一下後起的"座"和"智"即可了然。

由此我們也更可體會出許慎放着"難"、"易"之類典型的假借字不舉而舉"令"、"長"爲例的深意和良苦用心了。他生怕人們把借本字表引申義的字排除在假借之外,所以才特意舉"令"、"長"爲例。在具體説解中,即便後世人們公認爲假借的"朋"、"來"、"西"、"烏"、"能"等字,他也不憚其煩地説明其"引申"的來歷,似乎要提醒人們特別注意引申假借的現象。而"難"、"易"、"其"、"焉"、"而"之類典型假借,不致爲人們忽略,所以不必多説解,也不必取其爲例字。段玉裁《説文解字注》説:"縣令、縣長本無其字,而由發號、久遠之義引申而爲之,是爲假借。"江聲《六書説》指出:"假借一書,爲誼極蕃,凡一字而兼兩誼、三誼者,除本誼外,皆假借也。"殷師焕先先生《漢字三論》專門有"假借的有理性"一節,認爲假借本身就是一種理性,並極力主張"引申輾轉"也是假借。孫雍長先生《轉注論》也有"'假借'造字法的真諦"一節,也認爲許慎舉"令"、"長"爲例没錯。借用一個現成的字去表借義和引申義都算假借。假借使那些没有字的詞和生生不已的新詞義都有字可用,所以也等於造字之法。這些皆可謂得古人造字及許慎定義和舉例的真髓。一個字除表示語詞的本義外,只要是表示本義以外的意義,無論用今天的眼光看是純假借義還是引申義,都屬於——假借!這應是假借的正解。

借表本義的字繼續表引申義這種假借有很大的優點,這就是可以節制造字。因爲詞義引申,生生不已,毫無窮期。——讓字形顯示意義差別,也就得無限地造字。只要引申不太遠而又没太大

變化的話，蠻可以讓它們共用一個字形。即便像現在的刀刻之
"刻"與一刻鐘之"刻"，花朵之"花"與負傷挂花之"花"，意義引申
已經很遠了，以致人們都公認它們是兩個同音詞了，但仍可共用一
個形；"好"有上去兩讀，"膏"有平去兩讀，"鋼"有平去兩讀，"飲"
有上去兩讀，等等，由於意義引申，讀音改變，成爲兩個詞了，而仍
可共用一個形。所以許慎充分肯定了引申假借的理據性，他是不
贊成動不動就濫用表意理據去爲它們造分化字的。到《説文解
字》時代，分化字還不算太多。即如前舉"智"、"債"、"座"、"趾"、
"訃"五字，只有一個"智"見於《説文解字》，"債"是《説文解字》新
附的，後三個更不見於《説文解字》。後人沒有領會許慎老夫子的
苦心，一味爲詞義引申造分化字，這也是使漢字數量增多的原因之
一。當然這些分化字有的有必要，有的則確無必要。這是另外一
個專門問題，此處就不詳談了。好在後來人們終於明白了這個道
理，不再被詞義的引申牽着鼻子走而無限爲它們造字了。不然，我
們的漢字就不會是現在這種情形。假如真有一批有"表意癖"者，非
要爲我們語言中的每一個意義都造出有區別的書面上的形，也就是
説讓字把所有的意義都"表"出來，我們的漢字數量不知要膨脹多
少倍！

　　既然我們肯定了用本字表引申義也是假借，即：一個字除了
本義以外都是假借，那麼我們的現代漢字是什麼理據，也就不難明
白了。隸變至今已有兩千多年，楷書成爲正字也已一千多年，而語
言的意義却在那裏生生不已地引申演變着。今天講詞義的發展，
又是擴大，又是縮小，又是轉移，還有什麼比喻義、借代義等，這不
就距離本義越來越遠了嗎？人們明白了文字的符號性，不再濫用
形聲法無限地造區別字，引申越來越遠的新義和不斷涌現的新詞，
仍借用舊字形來表示，這就使漢字變成了假借。看看今天的漢字
應用吧，誰還再按照本義來閱讀和寫作？比如一個最常用字
"打"，是《説文解字》新附字，釋爲"擊"。可是《現代漢語詞典》

（修訂本）在一個字頭下一下子列了 25 個義項，除了第一義項外，其餘 24 個都不是"擊"義了，甚至有的與"擊"義已相去十萬八千里，如打哈欠、打官腔、打酒……這，只能作假借觀。非要講字理，那得再造 24 個字。這還不包括"打"字其他的義項呢。再説"漢""字"二字吧，本來"漢"是個形聲字，"字"是個會意字，可我們今天的漢族、漢語之"漢"跟"水"還有什麽干係？漢字之"字"跟生孩子還有什麽相干？今天的人們不過是學了點"拿來主義"，就像古人把"難"、"易"、"其"、"而"等拿來一用同樣道理，而不管它們原來是什麽結構、什麽意義。所以"漢"、"字"二形也早已成爲地地道道的假借字了！

　　單字所記寫的詞或語素，由於意義的引申，使這個字成了假借，合成詞由於是吸取各個詞素的部分意義合成一個全新的意義，而使語素義發生質變，從而使之更遠離本義，也就更使記寫該詞的各字成爲假借。附加式中"第"、"初"、"老"、"阿"之類前綴，"子"、"兒"、"頭"、"化"、"性"之類後綴，早因意義的虛化而使字成了假借。記寫實語素的字的命運也好不到哪里去。我在一篇文章①中曾把語素義比作"元素"，把合成詞詞義比作"化合物"。大家知道，化合物的合成過程是對各元素的吸收，但新物質産生後又等於對舊元素的否定。比如水叫氫二氧一，當然吸收了氫和氧，但水既不是氫也不是氧了。那麽合成詞詞義的形成也是對舊質的否定，自然距離記錄它的漢字的本義更遠了，從而使字僅僅成爲一個"殼"，變成被人家"拿來"的假借工具了。我們看"精神"、"物質"、"文明"、"正確"、"英雄"、"模範"、"氣質"、"鍛煉"……其中的字還有多少本義的影子？不都變成假借了嗎？況且，合成詞形成後，它的意義還會繼續引申呢。例如"裁判"、"導演"、"編輯"、"調度"、"指揮"……初步合成後表動作行爲，再引申指人。可指

---

① 　孫劍藝：《"漢字創詞説"説》，《語文建設》1992 年第 6 期。

人却没有表意標誌(例如加個單人旁之類)。實際指動作行爲除
"指揮"外也都没有表意標誌。有没有必要加呢? 没必要。没必
要就是允許了假借。再如"爪牙"、"裙釵"、"鬚眉"、"方丈"、"便
衣"、"眼目"、"筆杆子"合成後本來是指物,指人則是借代義。意
義都承認是"借代"了,文字還不承認是假借嗎?

表意理據的弱化,合成詞意義的質變以及再引申等,使漢字成
爲假借。形聲字表音理據的弱化亦應作如是觀。假借本來就是整
體借形以表音,至於這個音能否在形上準確顯示出來,那是不重要
的。唐蘭先生在《古文字學導論》中鑒於舊形聲字聲符的失效而
提出了創制新形聲字的主張;前些年又有香港實業家安子介先生
爲外國人學漢語寫了《解開漢字之謎》一書,認爲形聲字的聲符都
有義,從而認爲漢字 90% 以上都是會意字。這些不管能否行得
通,但有一條,都是對形聲字聲符表音理據的否定。道理也很簡
單,是實際語音的長期發展變化使聲符變成了聾子的耳朵——虚
擺設。

有不少人從各個角度對現代漢字的理據進行分析統計,但結
果總不能令人滿意,其有效表意度和表音度總是低得可憐,漢字的
可解釋性可分析度越來越差。這説明漢字已成爲整體記寫詞或語
素的符號。所以,説現代漢字 90% 以上是形聲字不成立了;90%
以上是會意字(即把聲符都講出意義來),那不過是出於客觀需要
而進行的臨時性的主觀發揮。而 90% 至少 80% 以上都已成爲整
體認讀、死記硬背的假借符號,倒是難以否認的事實!

力主漢字表音理據爲美的人士,很不以假借爲然。他們對歷
史上形聲字的出現總是津津樂道,以爲形聲字遏制了假借的發展,
也遏制了漢字整體純表音的趨向。不料漢字繞了一個彎子又走向
了假借。這是人們始料不及的,但我們又不得不面對這個現實。

以往我們談漢字的理據和科學性往往只談表意的理據和科學
性,談形聲的理據和科學性,而今我們應該重新審視一下假借的理

據和科學性了。殷師煥先先生指出："甲骨文字體系的漢字,直到當前,一直依靠着假借來記錄漢語,漢語向前發展,假借也在發展。我們乃至可以這樣説:假借是與漢字相終始的,再説明確一些,那就是:没有假借就没有由漢字記錄成的書面語言。"①李孝定先生對於可確知形、音、義的 1225 個甲骨文進行"六書"分析,假借字 129 個,占 10.53% 强。② 可這是静態分析,實際應用起來就是另一種情形了。因爲一個假借字要代表好幾個字,而又多爲常用字,使用頻率高,所以姚孝遂先生統計甲骨蔔辭的文字使用情況,假借字竟占 70% 以上。③ 真可謂没有假借便没有甲骨卜辭。

　　爲什麽假借具有這麽大的"用武之地"呢? 因爲它擺脱了字形表意的那種必然性,借形以表音,獲得了充分的任意性和自由度。文字也是一種符號。可是在漢字的早期階段,標形的象形、指事、會意,體現着以形表意的必然性,形聲(含轉注)則體現着半意半音的必然性,因而它們的任意性和符號性較差。只有假借才真正使漢字具有了符號性。這就是假借的理據和科學性之所在。

　　有人會問,説現代漢字又蜕變成了假借,這不是倒退嗎? 不,這是歷史的進步。早期的假借是因字少不敷應用,又一時造不出新字來的應急措施。如甲骨文百餘個假借字用起來竟占 70% 以上,一個字往往代表多個同音詞,這就易於發生混淆,造成閱讀困難(甲骨卜辭需花大氣力識讀,這也是一個重要原因)。所以原始的假借終於被形聲(含轉注)給替代了。而今天的假借則是歷史發展的必然。它是在經過了隸變、經過了人們采用得心應手的形聲法把能造的字

---

　　① 殷煥先:《漢字的語言性質》,載《殷煥先語言論集》,山東大學出版社 1990 年版。
　　② 李孝定:《從六書的觀點看甲骨文字》,載《漢字的起源與演變論叢》,臺灣聯經出版事業公司 1986 年版。
　　③ 姚孝遂:《古漢字的形體結構及其發展階段》,《古文字研究》第四輯,中華書局 1980 年版。

都造出來而又悟出不能再繼續造下去了之後,由於語言的繼續發展演變,使原字形的那種必然性理據逐漸退化了的結果。早期的假借是對標形法表意理據的否定,形聲則是對假借的否定,而今的假借則又是一次否定,既否定了形聲(含轉注),也否定了象形、指事和會意。總之是否定了漢字形體表現語詞的那種必然性,使之變成了約定俗成的任意性,變成了假借符號性! 今天的漢字有 3500 個常用字、7000 個通用字,在合成詞中字與字又可生出無限的自由組合,足夠我們自由地記錄現代漢語,順利地進行寫作和閱讀,而不再是甲骨文時的那種原始狀態。所以今天的假借絕不是簡單的回復,而是否定之否定! 是前進! 是更高級的假借! 今天我們以有限的幾千個漢字就可以記錄無限的語詞以及這些語詞的所有意義;無論產生什麼新詞新義,人們盡可以把舊有字形"借"來一用,而不必再斤斤計較它是什麼結構、什麼理據,更不必爲字形不能體現那形形色色的意義變化而大傷腦筋去造什麼區別字了。真是以不變應萬變! 我們完全可以這樣說: 漢字發展到今天已經由必然王國走進了自由王國! 有人早就把這當成了漢字的優越性,殊不知這正是假借的優越性!

說到這裏,有人不願意聽但我們又不得不說的一句話也就出來了: 現代漢字的純表音性增強了。因爲假借的特點就是整體借形以表音。一般來說,現在的一個漢字實際上相當於一個語素音節符號。這就是郭沫若先生稱之爲"音標"①的原因。但是,我們是否就可以由此斷定漢字已經是表音文字了呢? 不行。漢字本身雖然已喪失了那種必然的表意性,但我們經過約定俗成仍可讓它們與語素形成固定的聯繫,而和另外的語素形成書面上的區別特徵。這樣漢字實際上還具有一種別意性。比如"富"、"副"、"父"、"複"、"附"、"阜"、"負"、"付"一組字,本身雖說不上怎麼表意,但互相之間却可以別意,因而不能互相代替。這就成了不表意的表

---

① 《光明日報》,1955 年 10 月 25 日第 3 版。

意,亦即以別意爲表意。這也就是人們所説的漢字區別同音詞(語素)的作用。殷師焕先先生把現行漢字稱作"專字專用正字音標文字",①還是頗能揭示其特點的。所以今天的漢字仍可看作表意體系。不過我這裏説的表意絶不同於別人説的"表意",而是特指——假借表意。

既然説現代漢字增强了假借符號性和整體表音性,那麽另一個不容回避的問題也就出來了,即漢字拼音化問題。不過本文是客觀地闡述漢字構形理性的發展演進及現代漢字的理據特點,並不是專爲證實拼音化的必要性的。如前所述,這種"假借表意"性質的漢字,還是比較適合現代漢語的。所以我認爲至少目前及今後相當長一段時期,還不宜實行拼音化,非要實行,肯定帶來另外的麻煩。但我也不同意"拼音化是不可實現的夢想"的説法。因爲我堅信萬事萬物都是發展變化的。漢字已經發生了那麽大的變化了,隨着語言的繼續發展,漢字殘存的那一小部分表意理據繼續淡化,其整體純表音性繼續增强;隨着普通話的推廣和普及,如果全國人民都説一口標準音了,言文更加一致了,等等,那時肯定是另一番情形。不過這都是將來的事,這裏就不過多饒舌了。另外,漢字教學的問題,並不是因爲漢字成爲假借符號而字理就不講了。要儘量講,能講多少就講多少,有一點蛛絲馬迹也要利用,甚至還可以搞"新説文解字"。② 但一定要注意緊扣語言來教學。孤立地

---

① 殷焕先:《對現行漢字性質的再認識》,載《殷焕先語言論集》,山東大學出版社 1990 年版。

② 殷焕先先生《漢字三論》專門有"新説文解字"一節,贊成不得已而"窮想辦法"甚至"胡編"字理來進行識字教學。如"裕"可以説成豐衣(衤)足食(谷:指糧食)。先生説:"新説文解字完全可以提倡,要求是:思想健康、淺而易見、生動活潑、合乎口味。新説新解完全可以,没有什麽不可以。凡有利於識字教學者,不必拒絶。"安子介先生的《解開漢字之謎》實際上也是一種爲了讓外國人學中文儘快入門而"窮想辦法"的"新説文解字"。

死摳字理,往往繞八十個彎子也講不通,甚至越講越糊塗,一結合實際語言便馬上迎刃而解了。總之還是不能讓漢字"繞過"語言。

（原載《語文現代化論集》,商務印書館 2002 年,第 330—352 頁。此次整理改正個別誤字,將原來的尾注改爲每頁重新編號的腳注,並依體例略微調整。）

“丟東拉西”的“拉”不應算錯字

《語文建設》1995 年第 11 期第 5 頁有一則補白，認爲呂叔湘先生《錯字小議》（高中語文第四册）中的引文中“丟東拉西”的“拉”也是錯字。理由是“拉”在這裏是“遺漏、丟失”的意思。可查遍《新華字典》等五種工具書，得到的“拉”的四種讀音、十三個義項，沒有一個是這種意思；而《現代漢語詞典》“落”（là）的意義正與此相合，又有“丟三落四”一個條目爲證，因而“丟東拉西”應爲“丟東落西”。

“落”（là）固然不錯，把“拉”判錯則值得商榷。

該短文的作者沒有查新出的《漢語大詞典》。該詞典的“拉”按 lā、lá、lǎ、là 四個讀音分立了四個字頭，其第一個讀音“lā”下列了十五個義項，其第八個義項正是“趕不上；落在後面；遺漏”。書證如：茅盾《我走過的路·學生時代》：“母親怕我拉下的功課太多。”周立波《暴風驟雨》第一部六：“劉德山走到半道，慢慢拉下來。”《人民文學》1981 年第 4 期：“聽了領導的報告，轉述時能一字不拉。”①前兩例“拉”可釋爲“趕不上；落在後面”，后一例的意思則分明是“遺漏”。又，《漢語大詞典》“丟三落四”條目下，有“亦作‘丟三拉四’”，舉例爲劉白羽《一個溫暖的雪夜》：“老是這樣死活不顧，老是這樣丟三拉四，這毛病什麼時候能改改！”②

上述意義的“拉”，一開始是寫作“落”，作“落”也較合乎“字

① 《漢語大詞典》第 6 卷，漢語大詞典出版社 1990 年版，第 496 頁。
② 《漢語大詞典》第 2 卷，漢語大詞典出版社 1988 年版，第 36 頁。

理"。比如"丟三落四"的例子就見於《紅樓夢》第六十七回。但由
於它的實際讀音是"la"（暫不計聲調），本來就是一個方言口語
音，人們寫作時因"聲"求字，首先想到的是"拉"字，於是就得方便
且方便地借"拉"來作爲這個語素的書面符號，久而久之，人們便
疏遠了"落"，其地位也便漸由"拉"取而代之。最後"拉"這個假借
字，在人們的心目中也就成了正字。連茅盾、周立波、劉白羽這樣
的大手筆，乃至呂叔湘先生這樣的大語言學家都這樣寫，我們怎好
再説它是錯字呢？相反，如果非要寫成"落"，"丟三落四"、"丟東
落西"、"一字不落"，人們十有八九會讀成"丟三 luò 四"、"丟東
luò 西"、"一字不 luò"，不信就請試試看。這就是説，用"落"儘管
寫起來有理，但却更容易導引誤讀，會誘引一般水平的讀者成爲讀
錯音的"白字先生"。"拉"與"落"孰勝孰劣，也就不難分辨了。所
以，我們應當適時地承認此"拉"的正字地位，至少不能再説它是
錯字。這也符合"約定俗成謂之宜"的語言學原則。這方面，《漢
語大詞典》是對的。只是該詞典將這類意義的"拉"歸在"lā"音下
似可商榷。既然"拉"是"落"（là）的借字，亦應音"là"爲是。

　　在漢字發展史上，原字退位、借字轉正的"李代桃僵"之例，可
謂比比皆是。古代的不必説，就説現代漢語"用小刀 lá 破了手"的
"lá"，過去是用"剌"，從"刂"，也很有字理，但由於該字較生疏，在
更多的情況下，人們寧願寫作"拉"，久而久之，"剌"的意義就讓
"拉"承擔起來，"拉"也就具有了"lá"音，把"剌"並吞掉了。如見
《現代漢語詞典》和《新華字典》都是把"剌"放在括號裏附於"拉"
後。那麼"拉"與"落"的關係，我們認爲不妨也照此辦理：順應語
言文字的歷史發展和實際應用的大勢，給"拉"字一個"là"音，立
爲正字，把"落"（là）的意義全部讓出來，讓"落"只讀"luò"音。
這樣倒可避免一些不必要的麻煩。

　　總之，我們的正字法，既應考慮字理，更應考慮實際應用和文
字記録語言的符號性。當它與社會、與群衆、與"約定俗成"相牴

悟的時候,應"識時務"地讓一步。因爲漢字,尤其是現代漢字,從本質上講,畢竟只是記録一個語素或一個音節的約定俗成的形體符號。所以"丟東拉西"、"丟三拉四"、"一字不拉"等語中的"拉",不應算錯字,而我們的某些工具書則應考慮予以適時、適當的修訂。

(原署名劍藝、福爲,載《語文建設》1996 年第 3 期)

"臣"與"臣"的區別

　　傳説某大學一位教師在黑板上把康熙的"熙"左上角的"臣"寫成了"臣",一時成爲笑柄。

　　無獨有偶。著名學者錢南陽有本書叫作《漢上宧文存》,可是封面和書脊連同內容提要和目錄後的説明,"宧"字一律錯成了"宦"!

　　"臣"在古代是單獨的一個字,是"頤"的古本字,其下形作臣,《説文·臣部》:"臣,顄也。象形。"按"顄"即"頷",指下巴。把此字右轉九十度,橫過來看,中間那一道指口中,則下巴及兩頰就很形象了。此形隸變作"臣",又幾經演變,就成了後來的"臣"。後來"頤"成了正字,"臣"字退出使用,故一般工具書也查不到了。但是"臣"作爲一個構字成分卻在一些字中保留了下來。據沈兼士主編《廣韻聲系》統計,"臣"直接做聲符構成的形聲字就有 14 個(不計重複字),不過現在已大部分不用。"臣"做部首,《説文》中除它本身外,只有一個從"臣"、"巳"聲的字,即"熙"的上半部,義爲"廣臣(頤)也"。這個字後來也不用了。總之由"臣"構成的字爲數不多,一共有四五個。《現代漢語通用字表》收了 4 個:"熙"、"姬"、"頤"、"茝"(chǎi,古書上説的一種香草)。再就是前面説的"宧",音 yí,古時指屋子裏的東北角。"宧"字沒進入《通用字表》,難怪出版社印錯。

　　"臣"本從俯伏委屈取義,在古代指戰俘、奴僕、大臣等。由臣構成的字也不多。在現代通用字中,由臣得聲的形聲字一個也沒

有,由臣得義的也只有臧(從臣戕(qiāng)聲,本指奴僕)、臥、宦
(從宀從臣,本指作貴族的奴僕)。

(原載《語文建設》2000 年第 12 期)

語文規範化瑣議（四題）

1955 年 10 月全國文字改革工作會議和現代漢語規範問題學術會議的召開，1955 年初國務院發布《關於推廣普通話的指示》和公布《漢字簡化方案》，至今已走過 40 年的歷程，我國的語文規範化工作取得了重大的成績。但是我們也應該看到：一方面，40 年後的今天，客觀形勢的發展對我們的語文規範化提出了新的更高的要求；另一方面，語言文字的社會應用，全民的語文規範意識，與這些要求還相差較遠。正如《人民日報》1995 年 12 月 25 日《在全社會樹立語言文字規範意識》的社論所指出："當前語言文字的應用與社會的發展相比，還存在着某些滯後現象。"如何提高全社會對語文規範化重要性的認識，如何清醒認識新形勢下語文規範化工作出現的問題、新動向及其給語文規範化提出的新要求，從而把我們的語文規範化推向一個新階段，這是擺在我們面前的任務。

一、規範化與社會化

社會是由個體構成的，每個人都在社會中生活，因而個人行爲與社會行爲是不可能截然分開的。比如我在自己家裏走路，靠左走靠右走，你管得着嗎？因爲這時的走路純屬個人行爲。上街就不行，這時的走路已不純是個人行爲，而是具備了社會行爲的性質。隨便走就會出亂子，因而就得規範化：靠右邊走。

我們平常説話，跟自己的家人交談，可以各用各的方言甚至用外語（只要聽得懂）。進城或出發到外地就不行。這時我們的説話就成了社會行爲，各説各的方言互相聽不懂，用外語更不行（不是出國）。所以也得規範化，即確立一種標準語。這種標準語，大陸叫普通話，港臺仍沿用老的叫法，叫國語，其實質是一回事。

寫字也是一樣。有時候它是個人行爲，比如我們記日記，寫筆記，做會議記録等，可以有充分的自由，用繁體、用簡體甚至用金文、甲骨文或用速記符號等，盡可以“八仙過海，各顯其能”。可是要寫給大家看就不行。比如書籍、報刊以及其他社會用字，就得用規範統一的字形（寫書法，印古籍或寫作古文字專著除外）。這時我們的“寫字”也成了社會行爲，因而也需要規範化。《簡化字總表》和《現代漢語通用字表》，就是現行漢字形體規範的標準。

看來，規範化不是某些人或當政者的獨出心裁，而是社會化的必然要求。社會化就需要規範化，道理是明擺着的。語言文字是全社會共用的傳遞信息的工具，將語言文字用於社會交際，也是社會行爲。所以語文規範化的重要性也是不難理解的。至今仍有人對講普通話、用規範字不以爲然，甚至持抵觸情緒，是該開開竅了。理由很簡單，就跟在大街上走路一樣，靠哪邊走雖然沒有天然道理，但總要有一定之規。

二、規範化與現代化

社會化需要規範化，現代化尤其需要規範化。仍以走路爲例，“靠右邊走”的規範，在過去似乎還可略爲放鬆些。因爲，都是原始步行方式，撞個滿懷也没什麽關係，道聲“對不起”也就算了；都是趕毛驢車或騎自行車，撞了車也不多麽可怕；可現如今滿街跑的都是現代化交通工具，機動車輛如潮水一般，靠哪邊走是不能有絲毫馬虎的，簡直是“順之者昌，逆之者亡”，一旦事發，交警們扯開皮尺一量，也絕對是“一絲不苟”的。

語言文字同樣面臨現代化的挑戰。現在已進入商品經濟社會，人們的交往越來越頻繁，速度、效率就是金錢、效益。語言、文字不規範，影響交際事小，造成經濟損失事大。在經濟領域，比如談判，如果用語不規範不準確，就可能造成誤解，不歡而散，當然談不上合作成功；簽訂經濟合同，所用詞語及其意義、所用字形，應依普通話和規範字爲準，一詞歧義，一字異形，都可能讓一方鑽了空子，給另一方帶來難以挽回的損失。

黨和國家提出了"科教興國"的戰略。科技、教育的現代化首先要求語文的規範化。同時，現代化社會是高度文明的社會，語文規範化也是社會文明的一種標誌。

對語言文字進行處理的工具和手段也已經現代化了。信息處理技術已經由鍵盤輸入向語言文字的自動識別過渡。人機對話、機器翻譯以及聲控技術等，已不是什麼新鮮事物。這一切都要求語文的各個方面都有一個一致的標準，同一句話再南腔北調，同一個事物再各叫其名，同一個字再各書其形，恐怕是不行了。

所以，語文規範也是現代化的必然要求。

三、規範化與法制化

現在已步入法制社會，一切社會性事務都要求法制化。因此，有識之士早就呼籲爲語言文字立法。實際上，國家頒行的《普通話異讀詞審音表》、《簡代字總表》、《現代漢語通用字表》、《出版物漢字使用管理規定》等語文方面的規定，也應是具有法律效力的。只不過平時人們覺得其他方面的法規是硬性的，而語文方面的規定似乎是軟性的或彈性的，好像讀錯一個音、寫（印）錯一個字沒大關係似的。其實那是沒有跟你"較真"。比如"隨地吐痰，罰款10元"，有穿制服的或戴袖章的環衛人員跟你"較真"，你不敢馬虎，須馬上兌現。而我們的電臺、電視、報紙等傳播工具，面向億萬大衆，在語文應用方面也起着示範作用，每讀錯一個音，印錯一個字，都可能對廣大中小學生和普通民衆產生誤導。它的危害跟吐一口痰相比,能同日而語嗎? 真要較起真來,該罰多少個 10 元?

下面就舉一個"較真"的例子。《重慶晚報》1995 年 1 月 6 日第一版載:四川江津市一所小學的畢業語文考試,有一個 1 分的小題是給"自作自受"的"作"選擇正確的讀音。依國家 1985 年頒布的《普通話異讀詞審音表》應是第四聲,而標準答案却依據未修訂的《現代漢語詞典》定爲第一聲。有三名小學生就僅以這 1 分之差而没有升入江津中學,需捐資 6 千元方可就讀。一個音就是 6 千元啊,不是小事,爲此家長們告到了法院,這就較了真。

我們且不管這件事後來的結局如何,但它起碼説明了: 語文需要規範化,也需要法制化。法制化首先要求規範化,同時又是對規範化的有效保證,這樣才能在"較真"時提供權威性的依據。這也説明,我們語言文字的立法工作也應該加快一點步伐了。

四、規範化與祖國統一

由於特殊的原因,我們原來的語文規範化没辦法把臺港澳包含在内通盤考慮,而今這個問題也應該提到議事日程上來了。

臺港澳是中國領土不可分割的一部分,與大陸的語言文字也是一體的。但是歷史的原因造成了兩邊的長期隔絶和獨自發展,在語文方面,於"大同"之下,又出現了不少的"小異"。規範化無論何時都重要,大陸重視規範化,臺港澳也重視規範化。可是由於兩邊政令不一致,在具體語文問題的選擇、取捨上就無法一致,標準的制定就無法統一步調。漢字印刷體的繁簡差異就是明顯的例子。這樣我們同一種語文,在某些具體問題上往往是兩套規範。

而今港澳回歸祖國在即,臺灣與大陸的關係也有了很大的改善,各方面的交流與合作日益增多。儘管臺灣有極少數人以及國際上的反華勢力妄圖把臺灣從祖國的懷抱中分裂出去,但包括臺灣人民在内的全體中國人民是不會答應的。報載：臺灣變更領導人產生方式的活動於 1996 年 3 月 23 日結束，主張"臺獨"的民進黨的領導人得票寥寥，比 1993 年底和 1995 年底選舉的得票率大幅度下降。這説明搞"臺獨"不得人心，説明祖國統一是大勢所趨、人心所向。並且隨着中國人民的不斷努力，那一天的到來也不會太久了。而祖國統一的前景也在向兩岸共同的語文規範化發出召唤，不能老是兩套馬車跑下去。語文規範雖然體現着一定的政策性，但畢竟不能等同於政治經濟制度。祖國統一後，我們可以"一國兩制"，但却不能老是"一語兩字"、"一語兩音"。那樣與國際大環境也是不相適應的。當今世界也進入信息化社會，已經成立了國際標準化組織，要搞電腦連網，建立世界信息高速公路，在世界範圍内對各國語文進行統一的信息處理。各國語文都要根據國際要求制訂自己的標準。那麽對我們中國來説，同一種語文怎麽可以有兩套標準呢？那不是給世界人民添麻煩嗎？

　　"大一統的語文規範化"涉及兩岸語言文字的許多現實的、具體的問題，不能簡單化，不能用行政命令的辦法，也不是簡單的誰服從誰的問題，而是使我們的語文規範和標準怎樣更科學、更合理、更全面、更符合語文規律、時代發展、人民要求和世界大局的問題。這是個現實問題也是個學術問題，應由兩岸學術界及有關方面共同研究協商，廣泛徵求意見，綜合考慮，全面權衡。1994 年 3 月 6 日和 7 日兩岸學者在臺北舉行了"兩岸漢語語彙文字學術討論會"，會議涉及五項議題：一、兩岸漢語語彙比較；二、兩岸外語專有名詞之中譯問題；三、兩岸漢語文字比較；四、兩岸漢字電腦化之異同問題；五、兩岸漢語實用性規範問題。[①] 這是向着"大一統的語文規範化"邁出可喜的一步。此外，兩岸學術界對我國語言文字歷時的、共時的狀況也進行了多方面的比較與研究，提出了不

---

① 《中國語文》1994 年第 4 期，第 139 頁。

少積極的建議和設想。筆者忝爲語言文字學隊伍之一卒,也曾不揣固陋,就祖國文字統一問題寫有《論祖國書同文的基礎》①和《談漢字繁簡與書同文》②二文,提出些微淺見,爲"書同文"的實現搖旗呐喊。今再提出"大一統的語文規範化"的呼籲,以期引起海内外炎黄子孫的共鳴。

總之,我們熱切期待着祖國的徹底統一,而祖國統一的美好前景又呼喚着一個大一統的語文規範化的實現。讓我們爲此而共同努力吧。

(原載《棗莊師專學報》1998 年第 4 期)

---

① 《語文建設通訊》第 44 期。
② 《語文建設通訊》第 48 期。

評“識繁寫簡”

　　“識繁寫簡”指的是“把繁體正字作爲印刷體,把簡化字作爲手寫體”。倡導者爲此找了兩條證據。一是“西方的字母文字有印刷體和手寫體的區別,A 和 a 毫無相似之處”;二是于右任老前輩早就有“印刷用楷,書寫用草”的提議,與“識繁寫簡”的主張“不謀而合”。①

　　我不贊成“識繁寫簡”,倡導者所舉兩條證據並不能證明其主張的可行。

　　首先,按照這種主張,“識繁”當然不存在問題:繁體成了印刷體,不由你不“識”;但“寫簡”就不好辦:繁體既成爲“正字”,“寫繁”有什麼不可以呢? 我既寫簡又寫繁可不可以呢? 要説可以,那只能造成亂寫的局面;要説不可以,那麼寫簡對還是寫繁對? 記日記、寫信還可以“繁簡由之”,聽任其便,學生寫作文呢? 高考答卷呢? 還判不判錯別字? 如果判錯別字,是繁體錯還是簡體錯? 繁體既爲正字,只能是簡體錯。這樣就把“寫簡”限制在了不登大雅之堂的私人場合。再説,“寫簡”先要識簡。這一代人識簡不成問題,因爲他們學的就是簡化字;下一代呢? 書刊上已見不到簡化字,他們到哪兒去識? 不識就不能寫,結果就只能是——廢! 可見,“識繁寫簡”實質上是“返繁廢簡”。廢倒不一定全廢,不過又退回到幾千年一直存在的那種狀態:人人各自爲倉頡,簡字成了

_____

　　① 袁曉園:《識繁寫簡書同文字共識互信促進祖國和平統一》,《漢字文化》創刊號,第 4 頁。

民間的手寫體,自生自滅,造成社會交際的混亂。

簡化字已推行數十年,相當一部分人早就不"識繁"了。如果真的實行"識繁寫簡",如何才能使這幾億人重新普遍地識繁呢?倡導者沒有說明,但卻意識到應該從基礎做起,提出"在小學語文教材中就加入識認繁體字的内容"。倡導者還算了一筆賬:"簡化字,不算偏旁簡化字共有 515 個。515 字分六年學習,每年合不到 100 字,每月合不到 10 字。每三天學一個字,這種負擔能說重嗎?"①漢字本來難記難寫,即使簡化了,也難以克服這一缺點。小學生只學一套簡化字已够難的了,再加一套繁體,人爲地增加了許多混淆的機會,要一一辨認清楚,實非一件易事。怎能說沒有增加他們的負擔? 小孩子學習這 515 個繁體字,如果真像倡導者說的那樣輕鬆,那麽已經學會了繁體字且有着高度分辨能力的大人們,學習由這 515 個繁體字簡省而成的簡化字,應該更是輕而易舉。與其把認識這 515 個繁體字的負擔推給億萬少年兒童,何不把認識 515 個簡化字的任務推給只占漢字使用者不到10%的使用繁體字的大人們呢? 這不同樣可以實現大家所期望的"書同文字"嗎? 可惜,倡導者"書同文字"的口號,並不是要把文字"同"到簡化字上來,而是要"同"到繁體字上去。

倡導者主張書"同"於"繁"的一條主要理由是: 認識繁體字便於閱讀古代典籍,繼承中華文化遺産。不贊成簡化字的人們,主要的根據也在於此。他們認爲,漢字簡化的結果,使人們不認識繁體字了,也就讀不懂古代文化典籍了。有人甚至說,簡化字"把圖書館的繁體字藏書變成了廢紙",使人們"成了豐富的文化典籍的文盲"。我們要問: 認識繁體字的人,比如臺灣和香港人士,是否都讀得懂那"豐富的文化典籍"呢? 在這個問題面前,我看没有幾

① 郁林、靳飛:《識繁寫簡——訪漢字現代化研究會會長袁曉園教授》,《漢字文化》1990 年第 1 期,第 57 頁。

個人敢拍胸脯的。古籍的讀不懂有日矣,並非自簡化字始。即如一些儒家經典,遠在兩千多年前的漢代就已經讀不懂了,於是才有"經學"的興起。十三經,代有其人做"傳",做"注",做"箋",做"疏"。這樣還不行,所以又有了現時的"今注"、"今譯"。古籍難懂,主要是古今漢語的差異造成的,與字體的繁簡沒有多少關係。

倡導者主張恢復繁體字還有一條重要理由:繁體字"字有字理",而簡化字則"易寫而無字理"。① 要説早期的漢字"有字理"是可以的。但是,漢字發展到今天,它所記錄的漢語發展到今天,社會發展到今天,漢字的"六書字理"早已消失殆盡了,或者説早已不起大作用了。如若不信,就請分析一下自己筆下的漢字,看有多少字能説出"字理";即使能説出,除了符合《説文》外,看又有多少符合現代語言中所用的意義。實際上,漢字本身的發展史,就是一部逐漸淡化自己"字理"的歷史。所謂大學生在圖書館裏由於不認識繁體字而找不到《後漢書》的例子(這樣的例子肯定是個別的),其實正是對繁體字"字有字理"説的否定:"後"、"漢"、"書"這些如此有"字理"的"寫意文字",竟然連一點"意"也沒"寫"出來。安子介先生總結自己寫作《解開漢字之謎》的條件,其中一條就是"不受傳統束縛,完全在另一個嶄新的基礎上追蹤漢字",② 即完全從現在的字形、現在的意義出發,重新對漢字進行解説。正是由於漢字喪失了原來構形上的科學性亦即"有理性",才促使安先生屏棄舊"理",另立新説。爲了識字教學的需要,無論是對繁體字還是對簡化字,都可以這樣做。死守"字理",於簡不通,於繁無益——除非倒退到甲骨文,倒退到原始漢語上去。

---

① 袁曉園:《識繁寫簡書同文字共識互信促進祖國和平統一》,《漢字文化》創刊號,第4頁。
② 袁曉園主編:《文字與文化叢書》(三),光明日報出版社1988年出版,第83頁。

　　倡導者所舉拉丁字母的 Aa 之別,于右任的"印刷用楷,書寫用草",與"識繁寫簡"並無相同之處。A 與 a 並非印刷體與手寫體之別,而是大小寫之別。大小寫各有用途,各有自己的印刷體和手寫體,這些知識是任何一個學習西方語言的人都知道的。于右任先生所倡導的是楷草之別,與繁簡之別不同(雖然有少量簡化字是由草書楷化來的)。繁體和簡體各有其印刷體和手寫體。繁體的印刷體是"楷",簡體的印刷體也是"楷";繁體手寫可以"草"一些,簡體手寫也可以"草"一些。各有各的自由。這兩條都不能成爲"識繁寫簡"的根據。

　　上述這種"識繁寫簡",我是不贊成了。但是我却贊成另一種意義上的"識繁寫簡":一部分人根據工作和學習的需要去閱讀繁體字印刷的書籍,而書寫還是用規範的簡化字。這種意義的"識繁",並不是一件多麽困難的事。一般説來,有這種需要的大都是成年人或已接近成年人,他們已有了相當的文化和分析判斷能力,在不斷跟古籍打交道的過程中,完全可以根據上下文的關係,逐漸認識繁體字。這就是"順"的辦法。比如,在"先後"、"今後"、"前後"等詞語中,我們就可以猜出"後"就是"后"的繁體;在"漢朝"、"漢族"、"漢子"等詞語中,我們就可以猜出"漢"就是"汉"的繁體;在"書籍"、"一本書"等詞語中,我們就可以猜出"書"就是"书"的繁體。起初也許不太順利,經過多次反復,也就熟悉了。事實上,每一個原來只認識簡體而後來又認識了繁體的人,都是通過這個途徑做到的。誰聽説過哪個大學的古代漢語專業或哪個中醫學院開設過專門的繁體字識字教學課?讓有必要閱讀繁體字書籍的人在閱讀實踐中用"順"的方法去"識繁",和讓幾億小孩子從小就千辛萬苦地"識繁",這兩個辦法哪個更聰明些呢?答案是明擺着的。還是"救救孩子"的好。

　　同樣,海外華人要識簡,也可以采用"順"的辦法。根據《語文建設》1991 年第 8 期刊登的《臺灣大學生認讀大陸簡化字的測查報告》,對從未接觸過大陸簡化字的臺灣留美大學生進行動態測查的結果,認讀簡化字的正確率是 95%。這表明,在動態的情況下,簡化字並不像有人説的那樣"使海外華人變成文盲",不會成爲大陸與海外文化交流的障礙,更不會成爲祖國統一的障礙。馬來西亞、新加坡等國,早已廣泛采用了簡化字,香港目前正"繁簡由之"。相信臺灣同胞和其他海外華人,隨着和大陸文化交流的日益增多,日益"目染"簡化字書刊,自會漸漸地"識簡"、"寫簡"。海峽兩岸,共識互信,"書同文字"的良好願望,就會由此而實現。

(原載《語文建設》1992 年第 2 期)

"漢字創詞説"説

近年來，有些人士很熱心於挖掘漢字的"優越性"和"科學性"。所謂"漢字創詞"之説，即是其中之一。

"漢字創詞"論者認爲："漢字具有創詞潛力"，"本土的漢字能引人入勝，旁衍範圍很廣，没有它，我們就失去了創詞的能力"。

此説大可商榷。若説漢字創詞、没有漢字就不能創詞，我們不禁要問：漢字才有幾千年的歷史，漢字產生之前，我們的祖先怎樣創詞？没有詞，他們怎麼交際？我國有些少數民族，至今没有自己的文字，他們怎麼創詞？尚未學字的兒童怎樣創詞？因爲照一般理解，所謂創詞應該是指：人們每發現一種新的事物或規象，總要起一個名稱來表示它。詞的產生遠在字前，説"漢字創詞"，恰好是顛倒了這種本末關係。就是一個文盲，初次見到自行車，他也會見物生詞，給它起上一個名字的。再説兒童，從他一懂事起，周圍一切事物對他來説都是新鮮的，他總是問：這是什麼，那是什麼。假如給他一樣他熟悉但不知道名字的東西讓他猜，他就會給你"創"一個詞了。我的孩子兩歲多的時候就常"創詞"。吃飯時，我指指碗問他是什麼，他知道是"碗"。又指指盛饅頭的小籃兒，他想了一想，説："饃饃碗。"大概他看那東西圓圓的跟碗差不多，只不過盛饃饃而已。又拿手套問他，他説："手褲!"大概他看那東西是戴在手上的，又有腿兒，像他穿的小褲子。一次他看到牛帶的籠嘴，便説是"牛口罩"。看，小孩子也會"創詞"了! 這能説是"漢字創詞"嗎？

單音詞之創，先民早就開始了。後來有了複音合成詞。這種複音詞之創,是人們根據所表示的客觀事物的特點,用原有的詞作材料,或曰"元素",通過高度概括的手段複合而成的。"水車"、"火車"、"自行車"是如此,小孩子創的"饃饃碗"、"手褲"、"牛口罩"之類也是如此。有了客觀事物,有了語言經驗與材料,我們才能創出詞來。如若不然,把一個人從小就關在一間屋子裏,讓他脫離外部世界,然後教他機械地、孤立地學上幾千個漢字,學得滾瓜爛熟,看他能創出多少詞! 看他能不能創出"水車"、"火車"、"手褲"、"牛口罩"來!

我們的漢字是表意體系的文字,先民們造字之初,絞盡腦汁,儘量使他們語言中的詞的意義在字形上再現出來。如"水",他們就把它畫得像一條水流的樣子;跟水有關的許多事物,先民們雖無法完全在字形上再現它們的意義,但却設法用"水"做它們的偏旁,以標明其類別。漢字的這種表意性,使人們誤以爲一個漢字就是一個單音節詞,或是一個單音節語素,從而掩蓋了漢語的語素複合法組詞的特點。正如呂叔湘先生所説:"漢字的特殊形式掩蓋了這一基本事實,造成一種假象,仿佛先有文字。"①於是才使某些人產生了"漢字創詞"的誤解。而這種誤解,又恰是某些識了"字"以後的文人們的誤解。問諸文盲,問諸未學字的兒童及無文字的民族,他們斷不會説自己所掌握的詞是"字"創的。

"漢字創詞説"的另一種表現形式是: 有人並不認爲口語中的詞是字創的,而是説在書面上漢語是用漢字記下來的,漢語書面語是"以字組詞",因而學字就差不多等於學詞了,並認爲這就是漢字勝過西方文字的優越性。一位頗有聲望的語言文字專家就這樣説:"現在常用的漢字只有三千多,學會這三千多字以後就會認得用這些字組成的幾萬個詞,這比學習歐美各國語言時要記多少萬

---

① 呂叔湘:《漢語拼音方案公布 30 周年有感》,《語文建設》1988 年第 1 期,第 1 頁。

複雜的多音詞不知道要容易多少倍。"

　　這種説法,不能説全無道理。因爲從"表層"即從詞形上看,一個詞寫下來就是一個或幾個字,比如"火車"在書面上就是由"火"和"車"二字組成的;從"深層"即從詞義上看,詞義跟字義(應該説字所代表的語素義)有着不可分割的聯繫,"火車"的詞義有"火"義在内,也有"車"義在内。從這一點上説,"以字組詞"是有其道理的。但是,問題恰恰是出在另一點兒上:静態中的一個字,在實際語言中往往是不同的詞、語素或同一語素的不同意義;合成詞的詞義,決不是字義(語素義)的簡單相加,也就是説詞義不容許人們憑主觀中的字義隨意去"組"。首先我們看一個"打"字。這個字够簡單了,可以説,一年級小學生也"掌握"了。可一進入語言,情形就不一樣了:

　　　　打鐵　打架　打壩　打燒餅　打行李　打格子　打洞
　　打旗　打傘　打雷　打電話　打信　打酒　打水　打魚　打柴　打主意　打球　打燈籠　打哈欠　打遊擊　打官腔　打光棍兒

請問,這些個"打"字,意義如何? 小學生能"掌握"得了嗎? 這就有點像《西遊記》裏的孫悟空,雖然只有一個,但他有七十二變,變人,變鬼,變妖,變動物,變山水、樹木、房屋……對於道行高深的南海觀音、西天如來説來,這只不過是一眼即可看穿的小伎倆。但一個肉眼凡胎者豈不被種種的孫悟空變得眼花繚亂? 如果一個孫悟空而不會千變萬化,一部《西遊記》頓時會黯然失色;如果三千字進入語言應用當中還是這三千字,我們的語言也就簡單透頂,決不會這樣豐富多彩。因此,動態地看漢字,不簡單!

　　合成詞中的"字"尤其不簡單。如前所説,它可能代表不同的語素或同一語素的不同意義,誤將彼義當此義,就不會得出這個合成詞的正確意義。一次孩子在書上認出了"老板"二字,他就問:"爸爸,什麽是'老板'? 是不是這塊木板很老了?"幾乎令我笑掉了大牙。還有，在合成詞的語素與語素的相互結合過程中，由於它們的相互影響，有時還使某一語素產生某種臨時性的意義。這都是深層次的東西，不是能夠從字面上看出來的。"牛刀"之"牛"意爲"宰牛"（所謂殺雞焉用牛刀），"馬刀"之"馬"絕非"宰馬"。詞義決不等於字義的隨意相加。不然，一個沒見過黃瓜的人，見到"黃瓜"一詞，肯定會猜黃瓜是黃的。

　　這就可以看出，合成詞的詞義，是由組成該詞的兩個或幾個語素的意義"複合"而成。語素義是一種意義，詞義是另一種全新的意義。這裏我想借用一個化學術語，即詞義是語素義的"化合物"。比如，氫是一種物質，氧是一種物質，氫氧結合成的水是另外一種全新的物質。上舉"牛刀"、"馬刀"、"黃瓜"等莫不如此。有人常舉這樣的例子：學會了"鞋"、"底"、"幫"、"面"幾個字，"鞋底"、"鞋面"、"鞋幫"等詞，還用學嗎？學會了"公"、"母"、"牛"、"馬"幾個字，"公牛"、"公馬"、"母牛"、"母馬"等詞，還用解釋嗎？這種認識也是極其膚淺的。首先，漢語中的合成詞，並不都如此簡單，詞義並不都如此"表面化"；並且，即使如此"簡單"的詞，一個從沒穿過鞋的民族，知道"鞋底"、"鞋幫"之類爲何物嗎？"公牛"、"公馬"、"母牛"、"母馬"現代人不用解釋，古人就不然。古人管公牛叫"特"，公馬叫"騭"，母牛叫"牸"，母馬叫"騇"。頭兩個字在《説文》裏記着呢，後兩個字在《玉篇》裏記着呢。逼不得已，古人説起牛馬來，用"牡"、"牝"，也不用"公"、"母"。這一點，翻翻古籍即可了然。即使是現代人，還得懂普通話的人才能懂"公牛"、"公馬"等。因爲在方言裏，並不都是這樣叫法。可見合成詞的詞義這種"化合物"，是使用該語言的某一特定時期、特定地域的人們約定俗成的。離開這種語言背景，它就不能僅憑"字"去猜知。

　　説到這裏，我們就知道該如何認識三千多常用字在漢語中所占的地位了。如果我説"學習這三千字對學習中文是首先的和必要的",這無疑是正確的,這就如同説"學習106種化學元素對學習化學是首先的和必要的"一樣的正確。如果我説"學習了三千字,就等於學會了用這些字組成的所有詞,就等於學會了中文",馬上會有人指責我是"胡扯!"這如同説"學習了106種元素,就等於知道了由106種元素組成的宇宙間所有物質,就成了化學家"一樣的荒唐。但我要自我辯白一句,這話也不全是胡扯,這要看出自誰的口。假如是出自一個化學家和一個漢語專家之口,這自然是有道理的。化學家看這106種元素,是"動"起來的,不管它們以什麼方式出現,不管是單質還是化合物,他心裏都有一本賬;同樣,三千字在漢語專家眼裏也是如此,因爲他對古今漢語有着透徹的了解,對每個字的方方面面,心裏也有一本賬。因此,化學家看106種元素,漢語專家看三千字,就像如來佛看孫悟空,自然簡單不過。但是,化學家、語言專家眼中的106種元素和三千字,跟中小學生眼中的這些元素和漢字,能是一樣的嗎?硬把化學家和漢語專家的感覺推廣到所有人身上,怎麼能讓人信服呢?

識讀漢字,這是每個就學兒童必然經歷的階段。語言專家們早就呼籲對兒童實行"最常用千字教學";近年來香港安子介先生又用電腦統計出了"今代千字文";有的還提倡對兒童進行"集中識字"。這些,我都是十分贊成的,並且試之於自己孩子的識字,也是有效的。我采用"安子介千字文"對六歲的孩子進行集中教學,結果只用了不到三個月就認識了這一千字。但這種"效"也僅僅限於"識字",對於合成詞就不行了。安子介先生説,用"節"、"約"二字,限制在五百字範圍內,也能各自造出18個詞,如"關節"、"音節"、"節氣"、"大約"、"簡約"、"約法"等。但孩子對這些詞,僅僅是認得字而已,對於詞義如果不專門講,他自己一點也"創"不出來。因孩子尚無多少語言經驗,尚無"詞"的概念。給他一句話,他也是讀字而已。如"科學技術是物質文明的強大動力"一句話,孩子念起來是這樣的:"科—學—技—術—是—物—質—文—

明—的—強—大—動—力。"我把孩子的這種讀書方式稱爲"單字迸"。

大家知道,日語也使用大量漢字來記寫自己的詞語,有些詞的形和義(音除外)和中文幾乎完全一樣,如"體重"、"身長"、"人口"等。有些詞則與中文相去甚遠,下面舉出一些,並以括弧注出漢語。

> 手紙(信),汽車(火車),人間(人類),階段(樓梯),勉強(努力),心算(計劃),首飾(項鍊),切手(郵票),寫真(照片),御覽(看),自動車(汽車),扇風機(電扇),冷藏庫(冰箱),定期券(月票),高等學校(高中)。

組成這些詞的字,我們也都"認"得,意義也和我們中文差不多。但它們"化合"出來的詞義,對不懂日語的中國人説來,一定大出意外。即如"手紙",漢語是指解手用紙,而日語則是指書信。分而言之,這兩種意義都能離析出"手"、"紙"兩種"元素",解手不必説,寫信也須用手用紙;但合而言之,兩個詞義又是如此地風馬牛不相及!這就説明,詞義這東西,是由使用該語言的人約定俗成的一種"化合物"。"手紙"、"汽車"在日文中約定俗成爲一種"化合物",而在中文中則約定俗成爲另一種"化合物"。誰又能料到,"高等學校"四個字的"化合物",在日本竟是指高中呢?可見,如果不懂該語言,不懂該詞的詞義,而僅憑組成該詞的字(語素)的意義隨意去"創",往往要"創"出笑話來。

日語是外語,港臺語則是道地的漢語了。港臺的語詞,除去那些生僻的方言土語成分,即以"通語"而論,也跟大陸的"通語"——普通話有很大差別(不計語音)。請看這樣一些詞語(括弧內是普通話):

> 火水(煤油),熱褲(短褲),衣車(縫紉機),房車(轎車),飛彈(導彈),飛電(電報),雪條(冰棍),雪櫃(冰箱),夾萬(保險箱),叛頭(包工頭),原子筆(圓珠筆),原始人(發起

人），醫生紙（診斷書），探熱針（體温錶），公婆（夫妻），手勢（手藝），分身（身份），工夫（農民），模子（模特），藝員（演員），匀身（渾身），標青（拔尖）。

看到這些詞，誰還敢説"認得了字也就知道了由這些字組成的詞"呢？誰還敢説"不用解釋"的大話呢？港臺人看大陸詞語，也是同理，他們説不定以爲"煤油"是從煤裏面提煉出來的一種油呢！

一位自然科學家講了這樣一個故事：清朝時一個杭州商人海上遇難被一位山東老鄉救醒，二人互相聽不懂方音，於是便在沙灘上寫字交談，山東老鄉才明白了他的遇難原委。後來這位商人恢復健康返回杭州，專門立碑讚頌"書同文"的偉大。漢字對這位商人實在是有"活命之恩"。這位科學家講這個故事，也在於説明漢字"見字懂詞"的超方言功能。長期以來，漢字超方言這種説法，影響了相當一部分人。看罷前舉港臺詞語，我們便可知，漢字並不能超方言。它能超語音，但不能超語義。比如一張《人民日報》，假如用方音去讀，我們可能聽不懂，但是拿過來看，誰都看得懂；但是這種"超方音"功能並非漢字所獨有，而是爲一切文字所共有。從資訊接受的角度來説，在口頭説話中，是通過聽覺，是"耳治"的，用文字寫下來，則是通過視覺，是"目治"的。研究表明，聽覺和視覺是兩種不同的功能和機制，人腦對二者的接受，是由不同的區域承擔的。所以文字可以繞過"耳"而進入大腦。目前在世界各語言中，方音分歧現象都難免不同程度地存在。比如美國英語和英國英語，就已經有了不小的分歧，交談起來，就不是那麼便當；而寫下來看，則要便當得多。即在英國，一個"home"，標準音是［hɔum］，但方音有的讀［jem］，有的讀［oːm］。①語音差距之大，顯而易見。但寫下來，"home"，誰都明白它的意思是"家"。一個發音不準的中國人説英語，人家聽不懂，但一寫下來，人家就看懂了。

① 張公瑾：《文字的文化屬性》，《民族語文》1991 年第 1 期，第 21 頁。

看來,英文也能超方言。世界上任何文字都能超方言。但這種超
方言還有一個極其重要的前提,即:文字所記寫的語言成分的意
義,必須是大家都能明白的"通語",不能是只有自己明白的方言
成分。如那個故事中的杭州人,假使是寫的自己的家鄉土語,那個
山東人就不會看懂。下面我就用漢字寫一段方言,看能有多少人
看懂:

　　　　耐要聽仔張先生閒話,就來裏倪搭走走,勿到別場花去
　　末,倒也勿去上俚哚當水哉。像倪搭阿有啥當水來撥耐上嘎?
這段話出自清人韓邦慶的小説《海上花列傳》第十四回。該書堪
稱"方言文學"的代表,書中人物言語全用吳語,本例即是。讀罷
上面一段文字,我們還能説漢字超方言麼? 能够由這些漢字"創"
出其中的詞、"創"出詞的意義來麼?

　　漢語還有一個時代的差別。現代人看古文,不用説是很難懂
了(並非漢字簡化的結果),而讀現代文,就覺簡單得多。古人讀
現代文呢? 假設我們把孔子和司馬遷兩位大學問家請出來,我敢
斷定,他們絶對讀不懂今天的《人民日報》! 給他們排成繁體的海
外版讀不懂,排成篆體或金文、甲骨文的"天外版"也讀不懂! 試
舉一句簡單的話:

　　　　新華社北京3月20日電:以全面貫徹黨的基本路綫爲
　　主旋律的七届全國人大五次會議,今天上午在人民大會堂
　　開幕。

　　孔子、司馬遷二位讀了這段話,會有什麼反應呢? 我猜他們的
"反應"一定是:甩一甩他們那寬大的衣袖,搖一搖他們那智慧的
腦殼,異口同聲曰:"不知所云!"

　　對中國文化作出了偉大貢獻的大聖人孔子,和寫出了"史家之
絶唱,無韻之《離騷》"的《史記》的司馬遷,怎麼竟至於讀不懂《人
民日報》了呢? 原因很簡單:語言發生了變化。雖然漢字還是那
個漢字,但詞彙已不是那個詞彙,語言已不是那個語言,社會已不

是那個社會。彼時之漢字與此時之漢字,形相似而其實"味"不同。兩位大學問家怎能不望"字"興歎呢!

綜上所述,兒童讀不懂書上的詞語,內地人讀不懂港臺詞語或其他方言,今人讀不懂古文,古人讀不懂今文,中國人讀不懂漢字記下的日語詞,即不能由漢字"創"出詞義來,這不是漢字的過;反過來,讀懂了也不是漢字的功。因爲文字背後有——語言!一個漢語專家能讀得懂文獻中由漢字記寫的形形色色的詞語,是因爲他精研了古今漢語的結果;山東人能讀懂杭州人寫下來的話,是采用"通語"的結果;各方言區的人都能讀懂《人民日報》,是推廣普通話的結果;今人讀得懂現代書刊,是懂現代漢語的結果。把這一切的功勞,統統算在幾千個漢字的賬上,這不是"貪天之功"麼?不過不是漢字自己要"貪",而是有人硬要強加給它。

說到這裏,我們知道該如何認識語言與文字、漢語和漢字的關係了。所謂"語言是第一性的"、"文字是記寫語言的工具"的理論,並沒有過時。儘管文字對於人類文明、對於促進語言自身的規範和發展有巨大貢獻,文字能起到口頭語言所起不到的某些作用,但它最終不能超乎語言之外。儘管漢字具有不同於西方文字的表意性特點,但它始終也不能擺脫附屬於語言的工具性質。古代用它作工具,現代用它作工具,今後還要用它作工具;通語用它作工具,方言也用它作工具;漢語用它作工具,日語也用它作輔助性工具。從這點看,它還真能通古今方國;但從其深層看,即從其傳達的一時一地的具體資訊看,離開語言,它却寸步難行!我們無法僅憑漢字主觀地"創"出某種語境中的實際意義來。望"文"可以生義,但往往會生到斜地裏去,語言修養的"道行"愈淺的人就愈是如此。假如會認幾千個字就懂得由這些字組成的多少萬個詞,學中文有一本《新華字典》也就足够了,要《辭海》、《辭源》、《現代漢語詞典》何用?又編十二卷本的《漢語大詞典》豈不更荒唐?看來問題不這麼簡單,漢字沒那麼神奇!假如就漢字的工具性來說,就漢語寫在書面上的外形來説,説"漢字創詞"、"漢字組詞",並没什麼錯;如果拿着棒槌當了"針",以爲漢字萬能,真能關在屋裏創出詞來,拿起書見字就能創出詞義來,那就會使初識字的小朋友們和學漢語的外國朋友們大上其當。漢字有特性,識字對懂詞有"效",但極有限! 有一點效我們就應儘量利用,識字教學應重視,並由此帶動詞彙及整個語言教學;但決不能像有人説的那樣,學會幾千字便可"一勞永逸",便可代替詞彙及語言教學。果真如此,大學的中文系真該取消了。最後,我想引用已受某些人指責的吕叔湘先生的一句話,作爲本文的結束:

哪一天才能把語言與文字的關係擺正呢?①

(原載《語文建設》1992 年第 6 期)

---

① 吕叔湘:《漢語拼音方案公布 30 周年有感》,《語文建設》1988 年第 1 期,第 1 頁。

漢字的語素性質

漢字究竟是一種什麼性質的文字？語言學界未有一致認識。各種説法,諸如表意文字,意音文字,表詞文字,語詞·音節文字,字符文字,語素文字,語素—音節文字,記寫單音節的詞和詞素以及音節的文字……紛紛提出。

這種種的提法,並沒有什麼實質上的衝突,有的是觀察角度的不同,有的是概括得全面不全面的差別。那麼,我們該從哪一種角度來認識漢字的性質呢？文字和語言不可分,"記録語言的工具"是文字的根本性質,所以我們應從語言的角度認識漢字的性質。現行漢字是記寫現代漢語的,所以我們應從現代漢語的角度認識漢字的性質。現代漢語裏,雙音詞占優勢,表詞文字或語詞文字的説法不足以揭示漢字記寫現代漢語的特點。由此而言,則唯語素文字爲合適。

下面我們謹從語素的角度來認識一下漢字的性質。

一

我們常説,漢字是形音義的統一體,若指古文字,那是頗有道理的。古文字還保留着圖畫意味,象形、指事和會意字,大都能"見形知義";那時古音猶未變,形聲字大都能讀半邊——"見形知音"。所以古文字的形音義是高度統一的(假借字除外)。

但是漢字在後來的發展過程中愈來愈破理性、破圖畫,愈來愈綫條化、符號化。"日"、"月"、"水"、"火"、"人"、"手"、"足"、

"目",已經不象形了。小學生會問：爲什麼"日"是太陽,"月"是月亮? "尺"、"寸"、"才"、"干"、"甘"、"夫"、"巾"如何指的事,"古"、"今"、"内"、"外"、"黑"、"白"如何會的意,也没法講了。即使講出來也於現代義無補。這説明,現代漢字之"義"與"形"已經不是那麼統一了。教學上所能利用的僅有的一點理性,形旁還能提示字的"義類"。但有的形旁連義類標號的作用也起不到了。比如"刂"部字,按説都跟刀有關,但就着現代義來説,誰能説出"刷"、"判"、"前"、"副"跟刀有什麼聯繫? "刻"、"割"用刀,怎麼"刷"也用刀呢? 評判、批評難道也帶着刀嗎? 前後之"前"、正副之"副",跟刀何干? 假如我們按"刀"索義,豈不去題萬里! 那麼,漢字教學怎麼辦? 那只好就整個字來個規定性的意義教給學生。要説漢字現在還能"見形知義",那得等到認識這個字以後,正如已經熟悉的朋友,當然能够見面而識: 比如"血"字,在認識它之前,誰能見其形即知"血液"義? 在認識它之後,又有誰會想到原來"血"的下部是個器皿,上面那一撇才是血液?

漢語的語音也發展了,愈來愈遠離古音。形聲字音符的諧音與實際讀音,越離越遠了。有的聲符諧音不準了,如"扮"、"抄"、"均"、"松"、"垣"、"茄"、"扭"、"語"、"除"等;有的聲符諧聲作用幾乎一點也起不到了,如"等"、"待","説"、"悦","他"、"池","錯"、"猎(獵)","都"、"緒","移"、"侈","寵"、"龐"等;至於"愎"、"隘"、"忏(懺)"、"掣"、"臀"、"酗"、"詣"、"滯"、"諄"、"滓"、"瞠"、"撑"、"蹴"、"咄"、"悛"、"愫"、"茸"、"墅"等字,其聲符更是導引讀錯的"罪魁"。又有一批形聲字經過簡化,其聲符一點不像聲符了,如"怀"、"环"、"团"、"邓"、"过"、"扫"、"国"、"协"、"苏"、"时"、"鸡"、"赵"、"梦"、"际"、"独"、"陆"、"动"等等。凡此種種怎麼辦? 只好來個"整體認讀"——該字就念什麼音。

總之,漢字發展到今天,其構形上的有理性,即結構上的可分析性和可解釋性,愈來愈差,其形體和讀音,形體和意義之間的關係,漸漸成爲規定性的。漢字愈來愈成爲一個個規定性的標號。我們要死記這些標號才能"見形知義"。不過,漢字本身雖然不能像過去那樣"見形知義"和"見聲(聲符)知音",但它却以規定性的意義和讀音來與漢語中的語素取得聯繫。漢字正是以這種"規定性標號"的身份來記錄漢語的語素,從而順利完成記錄漢語、輔助漢語進行交際的使命。

二

漢字好學好用論者,其理由之一即"見形知義"。漢字即已成爲規定性的語素標號,這個理由也就不那麼充分了。其理由之二是由"見形知義"派生出來的:漢語的詞都是由字組成的,學字時費點勁,日後學詞就不費勁了;尤其漢字經過簡化,數量減少了,按國家語委和國家教委 1988 年發布的《現代漢語常用字表》,計常用字 2500 個,次常用字 1000 個,合起來才 3500 個,掌握 3500 字還會多費難嗎? 學會這幾千單字,對由這些字組成的複合詞,不論用兩字或三字組成的,大致都可"一目了然"。

果真如此嗎? 世界上哪有這種輕捷、優美的文字?

這,實在是一種誤解。這種誤解正是由於静態地看漢字即不是動態地看漢字,從而忽略了漢字與漢語的關係,忽略了漢字的語素性質。

語素就是最小的語音語義結合體。語素可有種種劃分:從意義多寡分,有單義語素和多義語素;從音節多寡分,單音節語素雖是漢語語素的基本形式,但也有雙音節語素和多音節語素;從構詞的靈活性來分,有自由語素、半自由語素和不自由語素;從意義實虛來分,有實素、虛素、半實素和半虛素。另外還有同音語素(有時寫成漢字同形)。

　　一個漢字,一旦作爲語素,進入實際應用當中,也就變幻莫測了。"打"字够簡單了,應當説,一年級小學生也"掌握"了。可一進入語言,情況就不同了:

　　　打鐵　打架　打壩　打燒餅　打行李　打格子　打洞
　打旗　打傘　打雷　打電話　打信　打酒　打水　打魚　打
　柴　打主意　打球　打燈籠　打哈欠　打游擊　打官腔　打
　光棍兒

　　請問,這些個"打"字,意義如何? 小學生能"掌握"得了嗎?本國小學生還好,還有"語言"之便。他們在認識"打"字之前,多已經對自己語言中"打"這個語素的諸多意義和用法有了初步印象,是從語言到文字,因而不致造成多大混亂。外國人學漢語就不同了,他們是從文字到語言,是通過"打"這個字而去逐步掌握"打"這個語素的多種用法。剛認識了這個字,一下子見到這麽多的"打",怎不令他們眼花繚亂、大惑不解呢? 所以這是我們的對外漢語教學應該特別注意的。

　　曾見一本教外國人學漢語的教材,課文中出現了"打醋"、"打醬油"之類的搭配,於是生詞表中是這樣注:"打——buy"。這就很不恰當了。正確的注法應該是:"打(醬油、醋)——buy"。這就提醒外國人注意,"打"雖有"買"(buy)義,但只用於醬油、醋等有限的場合。不然,外國人知道了"打"字有"買"義,衣服、鞋帽,乃至手表、電視機等一切物品,他都會去"打"的。這也證明了"打"字之不簡單。這種不簡單是由語素的多義性造成的。

　　巧妙地運用語素的多義性還可以造成修辭上的效果。有一個相聲,甲出了個字謎:一豎一邊一點。乙猜"小",甲説不對,是"卜"。乙猜"小"是把"一邊"理解成了"每一邊",甲説是"卜"是把"一邊"的"一"理解成數目"一"。這就是利用了"一"的多義性。魯迅先生寫阿Q跟小D打架,圍觀者有一些人説"好,好",另一些人則説"好了,好了。"説"好"是慫恿,説"好了"是不耐煩,是勸阻。一個"好"字寫出了兩種截然相反的態度,足見魯迅先生不愧爲駕馭語言的高手。

就是同一語素同一義項,在不同的場合,其意義也是不盡相同的。例如"跳高"之"跳"與"跳舞"之"跳",應屬於同一義項,細想一下,又不一樣。"哭鼻子"與"哭窮",《現代漢語詞典》沒有另立義項,但不難想象,兩個"哭"大不一樣。"人民"之"民"與"民間"之"民",也應該是同一個"民"。但"民間"不等於"人民中間";領導下基層,深入群衆,不能説"來到民間"。

我們再舉"馬"爲例。這個字也再簡單不過了,不需任何解釋,誰都知道它是那麼樣一種動物。但就是動物這一義項的"馬"作爲語素去構詞,其意義也是變化萬端。下面都是些由"馬"組成的詞語,爲了説明問題,我們試把其中"馬"的語素意義提取出來:

馬鞭　馬:趕馬

馬夫　馬:管馬

馬幫　馬:馬馱貨物

馬術　馬:騎馬

馬褂　馬:滿族人騎馬穿

馬戲　馬:騎馬演

馬靴　馬:騎馬穿

馬料　馬:餵馬

馬車　馬:馬拉

馬路　馬:車馬行

馬店　馬:馬幫客人住宿

馬賊　馬:騎馬搶劫

馬球　馬:騎馬打

馬槍　馬:騎馬用

馬鞍　馬:放在馬背上供人騎坐

馬隊　馬:騎兵

　　　　馬騾　馬：母馬由公驢交配後所生

　　　　馬道　馬：跑馬

“馬”的這些雖是附加上的、但確已具有的意義，是它充當語素跟其他語素結合時受其他語素影響所臨時獲得的。這是“馬”字本身所不具備的。也許這樣分析有點勉強，但不這樣就難以說明問題。小朋友們按照他們心中的“馬”來理解這些“馬”，怎麼能行得通呢？就是大人們也應高度警惕，不能望文生義，也不能類推。“牛刀”之“牛”意爲“宰牛”，“馬刀”之“馬”絶非“宰馬”。不是麼？

　　可見，就是意義相同的語素，一旦活動起來，去組成不同的詞，或該語素獨自成詞而跟不同的詞語搭配，其意義也會發生隨時隨地的、靈活多樣的變化。這些都是静態的語素——字典中的單字所表現不出來的。

　　一個字一旦進入組詞、造句的過程，就會與其他語素或詞發生種種句法關係。句法關係不同，該字呈現的語素意義就不同。比如“正人”，如果是偏正結構（正人君子），“正”是“正直”；如果是動賓結構（欲正人先正己），“正”是“使端正”。有一個相聲，甲説了個字謎：“兩個口字不分開。”乙猜“吕”字。甲説不對，“回”和“日”也算兩個口字不分開，正確的應是“砧”字。原來，猜“吕”、“回”或“日”，是把“不分開”理解成偏正結構，“不”是否定詞；猜“砧”字，“不分開”則理解爲主謂結構，“不”指“不”字本身。你看“砧”的上半部分多像個分開的“不”字啊。

　　有些字在特殊的句法關係中改變了意義。正如“闖紅燈”並不是直接向紅燈上闖一樣，“救災”、“救荒”、“救火”救的不是“災”、“荒”、“火”，而是處於災、荒、火中的人和物。

　　　　這樣説還像句話。

這裏，“話”取得了“好話”、“正經話”之義。

　　　　燒鷄十塊錢一斤，是個價。

十塊錢一斤是個價，一塊錢一斤就不是個價了嗎？顯然，這裏的

"價"已取得"高價"義。

>　　十塊八塊的在他手裏不算錢。

不算錢算什麼？顯然這裏"錢"是"大錢"的意思。呂叔湘先生《語文雜記》中專門有一篇談到"是、算、像"的一個特點,就是能使其賓語改變意義。又如:

>　　這匹馬沒騎過人。

>　　沒人騎過這匹馬。

兩句中的"騎"意義是不同的。第一句中的"騎"字如果理解成"兩腿跨坐"的動作,那就要出大笑話。理解成什麼呢? 字典裏卻提供不出。其他如:

>　　這椅子不能坐人。

>　　牆上掛着一把刀。

>　　河岸上栽了一行柳樹。

>　　書皮上寫着我的名字。

>　　他家餵着一條狗。

這裏面的動詞"坐"、"掛"、"栽"、"馬"、"餵",已不表示現實的動作,只表示與動作相關的狀態或方式。語素變成詞進入不同的句式而產生的這種特殊的意義變化,也是字、詞典中標示不出來的。

　　由以上各節不難看出,漢字在不同詞法、句法當中,在活的語言當中,是不簡單的。所以從動態(語素)的角度來看,3500 個漢字並不好學。即是看起來很簡單的字,一旦作爲語素去構詞,其語素意義也難以"一目了然"。即從數量而言,漢字經過精簡,字數減少了,有些意義完全相同的異體字整理掉了,自然是減輕了負擔。但有一些字被"同音代替"的辦法精簡掉了,而從記錄語素的角度來說,任務沒有減輕反而加重了。比如:"面",原來只指臉面,後來併吞了表麵粉的"麵","谷"指山谷,後來併吞了穀子的"穀";"后"指后妃,後來併吞了先後的"後";還有"背"與"揹","舍"與"捨","卷"與"捲",意義和讀音都不同,合併後不僅增加了意義而且增加了讀音。僅從形體的角度,漢字好學了,學一個頂倆;但從它記錄語素的角度看,其任務却是加倍了。這也給識字教學,尤其對外漢字、漢語教學提出了更高要求。所以不能以爲漢字愈少就愈好學。假如是這樣,我們把漢字精簡到 350 個不更好嗎?那不把這 350 個字"累"死才怪呢!

三

由於種種的原因,漢字記錄漢語的語素,其情形是錯綜複雜的:有的一個漢字記錄多個語素,有的一個語素由幾個漢字分別記錄,有的一個語素由幾個漢字合起來記錄。語素又包含聲音和意義兩方面。這樣,形體和意義之間、形體和聲音之間,就存在着縱橫交錯的關係。

前面提到語素的多義性,是幾個意義有内在聯繫,由本義引申出其他意義。引申義越引越遠,漸漸失去了與本義的聯繫,如一刻鐘的"刻"與刻劃的"刻",負傷掛花的"花"與鮮花的"花",張開的"張"與一張紙的"張",等等。這就應該看作一個漢字記錄多個語素了。吕叔湘先生稱這種情況爲"同音的親屬字"。[1]

一個漢字記錄多個語素,而這幾個語素意義上從來就未曾有過任何聯繫,叫做同音語素,如果獨立成詞,就是同音詞。如:

把 bǎ　　　把守——把柄——把兄弟——把手放下

白 bái　　白色——白跑——白話文——姓白

劃船 huá　劃船——劃拳——劃算——劃玻璃

別 bié　　告別——類別——別針——別動

對照上種情況,此類可以謂之"同音非親屬字"。以上兩類,不管

---

① 吕叔湘:《語文常談》,生活 · 讀書 · 新知三聯書店 2008 年第 1 版,第 32 頁。

過去有無親屬關係,現在都是兩個語素,我們管它們叫"同形同音異義"。

　　一個字兩個讀音,儘管意義上有內在聯繫,自然也應是兩個語素了。《詩經·小雅·大田》:"雨我公田。"《孟子》:"保民而王,莫之能禦也。"其中的"雨"、"王"都用如動詞,過去的經師都是讀去聲的。這種用改變讀音(一般是聲調)來表示意義和詞性變化的辦法,古人叫做"破讀"。保留在現代漢語裏的還有很多,如:

興	xīng	動詞	興起;	xìng	名詞	興致
好	hǎo	形容詞	優美;	hào	動詞	愛好
數	shù	名詞	數目;	shǔ	動詞	計數
縫	féng	動詞	縫補;	fèng	名詞	縫隙
處	chǔ	動詞	居處;	chù	名詞	處所
膏	gāo	名詞	脂膏;	gào	動詞	膏油

這種情況當然是一個字記錄兩個語素,我們仿照前面給它起個名字叫"異音親屬字"。

　　還有意義上毫無聯繫的異讀:

打	dǎ	打架;	dá	一打(十二個)
斗	dǒu	升斗;	dòu	爭鬥(鬥因簡化與斗同形)
稱	chēng	稱一稱;	chèn	稱心
差	chā	偏差;	chāi	差使;	cī	參差

這些我們在讀書時要詳加辨別。又如:

　　　　他睡着睡着睡着了。

　　　　他吃了了了。

　　第一句中前兩個"着"讀輕聲 zhe,後一個"着"讀 zháo,第二句中前一個"了"讀 liǎo,後一個"了"讀輕聲 le。意義、聲音都不同。不這樣區分,這兩個句子就不好理解。

　　以上兩類是一個字記錄兩個不同音的語素,不管意義上有無聯繫,都叫"同形異音異義"。

還有文白異讀的情形。例如:

誰	shéi ~ shuí	血	xuè ~ xiě	熟	shú ~ shóu
廈	xià ~ shà	色	sè ~ shǎi	勒	lè ~ lēi
殼	qiào ~ ké	虹	hóng ~ jiàng	給	jǐ ~ gěi

兩種讀音各有其適用的場合,意義也可能稍有差別,但仍是一個語素。這種情況雖讀音要注意,但不影響意義的理解。這可叫做"同形異音同義"。

一個字有幾個寫法,即異體字。《説文解字》除 9353 個正篆以外,還收了 1263 個重文。可見異體字由來已久。異體字的讀音、意義完全相同,幾個字記錄的是同一個語素,是"異形同音同義"。這些字於記錄語素無補,徒然增加使用、學習和閲讀上的負擔,應在規範之列。國務院於 1955 年發布《第一批異體字整理表》,精簡掉異體字 1055 個。實踐證明,這對於漢字的學習和運用,對於提高漢字記寫漢語的效率,起到了很好的作用。

幾個漢字合起來記錄一個語素的情況又有兩種:

(一)聯綿詞

　　蜘蛛　參差　倉卒　輾轆　彷彿　坎坷　蜻蜓　葫蘆
苗條　逍遙　澎湃

(二)外來詞

　　葡萄　苜蓿　菩薩　刹那　玻璃　咖啡　沙發　休克
可可　馬達　巧克力　法西斯　麥克風　奧林匹克　歇斯底
里　英特納雄奈爾

這裏,就一個漢字來説,它只是一個無意義的音節,是"有形有音無義"。

漢字記錄漢語語素的這諸多種相説明了什麼呢? 正説明了漢字自身好像簡單,但它代表的語素不簡單。認識漢字的形體,不一定知道它代表的語素。

結　語

　　從記錄漢語的角度,漢字是語素文字。漢字本身雖然一般都有形音義三方面,但其形體與聲音和與意義的聯繫已不是那麼密切了,即已不能見形知音和見形知義,漢字愈來愈成爲一個個規定性的語素符號。認識了漢字的語素性質,不把漢字看成孤立的和静止的,漢字就不簡單了,就不是好學好用了:漢字與語素的關係又是複雜的,語素義並不是字義都能反映得出來的,認識了字還是要學詞。一般詞語不能"一目了然",專門術語更不能"一目了然"。如若不然,語文教學光有識字教學就行了,又何必學解詞?大學裏又何必辛辛苦苦教古代漢語? 閱讀漢語文獻,一本《新華字典》足夠了,又何必耗費二十餘年功夫編一部《現代漢語詞典》?又何必興師動衆編什麼《漢語大詞典》?

　　作爲語素文字的漢字,不簡單。

　　(原載《烏魯木齊教育學院學報》1990 年第 1、2 期)

論漢語字、詞、詞素的本位問題

　　漢語文發展到今天,中國語言學發展到今天,字、詞、詞素已成為相互獨立的概念。它們各有所指,相互區別,雖有密切聯繫,但又無法等價地相互替代。可是近年來中國語言學界却出現了一種排斥詞和詞素概念的"字本位"理論,即讓"字"充當現代漢語分析和研究的主體性和排他性的概念術語。對此,我們結合漢語古今演變的實際加以討論。需要略加交代的是:"詞素"有時又叫"語素"。它們實質上雖有着內在的一致性,但從語用角度看,却有個在什麼語境下更合適的問題。在從事詞彙分析的時候,詞的構造成分叫"詞素"更為合適;但從語法和語言體系的角度看,那種最小的音義結合體或最低一級的語法單位,叫"語素"更合適些。本文從詞彙學和構詞法的角度討論問題,更多地使用"詞素",但在引用和討論別人稱說時,也間或采用"語素"。

一、"字"的特殊性與詞、詞素概念的必要性

　　中文裏的"字"是一種非常有特色的東西,它適應了漢語單音節音義單位的需要,以一個方塊形體記錄一個單音節的音義結合體,一個字既是一個音節符號,也是一個意義符號,因而它絕不像表音文字的單個形體那樣,僅僅是一個無意義的音素符號或音節符號。因此要研究漢語,漢字的研究就顯得特別重要,愈是古代就愈是這樣。要不文字學在中國是一個發達的重要學科,而外國則

沒有文字學可言呢？可見"形音義"三位一體應是漢字符號不同
於表音文字符號的重要特色。

　　只看到漢字在表達意義方面不同於西方文字的特殊性，而看
不到它在這方面現代不同於古代的特殊性，這也不行。幾千年來，
我們的語言面貌發生了很大的變化。過去的詞彙多是單音節的，
一個漢字就可以表達一個完整的詞音和概念意義；而現在的詞彙
多是雙音節和多音節的，一個漢字在這種情況下，只能部分地表達
詞音和概念意義。這樣，今天的一個漢字跟一個詞（概念）在音節
多少和意義完整性方面就發生了參差，也就是説它代表的單位發
生了變化。隨便把《史記》或《漢書》中一段文章跟今天的《人民日
報》放在一起，以"字"爲單位仔細咀嚼一下，就不難品味出它在不
同情形下代表語言單位所體現出的那種"枳橘之別"。

　　"字"在中國歷史上，曾經既是書寫單位的概念，又是語言基
本結構單位的概念。但有一點必須弄明白："字"充當語言基本結
構單位的概念，只能算是借用。"字"跟語言方面扯上關係，首先
是着眼於書面形體命名的，在作爲語言基本結構單位的概念"名"
被取消後，"言"的所指又含混，一時又沒產生新的名稱，於是就借
"字"來將就使用起來。這一將就就是兩千多年。之所以能夠將
就，一個前提條件就是，書面上的單字跟語言中的基本結構單位在
音節形式上有一致性。如果有任何一方的音節形式發生了變化，
就破壞了這種一致性或對應性，用書寫符號名稱來指稱語言基本
結構單位概念，就顯得不科學了。

　　詞、詞素的概念是着眼於語言（口頭的及書面的）來命名的，
是語言單位的名稱。其中詞是語言運用中的最小造句單位和概念
名稱，所以是語言的基本單位；詞素是語言分析時，將詞的意義往
最小處切分而得到的單位，所以不是語言的基本單位。中國古代
沒有詞、詞素之名，但絕對不能説沒有詞、詞素之實。先秦的"名"
與"言"，秦以後的"字"，就是用來造句的語言基本單位之實，也就

是後來所謂的詞。可那時的詞大多是單音節詞,在意義和構造上又都是單純詞,即一個詞只有一個詞素,所以我們的古漢語就基本面貌而言,是字、詞、詞素三位一體的,用"字"充當這個一體性的概念名稱也是可以將就的,前提即三者均爲單音節形式。但詞、詞素作爲語言單位的概念有一個優越性,即不以音節多少爲前提,所以它們無論作爲語言應用還是語言分析的單位概念,可以不受語音形式的限制,因而適應性強,可以放之古今、放之中外而皆"準"。具體説來,單音節形式可以是詞或詞素,多音節形式也可以是詞或詞素,乃至像西方語言中的很多情況下,一個母音或輔音音素也可以是一個詞或者詞素。這就是詞、詞素概念不同於我們的字概念的優越性和科學性。當字跟我們語言基本結構單位的音節形式基本一致的時候,詞、詞素概念的必要性和科學性還顯示不出來;而當這種單音節一致性的總體格局被打破的時候,詞、詞素概念的必要性和科學性就顯示出來了。例如"革命"這個結構,在歷史上的"湯武革命"中,是兩個概念和兩個語言基本結構單位,其意義爲"變革天命",亦即改朝換代,是兩個概念意義的簡單相加;而今天講"産業革命"、"技術革命"、"信息革命"等,其中的"革命"已經凝固成一個概念,是造句時不能拆開而只能整體使用的一個語言基本結構單位。這樣的單位跟"字"在音節形式和數量上就有了參差,顯然用"字"不能稱呼和概括。而叫作"詞",由於不受音節多少的限制,就顯得順乎時而應乎變,恰如其分。更進一步,這種概念的意義畢竟是合成的,要對語言進行科學的細緻分析,"詞素"概念的確立也就順理成章。有人説,古人用"字"概念,既充當書寫符號名稱,又兼作語言單位的名稱,還倒相安無事,而由於模仿西方語言學,引進了詞和詞素的概念,反倒亂了套。這種認識是完全錯誤的。因爲是漢語的發展,是漢語詞彙的雙音化,是語言基本結構單位音節數量的變化,使得"字"既做書寫符號單位名稱又做語言單位名稱的局面顯得捉襟見肘,顧此失彼,再也難以維持下去了,這才亂了套。而確立"詞"、"詞素"兩個新概念,正是爲了給"字"分憂解難,減輕負擔,避免混淆,從而制止這種"亂套"。這正如一株樹,後來樹分出枝,枝長出葉開出花,花又結出果,不能再共用一名,而必須給予不同的名稱加以區別是一樣的道理。所以,字、詞、詞素的分立與辨別,其内在和根本的原因,在於漢語自身的歷史發展和漢語詞彙結構的古今差異;所謂"印歐語眼光"或西方語言學的影響,只不過是外因而已。字本位理論的口號就是"擺脱印歐語眼光的束縛",可是深受"印歐語眼光"束縛的馬建忠,模仿西洋語法寫了一部《馬氏文通》,却恰恰並未采用"詞"和"詞素"名稱。因爲它研究的是字、詞、詞素三位一體的古代漢語,用一個"字"統稱,既表示漢字又表示語詞,雖有矛盾,却亦可"將就"而爲之。章士釗著《中等國文典》,或許察覺到用"字"既表漢字又表語詞兩種意義的矛盾,首倡"字"、"詞"之辨。到黎錦熙著第一部白話文語法著作《新著國語文法》,面對白話中表達觀念的基本單位(語詞)"大多數要兩字複合"(即雙音節)的事實,這就跟一個"字"只代表一個音節的形式發生了難以調和的矛盾,用"字"之名表示這種複音單位實在難以再"將就"下去了,這才不得不將"字"和"詞"分別開來。該書未講構詞法,如果講,"詞素"或"語素"之類名稱就不可或缺了。通過比較不難看出,"詞"和"詞素"名稱的使用,跟所謂"印歐語眼光"並無根本性的必然聯繫,實在是漢語的歷史發展與古今差異使然。倘若馬建忠再世,讓他再寫一部現代漢語語法,相信他也一定會"與時俱進",采用詞和詞素概念,而不會讓它們再跟"字"共用一名的。

二、字本位理論無法排斥
語素(詞素)概念

字本位理論主要是由當代著名的語言學家徐通鏘先生倡導

的,徐先生通過幾篇論文①將這一理論提出來並不斷根據別人的意見加以修訂和解釋,後來又形成一本書②,至今仍在發展中。徐先生的文章以 1998 年的《說"字"》爲較晚③,對字本位理論的闡發也較爲充分,我們就主要以該文爲討論依據,以下所引徐先生觀點不另外注明的皆出自該文。

　　字本位理論的"字",不僅僅是指文字的字,更主要是指語言中一種音義結合的單位,只不過這種單位的語音形式是單音節而已。這樣看來,它與普通語言學理論上叫做"語素"、指語言中最小的音義結合體那樣的結構單位,沒有什麼大的差別,最起碼沒有根本的對立和衝突。可是徐先生却說"字與語素相互間沒有可比性,不能把它們混爲一談。"徐先生的理由是:語素概念最早是布龍菲爾德提出來的,是結構語言學的一個重要概念。語言結構分爲表達(expression)和内容(content)兩個方面,而結構語言學的特點就是只研究表達方面,而不管或不重視内容方面,即便是詞這種公認的語言基本結構單位,也只把它看成語音的或音韻的單位。正如徐先生所說:"語素只是語言表達系統的一種結構單位,雖然它與内容系統有聯繫,但研究的時候不必涉及内容,以便有效地說明'語素由音位的組合構成'的原理和語言結構的二層性。"爲了造成"語素"和"字"的對立,徐先生又對"字"進行了這樣的界定:"'字'的實質是非綫性的,它着眼於音義的結合,是一種表達與内容相統一的結構單位。如果說得絕對一點,也可以說它是内容系統的結構單位。"徐先生就是這樣先借用一種外國觀點,把語素歸入表達系統,又接着把字定爲内容系統,把二者劃分開來,並對立

_____

　　①　這幾篇論文分別是:《語義語法芻議》、《"字"和漢語的句法結構》、《字和漢語研究的方法論》、《說"字"等》。

　　②　指徐通鏘《基礎語言學教程》,北京大學出版社 2001 年版。

　　③　徐通鏘:《說"字"》,《語文研究》1998 年第 3 期,第 1—12 頁。

起來了。

　　實際上這樣來製造語素跟漢語裏字的對立是並不恰當的。結構語言學不管語素的意義內容，並不是它沒有意義內容；結構語言學只研究表達方面，把語素歸入表達結構系統，但並不是說它不屬於內容系統。對於布龍菲爾德一派的那種極端形式主義的做法，國際語言學界一直有不同意見，例如英國語言學家弗·帕默在其《語法》一書中就指出：“不過關於語素是應當還是不應當看成是有意義的單位這個問題，在語言學家之間還衆説紛紜。”①時至今日，世界語言學界都已接受了語素這一概念，但重要的一點，那就是根據不同語言的具體情況，不斷修正它的定義，重視它的意義內容，而早已不像最初結構主義學派那樣把它看成純形式的東西了。在中國尤其是這樣，例如朱德熙先生《語法講義》第一章開宗明義就講道：

　　　　我們知道，語言是一種符號系統。任何符號都包括形式和意義兩方面。音位是沒有意義的語音形式，它不是符號，只是組成符號的材料……語法系統裏的基本符號是語素。語素可以定義爲：最小的有意義的語言成分。②

葉蜚聲、徐通鏘二位先生合著的《語言學綱要》第二章第二節在講語言層級體系時指出：

　　　　語言的底層是一套音位……從音位到語素，這是語言分層裝置裏最關鍵的接合部，因爲音位只能構成符號的形式，語素才是形式和意義結合的符號；從音位到語素有性質上的飛躍。③

---

　　①　弗·帕默：《語法》，上海譯文出版社 1982 年版，第 115 頁。
　　②　朱德熙：《語法講義》，商務印書館 1982 年版，第 9 頁。
　　③　葉蜚聲、徐通鏘：《語言學綱要》，北京大學出版社 1981 年版，第 34—35 頁。

徐通鏘先生説,字"着眼於音義的結合,是一種表達與內容相統一的結構單位"。根據上面所引,語素又何嘗不是這樣的結構單位? 徐先生説字"核心是語義,是構成內容系統的基礎",語素又何嘗不是如此,它的核心不是語義又是什麼? 所以從意義內容的角度看,從音義結合體的角度看,字與語素實在是一種性質的東西。所謂字與語素"不是一種性質的東西"云云,不過是借助早期結構主義學派的偏頗理論而得出的偏頗結論。不錯,語素在西方語言中可能是一個音節或幾個音節,也可能僅僅是一個音素而已,但在漢語中的基本形式則是一個音節。這能説明什麼問題? 只能説明語素在不同語言系統中語音形式的不同,不能説明語素與漢字語音形式的不同; 更不能説明語素是其他語言系統裏的結構單位,而不是漢語語言系統裏的結構單位。徐先生説"字與語素儘管都是各自語言裏的結構單位……"云云,就是千方百計把語素概念排除於漢語之外。語素雖然是西方語言學裏的重要概念,但早已不屬於某一具體語言,而成爲普通語言學裏的重要概念,適用於各種不同的語言了。語素概念進入漢語,首先跟中國傳統的"字"產生了交叉關係。字跟語素當然有區別。字最早是書面形體表達系統裏指"形聲相益"的那部分,後來成爲指所有方塊形體的名稱。當字取代了"名"成爲語言系統裏的基本結構單位名稱、指一種音義結合的概念符號時,字就跟語素發生了聯繫。當字的意義由概念義蜕化成不完全概念義的時候,字的語素化進程也就完成了,字與語素實際上也就成爲"一種性質的東西"了。

三、字本位理論無法排斥詞概念

字本位理論利用結構語言學重形式輕意義的做法以及東西方語言中語素形式的差異,把中文的字跟語素的聯繫割裂開來以後,接着又抓住古漢語中字、詞不分即一個字就是語言中的一個基本

結構單位的特殊情形,把詞概念從漢語研究中排斥出去。徐先生
這樣説:

> 漢語體現音義關聯基點的結構單位是字,它的特點是"1
> 個字・1 個音節・1 個概念"的一一對應,就是一個音節可以
> 包裝一個概念。印歐語體現音義關聯基點的結構單位是詞,
> 如果仿效漢語的結構格式,它的特點就是"1 個詞・n 個音
> 節・1 個概念"。字和詞都是各自語言的基本結構單位,因而
> 比較這兩個公式,唯一的差異就是音節的多少。

所謂"1 個字・1 個音節・1 個概念"的格式正是指古漢語一個字
就是一個詞(即一個語言基本結構單位)的情形。但是古漢語的
字和西方的詞有什麽根本不同呢? 用徐先生的話説,它們"唯一的
差異就是音節的多少",可這只是語音形式,它們在意義内容上的
共同點却都是表達一個概念,都是一個語言基本結構單位。任何
語言都有表達一個概念的語言基本結構單位,叫"字"叫"詞"只是
這個單位的名稱問題,音節的多少是這種單位在不同語言中的語
音形式特點,這一切都不能成爲字、詞相互排斥的依據。邏輯學和
語言學上都講到,概念和名稱(語詞)並不是絶對的一一對應的關
係,不同的名稱可表示相同的概念。如古代叫法的"字",現代叫
法的"詞",名稱不同,在特定的情況下,都可以表示"語言的基本
單位"這樣的概念,也就是英語叫作"word"的那種東西。另一方
面,同一個名稱也可以有多個所指,如漢語的"字"這一語詞,就代
表好幾個概念意義,趙元任先生説:"(字)既可以指口説的音節,
又可以指它的書寫形體,還可以兼指兩者。"①這裏"兼指兩者"不
甚明確,應該再明確地補充一條:指音和義結合的語言單位。也
就是説"字"這一名稱,至少有三種所指。例如"把字寫好"的"字"

---

① 趙元任:《漢語詞的概念及其結構和節奏》,《中國現代語言學的開
拓和發展——趙元任語言學論文選》,清華大學出版社 1992 年版,第 241 頁。

是指字形,"吐字清晰"的"字"是指字音即音節,劉勰《文心雕龍·章句》的"夫人之立言,因字而生句"的"字"是指用來説話和寫作的語言基本結構單位。

所以"字"、"詞"名雖異,如果是古漢語,它們指"語言基本結構單位"的實質是相同的。我們前文講"字詞之辨",那是指語言發生了變化後"字"不能表示那許多雙音節的概念或雙音節的語言基本單位時的情形,並不是要絕對割裂"字"、"詞"聯繫,更不是要讓"字"、"詞"之名鬧個你死我活的對立,非弄成"是字就不是詞,是詞就不是字"的僵局不可。時至今日,還偶爾可以見到"漢語有字無詞,英語有詞無字"這類混淆概念、擾亂視聽的説法。倘若其"漢語無詞"是指西方那樣的單詞,"英語無字"是指中國這種以點畫撇捺構成的方塊形體,這種説法還是無可厚非的。可是要把"字"、"詞"理解成"語言的基本結構單位",這句話的荒唐性也就顯露出來了。這種説法正是只見樹木不見森林,只見現象不見本質。然而正所謂"醉翁之意不在酒",説不定有時説這句話的人是在自覺不自覺地利用這種概念混亂來造成一種新觀點:這裏的"字"表面上指書寫形體,暗中却是指用來造句的語言基本結構單位,從而造成"字"、"詞"的對立,在"漢語的語言基本結構單位"這種意義的表達上,用"字"之名來抗拒"詞"之名。

徐通鏘先生的《説字》中有這樣一大段話:

字首先是説的,用書寫形體寫下來的方塊字是第二性的,只是把口説的字書面化而已。比方説要人家説話説得慢一點,只能説"請你一個字一個字慢慢説",絕不會是"你一個詞一個詞慢慢説"。這一點無論是山村老婦,還是語言學的泰斗,都得這麼説,概莫能外。這就是説,字是漢語社團中具有心理現實性的結構單位,是用來"説"的,在文字發明以前,漢語社團就是用字説話的。……《文心雕龍》的"夫人之立言,因字而生句"的"字"則是指音義結合的語言結構單位。①

徐先生這裏完全是把"字"作爲"音義結合的語言結構單位"的等價物來用的。二者雖有相通之處,但畢竟是内涵外延都有區别的兩個概念。我們的語言自産生以來就具有大量表達概念、組成句子的基本結構單位,否則便不能交際,我們的祖先世世代代正是用這種語言單位來說話的。如果給它定個名稱叫"字",當然就可以做出漢語社團"用字說話"的判斷了。問題是漢語的基本語言單位是不是非叫"字"不可,或只有叫"字"才天經地義呢?事實完全不是這樣的。從現在一般人都知道的道理上講,概念與語詞,名稱和事物,没有必然的固定的聯繫。先秦的哲人荀子早就說過:"名無固宜,約之以命,約定俗成謂之宜,異於約則謂之不宜。名無固實,約之以命實,約定俗成謂之實名。"再從歷史事實上看,漢語中用以表達概念和造句的語言單位,秦朝以後才叫"字",先秦是叫"名"和"言"的。並且"名"、"言"最初就是指口說的音義結合的單位的。這二字的形體構造就顯示了這一點,它們都是從"口"得義的,直到今天還能看出這個"口"。"名"本指人給事物或概念定的名稱,但"名"必須由"言"說出,如《墨子·經說上》:"言也者,諸口能之,出名者也";《論語·子路》:"君子名之必可言也";《墨子·經說上》:"聲出口,俱有名。"這說明古人就認爲"名"首先是口說的,是跟"言"密不可分的。如果把"名"寫成書面符號,先秦人也是稱之爲"名",要是爲了跟口說的"名"加以區别,往往把書面符號叫做"書名"。《周禮·秋官·大行人》:"諭書名,聽聲音。"《周禮·春官·外史》:"掌達書名於四方。"鄭玄注:"使四方知書之文字,得能讀之。"在不致混淆的情況下,就乾脆把一個字叫做"一名"。《儀禮·聘禮》:"百名以上書於策,不及百名書於方。"清陳澧《東塾讀書記》卷十一講到古人稱字爲"名"的現象時說:"未

---

①　徐通鏘:《説"字"》,《語文研究》1998 年第 3 期,第 1—12 頁。

有文字,以聲爲事物之名：既有文字,以文字爲事物之名,故文字謂之名也。”這説明文字和語言是密不可分的,文字和語言的基本單位,只要音節形式相同,就可共用一個名稱。同樣道理,先秦一個單音詞叫“一言”,順便也把書面上的一個字叫“一言”。但有一點需要搞清楚,先秦時無論書面上的方塊字還是表達概念的語言單位,都還沒有“字”的名稱,除了“言”外,一般是叫“名”。要是讓先秦人回答怎樣説話的問題,他們的回答應該是“用名説話”或“一個名一個名地慢慢説”,不惟説話,寫文章也應説成“用名寫”才對。對於這一點,《荀子·正名》有段話表述得相當清楚：“名聞而實喻,名之用也。累而成文,名之麗也。……名也者,所以期累實也。辭也者,兼異實之名以論一意也。”荀子説的真實意思正是“累名成文”、“積名成句”。這裏的“辭”正是一句話之意。所以要對當時的人講漢語社團“用字説話”或“一個字一個字地慢慢説”,他們肯定感到困惑和不知所云,更不用講徐先生説的“在文字發明以前”了。可見“用 X 説話”等説法中那個 X,雖然代表着語言的基本結構單位,但其具體名稱却是“名無固宜”的,是由不同時期的“漢語社團”來“約定俗成”的。那個 X 變成“字”,是到了某個特定時期才有的事,並且其所指也是多樣性的,既指字形,也指字音,還指用來組成句子的基本語言單位。例如上舉徐先生那一大段話中《文心雕龍》的“因字而生句”中的“字”,當然可以如徐先生所説“指音義結合的語言結構單位”：但這裏還指書面上的字,因其下文還有“積句而成章,積章而成篇”,是指寫文章：“一個字一個字慢慢説”中的“字”是指音節。徐先生這段話的中心意思,完全是抓住現代的“一個字一個字慢慢説”而不是“一個詞一個詞慢慢説”這類通俗説法,來證明“在文字發明以前,漢語社團就是用字説話”,以此來排斥“詞”之名稱,證明字本位理論的天經地義性。這種論證是不能成立的。其一,倘這種説法成立,那麼現代的小學生都説“解詞”和“遣詞造句”而絕不説“解字”和“遣字造句",也完全可以成爲確立詞本位理論和反駁字本位理論的證據。其二,"一個字一個字慢慢説",應跟"吐字清晰"、"字正腔圓"同類,着重指發音:而"一個詞一個詞慢慢説"和"用字説話",則着重指語言基本結構單位。徐先生把它們攬在一起,實難免邏輯學上所謂偷換概念之嫌。其三,徐先生的"用字説話",完全是以"字"頂替"語言基本結構單位"這一概念。前面説過,名稱和概念雖然密切相關,但畢竟不是一碼事,概念叫什麼名稱,只是個習慣問題,只要不造成意義的混亂,叫什麼名稱都不影響表達的實質。漢語的"語言基本結構單位"叫"字"没錯,難道上古社會叫"名"叫"言"就是錯誤的嗎? 同理,叫"詞"也照樣没什麼錯! 其四,徐先生所謂"在文字發明以前,漢語社團就是用字説話的",意在説明漢語的基本結構單位叫"字"的天然性、固定性和惟一正確性。這無疑等於承認了事物概念和名稱之間聯繫的固定性和天然合理性,而違背了荀子提出的"名無固宜"和"名無固實"的原則。

　　要説字本位理論將"詞"這一概念名稱排除於古漢語研究之外還有情可原的話,在現代漢語的分析研究之中再排斥"詞"概念,就更顯出它的錯誤來了。因爲古漢語的基本結構單位以單音節形式爲常,"名"、"言"、"字"之稱正是建立在這樣的基礎之上的。而今這個基礎或曰前提早已發生了改變,現代漢語的基本結構單位以雙音節形式爲常,以單音節爲限的"名"、"言"和"字"這類舊的名稱已經不能包容新結構的語音形式,給它更換一個没有音節多少的限制、相容性強的更合適的新名稱——詞,實在是歷史發展的必然,是漢語自身發展的原因造成的。根據漢語基本結構單位的語音形式變化的實際給它更換一個新的概念名稱,怎麼就成了"印歐語的眼光"了呢?

四、字本位理論的後果與合適的選擇

　　如果按照字本位理論的做法,把"語素"和"詞"這兩個術語排除於漢語言研究理論建設之外,仍沿用"字"的叫法,那麼比字大的多音節單位呢?徐先生也給它們起了一個名字叫"字組"。而"字組"本身就是一個大雜燴式的混亂概念,因爲它恰好像徐先生批評結構語言學的那樣:只着眼於形式,不能着眼於意義内容。"字組",顧名思義,它僅僅是字或者音節的組合,至於它在内容上是完整概念意義、不完整概念意義還是多概念意義,則是無法界定的。比如"步槍"是字組,"自動"是字組,"自動步槍"也是字組,"用自動步槍射擊"又何嘗不是字組?"綠油油"、"眼巴巴"、"芨芨草"、"拉拉秧"是字組,其中的"油油"、"巴巴"、"芨芨"、"拉拉"還是字組。如"沙漠"、"沙鍋"是字組,"沙發"、"沙龍"也是字組,但細分析起來,其中的"沙"又風馬牛不相及。可見"字組"在意義的大小上以及其他内容深層方面,是没有定規的。

　　徐先生還特意用括弧給"字組"注了一個"辭"字,這説明徐先生的"字組"是從古漢語的"辭"那裏來的。的確,"辭"就是這樣的籠統概念,但比"字組"更大,短語自然算"辭",再往上,句子乃至篇章也可以叫"辭",同時"辭"還是一種文體。古人運用這個大雜燴式的"辭"概念是有情可原的,因爲古代没有語言理論,古人不懂什麼語法和語言單位,更不知語言單位還有"語素、詞、片語、句子"等這麼多層次等級,它們只是憑着感性認識,把單獨表達一個概念的單位分出來,叫做"名"或"言",後來又叫"字",比字大的結構組合則一股腦地叫做"辭"(當然還有"篇"、"章"等)。但這只是特定歷史條件下的情形。到科學昌明、語言學術昌明的今天,再把漢語的語言單位簡單的定爲"字"和"字組"兩類,只不過又倒退到了古人那兒去,這是不符合學術發展的實際、尤其是不符合現代漢語發展的實際的。這樣做與其説是在擺脱"印歐語的眼光"進行漢語言理論建設,還不如説是在取消漢語言理論建設。我們這句話也許顯得重了些,可是字本位理論的後果正是如此。你想,"語素"和"詞"這兩級最基本的語法單位術語都取消了,語法學還有什麼存在的餘地呢? 沒有了"詞",還講什麼詞彙學呢? 而徐先生本人也正是這樣承認的。1999 年秋徐先生應邀至山東大學做學術報告,在跟老師和研究生的一次座談會上,大家質疑最多的也就是字本位問題。有位老師提出字本位理論還要不要詞彙學的問題,徐先生回答說,既然以"字"爲本位,取消"詞"以及"詞素",自然也就談不上詞彙學了。很明顯,堅持字本位理論,就意味着取消現代漢語的語法學和詞彙學等分支學科。取消後怎麼辦? 只有倒退到傳統的以字爲本位的小學——文字、音韻、訓詁那兒去。徐先生在另一篇文章《語義句法芻議》中説得很明白:"傳統的漢語研究,不管是哪一個領域,都以'字'的分析爲基礎。我們今天在分析漢語的結構時也不能毋視'字'或'字'所代表的語言現象的存在。"在漢語研究的實踐中,對"字"現象無疑"不能毋視",但徐先生却是要在理論以及一系列概念術語上向傳統的漢語研究後退並看齊。不過徐先生還是非常謙虛和實事求是的,他承認字本位理論的確存在一些問題,最主要的就是在實際運用中不好操作,因此他歡迎大家提出批評和建議,並且他也接受了別人的一些意見(如"句"、"讀"之類術語),儘管有的覺得不妥又改回去了。徐先生還特別指出,字本位理論並不是一種成熟的理論,而只是一種嘗試,有待於大家一起充實提高,如果到最後仍不能發展完善,也許就放棄了。這體現了一位嚴謹語言學家虛懷若谷的治學精神。

　　字本位理論爲什麼如徐先生所説不易操作或者説在實踐中行不通? 我們可以這樣問一句:用字本位理論去分析《尚書》、《左傳》之類上古語言,是不是也不易操作或行不通? 不,那就完全不是這樣了,那是完全行得通至少是基本行得通的。爲什麼能夠行得通呢? 因爲那時的語言本身就是一種字本位語言,一個字就代表一個概念或一個語言基本結構單位,同時一個字也是現在所説的一個詞和一個詞素。用字本位理論去分析字本位語言,當然行得通。行不通是在後來的發展中，尤其是在現代漢語中。在現代漢語中，一個字已無法代表一個概念或一個語言基本結構單位，像"辣椒"、"茄子"、"黄瓜"之類，連不識字的老太太也不會因爲它們各自是兩個字（念起來是兩個音節）而誤認爲它們是兩樣東西的，其中的一個字不再是代表概念的"本位"，實質上也不再是説話造句的"本位"。例如"我買了二斤茄子三斤黄瓜"這句話，要是讓一個没文化的老太太慢慢説會是什麽樣子的呢？它應該是：

　　　我／買了／二斤／茄子／三斤／黄瓜。

句中斜綫表示大的停頓，其他地方雖仍可略微拖長和停頓，但總不會超過這種停頓。否則便破壞了意義完整和句意表達。若是按字拖長和停頓，平均用力，就成了這個樣子：

　　　我／買／了／二／斤／茄／子／三／斤／黄／瓜。

這種典型的"一個字一個字慢慢説"的方式，實際是小孩子念書式的"單字迸"，是十分可笑的。而這正是用字本位理論分析現代漢語的後果。聽别人説話時之所以讓人"慢慢説"，是因爲聽不清意思，若是采用這種單字迸的形式，許多關鍵性的概念都念散了，就更聽不清了，對外國人來説尤其是這樣。可見"一個字一個字慢慢説"不過是一種通俗性的説法，除非十分必要，一般是不這樣説的。這充分表明，現代漢語已不是字本位語言，無論是表達概念還是説話造句，都不是以一個個單字爲本位，而是以雙音合成爲主的"詞"爲本位了。用字本位理論分析非字本位語言，怎能會容易操作？字本位理論和詞本位理論，是針對不同時代的漢語實際的，反映了傳統語言學思想和現代語言學思想的碰撞。

　　古人很重視正名，我們現在仍應重視正名。《荀子・正名》講了"名無固宜"和"名無固實"，但還有一條容易被人忽略，那就是"名有固善"，即一個名稱好不好有一個固定的標準。那麽"固善"的含義是什麽呢？荀子説："名有固善，徑易而不拂謂之善名。""徑易"謂平直明曉："拂"謂違背，指名稱與概念内容相違背的現象。徑易而不拂——明確而無歧義，不使人誤解——這就是善名的標準。"字"這一概念發展到今天，既指書面上的一個方塊形體，又指口頭的一個音節，還指一個音義結合體，其所指已經夠混亂的了。徐先生再讓"字"作爲對現代漢語研究分析的本位性的概念，能夠做到"徑易而不拂"麼？徐先生的理論很重視表達概念、構造句子的語言基本結構單位，可是以字爲本位恰恰把這類的單位(如"辣椒"、"茄子"、"黃瓜"之類)給割裂了，現代漢語也就沒有了"語言基本結構單位"。徐先生把雙字或多字單位都叫做"字組"，一般説的短語(phrase)也歸入"字組"，則"字組"也成了雜貨鋪式的概念。如此説來，"字"和"字組"都不能算明確而無歧義的概念，做不到荀子説的"徑易而不拂"，因而算不上"善名"。恰當的是按照"詞本位"理論，讓"字"、"詞"、"詞素"鼎足三分，各行其道：代表一個概念，獨立用來造句的最小的基本結構單位叫"詞"；如果是合成詞，必要時還可再分出"詞素"；書面上的一個方塊符號和口語中的一個音節，不論有無意義，不論在單純詞還是複合詞中，都可叫做一個"字"，甚至像"花兒"中的"兒"本是表兒化的，在口語中並不代表音節，但寫下來仍然叫一個"字"。這樣基本上是能夠做到"徑易而不拂"的，這是一大批中國現代語言學家根據已經發展變化了的漢語實際而做出的最合適的選擇，後退是沒有出路的。徐先生爲了給字本位理論找根據，引了呂叔湘先生《語文常談》中的一句話："講漢語語法也不一定非有'詞'不可。"的確，呂先生是説過這樣的話，但呂先生這句話，只是個"引子"，因爲這句話後面緊跟着還有一句話："那末爲什麼還一定要設法把它規定下來呢？"這才引入了正題，呂先生接着講了"一定要設法把它(詞)規定下來"的道理：

　　　　原來"詞"有兩面，它既是語法結構的單位，又是組成語
　　彙的單位，這兩方面不是永遠一致，而是有時候要鬧矛盾的。
　　講漢語語法，也許"詞"不是絕對必要，可是從語彙的角度看，

　　現代漢語的語彙顯然不能再以字爲單位①

一定要設法把"詞"規定下來,這才是吕先生的本意。爲什麽"講漢語語法,也許'詞'不是絕對必要"呢? 我們體會,語法的一個主要方面就是分析句子成分,成分出來了,至於它本身是什麽單位,是詞、片語還是小句,可以姑且不論。但這也只是對一般人而言,對科學研究就不行,所以吕先生的本意絕非是"詞"對語法不必要,只是不"絕對"而已,就這樣還要在前面加上"也許"二字。由此可見吕先生的良苦用心了。可是從語彙(即詞彙)尤其是"現代漢語的語彙"角度看,"詞"就成了"絕對必要"的了,吕先生説得明白,"顯然不能再以字爲單位"。因爲以"字"爲單位(或曰"本位"),就無法分析和研究現代漢語的詞彙,無法建立真正科學意義的現代漢語詞彙學,甚至乾脆等於取消了現代漢語詞彙學這門學科! 所以這是吕叔湘先生堅決反對的。這也證明: 字本位理論,最起碼在現代漢語詞彙學上是行不通的。

　　用"印歐語的眼光"來看待漢語,難免會出現偏頗,那麽,用古代漢語的眼光來看待現代漢語,難道就不會出現偏頗麽?

　　(原載《山東大學學報(哲學社會科學版)》2003 年第 4 期)

---

　　① 吕叔湘:《語文常談》,三聯書店 1980 年版,第 42 頁。

漢語基本結構單位名稱嬗變考

引　言

　　任何語言都有自己獨立表達概念、構成句子的最小語言單位，這就是語言的基本結構單位。這種單位當然也要有個名稱，例如在漢語中現在叫"詞"，古代叫"字"。可是有人認爲古代一直叫"字"，而不叫其他名稱，漢語社團自古就是用"字"說話。① 這是與歷史事實不符的。書面個體符號叫"字"，是漢朝才時興的，頂多可說肇端於爲期短暫的秦朝。先秦以至於上古和遠古，無論是口語結構單位還是書面形體名稱，都是絲毫找不到"字"的蹤影的。這一點，翻翻上古典籍即可了然。本文不憚其煩，鈎沉索隱，對這類名稱及其嬗變情形加以考索。瑣屑之事，雖屬考據之末流，然鑒古知今，於當今語言學術理論建設，或可不無小補。

一、"詞"和"辭"概念的歷史沿革

　　在現代人心目中，"詞"作爲"最小的可以獨立運用的造句單位"的概念，應該說已經深入人心。儘管詞和非詞的界限有時出現糾纏，但就連小學生也會知道"音樂"、"舞蹈"、"節約"、"浪費"等概念，各自都是一個詞，而不是兩個詞，不會簡單地誤將一個字當

---

① 　這是徐通鏘先生《說"字"》一文的核心觀點，見《語文研究》1998 年第 3 期。

作一個詞；即便是文盲,雖然説不出什麼是"詞"的道理,但在感覺中也會把表達事物的概念當作一個"整體",例如"辣椒"、"茄子"、"黃瓜"等,不至於因爲念起來是兩個音節(字)就把他們拆開來理解和運用,那樣它們就無法單獨表達概念,不再是基本的語言結構單位。這説明現代人心目中已經有了一個"字詞之辨"。

可是當我們讀古書時碰到"詞",千萬可別把它當作"最小的可以獨立運用的造句單位"這種概念。古代的"詞"是另外一種意義的概念。古人觀念中也有"字詞之辨",但那是另一種情況的"字詞之辨"。古代還有一個跟"詞"同音不同形但意義又有關聯的"辭",這就是説,在"字詞之辨"之外還應有一個"詞辭之辨"。我們要講歷史的詞彙學,這都是需要詳加辨析的概念。

先説"辭"。它作爲跟語言相關的概念,本指爭論。《説文》:"辭,訟也……猶理辜也。"朱駿聲通訓:"分爭辯訟謂之辭。"而分爭辯訟必用言語,這種言語又必須像"理辜"(判罪)那樣準確公允,以便明辨是非和曲直。所以"辭"由動詞義略加引申就專指這種分爭辯訟、判別是非的言語。再往後詞義範圍進一步擴大,便指所有的言語文辭了。道理也很簡單,因爲凡言語文辭,目的都是爲了闡明某種事理,例如成段的甲骨文叫卜辭,《易經》中説明卦爻的言語叫卦辭、爻辭,這些都是占卜吉凶的言辭。所以"辭"從上古發展到後來,在古文獻中最常用的意義就是指言語文辭,它是比現代 word 義的"詞"大得多的一個概念,字、詞、語、句、段乃至篇章,皆可謂之"辭"。

再説"詞"。《説文》:"詞,意内而言外也。"後人對這個釋義的理解頗有分歧,我們這裏暫且不去計較了,但"詞"在漢語的早期語用中確實有兩種所指。一種是專指虛詞。許慎在《説文》中就是這樣運用的,如"者,別事詞也","曾,詞之舒也","乃,詞之難也","矣,語已詞也",等等。後人解釋虛詞的專著,如王引之的《經傳釋詞》,楊樹達的《詞詮》,乃至吕叔湘的《現代漢語八百詞》,

都是取"詞"的虛詞意義的。"詞"在早期的另一種所指是言語文辭,在這個意義上,它跟"辭"合流了,"言詞"與"言辭","文詞"與"文辭","詞訟"與"辭訟","詞藻"與"辭藻","詞令"與"辭令",等等,在文獻中成了意義無別的等價物,用今天的觀點看來,就是一組組異形詞。這應是因"詞"跟"辭"同音而混用的結果。大約在唐代後期,繼唐詩之後,又興起了一種句式長短不一、字數不等的韻文形式,人們把這種文學樣式叫作"詞",又稱"長短句"或"詩餘",於是"詞"在古文獻中又產生了一種新概念。例如宋張炎《詞源》,金陸輔之《詞旨》,明楊慎《詞品》,都是專講長短句這種韻文形式的。這種意義的"詞"是不能寫作"辭"的。也就是説,這裏又有了一個"詞辭之辨"。

　　進入近現代以來,西方語法學傳入中國。西方語法學分析句子結構,有一個至關重要的概念——word(法語叫 mot,德語叫 wort),這是指他們語言中的基本結構單位,即所謂最小的可以獨立運用的造句單位。中國人經過相當長一段時間的猶豫彷徨,最後終於決定用"詞"來對應西方的 word,於是漢語的"詞"就獲得了"最小的可以獨立運用的造句單位"的意義,從而形成了一種新型的"詞辭之辨"。"詞"的這種新生意義和舊有意義,新的"詞辭之辨"和舊的"詞辭之辨",會不會發生衝突而混淆呢? 不會的。因爲有的舊意義跟新義已不存在於一個共時平面上,例如"詞"在唐宋時期特指長短句這種韻文形式的概念,早已退出了現代人的生活,跟 word 意義不會再發生共時的衝突了;有時;舊有意義可以納入新義中來,如"詞"專指虛詞的意義,亦可納入 word 義中來了,實詞虛詞都稱"詞"以後,要予以區分可再加"實"、"虛"以相別。"詞"指言語文辭的意義雖依然存在,但一般不單用,而是用在合成詞或成語中,如"言詞"、"詞藻"、"詞令"、"義正詞嚴"等,人們一看便知,它是與"辭"相通的,不致跟 word 概念發生衝突。如果要整理異形詞的話,言語文辭的意義可以索性由"辭"獨自承擔起來,把"詞"進一步解放出來。

如前所説,"辭"在過去作爲跟語言有關的概念,其常用義是泛指言語文辭,照理説,現在 word 義的語言基本結構單位概念也是包含在内的。而今 word 義從中獨立出來,由"詞"承擔起來了,那麼在這個意義上,"詞"跟"辭"就形成了對立,或者説"詞"對"辭"形成了排斥,例如詞、詞彙以及詞彙學,不能再寫作"辭"、"辭彙"、"辭彙學",就連小學生也不會把"解詞"寫作"解辭"的。"詞"作爲最小的可以獨立運用的語言基本結構單位自成門户以後,再遇到廣義的言語文辭意義,則多傾向於用"辭"表示,在專業性較強的場合,例如"修辭"和"修辭學"是修飾言詞、語句乃至篇章的學問,該"辭"用的就是過去那種廣泛的言語文辭意義,但這種意義卻不能再用"詞",即不能寫作"修詞"和"修詞學"。從這種意義上講,"辭"跟"詞"也形成了對立,"辭"對"詞"也是排斥的。

總之,"詞"、"辭"二字從歷史上發展到今天,有着較爲複雜的意義沉澱,當我們講古今貫通的詞彙學的時候,不能不對這兩個名詞進行一番歷史性的爬梳,並予以共時性的界定。在今天這個共時階段,"詞"和"辭"各有所指,各有分工,並且涉及不同的學科建設,已帶有學科術語的性質,這就不僅僅是兩個字的不同,而是有了現代意義上的"詞辭之辨"。在漢語詞彙學中,我們讓"詞"表示最小的可以獨立運用的造句單位這一概念,而廣義的言語文辭概念,則仍像過去那樣推給"辭"去承擔,講到歷史或歷史上的某個共時階段時,再具體清況具體分析。理清概念,才能有條不紊。

二、作爲語言基本結構單位
名稱的"名"和"言"

語言是表達思想的,但表達思想首先要有足够的"建築材料",即表達概念、用來造句的語言基本結構單位。先秦典籍中經常用來表示語言基本結構單位的兩個基本概念是"名"和"言"。
但它們的產生應該在遠古時期，是直接從人們說話、稱名這樣的基
本語言行爲那兒來的。人們要交流思想，天天離不開"言"，要辨明
周圍的人和事物，首先就要給他(它)們定個名。《論語·子路》"君
子名之必可言也。"《墨子·經説上》："言也者，諸口能之，出名者
也。"又："聲出口，俱有名。""名"無論在自然界還是在人類社會，都
是極爲重要的，所謂"名不正則言不順"是也。《説文》對"名"的解
釋是"自命也"，本指人在冥暗中相遇，互相看不清面目，於是自稱其
名，所謂"冥不相見，故以口自名"。故其字從"口"從"夕"，"夕"取
冥暗之意。《説文》對"言"的解釋是"直言曰言"，即一般的直接主
動發言。其字從"口"，取意甚明。可見"名"和"言"，最初都是從口
語角度命名的概念：以口稱名叫"名"，以口説話叫"言"。引申一
步，所稱呼的人和事物的名稱也叫"名"，所説的話也叫"言"。而
"名"和"言"之間，無論是作爲動詞還是作爲名詞，又都有着密不可
分的關係。因爲稱名行爲本身就是一種言語行爲，而"名"須通過
"言"表達出來，亦即《論語·子路》所謂："君子名之必可言也。"又
由於我們的語言是單音節詞根語，説起話來是音節分明的，尤其上
古漢語中詞彙尚未雙音化，基本上一個音節就是一個詞，所以單個
的音節就顯得特別重要。又由於人們説話得一個音節一個音節地
説，於是"言"在指成句成段的話這一廣義概念的同時，又産生了一
種狹義概念——特指一個音節。古代韻文形式上有所謂"四言"、
"六言"、"五言"、"七言"，實際上是就單個音節而言的，一個"言"首
先是一個音節。而上古的人和事物之名稱也以單音節爲常，這樣
"名"和"言"這兩個概念又在單音節這一點上取得了一致性。

　　綜上所述，"名"和"言"就是上古漢語的基本結構單位，其特
點是有特定的語音形式(一個音節)，有完整的意義(一個概念)，
是最小的可以獨立用來造句的語言單位。用今天的觀點看，"名"
和"言"就是語言學意義的詞，只不過是單音詞而已。本來"名"和

“言”作爲語言基本單位名稱,是難分高下彼此的,只是來源和命名角度不同而已。可自從孔子提出“正名”説後,“名”逐漸受到重視,後來發展成爲一種專門的學問即“名學”,到戰國時期形成了一陣轟轟烈烈的“名實之辨”的思潮,墨子、荀子、惠施、公孫龍等人都提出了各自的名實觀,史稱這一學術流派爲“名家”。由於名家以及名學的推動,在先秦,“名”這一概念的知名度,一時間大大超過了“言”。

　　“名”和“言”作爲上古漢語單音節詞的概念,就其來源來講,首先是從口頭語言命名的,至於和書面上的文字發生關係,那是後來的事。衆所周知,文字比語言的産生要晚得多,是人類社會發展到一定階段才出現的。文字要記錄語言,當然要適應語言的特點。從語音上講,我們的漢字一産生就是一個書面符號代表一個音節,這就適應了上古漢語中的基本結構單位單音化的特點。這樣,作爲語言基本單位的“名”和“言”,就跟書面上的字這種基本單位發生了關係。

三、作爲文字通稱或文字集體
　　名稱的“書”和“書契”,
　　“文”和“文字”

　　我們的漢字最初叫什麽? 是不是就叫“字”? 絶不是的。漢字最初是叫“書”。“書”做動詞時是指書寫,書寫下來的文字因而也叫“書”。書寫用的工具今叫“筆”,古叫“聿”,“書”就是從“聿”取意的,所以書寫之前先有筆在。傳統的毛筆,我們的祖先很早就發明並使用了。唐蘭先生指出:考古發現,殷虚出土的卜辭“明明有書寫而未刻的卜骨,並且有朱書的玉器,很明顯的都是用毛筆寫的”。①這説明甲骨文就有先寫後刻的,用毛筆寫字甚至比用刀刻

---

　　①　唐蘭:《中國文字學》,上海古籍出版社 1986 年版,第 62 頁。

字有更悠久的歷史,所以"書"應是我們文字最早的籠統叫法。過去人們一直認爲我們的文字是倉頡造的,先秦典籍如《韓非子》、《吕氏春秋》等,每見有"倉頡作書"的説法,東漢許慎《説文解字敍》也説是"倉頡初作書"。"作書"就是今天説的造字。《荀子·解蔽》:"故好書者衆矣,而倉頡獨傳。""好書"就是愛好文字。傳説倉頡爲黄帝史官,也有説更早的,那麽"書"應該是遠古原始社會就有的名稱。《周禮》六藝有"書",各種結構的文字通稱"六書",應是存古的説法。

古代又把用刀刻劃叫"契"。我們説筆寫比刀刻甚至更早,那是就文字書寫方式而言的。實際上,文字産生前,人們就用刀刻以助記憶了,但那不過那是一種記事方法,並且除了契刻記事還有結繩記事。契刻記事最重要的莫過於記數,因爲數目是很難記憶而又最易引起争端的事情。所以爲數不多的表示數目的字的來源,確跟契刻有很大關係。待大批的文字産生後,書寫方式則成了刀筆並用,"書"、"契"並舉,如《易·繫辭下》説:"上古結繩而治,後世聖人易之以書契。"於是"書契"又成了文字的通稱。

文字從總體上説是源於圖畫的,早期的文字顯然多是簡單地描摹有形事物的形狀的。許慎《説文解字敍》説:"倉頡之初作書也,蓋依類象形,故謂之文。"實際上,後來合體文字也稱作"文"。所以本象分理交錯之形的"文",繼"書"之後,也獲得了文字通稱的資格。文字稱"文",應該是周朝中後期的事。《論語·衛靈公》"吾猶及史之闕文。"何晏集解引包咸曰:"古之良史,於書字有疑則闕之,以待知者。"《孟子·萬章上》:"故説《詩》者不以文害辭。"朱熹集注:"文,字也。"《左傳·宣公十五年》:"故文反正爲乏。"杜預注:"文,字。"又《昭公元年》:"及生,有文在其手,曰'虞'。"又《昭公元年》:"於文,皿蟲爲蠱。"杜預注:"文,字也。"這都是歷史上用"文"來稱文字的鐵證。

用"字"來稱文字,是很晚的事。許慎《説文解字敍》謂:"其後形聲相益,即謂之字。文者,物象之本;字者,言孳乳而浸多也。"唐蘭先生認爲許慎這段話中的"其後"兩字是"後世"之意,實際是指漢代,"因爲漢朝人一説到'字',在他們心目中就是後起的,所以鄭玄説'古曰名,今曰字'。"①許慎本是用"字"來跟"文"相對,既區別時間的先後又區別結構上的獨體和合體的。但就在《説文解字敍》裏,"文"和"字"的界限也不是處處謹嚴,如"諷籀書九千字乃得爲史"的"字"就是不别獨體、合體與時間先後的。這説明至遲到漢朝,"字"和以前的"文"一樣,也獲得了文字通稱的資格。並且"文"、"字"連用的"文字",也成爲文字的通稱,此稱始見於秦朝,有傳世的秦始皇《琅玡臺刻石》"同書文字"爲證。清·顧炎武《日知録·字》經過考證指出:"春秋以上言文不言字……以文爲字乃始於《史記》,秦始皇琅邪臺石刻曰:'同書文字。'……此則字之名自秦而立,自漢而顯也與?"

我們由文獻史實得出的結論是:"文字"和"字"僅是秦朝開始才有的叫法。不過有一個例外需要辨明一下,那就是《商君書·定分》出現了"字"指文字符號的用法,並且是兩處,如:"有敢剟定法令,損益一字以上,罪死不赦","及禁剟一字以上,罪皆死不赦"。可是高亨《商君書注譯》在《定分》這一篇的"解題"中開宗明義就指出:"這篇不是商鞅所作。"高亨的理由是文中有"丞相"字樣,而丞相之稱是商鞅死後三十年後才有的。② 這應該是確鑿證據。另外我們看到,此篇是《商君書》最後一篇,内容和語氣也不像商鞅時候的,反倒更像秦統一天下以後的,如:"天子置三法官……諸侯郡縣皆各爲置一法官及吏。"此足證《定分》一篇爲後人舛入無疑,説不定就是漢初人手筆。因爲秦以前的其他典籍中並未發現拿"字"作爲文字通稱尤其是作爲個體文字符號名稱的例證,而這

---

① 唐蘭:《中國文字學》,上海古籍出版社1986年版,第69頁。
② 高亨:《商君書注譯》,中華書局1974年版,第523頁。

正是漢代人的觀念。所以《商君書·定分》中"字"的這兩例特殊用法,不能用來證明先秦已用"字"來指稱文字個體單位和語言基本結構單位,反倒可以用來證明這一篇不是商鞅手筆,而是秦漢人所爲。

四、作爲文字個體符號名稱的 "名"、"言"與"字"

前面說過,秦以前對漢字雖無"字"和"文字"的稱說,但確已有了"書"、"書契"、"文"之類的稱說。然而"書"、"文"等只是對漢字的籠統稱說,或者說它們指文字時一般只是作爲集體名詞,而不是作爲個體名詞。把一個字叫作"一書"、"一文"之類的說法,在先秦古籍中是罕見的。那麼,至秦以前,漢字已有了相當悠久的歷史,難道對書面上個體性文字符號還沒有一個叫法嗎? 有,那就是"名"和"言"。

前面說過,是"名"和"言"最早成爲上古漢語中單音節語言單位名稱的,由於文字和語言的一體性,把它們移稱書面文字單位是很自然的事。書面上一個單獨的漢字,就其形貌講,是目視的個體單位;但就文字記錄語言的本質而言,它是要跟語言中的基本結構單位掛鈎的。先民們既已把上古漢語的基本單位叫做"名"和"言",其特點是單音節的,而書面上的個體符號也是單音節的,這就很自然地跟語言單位"名"和"言"掛上了鈎,於是人們就來了個順水推舟,把書面文字單位也叫做"名"和"言"了。如《論語》載子貢問孔子:"有一言可以終身行之者乎?"孔子說:"其'恕'乎。"這裏的"一言",既可理解爲一個語言基本單位,也可理解爲書面上的一個字(這個字就是"恕")。《易·說卦》:"'神'也者,妙萬物而爲言也。"這裏的"言"即是指字,是說"神"這個字乃論及萬物以爲妙不可測時所選用者。需要指出,"言"和"名"雖然都可指一個字,但二者相對時,"言"的意義比較寬泛,有時指一個字,有時指言語文辭。但"名"只指一個字則是固定的。即便是人名,依周制,也以一字爲常。兩個字的人名,照今天的觀點看,也應該是一個名,可先秦却偏偏叫做"二名",意爲"二字之人名"。原因就在於"名"在當時習慣上只能狹義地指語言中的一個單音節語詞和書面上的一個字。如《公羊傳·定公六年》:"此仲孫何忌也。曷爲謂之仲孫忌?譏二名。二名,非禮也。"這裏的"二名"即是指仲孫氏之名"何忌"二字。又《禮記·檀弓下》:"二名不偏諱。夫子之母名'徵在',言'在'不稱'徵',言'徵'不稱'在'。"古有避諱尊者之名的習俗,"二名不偏諱"("偏"通"遍")就是説兩個字的人名、不必一一避諱(只避其中一個字即可)。這都是當時"名"只指一個書面符號的明證,完全相當於後代書面上的一個"字"。《儀禮·聘禮》:"百名以上書於策,不及百名書於方。""百名"就是一百個字,漢鄭玄注得明白:"名,書文也,今謂之字。"有時爲了區別,就把文字叫做"書名"。《周禮·秋官·大行人》"諭書名,聽聲音。"鄭玄注:"書名,書之字也。"《周禮·秋官·外史》:"掌達書名於四方。"鄭玄注:"古曰名,今曰字。"鄭玄是漢代人,他注釋的經籍都是秦以前的,因而他觀念裏的"古"當指先秦無疑;而他之所謂"今"則應是指秦以後,確切説是指漢代(因爲秦很短)。這與經學把用秦以前的篆書抄寫的經書稱作"古"(古文經),把漢初老儒憑記憶講述然後用當時通行的隸書抄寫的經書稱作"今"(今文經),是一致的。我們的結論是,秦以前是把單個的漢字稱作"言"或"名",由於名學的推動,又以稱"名"爲常。秦朝的統一,結束了戰國紛爭,也結束了百家争鳴的局面。隨着名學的日趨冷落,以"名"來指稱單個漢字的時代也就結束了("名"被"字"代替了)。但以"言"稱字的用法却一直延續下來,如西漢揚雄《解嘲》謂"作《太玄》……十餘萬言",《後漢書·王充傳》謂王充"著《論衡》八十五篇,二十餘萬言"。直到後世,還把臣下給皇帝的萬字奏章叫作“萬言書”,詩歌按每句字數又可分爲五言、七言、雜言等。這是以“言”爲“字”古俗之遺留。

　　短暫的秦朝雖然有了“同書文字”的例證,但是把書面的單個形體叫作“字”,是秦以後具體說是漢朝才有的(《商君書·定分》的例外前面已經辨明)。正如顧炎武《日知錄·字》所說:“字之名自秦而立,自漢而顯。”真是巧合,居然應了後來的“漢字”之稱。“字”在漢語中的本義是生孩子,引生爲凡孳乳之稱。例如古人有名有字,字就是由名孳生出來的。用在文字上,它本指由獨體的“文”孳生出的新形體,即許慎說的“依類象形,故謂之文;其後形聲相益,即謂之字。”這裏正是取“字”的孳乳之意,因爲由“文”合成一個新形體,正是一種孳乳(派生)過程,所以由“文”孳生出的這種符號也就順便叫作“字”了。依許慎的說法,“字”最初只指形聲字,而形聲字到秦代的小篆中已占80%以上,如果再擴大到其他合體,比例就更大了。於是“字”就逐漸取得了指稱所有文字形體的資格。按照推論,“字”的這種用法,似乎還應該更早些,我們定爲秦以後,是根據文獻資料定的。西漢時這種用法已較常見,且舉《史記·呂不韋列傳》一例。其中講呂不韋著成《呂氏春秋》,謂“有能增損一字者予千金”,後來“一字千金”的典故就是源於此。這是《史記》的敘述語言,顯然是司馬遷的手筆。司馬遷《太史公自序》講他著《史記》,更加明確地寫道:“凡百三十篇,五十二萬六千五百字。”到東漢時用“字”來稱說文字符號,更是老生常談了,許慎這樣說,鄭玄這樣說,其他人也不例外。且舉《漢書·藝文志》數例:“《酒誥》脫簡一,《召誥》脫簡一。率簡二十五字者,脫亦二十五字,簡二十二字者,脫亦二十二字”;“漢興,蕭何草律,亦著其法,曰:‘太史試學童,能諷書九千字以上,乃得爲史”;“閭里書師合《蒼頡》、《爰歷》、《博學》三篇,斷六十字爲一章”。總之我們的文字歷史即從殷商算起也相當久遠了,但直到秦統一天下後,到了漢代,才真正地把字叫做“字”,從此結束了字不叫“字”(叫

"名")的歷史。

五、作爲語言基本結構單位名稱的
"字"和"詞"

　　現在人們一說到漢語中的"字"和"詞",首先的印象就是:"字"是指書面上的那種方塊形體,而"詞"則和西方的 word 一樣,是指語言中的基本結構單位,並且"字"是中國舊有的,"詞"的這種意義和用法則是後起的。這無疑是對的。但有的人却由此得出結論說"中國古代没有詞",並且這是進入新時期以來頗爲流行也頗爲迷惑人的論調。這種觀點的唯一證據就是:"詞"的概念是受西方語法學影響才有的。這一點又進一步成爲有些人拒絕西方語法分析術語和方法的理由,認爲"字"是中國的土産,代表着中國特色,用"字"來分析漢語語法足够了。可是這種觀點是完全錯誤的,在實踐中也是行不通的。

　　中國古代没有這種"詞"之名,但却不能說没有"詞"之實。"詞"的實質既然是指語言中的基本結構單位,那麽這樣的語言單位就是任何語言都應具備的,它的特徵就是:具有特定的語音形式,表達一個完整的概念,可以獨立充當造句成分。試問:我們漢語從古至今又何嘗離開過這種單位? 要是連這樣的單位都不具備,它還稱得上語言嗎? 這種單位作爲客觀存在來說就是一種"實"。至於這種單位在不同語言中或不同的歷史時期,各具有什麽語音上的或書面上的特點,應該叫個什麽名稱更爲合適,則是另一回事了。

　　前面說過,我國在先秦是用"名"和"言"表示我們語言中的基本結構單位的,口說叫"名"和"言",寫下來也叫"名"和"言"。"名"和"言"實際就是當時語言中的 word 之名。"字"這個詞雖然老早就有了,但它的早期意義和用法却跟語言單位毫無關係。它跟語言單位産生瓜葛,是從指稱文字上那種"形聲相益"的合體結構開始的。有了這一步,由於合體字在漢字中占多數,它很快取得了指稱所有書面形體的資格,把本屬於"名"的這種權力給剥奪了。由於"字"在當時跟"名"或"言"在聲音和所指方面有着一致性,是語言中的"名"或"言"的書面化,於是"字"又得寸進尺地取得了語言基本單位名稱的桂冠,不僅用於寫,也可用於説了(不過這是秦以後才有的事)。如《文心雕龍·章句》:"人之立言,因字而成句",其中"字"就是指語言單位而言,是繼"名"、"言"之後興起的 word 名。西方語法學一開始傳入中國時,我們就是用"字"來對應其 word 概念的。我國早期的文言語法著作也都是把"字"作爲語言基本結構單位的概念並用於分析漢語文言的,如《馬氏文通》就把漢語的基本結構單位分爲"實字"、"虛字"兩大類,並進而分出"名字"、"動字"、"静字"、"介字"等九類。我們不僅把自己語言的基本單位叫做"字",也把人家語言的基本單位即外國單詞也叫做"字",同理把人家解詞的工具書 dictionary 叫做"字典"或"字彙",如《英華新字典》(1907 年)、《英漢新字彙》(1915 年)、《法華新字典》(1910 年)、《德華大字典》(1920 年)等。可是後來我們漸漸發現,用"字"來表示我們語言中的基本結構單位,越來越不合適了。這種不合適絶非用西方語言學觀點看出來的不合適,而是我們語言自身的内部發展變化造成的,具體説最要緊的只有一條:我們語言中的基本結構單位在語音形式(音節數量)上發生了變化。這種單位在古代基本上是單音節的,比如《論語》中的"學而時習之,不亦説乎","吾日三省吾身","多聞闕疑,慎言其餘,則寡尤","克己復禮爲仁"。不難看出,當時的一個音節,即一個字,足以表達一個完整概念。我們説"古漢語詞彙單音詞占優勢"就是這個意思。

　　所謂古漢語單音詞占優勢,並不是説没有複音詞,只是占的比例小而已。爲了證明這種比例,有些細心的專家學者對一些古籍的詞彙進行了統計。向熹統計《詩經》中有複音詞 1329 個,占全部單詞 4000 多個的百分之三十弱。① 陳克炯統計《左傳》中有單音詞 2904 個,複音詞只有 788 個。② 趙克勤統計《孟子》中有單音詞 1565 個,複音詞只有 713 個,且還包括人名 197 個,如果再扣除地名、書名等,普通複音詞只有 500 個左右;另一方面,《孟子》中的單音詞使用頻率高,使用十幾次、幾十次的占很大多數,有的甚至使用幾百次乃至上千次,而複音詞使用十次以上的只有 24 個。③ 複音詞不唯所占比例小,使用頻率也比複音詞低得多。此足見"古漢語單音詞占優勢"是無可爭議的事實。單音節詞占優勢,也就可以說,古漢語以及文言文是一種以"字"爲本位的語言。

　　隨着時代的發展,新概念的不斷增加,雙音詞越來越多,到唐朝,韓、柳古文與《左傳》相比,同樣的篇幅,複音詞數量已是過去的兩倍半,④幾乎要與單音詞抗衡了。文言還是有意仿古的,貼近口語的唐代變文以及宋元白話,雙音詞占的比重更大了。再到後來,儘管由於官方的提倡和科舉考試等方面的需要,文言文仍占據着書面語的正統地位,但在實際語言中,已逐漸變成雙音詞的天下了。古代本可以用一個音節表達的概念,後代却寧願用兩個音節,例如:

　　　　父——父親,姑——姑姑,兄——哥哥,弟——弟弟,桌——
　　　桌子,窗——窗户,房、屋——房子、屋子、房屋,日——太陽,
　　　月——月亮,援——支援、增援、援救、援助,静——安静、背
　　　静、僻静、寂静、平静、清静、肅静、文静、鎮静,安——安插、安

---

　　① 向熹:《〈詩經〉裏的複音詞》,《語言學論叢》第六輯,商務印書館 1980 年版,第 28 頁。

　　② 陳可炯:《左傳詞彙簡論》,《華中師範學院學報》1982 年第 1 期。

　　③ 趙克勤:《古代漢語詞彙學》,商務印書館 1994 年版,第 17 頁。

　　④ 趙克勤:《古代漢語詞彙學》,商務印書館 1994 年版,第 17—18 頁。

定、安放、安分、安寧、安排、安全、安逸、安置。

後起的概念,則更是用兩個音節表達了,例如:

　　思想、感情、思維、意識、精神、規律、價值、分解、化合、機器、導彈、衛星、汽車、火箭、火山、海參、海綿、海蜇、水果、水族、水手、電阻、電流、光年、光合、海拔、焦距、靜脈、動脈、昆蟲、煤氣、免疫、水彩、水利、天體、化學、物理、元素、原子。

到今天,人們爲新事物新概念命名,除不得已采用短語形式外,儘量采用雙音節形式。人們爲什麼不説"計程車",而寧願使用"面的"、"轎的",恐怕與此有很大關係。許多短語形式的名稱,也儘量簡縮成雙音節的,如"掃盲"(掃除文盲)、"打假"(打擊假冒偽劣)、"打私"(打擊走私)、"商檢"(商品檢驗)、"商風"(商業作風)等。這説明詞語雙音化在中國人的意識裏已經習慣成自然了。語言基本結構和概念單位的複音化趨勢,標誌着漢語由字本位語言向詞本位語言的轉變。

現實語言中的基本結構單位的語音形式發生了變化,由原來"1個字‧1個音節‧1個概念"的格局,變成了"2個字‧2個音節‧1個概念"的格局。這種變化由少到多,量變引起質變,概念的語音形式(音節數量)跟"字"的對應關係也就打破了,再把這樣的語言單位叫做"字"就不合適了;恢復"名"和"言"也不行,因爲"名"和"言"的語音形式也是以單音節爲基礎的。於是我們便把自己語文中舊有的"詞"請出來,賦予它新的意義內涵,讓它充當音節形式發生變化後的語言基本單位名稱,而讓"字"只表示一個書面上的方塊形體(或口語中的一個音節),至於這個方塊字(或音節)能不能表達一個完整概念,就不加詳細界定了。這就適應了新的形勢,避免了讓"字"一名而兼二實而容易引起的混亂。由於"詞"不受音節多少的限制,於今它可以自由地指稱大量雙音詞及多音詞,於古也可以指那種單音節的"名"或"言",對外又可對應外語中 word 那類的單位,用起來極爲便當。所以讓"詞"代替

"字"來作爲我們語言基本結構單位的名稱,是我們的語言發生了內部變化的必然結果。"詞"概念的確立,順應了漢語歷史發展的必然,是中國語言學的一大進步。

我們語言的基本結構單位在音節數量和概念意義的完整性上跟"字"形成的差異,也就是"字"和"詞"的區別。我國最早確立"詞"的名稱並闡明"字"和"詞"的區別的,是 1907 年商務印書館出版的章士釗的《中等國文典》,書中將詞分爲九類。上古漢語基本上一個字就是一個詞,因而用不着講"字"和"詞"的區別。到後來文言文與口語差別越來越大,如果説文言文不講"字"、"詞"之別還勉強可通的話,口語不講就不好辦了。我國古代文化的傳統就是重文言輕口語,即使有對詞彙或文法的分析,也是面向文言尤其是傳世經典的,口語或白話作品一向被認爲是不登大雅之堂的。而"五四"新文化運動使得白話文取代了文言文在書面語上的正統地位,如果再不講"字"、"詞"分別的話,那簡直是自絶於時代了。有了事實上的"字"、"詞"差異,也就有了理論上的"字詞之辨"。漢語的"字詞之辨",實在是中國歷史和語言發展變化的必然產物。

從工具書方面説,在語言事實中沒有或基本上沒有"字"、"詞"分別的情況下,也就沒有區分"字典"和"詞典"的必要。《説文解字》、《康熙字典》在當時既是字典又是詞典;外語沒有"字"、"詞"之分,他們的 dictionary,我們一開始多稱之爲"字典",後來多稱之爲"詞典",名稱不同,其實並沒有什麼兩樣。可是我們的《新華字典》和《現代漢語詞典》就不同了,《新華字典》如果改稱《新華詞典》(按:的確有這部詞典),《現代漢語詞典》如果改稱《現代漢語字典》,馬上就變了味。什麼是字典,什麼是詞典,連小學生也不會弄混的。"字典"、"詞典"分別的必要,反過來證明了漢語區分"字"、"詞"的必要,也證明了在語言學上講究"字詞之辨"的必要。

"字詞之辨"古代沒有,所以不是從祖宗那裏搬來的;"字詞之

辨"外國没有,所以不是從洋人那裏搬來的。現在什麼都講特色,
"字詞之辨"跟古代相比,它是現代特色;跟外國相比,它是中國特
色。否定了這一點就等於否定了中國現代特色的漢語和漢語語
言學。

　　(本文據拙著《漢語的字、詞、詞素探析》若干部分整理而成,
係率領幾位研究生赴上海參加漢字書同文研討會的會議論文,與
胥愛珍、樸海瑩、吴晨陽、王士剛幾位學友共同署名。原載《書同文
研究》第七輯,香港鷺達文化出版公司 2008 年版,第 139—158 頁。
今略加校改並將注釋形式予以更换。)

論祖國書同文的基礎

一

我們中華民族，創造了自己光輝的文化，也創造了自己光輝的文字——漢字。有了文字，我們的民族才有了自己的歷史記載，才走出了蒙昧，走進了文明。

我們的祖先創造文字，是爲了配合自己的語言，更好地爲交際服務的。爲此，先民們絞盡腦汁，儘量使語言中的意義在文字的形體上再現出來，所謂象形、指事、會意，就是直接與語言意義掛鈎的。而語言是有聲的，文字是可讀的，於是先民們在表意的基礎上，又使形體與語言中的聲音掛起鈎來，這就是形聲字大量產生的原因。《説文》小篆，已有80%以上的形聲字，後來的楷體更多，以至於有人乾脆把漢字叫做"形聲體系的文字"。應該算作祖先一大發明的形聲字，的確高明。它就像人有兩只手，一隻手伸向語音，一隻手伸向語義，實現了形、音、義的高度統一，實在妙不可言。這的確能説明我們祖先的聰明智慧和我們文字的優美。

按説，這樣的文字形體是不應該變的。按説，這樣的"美"是不該變的。可是無情的事實使我們看到：漢字的形體，幾千年來却一直在變，既有點畫的增減、偏旁的更換這樣的小變，又有整個形體面貌的大變。

變的内因不外兩條，一是爲了便利書寫，二是爲了準確表達。

文字是交際工具。是工具就得便利，亦即求"快"，所謂"工欲善其事，必先利其器"。而書寫材料及工具也是在變的，由甲骨、銅器、竹簡、布帛,以至後來的紙,由刀刻、筆寫到印刷。材料、工具變了,字的綫條筆畫就會出現新的風格,人們便在新工具新材料的基礎上追求新的便利。

　　文字是記錄語言的,而語言又是變化的。語言中的詞或語素的意義改變了,人們便按照自己的理想,添加或者更換新的形符以適應這種語義變化。語音變了,人們便更換聲符以適應新的語音變化。我們這號稱"形聲體系"的文字,形音義三個要素,音義都變了,形雖然相對具有保守性,但久而久之,形與音義越來越風馬牛不相及了,人們忍無可忍了,自然要對其進行修理和調整。所以,漢字的字形焉有不變之理?

　　人們爲了適應語義的演進和分化,利用原來的字作聲符,另加一個形符造成一個形聲字,這就形成文字學上的所謂"古今字"的對照,如:亨烹、要腰、反返、求裘、景影、取娶、昏婚、執熟、匡筐,等等。又如"益",上面本已是水,象水從器皿中溢出的樣子。但後來由於形體的演變,上面的"水"不明顯了,人們於是又在旁邊加"水"作"溢";"前"本來有一把刀(刂),人們又給它加一把刀作"剪"。這是義變之後爲適應表達需要而發生的形變。僅從這一點來説,有人説漢字的發展是繁化,也是不無道理的。

　　但是,漢字這種適應語義演變的滋生分化完成以後,它仍要走簡化的路,因爲它仍要受人們"求便利"的制約。既要表達明確,又要運用方便,這兩條規律推動着漢字的形體不斷在變。爲表義明確的"繁化"前面已經説了,而爲書寫便利的"簡化",則更是與漢字的發展相終始。"万"字,金文裏面就有了,"无"、"礼",戰國時候就這樣寫了。像"尘"、"刍"、"床"、"达"、"递"、"顾"、"灯"、"准"、"麦"、"巨"、"继"這類簡字,雖然相對年輕些,但也有千把歲的年紀了。這樣的簡字,並没有影響表達的明確,有的反而比相應的繁體字表達功能更好。個别獨體字,如"万"、"无"等,單獨就字體本身看,談不上表達明確,因爲它已無字理可言,無法從字形跟意義聯系起來,但人們將其作爲規定性的符號,賦予其固定的音義,投入使用之後,與其他字相配合,一起記錄語言,却也並不失表達之明確。

所以,單純地説漢字的發展趨勢是簡化,是不全面的。如果説,漢字的發展,是在表達明確的前提下儘量求簡化,也就比較合於實際了。如果"二美兼具",既表達明確,又書寫方便,那再好不過。比如繁體的"遞",是個形聲字,但由於語言的演變,它裏面的聲符已經不能表音了,以"弟"更換,作"递",既增强了表達功能(表音明確了),又減少了筆畫,增加了書寫便利,實在是"二美兼具"。像"钥"、"证"、"据"、"响"、"宪"、"桩"、"胶"、"窍"、"窃"之類簡化字,都應是這種二美兼具的字。

還有的字,簡化字和繁體字表達都不明確。如:"边/邊"、"这/這"、"刘/劉"這三對字,其簡化前後的部分,人們都説不出表達什麽來了(文字學家除外),那麽哪一個更好呢? 人民大衆還是願意選擇簡的。因爲簡的還占"書寫簡便"這一條,用老百姓的話講,還"得一頭兒"呢。

"难"、"汉"、"叹"、"权"、"欢"、"劝"、"仅"、"鸡"、"戏",這類簡化字最受某些人指責了。是啊,你看那裏面的"又",算個什麽玩意兒呢? 簡直不倫不類。可是我們不妨也問一句,它們的繁體"難"、"漢"、"歎"、"權"、"歡"、"勸"、"僅"、"雞"、"戲",其中跟簡化的"又"對應的那個部分,又算個"什麽玩意兒"呢? 也許有人會説:是聲符。可是它們究竟念什麽"聲"呢? 一是很難念出來,二是即使有文字音韻學家能念出來,它們跟現在的實際字音也相去遥遠了。也就是説,這種聲符已經不能有效發揮它的表音功能了。"聲符不聲",而徒然增加書寫的累贅,乾脆代之以一個簡便符號"又",便使書寫獲得了便利;而表意呢,還有另一部分形符作爲區別特徵,也不受影響。

又如"對"字,照《説文》是個會意字。可是如何會的意,連許慎本人也講解得很吃力了。他説這個字的左下方是個"士",並説原來從"口",是漢文帝改的(爲找根據把皇帝老子都搬出來了)。可是實際寫起來以及字書當中,都作"土",連段玉裁這樣的大家,都"未知孰是"了。我們已經不可能也没必要再在現代漢字中講出這個字的會意道理來了,《二十年目睹之怪現狀》中的苟才,寫出這個字來,本想拿這個字的左半邊難爲一下別人,可他自己也説不出是個什麼玩意兒來了,倒先罰了自己一杯酒。所以,民間俗體早就用個"又"把那左半頂掉了,這反倒省却了那許多麻煩。

殷煥先先生指出:漢字的構形是有理性的,没有理性就産生不出漢字;而漢字的發展又是破理性的,不破原有理性就不能前進。(見《漢字三論》,齊魯書社 1981 年版)我將先生的觀點理解作"漢字本身的發展史,就是一部逐漸淡化自己'字理'的歷史"。(見《識繁寫簡》,《語文建設》1992 年第 2 期)這就是説,死守字理,漢字就不能發展;死守老祖宗時的字理,漢字就不能適應當代語言和應用的現實。比如一個"东"字,到現在還有人説它不如"東"合乎字理,其不知那"日在木中"的字理,已經是許慎根據小篆胡扯出來的,因爲甲骨文中,這個字是像一個盛滿東西的袋子之形的,它是假借來表示東方的。這樣的字理還有什麼必要去死守呢?

漢字原來理性之破,漢字原有優美之失,並不是我們的願望,而是時代的發展、語言的演變造成的。説漢字優美的人總愛説漢字是"形音義的統一"。如果是指過去,是可以的。如前所説,我們祖先造字的時候和後來確定規範字形的時候,總是儘量做到這種"統一"。可是,語言的發展却無情地破壞着這種"統一"(其實一開始就有這種破壞,假借即是)。一千年前的形,仍和一千年後的音義完美統一,豈非咄咄怪事!音義都變了,人們勢必設法對形加以調整,這樣,形必然也要——變!比如"惊",它在現代的最常用義,就是指人突然受刺激時,精神心理上的緊張,而"馬駭"已成爲極次要的意義。這樣,繁體"驚"從"馬"的那種理,那種美,已經基本喪失,改從"忄",並且改換表音也不準確的"敬"爲"京",實在是使這個字的理與美獲得了新生,而且一下子使筆畫減少了一半。前舉"递"、"证"、"桩"、"胶"等字聲符的更換,亦應做如是觀。由此也可見,"难"、"汉"、"仅"、"权"、"戏"等字的無理,並不是因爲換了個無理符號"又",而是由於語音的變遷,它們早就喪失了形聲之理,換成"又",只不過頂掉了一個無效聲符而已。漢字的可分析性愈來愈差,繁體字中由於某些部件的理性失效,許多字不得不靠"整體認讀"。比如"漢",並不是因爲有右邊那個所謂聲符才念 han;"汉",右邊是個"又",仍念 han。什麼道理? 不能再分析,整體認讀! 繁簡都是整體認讀,再指責簡化字"易寫而無字理",那就不公平了。並且簡化字還有學、認、寫之便,獲得了一種新的美。

二

正是時代的發展和語言的變遷,推動着漢字形體的前進。所以明智的當政者,在制定文字政策的時候,總是本着向前看的眼光,既立足當代又兼顧傳統,適時地調整文字規範政策,將更加合於當代的新字體立爲正字。秦始皇一統天下,但並沒有簡單地將本國的大篆立爲正字,而是在此基礎上整理爲更加簡易、規整的小篆以爲規範,並且大膽地承認"賤民"們隸書的手頭體地位。到了漢代,乾脆將隸書扶正了。唐代的字樣之學,是又一次是正文字的運動,又將同樣產生於民間而更加簡捷的楷書扶正了。

唐代以後,由於官方的以經學取士漸成定規和印刷術的發明,這種厘定的楷體趨於固定和保守。

但漢字的形體並不是從此不發展了。雖然千餘年來沒再發生篆變隸、隸變楷那樣的變化,但隨着時代和語言的發展,一些表音表義更加合理化、書寫更加便利的字形,仍然不斷地在民間產生出來。只是由於那些老化的字形一直賴在那個正字地位上不走,這些新產生的優秀字形一直被擠在不登大雅之堂的"俗"字地位,千餘年來,再沒有哪個朝代的統治者肯出來把簡俗字中的這些優秀分子扶正了。比如,從書寫到表達都明顯優於"遞"的"递"字,《玉篇》已經收了,但它一千幾百年都沒有得到轉正,官修字書總是將它置於"遞"之下。

這就是説,我們的語言發展了一千幾百年,音和義都變化了,而裝載這種音義的正字的形,在"一簡"之前,基本還停留在唐代字樣的水平。我們爲什麼不再來一次規範化,讓那些老化的"正字"之形也變一變,將那些新生的優秀字形扶正呢? 換句話説,我們該不該對千餘年來的形形色色的漢字形體來一次總的清理和規整,使整個漢字體系更加優化、更加適應當代呢? 答案只有一個:該! 因爲這是歷史的需要,時代發展的需要。

本世紀初,一大批愛國志士仁人,痛感於我國文言文的僵化,漢字的繁難和方言的分歧,掀起了一場以白話文運動、國語運動和改革漢字爲內容的新文化運動。經過與守舊勢力的反復較量,新文化運動取得了巨大成功,三項任務有兩項得以實現,那就是確定了白話文的書面語地位,確立了以北京音爲標準的國語的民族共同語地位。而漢字改革這項任務,無論是根本改革,還是自身的改革,都沒有很好地完成。

現在看來,其原因是當時的志士仁人們一開始就把主要精力用在漢字的根本改革方面,用在新文字的設計推廣方面,而對漢字自身的簡化整理這方面的改革,則用力甚微。例如蔡元培1922年發表在《國語月刊》上的《漢字改革説》一文,就主要是指漢字的根本改革。

雖然如此,還是有不少人在漢字的簡化整理方面花費了一定精力,做出了不少建設性的貢獻。略舉數端,如1921年陸費逵的

《整理漢字的意見》一文，1922 年錢玄同的《減省現行漢字筆畫案》，30 年代的《宋元以來俗字譜》、《簡字標準字表》、《簡體字典》等專書。在此基礎上，民國政府於 1935 年正式公布了《第一批簡體字表》。但由於宣傳準備工作做得不充分，遭到某些人的強烈反對，又於次年下令收回了。接下來便是八年抗戰、三年內戰，漢字的整理簡化問題，也就無法提上議事日程了。

假如先賢們一開始就擺正了漢字的長遠改革和現實應用的先後、緩急與輕重關係，整理簡化漢字的任務早就完成了，而無須等到五十年代；假如他們像宣傳白話文那樣，不遺餘力地宣傳整理簡化漢字的必要性和簡體字的優越性，形成勢不可擋的大氣候，那麼，簡體字的正字地位，肯定會與白話文、國語一樣，同時得到確立，並且若果如此，一些人也不至於像現在這樣喋喋不休地説三道四了。遺憾只在：功虧一簣。尤為遺憾的是，由於臺灣（以及港澳）後來與大陸處於長期的對立與隔絕狀態，雙邊的漢字字形規範化工作便不能同步前進了。

五十年代大陸的漢字整理簡化工作，上承漢字千餘年發展的優秀成果，下承二三十年代的未竟之業，遵循的原則是“述而不作”、“約定俗成”，只是將一些符合時代需要和人民要求的優秀字形扶正而已。即如前舉用符號“又”代替的辦法簡化的那些字，也早已在群衆中廣泛流行了。遠的不説，就説《二十年目睹之怪現狀》，它本是清季吳趼人的作品，寫的是 1884 年至 1904 年這二十年間的事，第十二回結尾和第十三回開始，有一大段描寫，“九死一生”和吳繼之、苟才三人飲酒為戲，專門談論簡俗字，其中涉及的就有“难”、“汉”、“鸡”、“观”、“对”等字。所以，簡單回顧一下歷史，那種認為簡化字是少數文改專家造出來的誤解，可以不攻自破了。

經過“一簡”以後的現行漢字，從整體性看，既使漢字獲得了書寫和學習的便利，也提高了系統的表達功能，是順應了漢字歷史發展的趨勢和時代要求的。王寧先生連續發表文章,論述漢字簡化的優化原則。① 王先生認爲,優化就是既保持漢字的系統性和表意示源功能與字符的區別度,又顧及字符的社會流通程度,在此前提下最大限度地減少筆畫。王先生説:"用已經認識到的優化原則來衡量已公布的簡化漢字,符合優化原則的以及在某些方面具有合理性的占絕大多數,不符合優化條件的不過 10% 左右。而在繁體字中,不符合優化條件的字的比例要比這高得多。"②這就是説,大陸五十年代公布的以"一簡"爲代表的現行簡化字,不唯是對漢字的整理和簡化,而且是對發展了一千幾百年的楷書字體的一次系統優化! 這一點,只要不抱政治或其他成見,應該成爲海峽兩岸在討論書同文問題時的共識。

至今仍有人對簡化字提出這樣那樣的非難或"質疑",但那都是具體字的簡化合理不合理的問題。這種道理,説來説去,都不出王寧先生説的那 10% 的範圍。並且,作爲學術討論,把優缺點都説足,兩者對照更明顯,更加利於日後彌補。可竟有那麼少數人,眼睛老是長在後腦勺上,就是認爲漢字的整理簡化不應該,原來的字不能動。説到底,他們還不出清人龍啓瑞《字學舉隅》的認識水準:漢字神聖,一點一畫莫非天造地設,不能動! 豈不知要真是那樣,我們的漢字到今天也走不出甲骨文來。

簡化字推行 37 年的實踐,也證明了大陸五十年代整理簡化漢字的正確和現行漢字的優化。它使漢字記寫現代漢語的表達功能得到提高,使人民群衆的學習運用得到便利。今天它已深深植根於祖國大地,並且已被新加坡、馬來西亞等國確立爲標準字體,這

① 王寧:《漢字的優化與簡化》,《中國社會科學》1991 年第 1 期;《論漢字簡化的必然趨勢及其優化的原則》,《語文建設》1991 年第 2 期;《再論漢字的優化原則》,《語文建設》1992 年第 2 期。
② 王寧:《再論漢字的優化原則》,《語文建設》1992 年第 2 期。

些已是有目共睹的事實，不再贅述。

總之，現行簡化字，順應着歷史發展的大勢，是對千餘年來楷書體系的一次優化。因此，它完全有資格作爲祖國統一之後書同文字的基礎，而沒有必要像某些人主張的那樣，必須退回到五十年代才能談書同文。

三

說大陸現行字體是書同文字的基礎，並不是說臺灣的現行漢字不是基礎。因爲臺灣的漢字也走過了幾十年的規範化、標準化歷程，有許多字形的確定與大陸不謀而合，還有不少優秀成分，可以補大陸某些簡化字之不足，以爲將來制定共同標準之參考。

對臺灣漢字走過的曆程，《語文建設》1992 年第 1 期許長安先生《海峽兩岸用字比較》一文（以下簡稱《比較》），論述甚詳。臺灣在五十年代初也曾掀起過一次簡化漢字的高潮。1951 年 6 月省參議會通過了參議員馬嶽的提議：“一、請專家選定常用而簡易的漢字若干，公布爲通用文字。二、政府一切公文、刊物和學校課本一律采用通用字，不得再用僻字。三、所有奧僻文字留供專家考古研究之用。”1953 年成立了簡體字研究委員會，文化界不少知名人士，如羅家倫氏，都爲簡體字大聲疾呼，蔣中正先生也說：“簡體字之提倡，甚爲必要。”可是這次討論沒有結果就偃旗息鼓了。六十年代末，臺灣簡體漢字的呼聲再度高漲。1969 年 4 月，何應欽先生在國民黨中央評議委員會會議上提出了“切實研究整理簡筆字”的提案，蔣中正先生並指示：“本案至爲重要。”5 月，林語堂先生也在中華文化復興運動委員會常委會議上提出了整理簡體字的建議。但由於種種原因，還是不了了之。七十年代以後，臺灣就將主要目標轉向常用字的研究和漢字標準的制定。最後結果是確立了兩套用字標準，一是印刷正字《常用國字標準字體表》，一是手寫規範《標準行書範本》。所謂"行書",實際大都是簡體字(只是出於某種考慮不那樣叫法而已)。誠如《比較》一文所指,臺灣《標準行書範本》所收 1580 多個字,跟大陸簡化字完全相同或基本相同的有一千多字。

由此可見,臺灣這幾十年的漢字發展歷程,也是千餘年漢字發展的繼續;簡化漢字的聲浪潮起潮落,以至《標準行書範本》的確立,這也是與新文化運動的先賢和三十年代政府的設想和政策一脈相承的。這說明兩岸漢字發展雖然有參差,但却有着共同的規律,簡化漢字是順應歷史發展的趨勢,也是符合海峽兩岸炎黃子孫共同願望的。臺灣的簡體字有那麼多跟大陸相同,說明二者同出一源,都是先民創造的優秀遺產,是漢字長期發展的結果。不同之處只是由於政治的對立,兩岸在具體取舍上不能協調一致的結果。同時,雙方的文字政策不能同步前進,臺灣的"行書",只作爲手寫體。雖然如此,這也已是一個巨大進步,手寫畢竟也有了標準,有了一個"範本",它離印刷的標準,只差一步之遙了。

再說臺灣的繁體字,也已不是幾十年前一盤散沙的繁體字,而是經過規範化、標準化了的繁體字。這當中和大陸一樣,也經過了異體字的整理和取舍,其結果就是 1979 年試行,1982 年正式公布實行的《常用國字標準字體表》,這就是臺灣現行印刷正字。就此而論,它跟大陸又有多大差別呢?《語言文字應用》1993 年第 1 期發表了費錦昌先生《海峽兩岸現行漢字字形的比較分析》一文(以下簡稱《分析》),將臺灣的《常用國字標準字體表》跟大陸的《現行漢語常用字表》和《現代漢語通用字表》進行了非常詳盡的比較分析。實際比較數字 4808 個,現僅將結果摘錄如下:

一是從儘量"求異"的研究角度得出:

總字數 4786　字形相同的 1947,占 41%　字形近似的 1170,占 24%　字形不同的 1669,占 35%

二是從"應用"的角度得出:

$$總字數 4786 \begin{cases} 字形相同的 1947,占 41\% \\ 字形略有差異但不構成閱讀障礙的 1864, \\ \qquad 占 39\% \\ 字形不同的 975,占 20\% \end{cases}$$

這是實事求是的數據,因此也是很有説服力的數據。這説明,即以臺灣現行繁體字而論,它跟大陸簡化字也是大同而小異,如果臺灣能再向前邁出一步,將"行書"中的簡體字扶正的話,小異將會更小,祖國書同文的目標也就更近了。至於那些在閱讀上不構成障礙的差異,諸如筆畫的形狀、組成、數目和個別部件及間架結構的差異(《比較》、《分析》二文已有較詳細的論述),統一起來就更不困難了,共同協商,取一個形體爲標準也就是了。

總之,海峽兩岸雖然具體的做法、步驟不一樣,但是漢字要規範化、標準化的指導思想是一致的。大陸在前進,臺灣也在前進,後退是沒有道理的。那種讓大陸廢棄現行簡化字、退回到五十年代再談書同文的主張是不當的;那種無視臺灣在印刷用字和手寫用字的整理、簡化和規範方面邁出的步伐和取得的成績的傾向,也是不當的。

(原載《語文建設通訊》1994 年 6 月第 44 期)

論漢字繁簡與書同文

一、書同文是祖國統一的呼喚

書同文，就是指文字的相同與統一。隨着時代的發展，古今"書同文"的概念也有所區別。古代的文字，無論是用於日常交際還是官方文書等，都是手寫的。而自從印刷術產生後，出現了寫與印的分家，個人應用與社會應用的界限也比較嚴格了。故，今天的書同文，主要是指社會用字的書同文，再嚴格點說，是指印刷用字的書同文。因爲"書同文"是歷史上形成的固定稱說，所以我們仍沿用之。

書同文歷來是一個國家、民族團結統一的象徵。《禮記·中庸》載："今天下車同軌，書同文，行同倫。"那實際是指周王朝大一統時的情形。到了戰國時代就不同，那時是"言語異聲，文字異形"（許慎《說文解字敍》）。隨着秦統一大業的告成，秦始皇進行了一番"一法度衡石丈尺、車同軌、書同文字"（《史記·秦始皇本紀》）的工作，書同文的局面又出現了。自秦代的書同文以後，漢字自身又經過了隸變和楷化的演進，發生了很大的變化。唐代統一以後，在重視經學、校理典籍的同時，也對文字進行了一番較大規模的整理厘正，大膽地將後起的楷書立爲用字規範，使漢字呈現了一番新的面貌。

自唐代官定"字樣"和雕版印刷的興起而使楷書定型化以後，漢字又經過了千餘年的發展歷程。這千餘年來，語言和人們的意識都發生了很大的變化，使原來的"正字"顯得越來越不"正"，構形理性越來越喪失,而徒具筆畫繁雜之外殼。同時,人們為了適應語言和社會的新的發展與書寫等的便利,又造出了大量的新字、異體字,就以《康熙字典》來算,我們的漢字已有四萬七千多字。漢字經過這千餘年的變遷,正字不正,異體繁多,越來越給人們的使用和學習帶來諸多不便。而千餘年來,也再沒有哪一個朝代站出來對漢字進行一次整理和規範的工作。

本世紀初,隨着新文化運動的興起,一批仁人志士痛感於漢字的繁難和漢字系統的龐雜,開始了對漢字的簡化整理,並受到政府的重視。1935 年民國政府正式公布了《第一批簡體字表》。但是由於宣傳準備工作做得不夠,又於次年下令收回。接下來便是八年抗戰、三年內戰,這次漢字規範化的運動便擱淺了下來。50 年代中華人民共和國政府公布了《第一批異體字整理表》和《漢字簡化方案》(後歸《簡化字總表》),才使漢字重新走上了規範化的大道。遺憾的是,此時,大陸與臺灣已處於政治上的分裂與對立狀態,文字政策也分道揚鑣,不能同步前進了;同時,香港和澳門,由於是歷史上遺留下來的問題,也是中國政府的政令行不到的地方。這樣,中國九百六十萬平方公里大地上,實際上有兩種文字制度,現行漢字的印刷正字是"一字兩體",存在着事實上的"書二文"。

進入新時期以來,大陸率先打開了對外開放的大門,提出了"和平統一祖國"的主張。而今,香港、澳門回歸祖國指日可待,臺灣與大陸的關係也日漸緩和與密切,各方面的交流日益增多。書同文正是兩岸四地交往與祖國統一美好前景的呼喚,自然也應是祖國統一後的必然結果。因為,祖國不統一,文字形體的彼此差異自是無可奈何之事;文字本身雖然沒有階級性,但文字政策卻有一定的政治性,當然談不上書同文。如果祖國統一後,中國政令一統,仍久久不能實現書同文,那就會讓全世界人民看笑話,也是與全體中國人民的願望相違背的。

二、書同文是時代發展的要求

　　語言文字是人類最重要的交際工具,這已成爲人所共知的常識。之所以重要,是因爲語言文字是人們日常生活中要經常、反復運用的工具。一般説來,文字是記録語言的輔助交際工具,可是進入現代社會以後,文字的重要性又顯得尤爲突出。現代化時代,社會交往日益頻繁,科技、文化等知識日益增多,這些知識又多以書面的形式出現,報紙、雜誌、書籍等,成了不可缺少的信息産品,是人們進行交流的重要途徑。而文字,作爲書面語言及信息的載體,其重要性自不待言。這就要求文字的形體要高度規範化和標準化,不然就會給信息産品的製作和交流帶來不便。

　　就文字的規範化來説,大陸和臺灣都重視了這個問題。大陸的文字規範卓有成效不必説,臺灣的現行漢字也是進行了一番規範化工作以後的結果,其間也經過了簡化和整理。只不過由於客觀的原因,臺灣的文字規範化無法與大陸協調一致,而是形成了自己的兩套標準,一套是印刷正字《常用國字標準字體表》,一套是手寫規範《標準行書範本》。所以大陸與臺灣(以及港澳),可以説都實現了自己的規範化,達到了相對的統一。但是,從雙邊交流的角度來看,從祖國統一的高度來看,這樣兩套規範,就不適應時代發展的要求了,現代化社會是一個講速度效率的社會。文字工作的效率直接關係到現代化建設的速度。如果我們在日常工作中將大量時間和精力耗費在繁簡的選擇和轉換上,就會影響工作的效率。所以,時代的發展,現代化的社會,對祖國的書同文提出了更高的要求。

　　隨着信息社會、電腦時代的到來,信息已成爲一種重要資源,信息處理用的文字標準化也提到日程上來了。文字形體不一致,就會給計算機處理帶來不必要的麻煩。印刷技術已表明,同樣的字号,筆畫繁難的字,清晰度差,閱讀性能差,爲了印刷清楚,就要加大字號,這樣就加大印刷文本的厚度。電腦處理也存在這樣的問題,因爲無論以什麼方式輸入,但最終結果都是以書面形式輸出才能供人使用。計算機處理技術表明,15×16 點陣是表示漢字字形的最低信息量。實際證明,經過簡化的漢字,如"尝"、"宝"、"应"、"击"、"粮"、"响"、"惊"、"丽"等,比相應的繁體字,無論在點陣字形的設計還是輸出方面,都獲得了方便。筆畫繁多,就得加大點陣規格才能使字形清晰,但這樣就要減少計算機信息的存貯量。特別是現在信息處理技術已經由鍵盤輸入向語言和文字的自動識別過渡,這就對文字的規範化、標準化提出了更高的要求。

當然,電腦技術的發展,也克服了漢字"難寫"的煩惱,一按鍵盤,馬上就可以做到簡繁轉換。但是,這絕不能成爲漢字繁簡兩套標準並存的理由。由於客觀原因,我們的電腦有時不得不進行繁簡轉換的工作;可是,祖國統一了,我們能老是在電腦上玩這種繁簡變換的電子遊戲嗎? 再説,當今的信息處理與交換,需要面向全球。就世界範圍來説,要把各文種的字符集,集合爲一個全球性通用編碼字符集。目前國際標準化組織已提出一個國際標準草案,叫 ISO/DIS 10646《信息處理——通用編碼字符集》。各國都將根據其要求起草自己的字符集,以便納入國際標準,促使多文種處理的環境早日實現。那麼我們中文這樣一個世界上使用人口最多的文種,將來能帶着繁簡二體的標準進入國際標準嗎? 答案只能是否定的。我們的漢字是以一個個方塊符號來記錄詞或語素的表意文字,進入電腦本來就比拼音文字稍遜一籌,如果再背着繁簡二體的包袱,是難以在現代化世界信息高速公路上奔馳的。有識之士曾斷言:二十一世紀是漢字在世界上發揮威力的時代。不錯,但是,作爲我們泱泱大國的文字,它應該以規範統一的面目走向世界,而不應長期以繁簡雙重面孔去發揮威力。

現代化的基礎是教育。文字不統一,首先對教育有極大影響。

祖國統一後,我們應盡快使漢字形體統一爲一種正字標準,讓小孩子有所適從。有人看到臺港澳與大陸之間存在着實際上的繁簡對立,從統一祖國的角度出發,提出在全國範圍内確立繁簡皆爲現行的合法交際工具。其願望雖是良好的,但却没有顧及實行起來後的客觀效果,那樣首先受累的就是教育,特别是基礎教育。億萬少年兒童,由於漢字的繁難,只學一套規範正字已感到很吃力,同時學兩套,陡然增加了學習負擔,怎麽會不叫苦連天? 孩子們正處在長身體長知識的黄金時代,把大量黄金時間用在學習繁簡二體上,豈不影響學習科技文化知識的步伐? 繁簡皆正,小孩子們應用起來,必然出"亦繁亦簡,忽繁忽簡"的情形(社會應用亦復如是),這却如何是好? 所以從"救救孩子"的立場出發,我們也要做到文字規範化,並進而實現全國範圍内的書同文。

現代社會是高度文明的社會,文字的規範化對一個國家和民族來説,是其文明程度的一種標誌。如前所説,臺港澳和大陸相對説來都實現了自己的規範化,但從中華民族一體的角度考慮,這就成了兩套規範。當前,國際間的交往日益擴大,世界範圍内的信息交换在日益拓寬。國際上的交流和交往,唯獨到我們中國這兒得被迫使用和接受兩套文字規範,長此以往,外國友人不會不對此"耿耿於懷",無形中也就影響了我們民族的文明形象。所以,不盡快實現大一統的書同文,不僅與現代文明社會的要求不相適應,面對世人,我們炎黄子孫也自感臉上無光。因此可以説,形勢和時代的發展呼唤着書同文!

三、書同文前的漢字繁簡

全國範圍的書同文,畢竟是將來的事,目前我國大地上畢竟存在着繁簡兩套印刷體並立的客觀現狀。由於歷史的原因,繁簡兩套規範正字,以前是井水河水兩不犯,相互對立,各自爲政。但事物總是發展的,對立和隔絕不會永久。"文革"結束後不久,大陸便打開了對外開放的大門,也揭開了與臺港澳關係的新篇章。於是,原來的隔絕狀態消除了,臺港澳與大陸逐漸開始了各個領域的頻繁交流。而作爲雙方最重要的交流工具和信息載體的文字,再相安無事,辦不到了。其結果只能是繁簡兩套印刷規範的接觸和交流。既交流,就難免此一規範衝擊彼一規範,彼一規範衝擊此一規範,這就給雙方各自的文字規範化造成影響和困難,也給在新形勢下如何搞好文字規範化提出了新課題。

首先,文字規範化一定要堅持,文字規範無論何時都重要,不能因爲開放交流而先自亂標準。這就是説,雙方既不能立即放棄自己的規範而改從對方的規範(例如讓大陸首先恢復繁體字的主張);又不能首先讓對方的規範改從自己的規範(比如我們不能讓臺港澳的書刊、合同契約、商品説明書等先改成簡化字再進來);也不能把兩套規範混合起來(例如在全中國搞繁簡並用的主張是錯誤的)。但另一方面又要堅持開放交流,不能因爲現行漢字印刷形體的暫時差異而影響雙方交流。這就需要靈活對待,具體情況具體分析。比如1993年4月大陸海協與臺灣海基會舉行的汪(道涵)辜(振甫)會談,最後簽署了《汪辜會談共同協議》等四項協議,各協議都列明,該協議"一式四份,雙方各執兩份"。四份就是簡繁文本各兩份,雙方分別執簡繁文本各一份。這是在比較正式的場合雙方交流時采取的最好的折中辦法,也是沒有辦法的辦法。

隨着開放交流,雙方的規範也就無法像以前那樣壁壘森嚴,而是相互衝撞,相互滲透。比如在大陸,由於臺港澳的繁體字不斷進來,大陸的其些單位和個人,出於經濟或文化等方面的心理,而有意去趨奉,這就造成了大陸某些社會用字的"繁體回潮"。對社會用字的不規範現象,除了加強宣傳和管理外,有些地區和單位還總結出了"堵源截流"的經驗。"堵源"就是堵住產生不規範用字的源頭,除了讓新聞傳媒率先垂範外,還預先向書法家和牌匾、廣告的製作單位做好宣傳,使各種信息產品一產生就以規範字的面貌出現。這無疑是很值得提倡和推行且行之有效的辦法。但這種堵源只能是堵大陸一方的源,却不能也無法堵臺港澳方面的源。由於有臺港澳這個"源"在,大陸對不合於本方規範的社會用字,禁止而難以禁死,但搞活又絕不能搞亂。一方面要堅持文字規範化,不能自己搞亂,另一方面又要堅持對臺港澳的開放交流。這就是新形勢下的文字規範化面臨的新問題。

由於開放交流,大陸的文字規範化難以做到"禁死",甚至出現了那麼一點繁體字的"回潮",這似乎是不利的一面。但另一方面我們也應該看到,事物總是相互作用的,大陸的規範也影響着臺港澳的規範,君不見,在臺港澳,簡化字却正在"升潮"。據報導,近幾年在臺灣,大陸的《簡化字總表》成了搶手貨,臺灣《自立晚報》1992 年 3 月 13 日發表專論,公開提倡推行簡化字;香港的一些刊物,爲了開通大陸的稿源,也開始提倡"繁簡由之"。事情就是這樣變化多端。

這就是說,臺港澳與大陸文字上存在的繁簡的差異,在交流中發生了"碰撞",給雙邊的交流及文字規範化帶來了一定的"麻煩",但從長遠看,這又是一件好事。因爲如果不交流,差異將永遠是差異。相互碰撞和交流的結果就是相互熟悉和接近,並進而達到最終的融合統一。這是書同文前的必然的過渡階段,也是向着書同文目標的曲折前進。比如黃河在入海的時候,河水與海水也有個相互衝擊的階段,有"回潮",但最終還是走向融合與統一。秦代的書同文,中間也經過了交流與融合的過程,經過春秋時期各諸侯國間相互征伐和兼併,到戰國時期,形成了七國爭雄的形勢,出現了"百家爭鳴"的局面。百家爭鳴,也必然"百家交流",各國都在交流,文字也不能例外。不交流,只通本國文字就夠了;一交流,由於各國文字的"異形",即秦大篆與六國古文的並立,自然會遇到不少麻煩。由於特殊需要,如外交家和遊說之士,甚至要通曉和使用數國文字。因爲客觀形勢如此，不能先統一文字再交流，而是先交流，然後才能統一，怕麻煩也没辦法。正是通過這種交流和"碰撞"，各種字形才越來越爲大家所熟悉，差異之所在才越來越爲大家所體察，爲走向最後的統一奠定了基礎。戰國的七國文字就是這樣經過交流和融合，最終走向了統一。

　　當前的漢字，一方面各自維持現狀，既不放棄自己的規範，也不強迫對方改變規範；一方面又要進行開放交流，特殊情況下采取靈活變通的對策。在開放交流的大潮中，由於客觀形勢的逼迫，大陸的人們要來一下"識繁"，臺港澳的人們則來一下"識簡"。雖然"麻煩"這麼一下，但這樣一來，人們對兩種字形的差異所在也就熟悉了；有比較才能有鑒別，各字形的長短得失也就顯露出來了，制定共同的標準也就有了選擇的基礎。繁簡的交流，最終也會走向融合和統一，走向書同文。

四、書同文的指導思想

　　前面説，由於中國的現行漢字印刷體存在繁簡的差異，所以大陸和臺港澳在各項交流和合作中就不能怕麻煩。但是，這種不怕麻煩，是硬着頭皮的不怕，因爲客觀現狀如此，而麻煩終歸是麻煩。大家對繁與簡，不得不硬着頭皮去"識"不説，有時還得硬着頭皮去"用"。比如前舉汪辜會談簽協定，本來我們是同一種文字，但却要簽一式四份。所以，我們這一代炎黄子孫，也有責任早日消除這種麻煩，盡快實現祖國的書同文。

　　那麼，書同文的標準又該如何呢？書同文的基礎是什麼呢？書同文的標準，不能退回到老祖宗那裏去找，也不能從外國引進。書同文的基礎，只能是中國的現行漢字，包括大陸的現行簡化字，臺港澳的印刷體以及臺灣的手寫範本。書同文的標準，只能在此基礎上產生。

可是,我們在現行基礎上進行選擇的時候,在統一書同文的標準的時候,總體指導思想應該是什麼呢? 這不能以個人偏見而論,也不能以政治或其他偏見而論,而是要從歷史發展的觀點,從便利群眾的觀點,從符合時代要求的觀點來考慮。在這點上,漢字自身形體發展的歷史和老祖宗對待此類問題的做法,會給我們以某種啓示。

翻開漢字發展史,我們可以發現,漢字的形體不斷在變,其中既有點畫的增減、偏旁的更換這樣的小變化,又有整個體系面貌的大變化(如隸變)。變的原因不外兩條,一是便利書寫,二是準確表達。文字是交際工具,是工具就得求便利,所謂"工欲善其事必先利其器",而書寫的材料及工具也是在變的,由龜甲獸骨、竹簡布帛以至後來的紙,由刀刻、筆寫到印刷,工具材料變了,字的綫條筆畫就會出現新的風格,人們便在新工具新材料的基礎上追求新的便利。這就促使漢字形體發生不斷的改變,有時竟變得與原來形貌迥異。例如主要基於書寫便利而發生的"隸變",就使古漢字的象形表意性喪失殆盡。文字又是記錄語言的,先民們造字之初,絞盡腦汁,盡量使語言中的意義在文字的形體上表現出來,所謂象形、指事、會意,就是形體直接跟意義掛鈎的;而語言是有聲的,文字是可讀的,於是先民們又盡量讓漢字形體與語言中的聲音掛起鈎來,這就是形聲字大量產生的原因。《說文》小篆形聲字已占80%以上,後來更多,以至於有人乾脆把我們的漢字叫做"形聲體系"。形聲體系的漢字就像人有兩隻手,一隻手伸向語義,一隻手伸向語音,確乎高明。依義造形,依音造形,這充分體現了我們祖先的聰明智慧和我們漢字的形體之"美"。

按說,這樣的文字是不該變的,這樣的"美"是不該喪失的。可是無情的事實表明,漢字原有的那種形體之"美",卻逐漸地退化乃至消失。問題很簡單,正因爲文字是表達語言的,而語言却是不斷地發展演變的,語音、語義都變了,先民們以原來的音與義造的形,其"美"也就自然消失了。比如我們常説的"漢族"、"漢語"、"漢字"、"男子漢"等詞語當中的"漢"字,其形、聲之"美"早已消失净盡了,但却並非簡化所致,其形符"氵"的表義原理在常用義中,隨着漢王朝的興盛,早就不復存在了。在繁體的"漢"中,其右邊的聲符,也早已表不出聲來了。許慎在《説文》中説它是"難(难)省聲",段玉裁則以爲是"淺人所改",認爲應該從"堇"聲,可是從"堇"聲的道理,即是古音學家也得繞好幾個彎子才能得出聲來,所以有聲也是等於無聲。事實證明,還是許慎説得對。中國歷史博物館藏有 50 年代發現的春秋時期楚國的一枚銅節:鄂君啓舟節。上面兩次用到"漢"字,確實從"難(难)"。但那樣一來更糟。"漢"就成了"灘(滩)",而《説文》明明另外收有"灘(滩)"字。那麼"漢"在過去到底該讀 han 還是該讀 tan 或者別的什麼音,"漢"與"灘"古代到底是一個字還是兩個字,這只好留待好古之士去考究了:類似這樣的構形之"美"消失的例子是不勝枚舉的。

總之,由於時代的發展(書寫工具和材料都在發展),語言的演變,人們爲了適應新的需要和語言的新變化,便將原來的字形加以改進,這就促成了漢字形體的發展。發展中,有時是在原字的基礎上增加偏旁,如:益→溢,前→剪,要→腰,亨→烹,等。有人單就這一點説,漢字的發展規律是繁化,聽起來也像是不無道理。但是,這是漢字的"孳乳",是適應語義的分化演變而產生的滋生分化,絶不是單純的"繁化",並且這種滋生分化完成以後,它們仍要受"求便利"這條規律的制約,走向趨簡的路。所以,籠統説漢字的發展趨勢是簡化,好像不大全面,要説是在明確表達的前提下盡量求簡化,就較爲全面了。實際上,漢字正是在這個定律的約束下向前發展。比如"尘"、"床"、"达"、"递"、"灯"、"刍"、"麦"、"继"等簡化字,一千多年前就有了,有的既表達明確,又書寫便捷,可謂"二美兼具"。如果繁體和簡體表達都不明確怎麼辦?人們還是願意選擇簡體。比如"漢"與"汉",繁體的那個聲符,在其位而不生其效,而徒具書寫之繁難,這樣就不如用一個同樣無理的符號"又"將它頂掉,至少還能得書寫便利這一條優點。同樣的情況,人們都願意求簡求便,因此漢字的簡化就不斷在漢字使用者的手頭上發生。像"无"、"礼"這樣的字,戰國時候就這樣寫了。所以,去繁趨簡,應是漢字形體發展的總體趨勢。

歷史上的當政者在進行文字規範化的時候,也總是順應漢字的發展趨勢,總的原則也是——趨簡。比如秦代的書同文,如果出於政治上或感情上的考慮,將秦國的大篆立爲正字也就了事了。但秦始皇並沒有簡單地這樣做,而是讓李斯等人,以統一前的文字爲廣泛的基礎,兼采六國古文,從而整理成更加簡易規整的小篆,作爲書同文的標準;並且大膽承認"賤民"們的"隸書"的草率手體地位。這次大規模的文字規範化,其趨簡傾向是十分明顯的。

唐代的字樣之學是確立楷書正字的又一次文字規範化運動。自秦至唐,漢字又經過了八九百年的發展,其間經過了隸變和楷化兩次大的飛躍,但由於種種原因,官方沒有對漢字再一次予以正定,隸書在漢代就已成了實際上的正體,但小篆雖早已退出了文字的日常應用,却仍保留着名義的正體地位。唐代是個大一統的時代,也是一個開放的時代,對文字的規範十分重視,有專門官吏來掌管。唐有天下,儒學大興,太宗詔顏師古考定五經,厘正文字,其後又詔孔穎達撰五經正義。"自五經定本出,而後經籍無異文……每年明經,依此考試,天下士民,奉爲圭臬。"(馬宗霍《中國經學史》)其正定文字的總的指導思想就是應時致用,即:不求復古,但求利今。顏師古著《字樣》,其侄孫顏元孫著《干禄字書》,以及後來張參著《五經文字》,莫不如是。"應時致用"也就包含了"趨簡避繁"在内。如張參的《五經文字》,在規範正字的時候,如果遇到兩個字形,一個是較多地保留了篆書結構和筆意而較繁的"隸古定",一個是在此基礎上進一步省簡的"隸省",他一般將"隸省"立爲正字,例"挼"、"搜"二字,前者是《説文》篆文的隸古定,後者是經籍中相承的隸省，他就把“搜”定爲正體。這樣一來就更加徹底消除了古文字的影響，使漢字更加筆畫化、符號化。經過唐代的這一番規範整理，魏晉以來新興的楷體就正式成了官立的規範正字，漢字的形體在“去繁趨簡”的方向上又邁進了一大步。

唐代以後，由於官方的以經學取士漸成定規和印刷術的日益興盛，這種厘定的楷體漸趨於固定和保守。但漢字形體並不是從此不發展了，因爲語言、社會仍不斷在那裏發展，一些表音表義更加合理化、書寫也更加簡便的字形便不斷在民間産生出來。只是由於那些老化的字形，一直賴在那個正字地位上不走，這些新生的優秀字形一直被擠在不登大雅之堂的“俗字”地位，千餘年來也再沒有哪個朝代的當政者出來把它們“扶正”了。本世紀初，一批愛國的志士仁人，在政府的支持下，曾經進行了一番漢字整理和簡化的工作，但由於歷史條件所限，結果功虧一簣，沒有最後成功。新中國成立後，上承漢字歷史發展的優秀成果，下承本世紀前半葉志士仁人及前政府的未竟之業，終於使漢字的整理和簡化取得了成功，使漢字的楷體正字在經過唐以來千餘年的發展後重放光輝。幾十年過去了，實踐證明，這一批新的規範正字，盡管還有某些不足之處，但從總體上看，它不只是對漢字的一次整理和簡化，而且是對整個漢字體系的一次系統優化！

鑒古可以知今，鑒往可要知來。我們清楚了漢字形體自身演變的情形，清楚了古人、前人對待漢字形體自身演變的態度以及進行文字規範化時的主導思想，在今天考慮書同文的標準時，對中國的現行漢字形體，就知道該如何對待了。漢字形體發展的總體趨勢既然是“去繁趨簡”，我們也不能違背它；古人對待漢字的態度既然是“舍繁從簡”，我們也不能反其道而行之。否則世界人民會疑惑：難道今天的炎黃子孫還不如一千多年前的唐太宗、兩千多年前的秦始皇開明？但從簡，並不是説一依大陸簡化字爲準，而是就總體思想而言。在具體取舍時，大陸字形也要修正，有的可能恢復繁體,臺灣手寫本《標準行書範本》中的一些優秀分子也可上升爲正體。關鍵是摒除偏見,兩岸共識,求同存異向前看。

總之,我們的書同文,應該是前進的統一,而不能是後退的統一;是對現行漢字的一次更加優化,而不能是相反;是更加符合歷史發展和時代要求,而不能是相反。

我們正處在一個跨世紀的歷史時期。我們要對歷史負責,對人民負責,對子孫負責。我們這一代跨世紀的炎黃子孫,應該切實肩負起跨世紀的歷史責任!

（原載《臺灣研究》1995 年第 3 期）

論海峽兩岸漢字的現狀與前景

　　江澤民同志曾經指出:"海峽兩岸的漢字,當前可各自維持現狀。"①這就要求我們對兩岸漢字的現狀有一個清醒的認識。爲此我們就需要了解:兩岸漢字形成這種現狀各自走過了一條怎樣的發展道路;當前兩岸漢字的差異有多大;怎樣在維持現狀的情況下搞好兩岸交流;今後兩岸漢字有着怎樣的發展前景,即如何消除差異、走向統一,等等。

一

　　我們的民族創造了我們的文化,也創造了我們的漢字。我們的祖先創制文字之初,首先是把它作爲記錄自己語言的工具,更好地爲交際服務的。爲此,他們千方百計使漢字的形體與語言的音和義取得聯系,從而形成了一整套的"六書"理論。

　　可是語言又總是發展變化的,語音語義都變化了,就使字形原有的那種"理"淡化了。

　　人們既能創造文字,就能改造文字。人們根據語言的新發展,對原來的字形加以修整,或者另造新字形,這樣,字形也就發展了。

　　即使沒有語言的因素,字形也是要發展的。因爲文字是工具,是工具就得求使用的便利。而寫字用的材料及工具也是在發展

---

　　① 《江澤民總書記對語言文字工作的指示》,《語文建設》1993 年第 1 期,第 2 頁。

的,由甲骨文、銅器、竹簡、布帛,以至後來的紙;由刀刻、筆寫到印刷,書寫材料及工具都變了,字的綫條筆畫就會呈現新的風格,人們也便在新工具新材料的基礎上追求新的便利。

而另一方面,從社會和共時的角度看,字形又需要規範和穩定,這就是發展與規範的統一。所以秦始皇統一中國後便進行了一次書同文的工作。這應是中國歷史上第一次漢字規範化運動。

可是規範後仍要發展。自秦代的書同文以後,漢字又經過隸變和楷化這樣大的演進,使漢字原來的象形表意性喪失殆盡。

字形既然發展了,人們就要再規範。到了唐代,儒學大興,唐太宗詔顏師古校定經籍。校定經籍,首要的任務就是正定文字。而過去的規範又不適用了,於是顏師古另撰《字樣》一書,以爲刊經的字形標準。其後,顏元孫的《干祿字書》,張參的《五經文字》,玄度的《九經字樣》,這些實際上成爲唐代一場確立楷書地位的漢字規範化運動。

自唐代的"字樣之學"以及雕版印刷的興起而使楷書定型化之後,漢字又經過了千餘年的歷史發展,使當時確立的正字顯得不正了;同時,人們爲適應語言和社會的發展,又造出了大批的新字,以《康熙字典》計,漢字數量已達 47035 字。這樣我們的漢字就呈現了筆畫紛繁、異體紛紜的局面。

有的同志至今仍對大陸 50 年代簡化整理漢字的必要性認識不足。須知,這不僅僅是對漢字的簡化問題,而是對有唐以來的漢字楷體的一次大規模整理,是漢字發展史上又一次規範化標準化運動。如果沒有這一次運動,我們的漢字就是一盤散沙;一個字有幾個乃至幾十個異體,如果隨便運用,就是一片混亂。我們總不能老按照《康熙字典》寫字,更不能按照唐代的字樣和漢代的《説文》寫字。這樣來認識,我們就可清楚 50 年代整理、簡化漢字的意義了。

實際上,對漢字的整理簡化並非自 50 年代始。20 年代就有陸費逵的《整理漢字的意見》、錢玄同的《減省現行漢字筆畫案》等專文,30 年代又有《宋元以來俗字譜》、《簡體字典》等專書。民國政府在此基礎上於 1935 年正式頒布了《第一批簡體字表》,但由於種種原因,沒有堅持下去又收回了。

可見大陸 50 年代的工作,上承漢字楷體千餘年的歷史發展,下承本世紀初的未竟之業,是順乎社會發展和漢字發展的歷史潮流的。此次漢字整理簡化的成果就是 1955 年公布的《第一批異體字整理表》和 1956 年公布的《漢字簡化方案》——後歸結爲《簡化字總表》。

《第一批異體字整理表》共整理異體字 810 組,計 1865 個,廢掉異體字 1055 個。《簡化字總表》共分三個表。第一表收不作簡化偏旁用的簡化字 352 個,第二表收可作簡化偏旁用的簡化字 132 個和簡化偏旁 14 個,第三表是應用第二表所列簡化字和簡化偏旁類推出來的簡化字 1754 個。1986 年重新公布《簡化字總表》時,第一表減去了"迭〔疊〕"、"象〔像〕"二字,實有 350 字;第三表增加了"雠",另外不計與第一表重複的"簽"、"須"二字,實有 1753 字。三表所收不重復的簡化字共 2235 個。經過整理簡化的漢字,既適用於手寫,亦適用於印刷。在此基礎上,政府於 1965 年公布了《印刷通用漢字字形表》,收字 6196 個。國家語委據此表略加增刪,於 1988 年又制定了《現代漢語通用字表》,收字 7000 個,並依據字的覆蓋率又篩選出 3500 字制成《現代漢語常用字表》。報紙、雜誌、圖書的印刷,一依上述各表爲形體規範,被簡化掉的繁體字以及被廢除的異體字,除翻印古書外,一律禁止使用。這就是目前大陸漢字的現狀。

二

當問到臺灣漢字現狀的時候,一般人都會毫不猶豫地回答"繁體字"。好像臺灣沒有漢字簡化這回事似的。這是不恰當的。臺灣也有簡體字,只是沒有最後上升爲印刷體而已。即使臺灣的繁體字,也並非人們所想象的幾十年前那種紛亂的狀態,而是進行了一番整理和規範的。臺灣漢字和大陸一樣,也走過了幾十年規範化、標準化的歷程,只是由於政治的對立,兩岸不能同步和一致而已。

兩岸分裂伊始,臺灣就興起過一次簡化漢字的高潮。1951 年 6 月省參議會通過了參議員馬嶽的提議:"一、請專家選定常用而簡易的漢字若幹,公布爲通用文字。二、政府一切公文、刊物和學校課本一律采用通用字,不得再用僻字。三、所有奧僻文字留供專家考古研究之用。"1953 年 4 月,臺灣成立了簡體字研究委員會,文化界不少知名人士,如羅家倫等,都爲簡體字大聲疾呼,就連蔣介石都説:"簡體字之提倡,甚爲必要。"可是這次討論没有結果就偃旗息鼓了。

20 世紀 60 年代末,臺灣簡化漢字的呼聲再度高漲。1969 年 4 月,何應欽在國民黨中央評議委員會會議上提出了"切實研究整理簡筆字"的提案,蔣介石並指出:"本案至爲重要。"由於種種原因,此次仍不了了之。

70 年代以後,臺灣就將主要任務轉向常用字的研究和漢字標準的制定。最後結果是確立了兩套用字標準:一是印刷正字《常用國字標準字體表》,收字 4808 個;二是手寫規範《標準行書範本》,收字 1580 個左右。前者是繁體字,後者則大多數是簡體字。"印繁寫簡,繁簡並用,楷行分流",①這就是臺灣漢字應用的現狀。

兩岸現行漢字究竟有多大的差異呢? 先説簡體字。大陸的《簡化字總表》共有 2235 字,臺灣的《標準行書範本》共收簡體字

---

① 許長安:《海峽兩岸用字比較》,《語文建設》1992 年第 1 期,第 14 頁。

約 1580 個,其數量是大陸的 70%。其中跟大陸完全相同的約 640 多個,基本相同的約 400 多個,另有 400 多個,是大陸都沒簡化的臺灣已經簡化了,去除這一部分不計,跟大陸完全相同或基本相同的就有一千多個。①

再說臺灣的印刷體,它跟大陸用字的差異,也不是很大。因爲臺灣的《常用國字標準字體表》所收 4808 字,並非個個是繁體字,其中一大部分是跟大陸共有的所謂"傳承字"。例如"公"、"共"、"相"、"同"之類,是無所謂繁簡的。僅這類字就得占 40% 以上。有差異的也大多是筆畫的形狀、組成、數目和個別部件及間架結構的差別,實際上並不構成閱讀的障礙。而字形完全不同的只占一小部分,大約不超過五分之一的樣子。對此,《語言文字應用》1993 年第 1 期刊載的費錦昌先生《海峽兩岸現行漢字字形的比較分析》一文,有較爲詳盡的闡述。該文將臺灣《常用國字標準字體表》中的 4808 字,與大陸的《現代漢語常用字表》和《現代漢語通用字表》進行了細致的比較分析。由於有 22 個字爲大陸字表所無,所以實際比較字數爲 4786 個。現僅將其結果摘錄如下:

一是從"求異"的研究角度得出:二是從"應用"的角度得出:

$$4786\begin{cases} 字形相同的 1947,占 41\% \\ 字形近似的 1170,占 24\% \\ 字形不同的 1669,占 35\% \end{cases}$$

$$4786\begin{cases} 字形相同的 1947,占 41\% \\ 字形略有差異但不構成閱讀障礙的 1864,占 39\% \\ 字形不同的 975,占 20\% \end{cases}$$

海峽兩岸漢字繁簡的差異,前面的數據很能說明問題了,總的來看還是同大於異。如果臺灣的"行書"能上升爲印刷體,差異將

---

①　許長安:《海峽兩岸用字比較》,《語文建設》1992 年第 1 期,第 14 頁。

會更小,祖國書同文的目標也就更接近了。總之,海峽兩岸雖然具體的做法、步驟不一樣,可是漢字要規範化、標準化的主導思想是一致的。那種無視臺灣在印刷用字和手寫用字的整理、簡化和規範方面邁出的步伐和取得的成績的傾向,是不當的。大陸在前進,臺灣也在前進,後退是沒有道理的。

三

　　海峽兩岸的漢字,無論差異大小,但畢竟存在差異。文字雖然沒有階級性,但文字政策却體現着一定的政治性。兩岸一時不能統一,這種差異就一時不能消除。差異不能消除,也就只能如江澤民總書記所説"維持現狀"。

　　"維持現狀",就是兩岸的漢字各自堅持自己的規範和標準,不能因爲開放交流而先自亂規範。也就是説雙方不能立即放棄自己的規範而改從對方的規範(例如大陸不必恢復繁體字);又不能要求對方的規範適合自己的規範(例如我們不能讓臺灣及港澳的書刊、合同契約、商品説明書等先印成簡化字再進來);也不能將兩套規範混合起來(例如不能在全國實行繁簡並印)。

　　但另一方面我們又要堅持改革開放和兩岸交流,不能因爲兩岸漢字目前的繁簡差異而影響雙方交流。這就需要具體情況具體分析,特殊情況還要采取靈活變通的對策。例如 1993 年 4 月大陸海協会與臺灣海基會舉行會談,最後簽署了《汪辜會談共同協議》等四項協議,每項協議都列明,該協議"一式四份,雙方各執兩份"。四份就是繁簡文體各兩份,雙方分別執繁簡文本各一份。這是在比較正式的場合兩岸交流時采取的折中辦法,也是沒有辦法的辦法。

　　可見,今天的"維持現狀"却與兩岸隔絶時的"維持現狀"不同。那時的兩種"現狀"互不往來,當然容易維持。而今兩岸却要交流,要接觸,這樣兩套漢字規範就難免相互沖擊,相互滲透。這就給各自規範的堅持帶來了困難。

就大陸來說,漢字規範化遇到了前所未有的新問題。由於對方規範的沖擊,大陸出現了某些社會用字的"繁體回潮"等違反規範的現象。有關部門不得不做大量艱苦細致的工作,除讓新聞出版界起好表率作用外,還要向書法家和牌匾廣告制作單位做好宣傳工作,以堵住產生不規範社會用字的源頭。但這只能適用於堵大陸一方的源,不能也無法堵臺港澳一方的源。有對方的"源"在,大陸的某些單位和個人出於經濟或文化等方面的心理而去趨奉之,繁體的回潮就難免重復出現。

而事物又總是相互作用的,臺灣的繁體規範影響了大陸,反過來,大陸的簡體規範也影響了臺灣以及港澳。消息表明,近些年在臺灣簡化字也正在"升潮",出於種種原因,大陸的《簡化字總表》成了搶手貨。事情就是這樣變幻多端。

這就是說,由於兩岸漢字的差異,給雙邊的交流及文字規範化帶來了一定的困難和麻煩,這是不利的一面。但從另一方面看,從長遠看,這又是一件好事。如果不交流,差異就將永遠是差異。相互接觸和碰撞的結果,就是相互熟悉和接近。在開放交流的大潮中,由於客觀形式所迫,大陸的人們不得不去"識繁",臺港澳的人們不得不去"識簡"。雖然"麻煩"這麼一下,但人們對兩岸的漢字差異也就更熟悉了,各字形的優缺點也就顯露出來了,將來制定共同的標準,也就有了選擇的基礎。

四

如前所說,由於海峽兩岸漢字的現狀如此,雙方在交流中就得硬起頭皮,不能怕麻煩。但麻煩終歸是麻煩。我們這一代炎黃子孫,有責任早日消除這種麻煩。中國只有一個,祖國終將走向徹底統一,到時漢字印刷體也只能有一套。那麼當前海峽兩岸漢字的發展前景就只能是統一爲一體,即:書同文。

那麼書同文的標準如何呢? 書同文的基礎是什麼呢? 很明顯,書同文的基礎就是海峽兩岸的現行漢字,包括大陸的簡化字,臺灣(以及港澳)的印刷體及手寫規範。書同文的標準只能在此基礎上産生。

1994 年 3 月 6—7 日,海峽兩岸學者在臺灣的臺北園山大飯店舉行了"兩岸漢語語彙文字學術研討會",涉及漢字的議題有"兩岸漢字比較"和"兩岸漢字實用性規範問題"。其基本精神就是"異中求同、求同存異、最終走向大同"。

如前所述,兩岸漢字的差異並不是很大,而是同大於異。但在具體消除這些差異的時候,就面臨一個如何選擇取捨的問題。如果單就一個字的從繁從簡來説,大概都能説出各自的道理。這裏就先要有一個基本指導思想和總體認識問題。

我們覺得首先要弄清,我們的書同文應該是前進的統一還是後退的統一。説到這裏大家可能會毫不猶豫地説應是"前進的統一"。那麼好了,前面已經説過,臺灣和大陸的漢字,都經過了幾十年的發展歷程,其間都進行過整理和簡化。不同之處只是由於兩岸的政治對立,在具體取捨上不能協調一致的結果。同時,兩岸的文字政策不能同步,臺灣慢了一步,將簡體字只作爲手寫體,即《標準行書範本》;而大陸則在簡化字問題上實現了印刷體和手寫體的統一。那麼是讓大陸退一步好呢,還是讓臺灣進一步,把《標準行書範本》中的優秀簡體字上升爲印刷體好呢? 我想答案是不難尋找的。

前進並不是一依簡體爲準。所以接着還應明確,在消除差異的時候,不要僅僅局限在從簡還是從繁的問題上,而要掌握一個優化的原則,即:從優。從優就不是愈簡愈好,愈是前進的愈好。"二簡"就是因爲前進得太快了,很多字違背了優化的原則,所以廢止了。那麼什麼是優化的原則呢？在這個問題上，我贊成王寧先生的觀點。王先生認爲，優化就是既保持漢字的系統性和表意示源功能與字符的區別度，又顧及字符的流通程度，在此前提下最大限度地減少筆畫。① 王先生說，以此衡量大陸現行簡化字，仍有10％左右不符合優化條件。起碼這一部分字在將來兩岸統一標準的時候要變一變，或者采用臺灣行書中簡化更合理的，或者幹脆恢復繁體。總之，以“優”爲上。

　　總起來說，兩岸漢字的統一，應該本着前進和優化的原則，是前進和優化的結合。也就是說，兩岸漢字的統一，應該是前進的統一而不能是後退的統一，應該是優化的統一而不能是“劣化”的統一。這，應該成爲我們書同文的主導思想和總體認識。

　　時代在發展，祖國要統一。我們要對歷史負責，對人民負責，對子孫負責。海峽兩岸，共識互信，屏除成見，求同存異，一個更加符合歷史發展和時代要求的書同文的美好前景，就一定會實現。

　　（原載《山東大學學報（哲學社會科學版）》1995 年第 1 期）

---

　　① 王寧：《漢字的優化與簡化》，《中國社會科學》1991 年第 1 期；《論漢字簡化的必然趨勢及其優化的原則》，《語文建設》1991 年第 2 期；《再論漢字的優化原則》，《語文建設》1992 年第 2 期。

代詞 má 及其書同文問題

　　我們説的代詞,意義完全等同於"什麼",用法也和"什麼"一樣,大致分爲兩種情形:其一爲疑問代詞,如"你想幹 má?"其二爲任指代詞,如"吃 mámá 香。"這後一種用法常讀兒化音,確切點應標作 már。

　　代詞 má 原本是個方言口語詞,一般流行於北方廣大地區,清朝以來的通俗小説中常可見到,有的寫作"么(麼)",有的寫作"嗎",還有的寫作"嘛"。由於北方話是普通話的基礎方言,本來就對其他方言有很大的影響力,因而代詞 má 很早就體現出被視爲共同詞彙一分子的趨向,例如 1937 年中國大辭典編纂處出版的《國語詞典》就收了這個詞(寫作"麼")。進入信息時代,隨着交流加快,在小説、電影、電視劇乃至廣告等媒介的影響和推動下,這個詞的流行更廣了,與"什麼"並行而互補,甚或有與之爭衡之勢。代詞 má 爲什麼如此活躍呢? 因爲 má 跟代詞"什麼"相比,有着獨特的語用範圍和表達效果。"什麼"書面語氣息濃,而 má 則口語風格明顯;"什麼"兩個音節,顯得文縐縐的,而 má 一個音節,貼近大衆而簡潔明快。且看一個有趣的例子。前幾年隨着一則宣傳"藍天六必治"牙膏的電視廣告的推出,那句"吃 mármár 香"的廣告詞馬上飛入尋常百姓家;到如今,當人們幽默風趣地形容胃口好時,這句話幾乎成了人人都能脱口而出的口頭禪。假如把兒化的代詞 már 換成"什麼",説成"吃什麼什麼香",可那種明快感、通俗感和風趣感,馬上就消失盡净了。這方面説明了代詞 má 的常用性的增強,另一方面説明了它在某種情形下應用的不可替代性。

代詞 má 的使用頻率既高,但當前的文學作品中寫出字來,或電影、電視劇中打出字幕來,却有的用"嗎",有的用"嘛";甚至同一部電影或電視劇忽而用"嘛"又忽而用"嗎"。這當中當然包括大陸作品又包括港臺作品。這樣,代詞 má 的用字,也就有了一個規範化問題,擴大一點講,也就有了一個"書同文"的問題。

下面再看一些收録代詞 má 的工具書中的用字情形:

第一種情況用"麼(麽)"。這只限於早期工具書,如前舉《國語辭典》就用"麽",以注音字母標音,相當於今漢語拼音 má,注明用於"幹麽"。又《中華新韻·麻韻》:"麽,幹麽。"《同音字典》(商務印書館 1957 年版):"么(麽) '幹麽''做麽'的'麽',是'甚麼'的簡語。例:幹麽你不早來?"

第二種情況用"嘛"。臺灣《中文大辭典》(北京 1982 年影印)"嘛"字條注明"音麻",謂"與甚麽同。作何事,今云幹嘛。"

第三種情況用"嗎"。《新華字典》、《現代漢語詞典》、《現代漢語規範字典》等如此。音義不一一摘引。

第四種情況是"嗎"、"嘛"並收。《漢語大字典》、《漢語大詞典》和近幾年出版的《現代漢語辭海》、《中華字典》等如此。前兩種大型辭書,屬於歷史性語文工具書,自有其古今和異體兼收的體例;後兩種屬於面向當代的新出工具書,出現"嗎"、"嘛"並録的苗頭應引起注意。

上述四種情況,第一種情況已經退出了當前的競爭,無論是工具書還是現實應用,代詞 má 都不再寫作"麽"了。因爲"么(麽)"本是"什(甚)麽"的省略,可是它在方言中分化爲 má、mo 二音,起初是讓這個字一身而二任,後來人們習慣上讓"麽"去表示 mo 音,má 音只好另尋他字。第二種用"嘛"的情況,可以説代表了臺灣辭書的選字趨向,因爲《中文大辭典》是臺灣很有影響的一部大型工具書。第三種用"嗎"的情形,可以説代表了大陸辭書相當長一段時期内的選字趨向,因爲《新華字典》和《現代漢語詞典》通行數十年,影響巨大,成了客觀上人們奉行的圭臬。第四種情況,面向歷史的兩部大型工具書除外,一些面向當今的新出工具書,在代詞 má 的用字問題上,不理會《新華字典》等的"成規",將"嗎"、"嘛"並收,應該説代表了一種新的趨向。大約編者對"嗎"、"嘛"二字哪個更優越更合理的問題産生了懷疑,再加上客觀上二字混用的事實,於是采取了變通措施,將二字並收,留待將來去規範。

　　目前,《國家通用語言文字法》早已公布,使用規範漢字已成了法律對公民的要求。代詞 má 的用字混亂則是與這種要求不符的。目前相持不下的"嗎"、"嘛"二字,哪一個是合"法"的呢?應該説都不是,因爲它們都不見於法定的各種規範字表。就説法定依據之一的《現代漢語通用字表》吧,如果按照筆畫或部首索引查找的話,"嗎"、"嘛"二字都有,可説它們也都是規範漢字。然而這只是兩個語氣助詞的用字,讀輕聲 ma,跟代詞 má 無關。倘若按照音序索引查找的話,問題就明顯了。《現代漢語通用字表》(1989 年版)附録的《漢語拼音字母順序表》,其中 má 音的字只有兩個,即"麻"和"蟆",至於代詞 má,也許是通用性差的緣故,却沒有立這個"户頭"。大家知道,"嗎"、"嘛"作語氣詞是兩個詞,意義和用法都不同,各詞用各字,無論工具書還是現實應用,都區分得清清楚楚,不存在用字規範的問題。代詞 má 就不同了,這個詞目前或寫作"嗎"或寫作"嘛",但意義、用法和讀法完全相同。也就是説這裏的兩個字代表的是同一個詞! 從詞的角度應該叫做"異形詞",從單字的角度應該叫做"異體字"。可是國家 2002 年批准試行的《第一批異形詞整理表》沒有它們的份兒(只整理雙音節的),1955 年公布的《第一批異體字整理表》,也許由於它們不見經傳,資歷太淺,自然也沒有資格入圍。這就是説,各種法定的字(詞)表都不收,代詞 má 的正確寫法問題,就成了被漢字規範化和標準化遺忘的角落。

　　代詞 má 的用字既然不見於法律規定,現實應用中寫"嗎"或寫"嘛"，就説不上哪個對哪個錯；工具書中取"嗎"或取"嘛"，就只能代表一家的主張。人們習慣按照《新華字典》和《現代漢語詞典》以"嗎"爲準，只是因爲這兩部書影響較大、較有權威而已。1998 年語文出版社推出的《現代漢語規範字典》，吸取了國家規定的各種規範字表的内容，自然無愧於"規範"二字，惟獨代詞 má 取"嗎"字，只不過是沿襲了上兩部工具書的"成規"而已。既然這種取"嗎"弃"嘛"的做法不見於官方規定，它就應該是暫時不合"法"的了，其規範性就是有待於將來認定的了。當然了，代詞 má 寫作"嘛"，就目前來説，也只能説是暫時不合"法"。

代詞 má 的用字問題既然找不到法定依據，如果找一個字做臨時規範，或做爲將來制定規範的參考，應該以什麽爲標準呢？我們覺得應該有三條：第一條是合於客觀應用的大勢和廣大群衆的習慣，第二條是合於漢字構造的原理，第三條是合於語義表達明確原則。先説第一條。前面已經説過，社會上在記寫代詞 má 時，當前主要是"嗎"、"嘛"混用。但是它們哪一個更占上風或站優勢呢？據筆者平時注意的媒體用字情形，"嘛"字的使用頻率超過"嗎"；筆者還隨機性地向人們調查，問這個代詞 má 該怎樣寫，絶大多數人都説應該寫"嘛"。香港《語文建設通訊》第 70 期有董鋒先生《"幹嘛"能否代替"幹嗎"》一文，對"幹嘛"和"幹嗎"的使用情形進行了統計，得出結論説："'幹嘛'一詞在目前的文學作品以及影視字幕和報刊雜誌中，使用得越來越普遍廣泛……'幹嘛'的使用可謂司空見慣，而'幹嗎'的使用却是鳳毛麟角，極爲罕見。"這與筆者注意的情形和結果是一致的。這就是説，在代詞 má 的社會用字方面，大衆習慣於用"嘛"，"嘛"字比"嗎"明顯占上風和優勢。再説第二條。所謂合於漢字構造的原理，其中勢力最大、影響最廣的莫過於形聲原理。大家知道，形聲原理的根本要求就是，聲符要儘量與形聲字的讀音一致。"嗎"、"嘛"二字，就構造而言都是形聲字。它們做語氣詞用字時讀輕聲 ma，可以説都算合理。

但做代詞用字時却是讀陽平聲 má，"嗎"的聲符是"馬"，照讀半邊的辦法讀出來的是上聲 mǎ；而"嘛"的聲符爲"麻"，照讀半邊讀出來的是陽平聲 má，正好與我們要求的實際讀音相符合。這就是說，在做代詞時，"嘛"的構造是完全合乎形聲字原理的，"嗎"字在聲調方面則大爲遜色。這一點十分重要，"秀才識字讀半邊"的習慣正是漢字的形聲原理訓練出來的。所以我們上面所說的第一、第二這兩條是緊密聯繫着的，"嘛"字之所以在現實應用中占上風，大多數人之所以習慣於用"嘛"，就在於"嘛"比"嗎"更符合形聲原理。遵照形聲原理讀半邊的法子，原本也是無可厚非的，如今用來讀古代的形聲字却不那麼靈驗了，那是古音發生變化的結果。對那些歷史悠久的老資格形聲字，我們當然無法爲了屈從"讀半邊"的習慣，不顧語言現實去恢復古音；但對於後起或新造形聲，就不能不遵循和重視形聲原理，使之儘量符合大衆讀半邊的習慣。一個突出的例子，衆所周知的那批化學元素用字，就是一批新造的形聲字。作爲化學方面的概念來講，外行對它們的了解也許不是太多，但作爲漢字來講，人們按照它們的聲符去讀音，一般却一讀一個準。對非專業人員來說，知道是個化學元素名稱，不查字典就能念出正確的音來，這不就足够了嗎？這批字該不該造是另外一個問題，但有一點是可以肯定的：專家們在創造它們的時候，在重視大衆讀音習慣和遵循形聲原理方面，是頗費了一番苦心的。方便了大衆，才是對大衆真正的尊重。所以，在代詞的規範正字的選定上，如果放着聲符表音準碓的"嘛"字不選而非要選一個聲符表音不準的"嗎"，那不成了跟現實而有效的形聲字原理以及大衆的讀音習慣鬧彆扭了嗎？最後說第三條。所謂合於語義表達明確原則，是說不要造成書面表達的歧義和閱讀理解的困難。代詞 má 寫作"嗎"，有時就會造成歧義。上述董文中舉了兩個例子很能說明問題：

你怎麼不回家，想幹嗎？

　　　　星期天去,幹嗎?

這兩句話中的"嗎",照説話人的意思,應是疑問代詞,"什麼"之意。但却容易使人們誤以爲是疑問語氣詞,從而造成閲讀和分辨上的困難。如果將"嗎"换成"嘛",就不致引起誤會了。表達明確,不也正是我們選字爲文的基本要求嗎?

　　以上我們講了確立代詞 má 的規範正字的三條標準,依此三條來衡量,"嘛"字是最合適的選項。如果因勢利導,確立"嘛"字爲規範,相信代詞 má 的用字混亂問題會得到解決。然而某些號稱權威的工具書,却朝着弃"嘛"取"嗎"的方向引導,不惟是不妥當的,代詞 má 的用字混亂也不能説於此無關。"嘛"字廢而不止,在使用中反倒超過了"嗎",正好説明了它的生命力。某些新出現的當代語文工具書,也許正是看到了這一點,而又不好否認某些"大哥大"工具書的做法,於是才采取了個折衷的辦法,讓"嗎"、"嘛"並存。明白了"嘛"、"嗎"在記寫代詞 má 方面的長短利弊,在確定一個作爲面向全社會的法定正字或作爲面向海峽兩岸的書同文標準時,就不難做出抉擇了。

　　總之我們認爲,在語言文字規範問題上,相比較而言,合"法"倒在其次,合情合理,合於大多數人的應用習慣,這倒是更重要的。兩千多年前的荀子早就説過:"名無固宜,約之以命,約定俗成謂之宜,異於約則謂之不宜。"(《荀子·正名》)所以,語言文字的"法",本身就是從社會的約定俗成而來的。隨着情況的變化,當"法"跟約定俗成出現不一致的時候,哪怕這種約定俗成是錯誤的,"法"也要做出讓步,否則便"異於約",也就成爲"不宜"了。現成的例子就有,例如國家對某些異讀詞讀音標準的變更:

　　　　呆板 āibǎn→dāibǎn　　橙子 chénzi→chéngzi

　　　　麥芒 màiwáng→màimáng　　苤藍 piěla→piělan

　　　　蕁麻疹 qiánmázhěn→xúnmázhěn

這説明了什麼問題呢?這實際上是"法"向大衆約定俗成的誤讀

做出了讓步。對錯誤的約定俗成尚且如此,何况對正確的呢? 在記寫代詞 má 的用字中,既然"嘛"字既合於字理和大衆讀音習慣,又在現實應用中呈現出了約定俗成的勢頭,有關部門或權威辭書,在進一步確定異形詞規範或書同文標準時,就應該果斷地取"嘛"爲正字,而將"嗎"的代詞音義予以取消。

　（附記: 本文在寫作中,一些想法,曾與秦希貞、李軍、果娜幾位研究生朋友商討和交流意見。原載《漢字書同文研究》第四輯,香港鷺達文化出版公司 2003 年版,第 4—10 頁。）

我與書同文

　　中國學術團體林立,卻有那麼一個小小的學術團體與衆不同。她並無什麼堂而皇之的官方挂號名分,没有什麼會長、理事會等的組織結構,更無什麼活動經費,其活動方式也純粹是以文會友的民間自由沙龍式。然而就是這樣一個民間團體,却逐漸引起了海内外學術界和新聞媒體的關注。這個團體就是我們這個漢字書同文研究會。如今研究會成立10年了,遵周勝鴻、陳明然等先生之囑,要我以"我與書同文"爲題寫篇回憶性文章,盛情難却,只好勉爲其難。

　　話説歷史車輪進入20世紀90年代,港澳回歸在即,國人歡欣鼓舞,海峽兩岸統一大業,現出一縷曙光。敏感的語言學者們意識到某種新契機的來臨,紛紛把目光投向漢字書同文的倡導和研究上來。於是,歷史上的"書同文"這一概念,又成爲面向新世紀和祖國統一前景下的漢字規範化新目標和新口號。受"書同文"新目標的感召,一些熱心人士發起成立了"漢字書同文研究會"這樣一個民間學術團體。我作爲一名普通的語言學工作者,有幸加盟當初爲書同文摇旗吶喊的行列,並且有幸成爲研究會發動時期的一員。回首往事,白駒過隙,倏忽十載。

　　先説我走上語言研究之路,要算是1985年考取山東大學研究生後正式開始的。我的導師殷焕先教授(1913—1994),是我國現代語言學史上的前輩諸名家之一。先生不惟國學根底深厚,其開闊的視野和前瞻的眼光尤其啓我茅塞。先生治學,植根傳統,古爲今用,與時俱進,堪爲我之學術楷模。

　　正是港澳即將回歸的美景令我振奮,看到了國家統一的希望,我便情不自禁地將自己對漢字規範化的思考推及於大一統的書同文,先後寫下這樣几篇拙文:

　　1.《論祖國書同文的基礎》(香港《語文建設通訊》1994年總第 44 期);

　　2.《談漢字繁簡與書同文》(香港《語文建設通訊》1995年總第 48 期);

　　3.《論海峽兩岸漢字的現狀與前景》(《山東大學學報》1995 年第 1 期);

　　4.《論漢字繁簡與書同文》(中國社科院《臺灣研究》1995 年第 3 期)。

這几篇並没有什麼"大不了"的小文,由於與時代形勢以及海内外其他有識之士的宏論和力作匯合一起,便在客觀上形成了呼籲祖國文字統一的一種時代聲音,使得"書同文"成爲 20 世紀末的一個響亮口號。著名語言學家蘇培成先生的總結性著作《二十世紀的現代漢字研究》①,特設第十二章"海峽兩岸的書同文",專門對世紀末的書同文研究加以評述;其理論著作《現代漢字學綱要》的增訂本,②新增第十三章對書同文的論述。蘇先生對筆者以及其他作者有關書同文的設想和原則等觀點,予以徵引和介紹,此足見書同文呼聲所引起的學術效應。

　　1997 年 12 月,同樣關心書同文的上海周勝鴻先生赴臺灣參加一個華語文教育研討會,與臺灣黃作宏先生形成共識,擬發起一個民間學術團體"漢字書同文研究會",並將消息在香港《語文建設通訊》上發布。這與我的意向不謀而合,周先生早已關注到拙文,來函相謀,我自是欣然應允。於是,1998 年 8 月 1—3 日,第一

① 蘇培成:《二十世紀現代漢字研究》,書海出版社 2001 年版。
② 蘇培成:《現代漢字學綱要》,北京大學出版社 2001 年版。

次漢字書同文研討會在上海周勝鴻先生那間十多平米的臥室兼資料室裏召開了。

初次會議，響應者寥寥，大約十幾個人的樣子。我翻出了當年的一張7人合影：上海3人，周勝鴻、俞步凡、温應時三位先生；外地4人，除我之外，還有安徽倪永宏先生、汕頭大學朱永鍇教授和他的研究生陳慨麗。此照片令我想起當初點滴情景，就以此談談對各位的印象。其中最年長者温先生已八十多歲，提着手杖，但精神矍鑠，温文爾雅，平易謙恭，一派儒者風範。記得温先生發言，針對所謂"書法家拒絕簡體字"的觀點，用傳統書法藝術的事實證明，古今書法家正是簡體字的創造和推行者。語言學家朱永鍇教授早年畢業於復旦大學，此次携學生返滬就帶有念舊之情。他學識廣博，談笑風生，隨時施教，閑談中借某個字的讀音就給學生提示了"喻四歸定"、"喻三歸匣"的音韻問題。記得還跟朱先生和大家談論起上海"十三點"一詞的語源問題，我説將來寫篇考據其真相的文章，以糾正那些隨意推測的説法（可惜此文至今未寫出）。翻譯家俞步凡先生，秉性爽直，閱歷坎坷（在極"左"年代曾由於政治的原因蒙受一二十年委屈）。他謬贊我在香港發的《"黄花"揭密》等文有學問云云，竟把我當成八九十歲的那種老先生，見面方知我是位後生。中學語文教學和漢字研究專家倪永宏先生，有少許重聽，樸實真誠，將其專著《漢字部首詳解》贈與小他20歲的我，竟然寫上"劍藝師教正"——令我誠惶誠恐。參會者最青春靚麗的要算朱永鍇教授先生的學生陳慨麗了，大約由於年輕和剛考取研究生的緣故，她不大説話，然兩隻大眼睛中間透露着聰明睿智，一望而知是位奮發有爲的知識少女（後聽説慨麗考博赴美，事業有成）。最後我再特別説到會議召集人周勝鴻先生。周先生堪稱自學成才的學者，他謙遜地稱自己只有中專程度，是上鋼五廠的退休語文教師；但他酷愛讀書，刻苦鑽研，漸致著書撰文，不斷有成果發表，並將自己的大著贈給大家。他拿出照片，給我談教學的樂趣，學生的成功,師生的情誼等,這令同爲中專、中學教師出身的我深有同感。周先生説,自己退休後,不耐清閑,欲老有所爲,故而傾心於漢字和語文問題研究。他還説曾參加過北京某漢字研究會的一次會議,後來發現不是那麼回事便不再參與了。這尤令我贊同,因爲我對該研究會某些觀點和做法同樣不敢苟同,曾明確地告訴周先生,幸好我們此會與彼會無聯繫,否則我就不會參與了。總之我感覺各位都很和善,晤談很融洽,情誼很誠摯。

我們自費辦會,條件自然簡陋。我雖在高校,但單位經費緊張,安徽倪永宏先生已退休,所以我們都是自掏路費,不進高級旅舍。於是周先生那間十餘平方米的資料室,白天開會,晚上就成爲我們的“賓館”,沙發地板自然就成爲我們的“席夢思”。我雖算年輕,但體質較差,眼疼,又怕冷,大夏天睡覺蓋被子,還要用衣服蓋上頭,被周、倪二老引爲佳話。會議期間大家説到會議之簡,説到我們討論書同文難免涉及政治問題甚或某種風險云云,我却給大家來了一段幽默説:我們這次會,條件比當年黨在上海開的第一次代表大會強多了! 那次會不也就是十幾個人嗎? 吃不好睡不好不説,還冒着掉腦袋的危險,結果會議開了半截,又轉移到嘉興南湖一條小船上才開完的。我們今天幸逢盛世,有充分的學術民主和言論自由,有什麼好怕的呢? 一番話把大家都説樂了。周先生又私下給我談了他的擔心:我們這個會,既無經費,按照規定條件,正式注册又困難,支持者寥寥,恐怕很難存在和發展下去。我給周先生打氣:這個不用擔心,“書同文”和國家統一大業相聯繫,是十分有意義的,是功在國家民族和子孫萬代的事情,只要這個旗號打起來,就不愁没人響應和加入,就不愁隊伍不會壯大。我對周先生説“我這次來,也在於幫個人場,助您把旗扯起來”。如此一説,周先生似乎堅定了信念,增強了信心。總之大家都是無私無欲,惟有的是對民族和對學術的虔誠。

如今 10 個年頭過去了,望着這張照片,不由我心頭平添幾分感慨。因爲最年長的温老先生已成古人，幾位次年長者已稱"古稀"；後來我赴滬時，望望周先生、俞先生增多的白髮，心中一方面暗歎時光之不可逆，另一方面對他們晚年爲書同文無私奉獻油然生敬，尤其周先生更是將退休後的全副身心都撲在這上面了。而我這位當年的"年輕人"呢？如今也已步入"知命"了。但我在這10年裏却是平庸不過，尤其對自己主張和熱愛的書同文没有投入切實而深入的研究；本説争取兩年参加我們的一次研討會，實際也没做到。本人固然可以找出精力欠佳、科研和教學任務繁重等客觀理由，但與自己的"少年壯志"却不成正比。所以與其説我這篇叫"回憶録"，還不如説叫"檢討書"更合適些呢。

但是我們這個研究會畢竟發展壯大起來了。我以爲可觀者表現在四個方面。其一，陣容日漸强大。最初開會只有幾人，後來能够達到幾十人，海内外自由、自願加盟和支持的朋友，更是多達數百。其二，多次成功舉辦研討會。從 1998 年起，每年都舉行一次研討會，這是很難得的，因爲國内好多各類學會，也不過是兩年或幾年才開一次會。其三，研究成果斐然可觀。加上慶祝 10 周年這一本，我們已經出版七本《漢字書同文研究》，另外我會同志在其他學術刊物也發表了不少相關論文，尤其對"非對稱繁簡字"的研究已爲世人矚目。其四，研究會已具有國際影響。從成立那天起，香港中國語文學會及其刊物就給予我們慷慨的支持，爲我們發布消息和發表研究成果；2006 年 5 月，在全世界頗有影響的香港翡翠電視臺，爲録製關於漢字繁簡問題的電視節目，專程趕赴上海采訪，聽取我們討論，並於 5 月 9 日星期二檔案欄目以"繁與簡"爲題播放了。香港中國語文學會將節目製成光盤資料保存，並且姚德懷會長還給我們每人寄來一份。

如前所説，我們研究會除了自身的學術意義以外，我體會還有以文會友的功效。参會幾次見面者，除了前面提到的，又如楊志浩、林允富、張其昀、宗守雲、侯永正、胡敬禹，還有其他好多位，我感覺人品和學風都很端正;沈克成、馮壽忠、何華珍、李禄興等幾位,學養深厚,成果豐碩,曾先後擔綱《漢字書同文研究》的主編,皆爲書同文研究之功臣。總之,大家見面,切磋學問,增進友誼,其樂融融,現在可以説,我們的朋友遍天下!

最後我想説的是,我們的力量是非常渺小的。儘管我們民間人士和學術界在客觀上起到了搖旗呐喊、製造聲勢的作用,但書同文局面的實現,畢竟事關政治,最終要以政令的形式實行。早先國民黨和民國政府也是贊成和支持從實用的角度整理和簡化漢字的。民國政府 1935 年就公布了《第一批簡體字表》,後來由於戰爭没再繼續搞下去,到臺灣後又繼續進行研究,準備有朝一日頒行。只是由於大陸先搞成功了,臺灣當局便止步不前了,僅將簡化字作爲手寫體定爲《標準行書規範》,將繁體字作爲印刷體定爲《國字標準字體表》。於是海峽兩岸現行漢字印刷體,就有了兩套規範正字系統。五四新文化運動提倡的白話文和國語運動都勝利了,而實用性的漢字改革(整理簡化)在大陸勝利了,却在臺灣擱淺了。這是耐人尋味的,顯然是政治的分裂造成的。有人在講書同文問題時一味指責大陸簡化字,甚至把影響祖國統一的帽子也扣到大陸頭上,這就算錯了賬。我們不妨假設性地問一句:如果大陸放弃簡化字,臺灣願意統一嗎? 有人敢打這個保票嗎? 問題如果如此簡單就好了。再以與漢字相關的注音系統來説吧,大陸早采用了漢語拼音,臺灣過去是用注音字母,後來注音字母實在落伍了,出於與國際接軌的考慮,臺灣曾一度采用了漢語拼音。但臺灣當局總好像心有不甘似的,退回注音字母又不可能,於是在漢語拼音的基礎上做了個別修改,搞出了個《通用拼音方案》。漢語拼音國際通用,"通用拼音"只用於臺灣,談什麼"通用"? 這就不是求同存異,而是"存同求異",出於政治的需要,人爲地去製造差異和對立。這樣下去,祖國統一和書同文的目標,何日才能實現? 你説準備采用大陸漢語拼音但覺得不完善,你説大陸簡化字有些不合理,都可以提出來，雙方共同討論和修改有多好呢？可見如前所説：問題不是那麼簡單。關鍵在於執政者擯弃政治成見，屏除權利私欲，以國家民族利益爲最高利益，那麼共識就不難達成了。因此，儘管我們渺小，我們也覺得"匹夫有責"，爲祖國統一和書同文的實現做點吶喊和研究之類力所能及的事情。周有光先生説："書同文是 21 世紀必須實現的目標"，我們難道還要等到下個世紀嗎？

（原載《民間漢字書同文研究十周年紀念文集》，鷺達文化出版公司 2007 年版，第 170—174 頁）

代序：再努力十年，把祖國書同文大業推向勝利！

——第十次漢字書同文研討會閉幕詞

尊敬的各位專家、學者，各位新老朋友：

第十次漢字書同文研討會，經過緊張熱烈的報告、演講和發言討論，已經完成了預期任務，就要圓滿結束了。

綜觀這次研討會，朋友們從四面八方來到上海，其中既有飽學博識的老一輩學者，又有朝氣蓬勃的年輕朋友，實乃"群賢畢至，少長咸集"，會議始終充滿了熱情洋溢與和諧友好的氣氛！中國語文現代化學會副會長，復旦大學陳光磊教授、國家語委語用所費錦昌研究員蒞會指導並致詞，香港中國語文學會主席姚德懷先生和菲律賓華教中心副主席黃端銘先生給會議發來了賀信，這都令我們此次研討會增色不少。我們對大家在書同文研究上所表現出來的熱誠，對海內外朋友給予書同文研究的真情關注和寶貴支持，表示衷心的感謝！這些，都是我們前進道路上一塊塊不可或缺的基石和催人奮進的精神力量。

朋友們，我們倡導和從事漢字書同文研究，正在於它在當今具有非同尋常的時代意義。大家知道，《三國演義》上第一句話就是"話說天下大勢"。那麼不同的歷史時期，又有不同的"天下大勢"。"書同文"的意義，就在於順應了當今的"天下大勢"，在於向世人發出了一種強烈的聲音，那就是：祖國一定要統一，祖國文字的印刷形體一定要統一。這應該就是當今中國的大勢所趨，民心所向。"青山遮不住，畢竟東流去"，在時代的需要面前，我們願意爲順應當今天下大勢，奉獻自己的一份力量。

　　與“天下大勢”相關的港澳回歸、一國兩制不必説了。由近的説起,2005年國民黨主席連戰先生訪問大陸,60年來國共兩黨最高領導人首次握手,兩岸關係呈現出新曙光。2006年4月14日,首屆兩岸經貿論壇在北京開幕,國民黨榮譽主席連戰先生,在論壇開幕式上發表演講,標題就是:《和平繁榮,兩岸期盼》。連戰先生在演講中,把臺灣島内對兩岸合作交流的態度概括爲這樣的格局,叫做:政府冷、民間熱,政治冷、經濟熱。連先生形象化地描述道:“政府雖然把門關起來了,但是人民開了大門。”我們想,這説明了什麼問題呢? 這説明追求團結、和平與發展,是兩岸人民的共同心願,雙邊靠攏與聯合的大潮是“關”不住、隔不斷的,那麽祖國和平統一的大勢,也是任何力量也阻擋不住的。在這種“大勢”呼唤下,在全球信息化、網絡化、一體化時代的客觀要求呼唤下,那麽語言文字的標準化、共同化,即“書同文、語同音”,也就成了當今的“天下大勢”;“言語異聲、文字異形”的局面,當然是與這種“大勢”相違背的。舉例來説,漢民族共同語是一體的,書寫我們共同語的文字符號,也應該是共同的和一致的;而臺海兩岸漢字的異形局面,嚴重地不利於兩岸人民的交流,嚴重地妨害着世界人民對中文和中國文化的學習,妨害着世界範圍内的信息文化交流。不僅漢字有個書同文問題,就連輔助漢語漢字進行交際和爲之注音的拼音符號系統,也有個“書同文”問題。以前,國際上拼寫漢語的方案很多,一個“魯迅”的拼音,就有幾十種寫法。1982年,國際標準化組織(ISO)投票通過《漢語拼音方案》爲拼寫漢語的國際標準,從此實現了漢語拼音在全世界的書同文。而今應該是到了實現我們中華民族文字在中國和全世界書同文的時代了! 正如語言學界泰斗、百歲老人周有光先生給我們研究會的題詞所説:“書同文是21世紀必須實現的目標!”所以説,我們呼籲和從事漢字書同文的研究,是順應了一種天下大勢和時代大勢,是與祖國統一宏偉大業密切相關聯的。從長遠講,她更能有利於增强整個民族的凝聚力、向心力，有助於使中華民族永遠屹立於世界強族之林。

我們以民間人士的名義打起"漢字書同文研究"這樣一面旗幟，至今經過了十餘年的歷程，召開了十次研討會，出版了六輯論文集和一輯紀念文集。面對新形勢下的漢字規範化和標準化問題，面對臺海兩岸漢字繁簡交流問題，面對全球一體化的信息處理和古文獻整理的非對稱繁簡字的轉換問題，面對祖國統一大業和祖國文字印刷體正字系統的字形整合和統一問題等，大家都發表了不少建設性的意見，取得了非常可觀的成績。今後我們將與海內外學者共同努力，把與書同文相關的非對稱繁簡字、異體字、新舊字形等方面研究繼續引向深入，促進有關方面在此基礎上完善出一個融古貫今、人機一致、兩岸兼顧、全球稱善的漢字書同文方案。由於書同文是一項偉大而艱巨的長遠事業，涉及政治大局和方方面面的具體問題，相比之下，我們的力量和取得的成績還是極其有限的，距離實現書同文的偉大目標依然任重道遠。但我們會堅定信念，一如既往，鍥而不舍，勇往直前！

尊敬的朋友們，讓我們同心協力，再努力十年，把祖國書同文大業推向勝利！爲了這一美好前景的早日到來，我們也熱誠歡迎海內外各界有識之士，從中華民族共同利益出發，在經費、資料等各個方面，給予我們民間書同文研究提供大力支持，爲彪炳千秋的祖國統一偉業做出赤城的奉獻！

現在，我宣布，第十次漢字書同文學術研討會暨"漢字書同文研究學術沙龍"十周年紀念聚會，勝利閉幕！

（原載《漢字書同文研究》第七輯，香港鷺達文化出版公司2008年版，第1—3頁。按：這是2008年在上海爲"第十次漢字書同文研討會"所作的《閉幕詞》，因爲此次會議的論文集《民間漢字書同文研究十周年紀念文集》會前已經出版，所以該閉幕詞編入下一輯文集，作爲《代序》弁於書端。）

王力先生對照系聲母的研究

一

　　我國的古音學,在古韻的研究方面成就卓著,名家輩出。顧、江、戴、段、孔、王氏父子、章、黃諸大家,貢獻卓越;羅常培、李方桂、王力等新一派學者,借鑒西方語言學說,把我國的古韻學研究推向一個新高峰。而古聲紐的研究方面,則要遜色得多。正如王國維所說:"至於古音中之字母,則尚未有論及全體者,此亦音韻學上一闕點也。"(轉引自羅常培先生《周秦古音研究述略》,載(羅常培紀念文集),商務印書館 1984 年版)然雖未論及全體,論及部分者還是不乏精彩之處的。著名的有錢大昕的"古無輕唇音"、"舌音類隔之說不可信";章太炎的"娘日二母歸泥說";黃侃的"照三歸端"、"照二歸精"之說;曾運乾的"喻三歸匣"、"喻四歸定"之說,等等。

　　照系聲母即三十六字母之照、穿、床、審、禪五母。清人陳澧著《切韻考》,應用"系聯法"把照系析爲章、昌、船、書、禪(照三系)和莊、初、崇、生(照二系)兩大類。這是陳氏的創見,得到後來學者的一致贊同。但問題也就來了:既然照系二三等在中古爲不同的兩類,它們在上古又怎麼樣呢? 是合二而一或各自獨立呢,還是歸入其他的類呢?

　　早在陳澧之前的錢大昕,在發明"古無輕唇"和"古無舌上"的同時,又有"古人多舌音,後代多變爲齒音"之說。他舉的例子是古讀"舟"如"雕",讀"至"如"黸",讀"專"如"端",讀"支"如"鞮"。但他舉的"舟至專支"都是照三系字,且都是章母字,照二系如何,他没舉例。但此説已開"照三歸端"之先河。

錢氏以前的江永也從形聲字的得聲和方音中發現了照系二等與精系相混的現象。他在其《古韻標準》中指出:"窗,雖從匆得聲,以聰取義,而字爲二等正齒音,故《唐韻》及《玉篇》皆作楚江切,是也。《玉篇》又有千公切一音,則與聰同音矣。蓋在江韻則爲二等正齒音,在東韻則爲一等齒頭音也。凡方音呼二等正齒照穿床審四母多與精清從心四母混。"

此外,夏燮、鄒漢勳也對照系應一分爲二及其古讀提出了自己的看法。如夏氏《述韻》説:"惟正齒之字半與齒頭合,半與舌上合。"

黃侃在前人研究的基礎上,在其《音略》中作出了"照三歸端、照二歸精"的結論。這一點連同他陰聲韻部獨立的學説,被王力先生稱作黃氏古音學的"兩個貢獻"。(《黃侃古音學述評》,以下簡稱《述評》)但是,照三、照二如何地"歸",後來又如何地"變",黃侃却語焉未詳。

二

照系聲母的研究到黃侃這裏,似乎已成定論。但王力先生却不以爲然。他把黃氏的"照三歸端、照二歸精"稱爲"貢獻"是從大方向上承認其合理性;但要説到"歸",説到二者在上古完全同音,王力先生就不贊同了。理由是:照三與端、照二與精,在上古如果同是一個"古本紐",找不出分化的條件,後來的"變紐"也就無從解釋了。這種觀點一直貫穿於王力先生一生的音韻學著作當中。

在一九三五年出版的《中國音韻學》(後改名爲《漢語音韻學》)中,王力先生雖只是對黃侃的學説做了一般的介紹,未對其古聲紐做具體分析,但已從理論上指出:"他'古本韻''古本紐'之説絶不可信。"(第74頁)

在一九六三年《漢語音韻》的"字母"一章中,王力先生首先肯定陳澧將照系二分的正確性:"陳澧《切韻考》把正齒音分爲兩類,這是合乎切韻系統的真實情況的。等韻家把韻分爲四等,正齒音第一類只出現於二等上,我們可以叫做照二、穿二、床二、審二,也可以叫做莊母、初母、床母、山母;第二類只出現於三等上,我們可以叫做照三、穿三、床三、審三,也可以叫做照母、穿母、神母、審母。"(第 71 頁)接着舉現代普通話爲例和《廣韻》相對照,說明切韻系統照二、照三分別之嚴格(例略)。在"古音"一章中,王力先生説:"照系二等歸精系,這是黃侃的主張。這是很有道理的。照系二等與精系近,三等和知系近(亦即與端系近)。"(第 163 頁)

在一九五七年的《漢語史稿》中,王力先生指出:"在上古語音系統裏,照系三等接近端透定,二等接近精清從,形成舌音和齒音兩大系統。"(第 74 頁)

在《黃侃古音學述評》(見《王力論學新著》,廣西人民出版社1983 年版)一文中,王力先生説:"尤其值得稱賞的是他把照系三等歸到古端系,照系二等歸到古精系。"

在一九八五年的《漢語語音史》中,王先生對"照二歸精"稱"合併得頗有理由";而"照穿神日與端透定泥正好相配,讀音相近而不相同"。(第 20 頁、第 22 頁)

這一切都説明了王力先生對"照三歸端,照二歸精"之説的肯定。但這種肯定只是一定程度上的,即僅限於二者的"接近"。正如王先生所説,"照系三等古音是否完全與端系相同,二等古音是否完全與精系相同,還須進一步考慮,但是照系三等與端系相近,照系二等與精系相近,則是可以肯定的。因此,在一定程度上,黃侃對照系的看法是正確的"。(《述評》)

爲什麽王力先生對"照三歸端、照二歸精"始終留下那麽一點"尾巴"不加以完全肯定呢? 是他固執己見,不從善如流,或者故

意標新立異嗎？完全不是。王力先生最善於修正自己的錯誤。例
如在《漢語史稿》中他把喻四的上古音擬爲不送氣的〔d〕，與送氣
的定母〔d'〕相對立。在《漢語語音史》中他便做了自我批評說：
"從語言的系統性看，我這個擬測是錯誤的。在先秦音系中，脣音、
齒音、牙音（舌根音）都没有送氣不送氣的對立，爲什麼舌音有送
氣不送氣的對立呢？"（第 22 頁）於是又把喻四改擬作與〔ʨ〕同部
位的〔ʎ〕。① 王先生又最善於接受别人的正確意見。例如，在《漢
語音韻》中他還認爲禪母没有二等，但到後來就吸收了李榮先生的
意見，增加了一個禪母二等的俟母。他在《漢語語音史》中說，"三
十六字母中没有俟母。俟母是依照李榮的考訂增加的。證據確
鑿，使我不能不相信"（第 21 頁）。

　　王力先生還看到了，"從諧聲系統來看，照系三等和中古知系
的字完全相同，和中古屬端系的字也有相通之點"（《漢語史稿》第
74 頁）。在《漢話音韻》和《漢語語音史》等著作中，他還舉了諧聲
字和《詩經》聯綿字的例子來證明照二與精系的相通。他之所以
不肯把照三與端系、照二與精系的上古音進行合併，其根本原因就
在於他嚴格遵循着歷史比較語言學的科學原則，遵循着"同條件同
變化"的語音發展規律。在《漢語史稿》的"語音的發展"一章中，
王力先生明確表明："語音的一切變化都是制約性的變化。這就是
説，必須在完全相同的條件下，才能有同樣的發展。反過來說，在
完全相同的條件下，不可能有不同的發展，也就是不能有分
化。……這是歷史比較法的一個重要原則，我們不應該違反這一
個原則。"（第 69 頁）

　　在以後的研究中，王力先生始終堅持並強調這一原則，但也

① 原書 23 頁注：國際音標表把〔ʎ〕放在與〔c〕〔ɟ〕同發音部位，但是趙
元任、李方桂、羅常培合譯高本漢的《中國音韻學研究》把它放在〔ʨ〕〔d〕的
發音部位，今依後者。

並不排斥例外和不規則但不牽動整個體系的個別現象。這樣，直到最後的音韻專著《漢語語音史》，王力先生還是把照三和照二的上古音暫定爲各自獨立的類，認爲這樣才好解釋它們到中古的發展。

三

綜觀王力先生觀點，可説照三與端系，照二與精系，在上古"相近而不相同"。怎樣體現這一點呢？怎樣理解後來的發展呢？這又牽涉到具體音值的擬測問題了。王力先生擬測了，也解釋了。

擬測上古音就要從中古音出發。中古音擬測的如何就決定了上古音的擬測以及擬測者對發展的解釋。王力先生對切韻時代的照三諸母一直擬作〔tɕ、tɕ'、dʑ、ɕ、ʑ〕，對照二諸母一直擬作〔tʃ、tʃ'、dʒ、ʃ〕，到後來又增加了俟母〔ʒ〕。照三系上古音，王力先生在《漢語史稿》中擬爲〔ȶ、ȶ'、ȡ'、ɕ、ʑ〕，在《漢語音韻》、《詩經韻讀》和《同源字典》裏改爲〔tɕ、tɕ'、dʑ、ɕ、ʑ〕，在《漢語語音史》裏又恢復了〔ȶ、ȶ'、ȡ、ɕ、ʑ〕，只是把濁音改成了不送氣。照二系的上古音和中古音相同，都是〔tʃ、tʃ'、dʒ、ʃ、ʒ〕。

對此，王力先生解釋説："章昌船在上古是ȶ,ȶ',ȡ'，在中古是tɕ,tɕ',dʑ'，它們始終是和書禪維持着同部位的關係的。知系在中古是ȶ,ȶ',ȡ'，那時候的照系三等已經變了tɕ,tɕ',dʑ，所以不發生衝突。"（《漢語史稿》第75頁）"照穿神審禪日都屬三等，如果併入知徹澄娘，知徹澄娘也是三等字，就完全混同起來。……莊初床山也是二等字，實際上有些是假二等，真三等；精清從心是一四等，實際上有些是假四等，真三等。如果合併，……就沒有分化的條件了。"（《同源字典》第73頁）

特別應該提到的是，王力先生晚年已經非常傾向於把照二系的上古音併入精系了。他在《漢語音韻史》中説道："關於正齒二等莊初床山四母,在陳澧以前,没有人知道它們和正齒三等照穿神審禪是不同發音部位的。章炳麟也不懂這個區別,黃侃懂得這個區別,同時他把莊初床山併入上古的精清從心。他合併得頗有理由。從聯綿字看,'蕭瑟'、'蕭疏'、'蕭森'、'瀟灑'等,都可證明精莊兩系相通。我之所以躊躇未肯把莊系併入精系,只是由於一些假二等字和三等字發生矛盾,如'私'與'師','史'與'始'等。"(第20—21頁)

可見,只差--點王力先生就要把莊系併入精系了。但也就是差這麼一點,他没把莊系併入精系,仍暫定爲 ʧ 等,以"留待詳考",但他再没來得及詳考,這却成爲他留給我們的最後結果。

四

通過王力先生對照系聲母及其古讀的研究,我們看到了什麼呢? 得到哪些啓示呢? 那首先就是:嚴謹的態度、審慎的方法、科學的原則。他對前人的成果,在肯定其合理性的同時,又加以科學地分析;他把唯物辯證法的科學方法論,把普遍語言學和歷史比較語言學理論引進音韻學研究領域,把傳統的音韻學納入科學的軌道。我們還可以看到,王力先生是一切從實證出發,從客觀規律出發,絕不回避矛盾,並且正視並解決矛盾。"條件同變化同,條件不同變化不同"念念在心,不急功近利,差一點也不爭那個發明權。這些都是值得我們認真學習的。語音學上還有一個原則,那就是音位原則:作爲兩個音位,無論它們差別多麼微小,說這種語言的人,還是對這種差別非常敏感的。這或許是王力先生躊躇未決的另一個原因。因此,照系聲母的上古音,王力先生直到最後仍說是"暫定"。這不能不說是一大憾事! 正如段玉裁,雖知支脂之三分,但不知其所以分。所以他晚年向江有誥寫信求教說:"僕老耄,倘得聞而死,豈非大幸也!"

　　大師王力先生雖然帶着他的遺憾走了,但他已把照系聲母研究上存在的問題以及癥結所在昭示給了我們。解決這些問題的任務,就義不容辭地落在了後來者的肩上。我們認爲,理論的解釋固然重要,但當前尤缺乏的是實際材料方面的論證。照三與端,照二與精,説"歸",難道憑一點零星材料就能説明問題嗎? 説"近"或"通","近"、"通"到什麼程度? 這就要求我們,利用一切可以利用的材料,諸如諧聲、異文、通假、讀若、又音、聲訓、雙聲聯綿、等韻門法、前人舊注以及現代方言等,像照相一樣,從各個側面,全方位地觀察照系聲母各方面的情況,看它們與誰關係最密切,與哪些聲母經常發生糾纏。明確了這種種的"血緣關係",即便一時還不能解釋它們的發展,但確定其"祖先"也不難了。況且,其發展之"條件"不會沒有,只是我們還沒有發現而已。聲上沒有,韻上有沒有? 等上呢? 古今聲異,古今韻異,上古的等能就是中古的等嗎? 如果同時照顧到發展條件和音位這兩條原則,把條件放在介音上或許更好些。凡此種種,都給我們提示了解決問題的門徑。當然,全面做起來,這工作仍很艱巨。但前輩已給我們開拓了前進的道路,給我們樹立了很好的治學楷模,我們應該知難而進,不僅從理論上而且從實際上解決照系諸母與其他系的關係及其在上古音中的地位問題,以償王力先生之夙願。

（原載《泰安師專學報》1989 年第 1 期）

精莊雙聲補證

上古音中,精莊二系爲一,已有了諧聲、異文、通假、又音、讀若、聲訓、現代方言等諸多方面的證據。另外,我們還可以從其他方面找到精莊雙聲的大量例證。本文僅就此分別闡述以作補證。

一、《聯綿字典》中精莊雙聲的聯綿詞

符定一的《聯綿字典》中,雖然有很多現在看來不是聯綿詞,但聯綿詞搜羅之豐富,也可説是無與倫比的了。在他對聯綿詞的詮釋中,包含了對語音的説明,其中就有不少精莊雙聲的例證。

(一) 加按直指爲"精(或清、從、心)紐雙聲"者。

符定一是遵循古聲十九紐的,即承認上古音莊組並入精組之中。因此,在他釋詞的按語中所直接指明某聯綿詞爲"精紐雙聲"、"清紐雙聲"的判斷中,就包含着其他學者所認爲的"精"、"莊"兩組聲紐的字。如"啾咋",符按爲"精紐雙聲",而其實"啾"爲精紐、"咋"爲莊紐,爲精莊雙聲。這類的例子還有如:"參錯"、"差錯"、"傖凄"(初清雙聲),"槭爽"、"瀟率"、"蕭殺"、"蕭疏"、"胥疏"、"蕭瑟"、"蕭灑"、"蕭森"、"肅霜"、"颯灑"(心生雙聲),"森衰"、"搜索"(生心雙聲),"凄傖"(清初雙聲),"愁悴"(崇從雙聲),等等。

(二) 以"相轉"來説明"精莊雙聲"者。

符定一對某些狀物、象聲的聯綿詞(含重言),還用"相轉"、

"轉爲"、"一語之轉"來説明其另一種或另幾種寫法。這不僅是同一詞語的不同書寫形式的問題，也隱含着語音雖差異而相關的問題。例如，他指出"菁菁"可轉爲"錚錚"、"蓁蓁"。而其實"菁菁"爲"精"紐，"錚錚"、"蓁蓁"爲"莊"紐，——這就無異於説明"精莊"實爲雙聲。這類例子還有如：

1. 精莊相轉的：

（1）"咋咋"（莊）轉爲"噂噂"（精）、"足足"（精）、"節節"（精）、"札札"（莊）。

（2）"嗟喈"（莊）轉爲"嗟嗞"（精）。

（3）"增增"（精）轉爲"濟濟"（精）、"溱溱"（莊）。

（4）"娖娖"（莊）轉爲"卒卒"（精）。

2. 清初相轉的：

（1）"喔齪"（初），正字作"偓促"（清）。

（2）"惻（初）然"轉爲"淒（清）然"、"愴（初）然"、"慘（清）然"。

（3）"愴（初）怳"轉爲"倉（清）黃"。

3. 從崇相轉的：

（1）"存存"（從）轉爲"潺潺"（崇）。

（2）"憔（從）悴"轉爲"愁（崇）悴"。

（3）"戔戔"（從）轉爲"潺潺"（崇）。

（4）"蕁蕁"（從）轉爲"崇崇"（崇）

4. 心生相轉的：

（1）"促速"（心）轉爲"趨數"（生）。

（2）"所所"（生）轉爲"胥胥"（心）。

（3）"扶疏"（生），一作"扶胥"（心），轉爲"扶桑"（心）、"浮思"（心）、"婆娑"（心）。

（4）"摩娑"（心）轉爲"末殺"（生）、"摸蘇"（心）、"摸索"（心）。

(5) "瑟瑟"(生)轉爲"瑣瑣"(心)。

(6) "省省"(生)轉爲"屑屑"(心)、"塞塞"(心)。

(7) "蕭索"(心) 轉爲"蕭瑟"(生)、"蕭灑"(生)、"蕭森"(生)、"蕭散"(心)。

二、古人以精莊雙聲來組織
文學的音樂美

單獨一個聯綿詞,我們或可以否定其爲精莊雙聲,但古人作品中卻偏偏把它作爲雙聲用了。何以見得? 楚辭、漢賦,乃至六朝的駢體文,都是把雙聲、叠韻的交替運用作爲構成音樂美的修辭手段,許多非聯綿詞也可爲其所用。這可説是這些文體的特色,也是那個時代的文學的一大特色。因此,我們可以由其他位置上的雙聲或叠韻詞,來推定此位置上的聲母爲精莊的詞語亦應爲雙聲。例如:

(1) 蕭霜(心生)。《詩經·豳風·七月》:"九月蕭霜,十月滌場。"這兩句音樂美的安排,是在末尾各用一個雙聲,由"滌場"雙聲知"蕭霜"亦爲雙聲。王國維《蕭霜滌場説》就正確指出它們"互爲雙聲",以爲這樣才能"會得蕭霜滌場二語之妙"。王氏又進一步分析,"蕭"與"滌","霜"與"場"又互爲叠韻。可見古人之慘淡經營。

(2) 愁悴(崇從)。《天問序》:"屈原放逐,憂心愁悴;彷徨山澤,經歷陵陸。"此例也是於韻腳處各用一雙聲,由"陵陸"雙聲推知"愁悴"亦必爲雙聲。

(3) 蕭殺(心生)。《郊祀歌》:"西顥沆碭,秋氣蕭殺。""沆碭"叠韻與"蕭殺"雙聲對應運用構成音樂美。

(4) 蕭瑟(心生)。《吳都賦》:"翁茸蕭瑟。"這也是叠韻與雙聲交替運用構成音樂美。

（5）愴淒（初清）。《楚辭·怨上》："奔電兮光晃,凉風兮愴淒。"兩句末尾一用叠韻,一用雙聲。

（6）差錯（初清）。《大人賦》："紛湛湛其差錯兮。"重言與雙聲交替運用。

（7）蕭灑（心生）。《北山移文》："夫以耿介拔俗之標,蕭灑出塵之想。"這是駢句,以"耿介"、"蕭灑"兩兩雙聲相對。

三、段玉裁、朱駿聲著作中有關精莊雙聲的闡釋

段玉裁於古韻卓有建樹,有其《六書音韻表》爲證;於古聲則無自己的學説。然細細讀其《説文解字注》,仍不難發現他對莊系聲母古讀的認識,其中一條,就是指明精莊二系的字爲雙聲,例如:

（1）迅史（心生）。《説文》："駛,列也,從匆吏聲。"段注:"吏聲即史聲,史與迅雙聲。"

（2）醮酢（初清）。《説文》："醮,酢也。"段注:"二字雙聲。"

（3）聰察（清初）。《説文》："聰,察也。"段注:"聰察以雙聲爲訓。"

朱駿聲《説文通訓定聲》,除了指出了一些精莊雙聲的聯綿詞（朱氏謂之"雙聲連語"）以外,在釋義注音的時候,還有不少指明精莊二系的字爲雙聲的例子。例如:

（1）參籤（生心）。《説文》"醮",朱曰:"字亦作醯,參籤雙聲。"

（2）讒在（崇從）。《秦策》："樗里疾、公孫衍二人在,爭之王。"朱曰:"(在)《新序》作讒,讒在亦雙聲。"

（3）側切（初清）。"側",朱謂假借爲"切",曰:"側切雙聲。"

（4）巢蔟（崇從）。《吕覽·求人》：“周（啁）噍巢於林。”注：“（巢）蔟也。”朱曰：“巢蔟雙聲。”

（5）相疏（心生）。“疏”，朱謂假借爲“相”，曰：“相疏雙聲。”

（6）札捷（莊精）。《左傳》：“王札子即王子捷。”朱曰：“札捷一聲之轉。”

（7）棧靖（崇從）。《釋名·釋車》：“棧，靖也。”朱曰：“棧靖雙聲。”

（8）差錯（初清）。“錯”，朱謂假借爲“差”，曰：“差錯雙聲。”

（9）省獮（生心）。“省”，朱謂假借爲“獮”，曰：“獮省雙聲”。

段、朱二人都是治《説文》的大家。從上述例子可以看出，在他們的潛意識裏，古音精莊二系是合一的，因而在他們治《説文》的著作裏，才有那麼多“精莊雙聲”的不自覺的流露。也就是説，黄侃以前的學者已有人認爲上古音不存在一個獨立的照二系，只是他們没有提出自己的古聲母體系而已。

四、精莊類隔應爲精莊雙聲之證

中古等韻學家編纂了韻圖來闡明韻書的語音系統，同時也創立了使用韻圖和正確切音的一些規則，即等韻門法，“類隔”便是其中之一。

“類隔”是對“音和”而言的。語言是不斷發展的，切語之切上字的聲母與被切字聲母後來的實際讀音相一致，就叫“音和”，反之就叫“類隔”。

《四聲等子》和《切韻指掌圖》的“類隔”，均指三種情況，即：“唇重唇輕，舌頭舌上，齒頭正齒，三音中清濁同者謂之類隔。”

（《切韻指掌圖・檢例下》）這就是指幫與非、端與知、精與莊（照二）互用反切上字的情況。到元人劉鑒的《門法玉鑰匙》和明釋真空的《直指玉鑰匙門法》，其"類隔"則只限端知二系切語上字的混用，另兩種情況則另立"輕重交互"和"精照互用"兩項門法。然而，説"交互"也罷，説"互用"也罷，與"類隔"實際還是一回事。

精莊類隔的例子如："斬"本是精系字，而切上字用莊母"則"字作"則減切"，"齋"本爲莊系字，而切上字用精母"姊"字作"姊皆切"。諸如此類，精莊混切，屢見不鮮。

如何認識"類隔"這一現象？有的對此大惑不解，指責韻圖作者"學問不大，苦拘此法"（方中履《切字釋疑》），有的解釋爲"古人審慎之意"（江永《音學辨微》）。兩種認識都不正確。"類隔"切的產生，是古音發展變化了的、客觀的、自然的反映。清人汪曰楨《四聲切韻表補正》説得好：

> 反切初起，在漢魏間，古音猶未盡變，故今以爲類隔者，在當日未嘗不爲音和也。後世古音漸失，又有流變，則端透定泥與知徹澄娘，幫滂並明與非敷奉微，精清從心邪與照穿床審禪，皆劃然如楚越也。《音學辨微》謂古人審慎之意，亦見隔類而相對者，其説非也。

這段話説明，古人創制反切時，都是"音和"，後來語音發展了，聲母分化了，後人讀前人的切語，便覺得聲類上"隔"了一層。於是，韻圖作者便創立了"類隔"門法，以幫助人們準確切出當時之正音。

"類隔"既爲古音發展的結果，反過來又爲我們上推古音提供了綫索。陳澧《切韻考》亦曰"類隔者，古音之遺，後人不解古音謂之類隔"。可惜他只承認端知類隔和幫非類隔，不承認精莊類隔，曰："精五母照五母則非類隔也。"大概由於他泥於《廣韻》之"新添類隔更音和切"只有前兩類沒有後一類的緣故吧。陳氏的理由是："然如鑒韻'覽'字二等而子鑒切，屬精母；夬韻'哜'字二等而蒼夬切,屬清母。安得云精五母無二等乎?"但這恰恰證明了精莊混用切上字的現象,精莊亦應爲類隔。端知類隔,幫非類隔,已被錢大昕據以作出"古無舌上"、"古無輕脣"兩大發明了。而精莊類隔則歷來被冷落一旁,没有引起足够的重視。我們爲什麽不給精莊類隔以同樣的地位,爲什麽不能同樣據以做出"古無照二"的結論呢? 精莊類隔的存在,和端知類隔、幫非類隔一樣,都應是"古音之遺"。精莊之間的類隔,正是"古無照二"、古精莊爲一、古精莊雙聲的實證! 錢大昕有"舌音類隔之説不可信"之説,我們也可以説"齒音類隔之説不可信"。在今爲類隔,在古爲音和! 端知然,幫非然,精莊亦然! 三種"類隔"應一視同仁,皆爲"古音之遺"。這樣,"類隔"的産生就都有了着落了。

(原載《固原師專學報》1991 年第 1 期)

拼音化百年

1892年，盧戇章"中國切音新字"廈腔讀本《一目了然初階》的出版，到現在整整一百年了。是書的出版，引起了一場持續二十年之久的切音字運動。繼切音字運動以後，又出現了注音字母運動，國語羅馬字運動，拉丁化新文字運動，直到我們今天仍在使用的漢語拼音方案。這些我們可以統稱爲拼音化運動。百年歷程，已經不算短了，拼音化的功過得失也很明顯了。我們認爲，起碼應該認識到下列幾點：

一

中國進入近代以後，便陷入了半封建、半殖民地社會。列強的侵入，社會的黑暗，國家的落後與危機，一些開明的士大夫和先進的知識分子，便由此產生了一種深深的憂患意識。這種意識與西方先進文化相撞擊，形成了一股救國圖強的維新思潮。盧戇章的切音新字，便是這種思潮的產物。

漢字自身的發展，也不時地呼喚着拼音化。漢字雖然有數千年的歷史，對中華民族作出了偉大貢獻，但它的繁難和不表音，却是眾所周知的。反切在爲漢字注音方面，雖然起了很大的歷史作用，因爲它也是用不表音的漢字來給漢字注音，雖然經過了種種改良，但仍不能盡如人意。人們希望有一種完美科學的、純表音的注音工具。

基督教傳入中國後，教士們出於傳教的需要，已經嘗試用拉丁字母爲漢字注音和拼寫漢語。早在十七世紀初,義大利教士利瑪竇就寫了《西字奇迹》,法國教士金尼閣寫了《西儒耳目資》。這是兩部用拉丁字母給漢字注音的專著。1867 年英國人威妥瑪又寫了《語言自邇集》。這是第一部非教會的洋人學華語的拼音課本,其拼音方案稱"威妥瑪式"。直到 1978 年以前,我們一直用威妥瑪式方案作爲譯寫中國人名地名的通用標準。

這一切都爲盧戇章切音新字的創制提供了外在的客觀必然。而盧氏本人又自幼生活在羅馬字流行最早最盛的廈門,21 歲又到新加坡專攻英文。正是在這樣的基礎上,盧氏創制出了他的拼音方案。盧氏方案起初是拼寫廈門音用的,所以叫廈腔讀本。該方案 55 個字母,並不是全用拉丁字母,而僅用其基本筆畫,所以有人稱其爲"準拉丁字母"。但無論如何,盧氏是我國自覺提出拼音化主張的第一人。盧氏此舉,揭開了百年拼音化運動的序幕。

二

拼音化的結果,使我們最終獲得了便利的注音工具。數千年來,我們的祖先爲了更好地學習文化,一直想爲漢字找一個好的注音工具,如:"譬況法"、"讀若法"、"直音法",直到反切。反切的發明,是一種歷史的進步,因爲人們對漢字字音,開始由原來的囫圇音節析爲聲韻兩部分。這說明,中國人已經開始運用拼音的原理了。但隨着歷史的發展,反切這種方法愈來愈難掌握,人們很難根據切語切出一個正確的字音來。所以人們便想盡種種辦法對反切進行改良。從宋代開始,到清人李光地的《音韻闡微》,可以説把反切改良到最"完美"的地步了。但它仍然不能克服自身不表音的局限。以切音字運動爲前奏的拼音化運動,啓迪了中國人民的睿智,先哲們認識到,只有采用拼音字母注音,才是唯一的出路。百年拼音化運動的最大功績之一,就是使中國人終於獲得了這樣的注音工具,這就是目前大陸仍在使用的漢語拼音方案和臺灣使用的注音字母方案。漢語拼音自不必説,注音字母也是拼音化運動的産物。注音字母運動本來就是受切音字運動影響並吸收了切音字的一些成果而形成的,是整個拼音化運動的一個組成部分。注音字母雖然是采用的漢字筆畫式,是反切原理的演進,但不同於反切的是,它是表音的。所以有人稱它是"隱而不露的拼音文字"。注音字母和漢語拼音這兩種注音工具各有短長。注音字母是從漢字體系脱胎出來的,所以在形體上它有自己的民族特點和歷史傳承性;漢語拼音方案在形體上則是采用了國際通用的拉丁字母,如果着眼於對外開放,着眼於漢語漢字走向世界,顯然漢語拼音方案更勝一籌。將來海峽兩岸統一之後,這兩套注音工具要統一爲一套,也是不難辦到的。因爲二者在"表音"這一點上,没有實質性差别。這是後話。兩套方案,儘管都還有個别不盡完善的地方,但僅就拼音而言,二者都不失爲有效的注音工具。中國人民經過數千年的探索,才找到了這樣的注音工具,僅就這一點而言,拼音化運動就功不可没了。

三

拼音化的主張者們,一個共同特點,就是爲大衆着想,以"開發民智",普及教育,幫助人民大衆學文化爲目的,並且,只要得到推行的方案,在這方面都收到了不同程度的成效。

盧戇章的切音新字發表後,先是在廈門流行開來。凡學過盧氏方案的,無論是中國人還是外國人,都認爲簡便易學,文化水準提高很快。

王照的《官話合聲字母》出版後,他又創辦報紙,興辦義學,深入民間,親自講授。後來得到袁世凱的支持,開始在小學、成人掃盲學校和保定各兵營推行,先後出書達六萬册,流行達十三個省。

尤其是文化層次較低的平民百姓,學了合聲字母,深感受益匪淺。

勞乃宣在王照方案基礎上推出的《增訂合聲簡字》,在江寧四十所小學推行開來,還在南京興辦了"簡字半日學堂"。素不識字的人,也能在極短的時間內就會閱讀以簡字排印的書報,真如"盲者忽而能識"。

注音字母在普及拼音知識、識字教育、統一國語等方面都起到了不可低估的作用。至今臺灣仍在應用。

國語羅馬字由於沒有推行開來,也就無法談其教育作用了。而拉丁化新文字,因爲流行範圍很廣,尤其在邊區和其他解放區,政府規定它爲與漢字具有同等效力的合法文字,因而在掃盲和提高廣大群衆文化水準方面,起到了巨大作用。

漢語拼音方案在大陸推行三十多年以來,它在文化教育上所起到的作用更是有目共睹。

這種面向大衆、立足教育的指導思想,直到今天,仍值得我們學習借鑒。一個充斥文盲的國家而走在世界前列,是不可想象的。

四

拼音化運動也不是沒有偏差,主要就是過分誇大了文字的決定作用和急於求成的思想。文字是工具,它雖然對學習文化和科學知識能起重要作用,但文字不能決定文化,更不能決定政治和經濟。近代中國落後,老是受氣挨打,拼音化先驅們,便錯誤地把這筆賬記在漢字身上,以爲"漢字誤國",而實行拉丁化馬上即可興國。這種錯誤,我們已經認識到了。可是反過來,我們國家今天進步了,強大了,世界上也出現中國熱、中文熱了,而又有那麼一些人錯誤地把這筆賬記在漢字身上。什麼"祖先智慧的結晶"呀,"最先進、最優美、最科學的文字"呀,都出現了。這又成了"漢字興國"。漢字誤國——漢字興國,拼音化救國——拼音化誤國,貌似截然相反，實質却是一個：文字決定論。這是錯誤的。

　　拼音化是一個複雜問題。拼音化的最後實現，需要社會的經濟、科學、文化等各方面的條件。拼音化的先驅者，出於"救國"思想，恨不能在一天早上就用拼音文字取代漢字，這就違背了"瓜不熟不能強扭"的規律。這也是我們應當吸取的教訓。

五

　　由於拼音化運動出現了一些偏頗，人們在拼音化問題上謹慎了，冷静了。於是又有人宣告，拼音化失敗了，破産了。我們認爲，這也是不對的。這句話要等到幾百年、上千年以後再説。如前文所述，各種拼音方案的推行，已經證明了拼音文字的簡易性，打破了漢字的神聖性，説明了文字體系的可變性。拼音化百年，也在拼音文字的技術性問題上積累了不少經驗。這説明拼音化是在不斷地、緩慢地前進着。至於將來，是以拼音文字代替漢字還是漢字萬歲，我們不能當算命先生。當前我們需要的是科學的態度，務實的精神。高調不能再唱，空洞口號不能再喊。贊成漢字優越的，和相信將來實現拼音化的，都應該在百家爭鳴的旗幟下，進行學術的研究、探討和實驗。兩種觀點沒有必要處以對立和抗衡的狀態。你搞"集中識字"，爲什麼不可以借助於拼音做工具呢？他搞"注音識字，提前讀寫"，爲什麼不可以來一點"集中"呢？所以應該相互融和，取長補短，使漢字與拼音成爲相輔相成、並行不悖的工具。久而久之，人們在記録漢語、傳遞信息方面，看見漢字和看見拼音，就會感覺到沒有什麼區別了。而在多數人看見"火車"二字認爲是中文，看見"huǒchē"一詞認爲是外文的情況下，大談拼音文字代替漢字，那不是空談嗎？在文字的現代化方面，漢字在輸入計算機方面，不像以往那樣繁難了。而漢語拼音在這方面要超過漢字，在分詞連寫、區分同音詞等問題上，就應研究出更完美的辦法，表現出明顯的優越性才行。總之,要切忌空談,切忌感情用事,要踏踏實實,多做實際工作。將來漢字體系會不會變,什麼時候變,那要看是否具備了變的條件。總之要順乎自然,水到才能渠成,拔苗助長是要不得的。

(原載《山東社聯通訊》,1992 年第 4 期(總第 68 期))

論普通話自成音節的"兒"後綴及其拼音標注

——兼答白樂先生

　　現代漢語普通話的語音特點，兒化韻要算是其中很顯著的一條了。所謂兒化韻，是指韻母"er"和前面的韻母"化合"爲一，並使它發生音質性的變化，成爲一個卷舌化的韻母。兒化韻就形式而言是個語音問題，就意義和來源來講，却是個語法問題。兒化韻可説是詞根與詞綴的"化合物"，那個後綴就是"兒"，它本來是一個單獨的形態單位，其功用與"子"、"頭"等同類。

　　在漢語發展史上，曾經有過實詞虛化爲詞綴的階段，這又跟詞彙複音化的趨勢有關，或者説是詞彙複音化的一種需要。詞綴中"兒"後綴的産生，也是相當早的。南朝梁沈約《領邊綉》詩："繁絲飛鳳子，結縷坐花兒。"《晉書·五行志中》載元康時童謡云："屠蘇鄣日覆兩耳，當見瞎兒作天子。"唐杜甫《水檻遣心》詩之一："細雨魚兒出，微風燕子斜。"唐鄭棨《開天傳信記》："有婦人投狀争猫兒。"《古謡諺》載南唐李後主時童謡云："猪兒狗兒都死盡，養得猫兒患赤瘕。""兒"後綴很早就用於構成人名，如《南齊書》中就有"恭兒"、"敬兒"、"豬兒"、"狗兒"等，《舊唐書》中安禄山的近侍名"李豬兒"。這種由"兒"後綴構成的詞，到唐宋時已經很多了。不過我們千萬不要以爲那時帶"兒"後綴的詞已讀爲兒化音了，即使認爲"兒"讀輕音都不行，而只能讀重音。王力《漢語史稿》第二十九節認爲：輕音到 12 世紀前後才産生。元朝時帶"兒"綴複音詞的數量達到了一個高峰，這種形式在元雜劇中比比皆是。不過這時的"兒"後綴已經是一個輕音節了。由於"兒"後綴的使用頻率大幅度增加,它的讀音也越來越輕,越來越短,最後只剩下一個卷舌音位或一點卷舌作用,終於喪失了作爲一個音節的獨立性,而與前一音節粘爲一體了。這就是説,普通話中一個音節的兒化韻,本是由兩個音節的語音形式發展來的。它本來包含一個自成音節的"兒"後綴,這個"兒"後綴在喪失一個音節的獨立性之前早已弱化爲一個輕音節。

這個自成輕音節的"兒"後綴在現代漢語語言中還有遺留嗎?答案是肯定的。孫常敍《漢語詞彙》第三十二章指出:"現代漢語後綴[ər](兒)在使用上有兩種情況:一種是用它的全音節的;一種是……形成'兒'化音變。"①用全音節的例子,作者舉了一首詩歌中的"鞭兒響亮"、"羊兒肥"和"馬兒壯"之類情形。呂叔湘《現代漢語單雙音節問題初探》一文指出:"兒在多數方言裏已經失去音節獨立性,在有些方言裏還自成音節,在戲曲唱詞裏也常常是獨立的音節。"②因未發生兒化而"兒"後綴自成音節的方言我們不必説。即使在發生兒化的北方話乃至北京話中,至今仍保留着自成音節的"兒"後綴;還有的詞在語言中本來已兒化爲一個音節了,但在特殊需要時又恢復兩個音節的讀法,即讓"兒"後綴獨占一個音節。這些是今天普通話的口語和書面語都無法回避的。我們可以把它們歸納爲四種情況:

第一種情況,少數口語詞的"兒"後綴自成音節。例如:

(1)又要馬兒跑得快,又要馬兒不吃草。

(2)馬兒哎,你慢些走。

(3)小朋友,起得早,騎着馬兒滿地跑。馬兒不喝水,馬兒不吃草,我的馬兒長得好。

---

① 孫常敍:《漢語詞彙》,吉林人民出版社 1956 年版,第 461 頁。
② 呂叔湘:《漢語語法論文集》,商務印書館 2002 年版,第 419 頁。

（4）歌聲唱徹月兒圓。

（5）彎彎的月兒小小的船。

（6）魚兒離不開水，瓜兒離不開秧。

例（1）是一句民間諺語，已進入普通話，毛澤東主席曾在一次講話中引用過。"馬兒"就是馬（并非小馬兒），實際讀音是 mǎ'er，如果兒化成 mǎr，就不像話了。例（2）是著名歌唱家馬玉濤的一首歌中的歌詞，例（3）是一首幼兒園小朋友的童謠《騎竹馬》。但并非因爲是詩歌形式其"兒"後綴才自成音節，實在是"馬兒"一詞不宜兒化。例（4）、（5）中的"月兒"就是月亮，"兒"自成音節，古來就是這樣説，現在的群眾口語中用到這個詞還是説成 yuè'er（而非 yuèr）；用到詩歌形式中，如例（4）是柳亞子《浣溪沙》詞，例（5）是兒歌《小小的船》，"月兒"更要讀成雙音節了。例（6）也是一句民間諺語，其中的"魚兒"、"瓜兒"都不能兒化，"文革"中把這句話寫進《大海航行靠舵手》那首歌裏，唱起來就更不能兒化了。這類語言世代相傳，在兒化韻已成爲大潮流的形勢下，應視爲一種"存古現象"。

第二種情況，某些地名、人名中的"兒"後綴讀輕音節。例如：

（7）某些地名：臺兒莊（山東）、雁兒崖（山西）、瓢兒屯（遼寧）、帽兒山（黑龍江）。

（8）北京某些胡同名：盆兒胡同、磚兒胡同、帽兒胡同、雨兒胡同、茶兒胡同、菊兒胡同。

（9）某些人名：李猪兒、張驢兒、李瓶兒、板兒、青兒、平兒、鶯兒、喜兒。

例（7）那類地名爲數不多，但"臺兒莊"卻因抗戰時期李宗仁將軍指揮的那場著名戰役而大大地有名。有電影、電視等大量有聲資料在，相信國內外觀眾一定會有印象："臺兒莊"的讀法是不兒化的，"兒"是自成輕音節的，按照拼音正詞法規則應標作 Tái'er zhuāng（按《現代漢語詞典》輕聲音節前加圓點的辦法則應標作 Tái・erzhuang）。例（8）那些北京胡同名不兒化，也不是筆者的猜測。周一民《北京口語語法（詞法卷）》就指出："北京有一些胡同名帶有自成音節的'兒'後綴。"這些帶"兒"後綴的胡同名，連北京人自己都不讀兒化韻，應該是最有説服力的證據。周著還特別提到《中國地名漢語拼音字母拼寫規則》中舉"盆兒胡同"爲例，説明兒化地名拼寫是不妥的，因爲那不是兒化。這就進一步爲這類地名的讀法和拼寫提供了法律依據。例（9）那些人名，如李豬兒，前面已提到是安禄山的近侍，張驢兒是《竇娥冤》中的人物，李瓶兒是《金瓶梅》中的人物，接着就是《紅樓夢》中的人物，狗兒是劉姥姥的女婿，板兒和青兒是劉姥姥的外孫和外孫女，平兒是鳳姐的丫頭，鶯兒是寶釵的丫頭，最後的喜兒是歌劇《白毛女》中的人物，即楊白勞的女兒。《竇娥冤》、《紅樓夢》、《白毛女》等作品，有大量的戲曲、電影、電視劇資料，上述人名不兒化，"兒"後綴自成輕音節，是可以得到驗證的。這類地名、人名的讀法，祖輩流傳，不易變化，也是一種"存古現象"。

　　第三種情況，許多由"兒"後綴構成的詞，在現實語言中一律説成兒化韻了，但在某些特殊語言形式中，由於臨時的需要，須把兒化韻還原成兩個音節，即讓"兒"後綴自成音節。例如：

　　（10）這一句話兒真爽快，叫賢弟把酒斟上來。

　　（11）山影兒在水中隨波蕩漾……黃鶯兒在枝頭飛舞高唱。

　　（12）家中的事兒你奔走，要與奶奶分憂愁。

　　（13）讓我們蕩起雙槳，小船兒推開波浪。

　　（14）蕩起小船兒，暖風輕輕吹。

　　（15）帽兒破，鞋兒破，身上的袈裟破。

　　（16）花兒爲什麼這樣紅。

　　（17）花兒香，鳥兒鳴，春光惹人醉。

　　　　(18) 鳥叫啦，花開啦。鳥兒花兒可多啦。

例(10)是京劇《鎖五龍》中單雄信的唱詞，其中的"話兒"口語早已兒化爲一個音節，但在該唱詞中要唱成兩個音節，並且"兒"唱得很重。例(11)是京劇《黑旋風李逵》中李逵的唱詞，其中"山影兒"和"黃鶯兒"都是唱成三個音節，而口語中則一律説成兒化韻。例(12)是現代京劇《紅燈記》中李玉和的"臨行喝媽一碗酒"那段唱，其中的"事兒"是唱成雙音節，平常説話則兒化爲一個音節。例(13)是童聲合唱《讓我們蕩起雙槳》中的唱詞，例(14)是歌曲《年輕的朋友來相會》中的唱詞，兩例的"小船兒"都是唱成三個音節，當然在説話中則又一律兒化。例(15)是電視劇《濟公》插曲，"帽兒"、"鞋兒"都唱成兩個音節。例(16)是電影《冰山上的來客》插曲，例(17)是歌曲《年輕的朋友來相會》中的唱詞，例(18)是人民教育出版社 2001 年版小學《語文》第一册漢語拼音部分第一課的一段近似兒歌的文字，是配合韻母教學的。這三例中的"花兒"和"鳥兒"都是唱成或讀成兩個音節。以上這些例子，或者是戲劇，或者是歌曲，均有有聲資料爲證，其中的"兒"後綴自成音節，是有案可稽的，許多朋友都聽過，有的還會唱，一定有印象，那個"兒"有的輕些，有的則很重，反正都有其音節獨立性。那麼我們如果要給這些唱詞標注漢語拼音該怎麼辦呢？那還是要依據客觀實際和通常情形，把"兒"處理成輕聲，如 niǎo' er（鳥兒），huā' er（花兒）。例(18)雖然不是唱的，但由於節奏的要求，"鳥兒"、"花兒"要讀成雙音節。爲了清楚起見，我們將課本的注音原樣照抄，兩個"兒"後綴均標注爲輕音節 er，這是對的。至於没有分詞連寫，那是因爲面向兒童，所以不宜强求。相對於上一種"兒"後綴自成音節的"存古現象"而言，這種"兒"後綴自成音節的情形就只能算是一種臨時的"復古現象"。

　　但是我們千萬不要以爲兒化韻一進入歌唱語言中就一律恢復雙音節的形式。是否恢復雙音節，那要看韻律節奏的需要。例如口語中已是典型的兒化韻的"小船兒",在例(13)、(14)中爲什麼非要唱成三個音節呢? 那是因爲,"讓我們蕩起雙槳,小船兒推開波浪",每句是七個字;"蕩起小船兒,暖風輕輕吹",每句是五個字。如果按兒化來唱,其中一句就少了一個音節,韻律節奏就不和諧了,詞曲作者們精心營造的那種音樂美就被破壞了,所以就需要把那個兒化音節唱成兩個音節。但當韻律節奏不需要時,那個 er 音節就不需要唱出來。例如同是"小船兒",在現代京劇《沙家浜》阿慶嫂唱"看小船兒破霧穿雲漸無蹤影"一句中,唱成兒化韻即可,因爲開頭的"看小船兒"實際只需三個音節,如果把"兒"唱出來,就多出一個音節,同樣是一種不和諧。又如歌劇《白毛女》楊白勞唱"人家的閨女有花兒戴,爹爹錢少不能買","花兒"必須唱成一個音節的兒化韻,"有花兒戴"和"不能買"都是以三個音節相互對稱的。所以兒化韻是否恢復爲兩個音節的讀法,完全是根據節律的需要而定。呂叔湘《語文雜記》第六四節小標題就是"節律壓倒結構",謂:"說話寫文章,可以整齊的地方讓它整齊,這好像是漢語古往今來一貫的趨勢。"①說話寫文章是如此,戲劇、歌曲、詩詞等體裁就更是如此。況且"兒"後綴本來就是應詞彙複音化之"運"而生,是附在一個單音詞根後面造成一個雙音詞的。可是兒化韻的發展,卻又把本已形成的雙音詞單音化了。所以根據節律的需要,把一個兒化單音詞恢復爲它雙音節的本來面目,完全是一種正常的語用現象。我們不能因它是"臨時需要"而對它置之不理,也不能因爲這些詞在口語中念兒化韻而把它們該念雙音節的情形也注音爲兒化韻。總之要從事實出發,根據需要,靈活掌握,具體情況具體對待。

　　第四種情況,有的詞本來不符合兒化的條件,因而也就不具備帶"兒"後綴的資格,但由於節律的特別要求,而人爲地給加上個

---

① 　呂叔湘:《語文雜記》,上海教育出版社 1984 年版,第 108 頁。

"兒"後綴,當然該"兒"字要自成音節。例如:

　　(19)捎封信兒到臺灣。

這是白樂先生《"漢拼"的認識與使用》一文(載香港《語文建設通訊》總第 72 期)舉出的例子。文章謂這句話出自北京語文出版社 2000 年版《語文》第一册第九課,其中的"信兒"注音作雙音節 xin4 er2。白先生正是對此提出疑問説:"'信兒'可以注音爲雙音節嗎?"白先生同意他的一位朋友的觀點,認爲"這種結構只能是 xinr4,更妥當説該是 xier4 或是 xir4"。把"信兒"注成雙音節,且兩字都按重音本調(第 4 聲和第 2 聲)對待,我也認爲教材這種注音有不妥之處;但我更認爲注爲單音節的兒化韻是不妥的。先説注爲單音節兒化韻爲什麼不妥,且把《現代漢語詞典》"信¹(xìn)"條中有關的兩個義項節引如下:

　　　⑦ 按照習慣的格式把要説的話寫下來給特定的對象看的東西:送~|介紹~|證明~。⑧(~兒)信息:音~|口~兒|通風報~。①

這兩個義項的"信"並不是都能兒化的。第⑦義項指書寫的信,大家知道,這種"信"是不能兒化的,因而也就不具備帶"兒"後綴的資格。第⑧義項雖然可以兒化,但也只限於"口信兒"。如果是在語言應用中,又如何辨别"信"是書寫的信還是口信兒呢? 這可以由量詞來區别:

　　　封:寫封信　　寄封信　　　捎封信
　　　個:傳個信　　帶個信　　　捎個信

用"封"的當然是書寫的信,不能兒化;用"個"的雖然不排除指書信的可能,但一般情況下是指口信兒,這時才可以兒化,但有時那個"兒"在書面上卻不一定出現。由此可見,"捎封信兒到臺灣"中的"信兒"是不符合兒化條件的,因而讀爲兒化音即屬"不妥"。不

---

① 《現代漢語詞典》(修訂本),商務印書館 1996 年版,第 1403 頁。

能兒化,也就不能有“兒”後綴,可這句話中偏偏有個“兒”後綴,是怎麼回事呢？這裏應該是由於節律的需要。白先生所舉只說是《語文》第一册,我們查了濟南的小學、初中、高中的《語文》第一册,都沒有這句話,因而不知是哪個地區的哪類教材。但僅據這句話來推斷,這篇課文應該是兒歌性質的東西,依此節奏,七個字應該是七個音節。而在一般口頭交際語言中只能是“捎封信到臺灣”(不可能有“兒”),可是在這裏,作者爲了凑足音節,就臨時增加了個“兒”。這個“兒”後綴是人爲地給硬安上的。但我也認爲教材注音“有不妥之處”,那是因爲我認爲“兒”後綴只要自成音節就應該讀輕聲,而不應該讀本調。

以上筆者指出了“兒”後綴在現代漢語普通話中自成音節的現象,並把它們歸納爲四種情況。然而這種現象以及注音處理辦法,却在通行語法著作和權威詞典中找不到蹤影！例如影響最大的黄伯榮、廖序東主編的《現代漢語》教材,在“詞的構成”一節裏跟“子”、“頭”等一起講“兒”後綴,在“－兒”構成的“鳥兒、花兒、蓋兒、唱兒、尖兒、亮兒”後加脚注云：

> “兒”和“子”、“頭”有所不同。它同詞根結合後,已不能自成音節,而是使前一音節的韻母帶有捲舌的色彩,即語音一章裏所說的“兒化”。①

這就將“兒”後綴的讀音一律推給了兒化韻,完全剝奪了“兒”後綴自成音節的資格。又如丁聲樹等《現代漢語語法講話》第二章說：“‘兒’尾在北京話里只表示前一音節的‘兒’化,并不另外成一個音節。”②朱德熙《語法講義》第二章講“後綴”時也特加説明：

---

① 黄伯榮、廖序東主編：《現代漢語》(修訂本),甘肅人民出版社 1988 年版,第 248 頁。

② 丁聲樹：《現代漢語語法講話》,商務印書館 1980 年版。

"'兒'不自成音節。"①權威的《現代漢語詞典》講"兒"後綴時特加括號注明四字曰"注音作 r"。② 呂叔湘主編的《現代漢語八百詞》謂"兒"後綴"讀時與前面合成一個音節,叫做'兒化'"③。這種種一切,告訴人們一個信息,那就是"兒"後綴的讀音和拼音標注只能是:兒化。難怪白先生和他的朋友對教材把特殊情況下的"信兒"注音爲雙音節的做法提出疑問,而認爲"這種結構只能是 xinr4"呢。看來這種認識倒是"有憑有據"的。可那種種的"憑據"都是只就一般情況而言的,沒有區別特殊情況,偏差就在於"一刀切"。任何事情都可能有例外,有一般就有特殊。從這個意義上講,本文論定語言應用實際中存在"兒"後綴自成音節的現象,就是對這種權威的"一刀切"做法的一種叫板和將軍。

本文認爲對這種特殊情況下自成音節的"兒"後綴應注音爲輕聲音節 er,一者有活語言和大量有聲資料的實際證據,二者也有理論上的根據。因爲從音理和來源上講,兒化韻的形成,不能從重音節 ér 一下子變爲捲舌尾,而只能再通過輕音節 er 的弱化過程。對此我們也可舉出權威的説法爲證。袁家驊等《漢語方言概要》第四章"詞法"小節中説:"又如'兒'尾本來是附加法,但由輕讀而變成前一音節的韻尾,逐漸在北方口語裏發展了一批豐富的兒化韻。"④雖然該書沒提現在"兒"後綴仍有自成音節的現象,但既然承認捲舌尾是"由輕讀而變成",那麼當它因"存古"和"復古"而自成音節時,就只能"輕讀",即讀爲輕聲音節。所以現在將這類的"兒"後綴注音爲重讀的 ér 或 er2 是錯誤的。所有的"兒"後綴,至少到元朝時已弱化爲輕聲了。

---

① 朱德熙:《語法講義》,商務印書館 1982 年版,第 30 頁。
② 《現代漢語詞典》(修訂本),商務印書館 1996 年版,第 331 頁。
③ 呂叔湘:《現代漢語八百詞》,商務印書館 1984 年版,第 165 頁。
④ 袁家驊:《漢語方言概要》,文字改革出版社 1980 年版,第 48 頁。

　　行文至此,不由筆者又要對權威的《現代漢語詞典》大不敬了。詞典不同於語法書,對所立的字詞條目要注音,但給“兒^2”後綴的注音確是 ér!① 我對此早就心存疑慮,但却百思不得其解。難道僅僅因爲它一般情況下去形成兒化而不自成音節嗎? 一旦自成音節怎麽辦呢? 這就暗中給人一種誘導:“兒”後綴如果非自成音節不可,那就只能讀重音本調! 例(19)提到的《語文》教材的注音和審音專家們,把“捎封信兒到臺灣”中的“兒”注爲第二聲,恐怕就跟這種“誘導”有關。因爲他們看出這裏的“兒”是湊音節的,決不能和前一音節合爲一個兒化音(這是難能可貴的),但是讓它自成音節該怎樣注音呢? 如前所述,通行的語法書對“兒”後綴自成音節的情況只字不提,更談不上如何注音了。專家們最可能翻閱的應該是《現代漢語詞典》,雖然它也不提“兒”後綴自成音節,但它將單立條目的“兒”後綴注音爲 ér,這種作用能低估嗎? 以《現代漢語詞典》的地位而言,這種作用豈止是一種“誘導”,實在是一種“示範”。那篇課文把“信兒”的“兒”注成第二聲,難道是空穴來風嗎? 我在書店里看到一本兒童注音讀物,竟把“使勁兒地”標注成 shǐ jìn ér de,難道也是偶然嗎?

　　所以無論《現代漢語詞典》出於怎樣的考慮,將“兒”後綴注音爲重讀的 ér 都是不妥的。這種“不妥”還可以通過該詞典自身體例的内部比較來證明。衆所周知,就語言本質而言,“子”、“兒”、“頭”三個後綴,人們是同等看待的。它們在語法功能和意義虛化方面是一致的,在語音的弱化經歷方面也有着極大的一致性:

　　子　　　zǐ ⟶ zi
　　頭　　　tóu ⟶ tou
　　兒　　　ér ⟶ er ⟶ -r

---

　　① 《現代漢語詞典》(修訂本),商務印書館1996年版,第331頁。補按: 直至2012年的第6版皆無改變。

"兒"和"子"、"頭"的不同僅在於它多走了一步,成爲前一音節的捲舌成分了。對這一點,詞典已在解釋中做了這樣的處理:"後綴(注音作 r)"這就把因兒化而不自成音節的"兒"後綴與自成音節的"子"、"頭"後綴的差別交代清楚了。而當"兒"後綴自成音節時,在讀輕聲這一點上,則與"子"、"頭"是一致的。詞典要給"兒"後綴單立字頭條目,恰恰需要標注它自成音節時的讀音,本應與"子"、"頭"一致起來,注爲輕聲音節,緊接在同形的非輕聲字後面。然詞典將"子""頭"後綴作了這樣的處理,却將"兒"後綴處理成重讀音節,使之與實義的"兒"成爲平起平坐的兩個同音字條"兒¹ér"和"兒²ér"。本來"兒"後綴因兒化而比輕音節前進了一步,但詞典的注音却後退了一步!這就不僅有違於事實的情理,而且造成了詞典自身體例的内部矛盾,使"子"、"兒"、"頭"三個後綴失去了相互間的呼應和應有的那點一致性,掩蓋了"兒"後綴在發生兒化前本應讀輕音節的性質和本來面目,使現在仍讀輕音節的那部分"兒"後綴迷失了本源和注音依據,並且容易誤導人們將它們讀爲或注爲重音節。按照詞典的這種處理,"兒"後綴與"子"、"頭"後綴的差別,也就由通常情況下能否自成輕音節的問題,變成了讀重音和讀輕聲的對立!這種"不妥"是顯而易見的。這三個後綴從來就沒有這樣對立過,它們在 12 世紀以後就都讀輕聲了。要找讀重音的"兒"後綴,得到唐朝去找,不過那時"子"、"頭"也讀重音,它們仍然是一致而不對立的。所以通過詞典内部相關條目的分析比較,即可顯出將"兒"後綴標注爲重音的"不妥"來。呂叔湘主編《現代漢語八百詞》對"子"、"兒"、"頭"三個後綴的字目標音也是如此,恐怕就是《現代漢語詞典》的影響或"示範"所致。根據以上分析,我們認爲,在面向現代漢語的語文工具書中,應該果斷地將"兒"後綴的字頭注音改爲輕音節,至於它在現實語用中兒化韻的實際讀法及其拼音標注,則仍可沿用在解釋中作交代的辦法,當然最好加一句,它在兒化的通則下,仍有自成輕音節的特殊情形。

　　既要注重一般和通則,又要兼及特殊和例外,這才是實事求是的態度。本文所論證的現象,與兒化韻的大趨勢相比,雖然是一種處於"下風"的特殊情形,但我們却不能因此而對它忽略不計,或置之不理,除本文列舉的那些例證外,我又仔細數了一下人民教育出版社 2001 年版小學《語文》第一册,其中必須自成音節的"兒"後綴竟達九處之多! 總不能說我們億萬祖國的花朵一就學就接受一種錯誤的語言現象或用法吧! 就說第 36 頁"月兒彎彎掛藍天"這句話吧,無論小孩讀,大人讀,還是請中央電視臺的播音員讀;無論南方人讀,北方人讀,還是請正宗的北京人讀,其中的"兒"都得自成音節呀! 這是當前的普通話所面臨的鐵一般的事實,遺憾的是却在通行的理論著作和權威的工具書中找不到着落,致使這個問題成爲被普通話語音規範遺忘的角落,也就是說人們只知"兒"後綴讀成兒化韻的規範,却找不到它自成音節的讀音和拼寫規範。難怪香港的學者面對"捎封信兒到臺灣"這句話的拼音標注感到一籌莫展呢。好在我舉的這册小學《語文》課本的編者沒有盲從本本和框框,而是從實際出發,將那九處"兒"後綴的拼音注成了輕聲音節的 er。倘若是隨波逐流地將它們統統搞成兒化韻,或者搞成重讀的 ér,那才真真是誤人子弟呢。《漢語拼音方案》自 1958 年公布至今,已經 45 周年了,今天它已經成爲拼寫漢語的國際標準。但在現實語言的拼寫或標注過程中,會遇到一些具體的、特殊的、細節的問題,這都需要我們認真加以研究解決。

　　　　　（原載香港《語文建設通訊》2003 年總第 74 期,
　　　　　　　發表時有大幅度刪節,此處按原稿錄入。）

"种"姓説音及其他

中央電視臺春節前後播放電視劇《水滸傳》,只看了三集,就發現把作爲姓的"种"讀錯了。第一集王進的老母把"老种經略相公"念成了"老 zhǒng 經略相公",第二集在魯智深口中又念成了"老 zhòng",第三集魯智深和林沖會面時又念成了"老 zhǒng"。作姓的"种"至少漢朝就有了,《廣韻》屬東韻,直弓切,今音 chóng。並且這個字過去跟"种子、耕种"的"种"是兩個字,後者作"種"。後來"種"簡化爲"种",二字才合而爲一。可姓种的現在依然存在,並且就念 chóng,這在《現代漢語詞典》、《新華字典》乃至《小學生字典》裏都記着呢!初中《語文》第二册的課文《魯提轄拳打鎮關西》就是從《水滸》節選而來。其中又提到小种經略相公,今將課文注釋照録如下:

[小种(chóng) 經略相(xiàng)公]指北宋名將种師道的弟弟种師中。兄弟二人同時鎮守西北,當時人稱兄爲"老种經略",稱弟爲"小种經略"。經略,官名,掌管邊疆軍民大事。相公,舊時對上層社會年輕人的敬稱。

順便提一句,此"相公"解錯了,應是對官長的敬稱,這裏就不多談了。但對"种"的讀音却注得明明白白。也就是説,至少初中一年級的學生也知道作姓的"种"念 chóng,可大腕兒們却把"老种"一會兒念"老 zhǒng",一會兒念"老 zhòng",真是讓人哭笑不得。聯繫到另一大型電視劇《東周列國志》中多處把鮑叔牙念成"bāo 叔牙"(按:"鮑"音 bào,且無第二個讀音),這類問題的確應該引起重視了。

　　鑒於眼下不少"星"們的文化修養"凹"得驚人,我們的編導就該預先把本子讓内行或語言學家過過目,把難字和容易讀錯的字統統注上音。要是防備"星"們連拼音都不會,就乾脆注上同音字。如"種"在括號内注上音"蟲","鮑"注上音"抱",不就解決問題了嗎? 看來這並不是不可防止的,關鍵是個重視不重視的問題。目前電視是非常重要的傳播媒體,不僅有着宣傳作用,而且起着在語言方面給人以示範的作用。一字一音之訛,對外貽笑他邦,對内貽誤國人及子孫,是件小事情麽?

　　現在説這些已經晚了,因爲名著已經拍完了,只能從非名著做起了。然而——亡羊補牢,猶未爲遲。

　　(原載《語文建設》1998 年第 9 期,署名"肖遥"。)

"坺"、"墢"説音

　　"坺"、"墢"二字,實爲一字之異體,其基本意義有二:一是指耕地翻土,二是指耕地翻起之土。兩個意義是緊密相連的。這兩個字今天已是生僻字,其確切讀音也就成了問題。而權威的工具書又有分歧,《漢語大字典》皆注爲 bá,《漢語大詞典》皆注爲 fá,而《辭海》於"坺"注爲"bá 拔,又讀 bō 撥",於"墢"注爲"bō 撥,又讀 bá 拔"。《辭源》將二字分別開來,"坺"音 bá,"墢"音 fá。如此説來,"坺"、"墢"至少有 bá、fá、bō 三個讀音。細究起來,三個讀音還都不是空穴來風,即都能找到中古的反切注音作爲依據。然而按照音義的歷史發展,三者就有了斟酌取舍的必要。

　　"坺"字見於《説文》:"坺,治也。一曰臿土謂之坺……從土,犮聲。"王筠《句讀》:"謂治田也"。"墢"字《説文》雖然未收,但用例却很早。《國語·周語上》:"王耕一墢,班三之。"韋昭注:"一墢,一耜之發也。"到《玉篇》就收了"墢",釋曰:"與坺同,亦耕土也。"這就指明了"墢"與"坺"是同一個字,只不過更換了不同的聲符而已。它們的本義是動詞,指耕地行爲;引申義是名詞,指用耜插土一次所翻起的土。

　　《説文》對"坺"的注音,大徐本爲"蒲撥切",小徐本爲"步捄切"。兩切語的音韻地位是一樣的,就中古音來説,其切上字"蒲"、"步"爲全濁重唇並母,其切下字"撥"、"捄"爲一等入聲末韻,"蒲撥切"和"步捄切"今音皆應讀爲 bá。《廣韻·入末》收"坺"字,正是置於"跋"小韻之下,注爲"蒲撥切",《集韻·入末》也是在"跋"小韻之下收"坺"字。依照語音演變規律,中古重唇全濁並母在仄聲調中變爲不送氣的雙唇清塞音聲母 b，而"末韻"爲入聲一等，其韻母多變爲今天的 o 或 uo，惟獨全濁並母"跋"小韻的字今變爲 a，入聲消失，派入其他聲調。如此説來，"蒲撥切"今音應讀作 bá，且有同音的"跋"、"拔"等字爲證。這就是"垈"、"壒"讀 bá 的音切依據。

下面説"垈"、"壒"的第二個讀音 fá。《玉篇》對"垈"的注音是"扶厥切"，"壒"字緊承其後，不再注音，只説"與垈同"。《類篇》對"垈"的注音是"房越切"，同時又將"垡壒"二字並列爲一條，亦注爲"房越切"。"扶厥切"和"房越切"的音韻地位也是一樣的。其切上字"扶"、"房"皆爲全濁輕唇奉母，而輕唇聲母一般是只拼合口三等韻的，其切下字"厥"和"越"正好是合口三等入聲月韻，兩切語今音皆應讀爲 fá。《廣韻·入月》收了做地名的"垈"和耕地義的"垡"，正是置於"伐"小韻之下，注爲"房越切"。按"垈"與"壒"在耕地義上實際是古今字的關係。依照語音演變規律，中古的輕唇非、敷、奉諸母皆變爲今天的唇齒清擦音 f，月韻的韻母，除了相當一部分變爲 ie 和 üe 外，跟輕唇音相拼的則一律變爲 a，當然入聲也隨之消失。如此説來，"房越切"今天應讀 fá，且有同音的"伐"、"罰"等字爲證。這就是"垈"、"壒"讀 fá 的音切依據。

第三個讀音是 bō。這個讀音所根據的反切出現較晚。《類篇》對"垈"和"垡壒"的注音，都是先列"房越切"，下面再附注"又北末切"。"北末切"上字"北"爲全清重唇母，下字"末"爲合口一等末韻。該反切今音應讀 bō，與"撥"、"鉢"等字同音。《廣韻·入末》"撥"小韻"北末切"下只收了 16 字，沒有"垈"、"壒"。可是到《集韻·入末》"撥"小韻一下子就增加到 37 字，其中正有"垈"、"壒"二字。這個"北末切"正是"垈"、"壒"讀 bō 的音切依據，且有同音的"撥"、"鉢"等字爲證。

至此，"垈"、"壒"的三種讀音都有了着落。但是我們不能因爲三個音都有來歷就任意取一個了事，即便交代又音的話，也應選好爲首的那一個。這就需要把跟"坺"、"墢"相關的種種因素都擺出來,綜合權衡,分析比較,看選哪一個更爲合適。

《集韻·入月》"伐"小韻(房越切)"垡墢"條下說,"耕起土也。或從發,亦書做垙,通作伐、坺"。這就等於交代出了同一個字的五種寫法,除了我們已經說到的"坺"、"墢"以外,還有"垡"、"垙"、"伐"。這裏頭要說其他字較生僻的話,"伐"字則是都熟悉的了。"伐"的翻土義使用也相當早。《周禮·考工·記匠人》:"耜廣五寸,二耜爲耦,一耦之伐,廣尺深尺謂之𤰝。"鄭玄注:"其壟中曰𤰝,𤰝上曰伐。伐之言發也。𤰝,畎也。"孫詒讓《正義》:"伐即坺之借字,其字又通作發,俗作墢。"將這段文字綜合觀察,"伐"跟"坺"、"墢"的異文關係十分清楚了。"垡"則顯然是"伐"的後起字,而"垙"與"垡"構字部件相同,只是更換了一下位置而已。"伐"字古今只有一個讀音,讀 fá 自不必說;"垡"和"垙"且不說跟"伐"有傳承關係,即便按照識字讀半邊的習慣,人們也很容易念作 fá 音。所以要說單就"坺"、"墢"二字而論,bá、fá、bō 三個讀音還難以確定取哪一個更好的話,倘若加上"垡"、"垙"、"伐"通盤考慮,問題就很清楚了,顯然應以讀 fá 爲上選。

《漢語大字典》和《漢語大詞典》給"坺"、"墢"定音所取的中古反切,也表明應以 fá 音爲上選。前面說到"坺"、"墢"的中古反切類型雖然有三個,但這兩部大型辭書所采取或作爲首選的是"房越切",並明確標出其音韻地位爲"入月奉"。《漢語大字典》"坺"字條在先列"房越切"後雖又附注一句"又蒲撥切",照例應是作爲又音供參考的。以"房越切"爲首選無疑是正確的。因爲那三個反切雖均於古有徵,但在語言的實際應用中,越到後來就越以"房越切"爲最常用。《廣韻》、《集韻》這兩部著名韻書,雖然收有又音,但明顯看出是以"月"韻的"房越切"爲主的,且有以"垡"字爲正體的傾向。"房越切"正是"伐"字及其所領那一小韻的反切,切出的現代音只能是 fá,所以《漢語大詞典》給"坺"、"墢"注作 fá 是正確的,而《漢語大字典》却皆注爲 bá 音,這就使作爲主要定音依據的"房越切"失去了意義。這不能不說是一個遺憾。

現代漢字和現代漢語的使用情形也可證明"垡"、"墢"應以讀 fá 爲正。"垡"、"墢"及其異體今天雖然多不用了,但"垡"作爲方言字却幸存下來。《現代漢語詞典》這樣解釋:垡 fá〈方〉① 耕地翻土:耕 ～。② 耕翻過的土塊:打 ～/深耕曬 ～。①

這說明,動詞耕地和名詞土塊義至今仍活躍在現代漢語方言中。這個"垡"字正是"垡"、"墢"的現代遺存,並且已經進入了《現代漢語通用字表》。《現代漢語詞典》還收了"垡子"一詞,釋爲"翻耕出來或掘出的土塊"。這個詞北方廣大地區使用也很廣泛。例如山東方言,翻耕過的地,晾曬過了頭,土塊(坷垃)硬了,需用工具敲碎,叫"打垡子";爲求近便不走正道,而在耕過的地裏穿過,叫"踏垡子"。並且山東方言這個"垡"是讀"伐"音,絕對不是讀"跋"或"撥"音的。這足以證明將"垡"、"墢"的現代讀音定爲 fá 的正確性。"垡"、"墢"的現代讀音應以 fá 爲正。

（原載《古漢語研究》2006 年第 3 期）

---

① 　《現代漢語詞典》(修訂本),商務印書館 1996 年版,第 341 頁。

古代假髮名物通釋

眼下一説假的東西，人們便深惡痛絕。但對假髮却另當別論。大城市裏有假髮專賣店，裏面掛滿了各式各樣、適合不同性別和年齡等特點的假髮，有的價格還昂貴得驚人。然而假髮却並不是什麼新鮮事物，在中國，它已有數千年的歷史了。《周禮》、《詩經》、《左傳》等早期典籍裏，都有關於假髮的記載，後世書中更是代有其事，可謂源遠而流長了。假髮的名目，隨着時代的發展，也有不同的叫法。

一、副　編　次

《詩經·鄘風·君子偕老》："副笄六珈。"毛傳："副者，后、夫人之首飾，編發爲之。"《儀禮·士昏禮》："女次純衣。"鄭玄注："次，首飾也，今時髲也。"

周代有專掌冠冕的官叫追師，亦掌王后的首飾。《周禮·天官·追師》："掌王后之首服，爲副、編、次。"鄭玄注："副之言覆，所以覆首爲之飾，其遺象若今步搖矣，服之以從王祭祀。編，編列髮爲之，其遺象若今假紒矣，服之以告桑也。次，次第髮長短爲之，所謂髲髢，服之以見王。"

可見"副"、"編"、"次"就是我國最早的假髮，並且是王后、君夫人等有身份的婦女在參加重要活動時才戴的。副取義於"覆"，因覆蓋在頭上，故稱。如果再飾以垂珠，便類似後世的步搖。編，這裏應讀 biàn，這個意義後來寫作"辮"，因是把頭髮辮起來做成,故稱。次取義於"次第",把長短頭髮依次編織而成,故稱。"副"、"編"、"次"這幾個名稱流傳不廣,到後來流行的是"髲"和"髢(髢)"。

二、髲　髢(髢)　髲髢(髢)　被錫
頭髮　髮髢　髮子　髢髢

髲和髢(髢)是同物異詞,分言之則爲髲,爲髢(髢),合而言之則爲髲髢(髢)。《説文》:"髲,髢也","髢,髲也。髢,髢或從也聲"。髲取義於"被",因爲被於首,故稱。髢取義於"剔"(按即"剃")。古代有一種刑罰叫髡,就是給罪人剃髮。把剃下的頭髮做成假髮就叫髢。《釋名・釋首飾》講得好:"髲,被也。發少者得以被助其髮也。髢,剔也,剔刑人之髮爲之也。"可見髲和髢是同一事物的不同叫法。就其作用而言,它是被於首作裝飾,所以叫"髲";就其取材而言,它是剔他人之髮而爲之,所以叫"髢"。沒有"剔"也就沒有"被",它們是同一事物的兩個方面。

"髲"和"髢(髢)"字,儘管出現也比較早,但也已經是後起專用字了。早期典籍中未造專字時,髲就直接寫作"被",髢則用一個純假借字"錫"來表示。如《詩經・召南・采蘩》:"被之僮僮,夙夜在公。"朱熹集傳:"被,首飾也,編髮爲之。"《儀禮・少牢饋食禮》:"主婦被錫衣移袂,薦自東房。"鄭玄注:"被錫讀爲髲髢。古者或剔賤者、刑者之髮,以被人之紒爲飾,因名髲髢焉。"可見"被錫"即"髲髢"。

稽之典籍,常可見到有關髲髢的記載。如《詩經・鄘風・君子偕老》:"鬒髮如雲,不屑髢也。"就是說頭髮本來濃黑如雲,無須戴髲髢。《莊子・天地》談治理天下而以治病打比方:"禿而施髢,病而求醫。"就是說,禿子就給他一頂假髮,有病就給他請醫生。《左

傳》上記載了這樣一件事：衛莊公登城遠望，望見戎州人己氏妻子的頭髮很美，於是"使髡之以爲呂姜髢"，就是把己氏妻的頭髮剃下來爲自己的夫人呂姜做了假髮。己氏是"賤者"，自然敢怒不敢言。可是後來衛國內亂，衛莊公逃到己氏那裏，這下己氏有了報復的機會，就把莊公殺掉了。這可説是強取他人之髮做髢髢而招致殺身之禍的例子。《漢書·揚雄傳上》載揚雄悲屈原之身世作《反離騷》，其中有這樣兩句："資娵娃之珍髢兮，鬻九戎而索賴。"意思是説，屈原之不見容，就好比用閭娵、吳娃這兩位美女的頭髮做成髢髢，賣到九戎之地去求利。而九戎又以被髮爲俗，是不需要假髮的。所以顏師古注説："言屈原以高行仕楚，亦猶資美女之髢賣於九戎而求其利，必不得也。"

如今海南的珠崖，漢武帝時曾爲珠崖郡，因爲反叛官府，到漢元帝時被撤銷了。而"反叛"的原因，却起於官吏的胡作非爲，強剃珠崖人的頭髮做髢髢。《三國志·吳志·薛綜傳》透露了這種內情："珠崖之廢，起於長吏睹其好髮，髡取爲髢。"《世説新語·賢媛》載，晉代陶侃幼時家貧，客來，無以相待。其母湛氏，"頭髮委地，下爲二髢，賣得數斛米。"《酉陽雜俎·毛篇》載，狒狒這種動物"血可染緋，髮可爲髢。"《宋史·后妃傳上·章獻明肅劉皇后》載，柴氏、李氏二位大長公主，年紀老了，猶服髢髢入見，劉后便命左右賜給她們珠璣帕首。《太平御覽》卷七一五引《異苑》："琅琊費縣民家，恒患失物，作繩弸施穿穴口，因繫得一髢，長三尺許。後不復失物。"是盜賊恐被人識破，也戴髢髢，可謂用心良苦。明方孝孺《送李宗魯序》："髮不足者失髢則羞。"缺少頭髮的人髢髢脱落，當然難堪。

髢髢後來又叫"頭髮"、"髮髢"、"髢子"、"髢髢"。《太平御覽》卷七一五引《南越志》："聞安縣出頭髮。"《文獻通考·市糴一》："各自詣官投充……負水擔粥以至麻鞋、頭髮之屬。"宋徐鉉《稽神録·朱廷禹》："婦人徑上船，問有好髮髢，可以見與。"胡祖德《滬諺外編》卷下引清顛公《三百六十行營業謠·賣髮子》:"髮子本是頭髮紮,可將假髮濟真髮。"河北曲藝武安落子有《借髢髢》:"四姐:要是有了髢髢戴,大會上一走笑迷迷。"

三、假髻(結、紒)　假頭　義髻

"假髻"之稱,大約起於漢代,最初只寫作"假結"或"假紒"。《周禮·天官·追師》鄭玄注:"編……其遺象若今之假紒矣。"《東觀漢紀·東平憲王蒼傳》:"(章帝賜蒼書曰)今以光烈皇后假髻、帛巾各一,衣一篋遺王,可時瞻視,以慰凱風寒泉之思。"《後漢書·東平憲王蒼傳》引作"假結"。《後漢書·輿服志下》:"皇后謁廟服……假結,步搖,簪珥。"《隋書·禮儀志六》:"皇后謁廟……首飾則假髻,步搖。"

假髻也本是皇后的專門首飾,且是在謁廟時才戴的,到後來便逐漸流行開來。據《晉書·五行志上》載:太元中,婦女以戴假髻爲盛飾,且所用的頭髮越來越多,過於沉重,不能常戴,平時便裝在木頭或竹籠上面。這種假髻也叫"假頭",貧家置辦不起,自稱"無頭",需用時就向人家"借頭"。沒多久,孝武帝晏駕,天下騷動,殺戮無數,死者多喪其頭,大斂時只好刻木及蠟或縛菰草爲頭,還真應了"假頭"一説。到了宋代,假髻更加流行,官方於是規定,只有士大夫的妻妾才可服假髻。《宋史·輿服志五》:"中興,士大夫服……婦人則假髻、大衣、長裙。女子在室者冠子、背子。衆妾則假紒、背子。"

假髻又叫"義髻"。《新唐書·五行志一》:"楊貴妃常以假鬢爲首飾,而好服黃裙。近服妖也。時人爲之語曰:'義髻拋河裏,黃裙逐水流。'"

至於"假髮"一稱,那是近代的事。這是一個更加籠統的説法,前述種種,不管其形制如何,可統統謂之"假髮"。

結　語

　　假髮的用途,古代固然可以作爲王后祭祀、謁廟、覲見天子等場合的專門首飾,但頭髮少的人借助假髮以求美觀(如《莊子》所謂"禿而施髢"),則是古今一致的。其實帝王后妃在重要場合戴假髮,一方面是顯示嚴肅莊重,另一方面也是爲了美。因爲愛美是人的天性,美與真、善有着同等的地位。而從美學上講,美又有自然美和人爲美之分。頭髮自然而美(如《詩經》所謂"鬒髮如雲,不屑髢也"),當然是人們所希望的。如果自然美不足,那就需要借取人爲美來彌補。比如一個人因爲疾病而少髮,或因年老而脱髮、白髮,買上頂假髮一戴,則魅力陡生,頓增其美。假髮正是適應人們這種愛美的需要而産生,而發展。當然假髮還有其他一些用途,如影劇演員以之爲道具等。但對於一般人來説,假髮主要還是做爲美的裝飾,尤以女性爲然。

　　假髮的製作,古代只能借助自然的人髮,所以從材料上講,它倒是"真"髮。借他物做假髮的,只見到借用狒狒的毛髮。不過那仍屬於天然之物。到了現代不同了,人們有了先進的化工合成技術,自然就使假髮的製作在原來"以髮造髮"的基礎上前進了一步。將來的假髮是一種什麼情形不得而知,但有一點可以肯定:人有愛美之心,假髮就將繼續存在,繼續發展。

　　　　　　　　　　　　　　　(原題爲《我國古代的假髮》,

　　　　　原載《民俗研究》1995 年第 1 期,與萬禄合作)

《緯書集成·易緯通卦驗》斷句指瑕

日本學者安居香山、中村璋八兩位先生輯校整理的《重修緯書集成》，堪稱緯書輯佚成果的集大成之作。日文版采用舊式標點，呂宗力、欒保群等中國學者以新式標點重新點校、整理，1994年，一部凝聚中日兩國學者心血的中譯本《緯書集成》，由河北人民出版社出版了。然由於種種原因，這部《緯書集成》標點斷句仍難免存在某些缺憾，如同呂宗力、欒保群在該書《前言》中説："至於一些限於學力不能解決的標點問題，我們只好一仍其舊，有俟高明。"①

筆者在參加國家重大項目《中華大典·民俗典》的編纂過程中，遵照"儘量采取繁體豎排現代整理本"的有關規定，使用了《緯書集成》一書。經仔細閲讀，發現該書的確存在一些標點斷句錯誤。今僅就該書《易緯通卦驗》部分七處點破詞句現象，分作五個小類加以分析引證，謹向點校者及學界方家求教。爲將正文和注文相區別，特於注文前以方括號標明"[鄭玄注]"；例中錯誤處以及筆者論述中所引證的關鍵字語，爲醒目起見均予以加黑處理。錯誤例句以括弧標出《緯書集成》的頁碼，其餘引證均以章節附注標明。

一、未辨"推移"爲雙音複合結構而點破

（1）鳥龜排。[鄭玄注]**相推，移也**。鳥，南方之象。龜，

---

① 呂宗力、欒保群：《前言》，安居香山、中村璋八：《緯書集成》，河北人民出版社1994年版，第11頁。

北方之象也。今赤將亡,故鳥與龜相推移,水沴火也。(第191 頁)①

這一段的鄭玄注文,是對"鳥龜排"的訓釋。具體説來,其中"相推,移也",是解釋"排"字的。可是,中間加逗號點斷,就造成了文意歧異淆亂,"相推"何意? "移也"何謂? 這是未辨"推移"是個雙音複合結構(今天看就是個複合詞),而誤把它拆開了。正確的標點應該是:"相推移也。"其實後面就有一句"故鳥與龜相推移",堪爲確鑿證據。另外我們再舉出一個"相推移"的例子以資佐證。南朝梁武帝《首夏泛天池詩》:"舟楫互容與,藻蘋相推移。"此可證"相推移"不應斷開。按:此例錯誤,山東大學林忠軍教授《易緯導讀》已糾正。惟林先生又將"相"字斷開,以爲"有誤"②,似可進一步斟酌。

二、未辨"之言"爲訓詁術語而點破

(2)蒼靈唯精,不慎明之,害類遠振。[鄭玄注]:**唯之,言專也**。觀象於天地,取鳥獸萬物之具,專精於此,而作八卦。(第 190 頁)③

(3)扶者,諛臣進,忠臣退。[鄭玄注]扶聲相進,字因然。世云:**諛之言,裕也**,臣爲裕,君使政不行。(第 205 頁)④

這兩例的問題都是出在鄭玄注中。衆所周知,訓詁學上有一

---

① 安居香山、中村璋八:《緯書集成(上)》,河北人民出版社 1994 年版,第 191 頁。

② 林忠軍:《易緯導讀》,齊魯書社 2002 年版,第 189 頁。

③ 安居香山、中村璋八:《緯書集成(上)》,河北人民出版社 1994 年版,第 190 頁。

④ 安居香山、中村璋八:《緯書集成(上)》,河北人民出版社 1994 年版,第 205 頁。

個專門的訓釋術語"之言",漢代人常用。給《易緯通卦驗》做注的鄭玄就是東漢人,他的注釋中就常使用"之言"。"之言"的用法是放在被釋詞和訓釋詞之間,形成"甲之言乙也"的格式或曰固定結構。這個結構不能點斷,尤其不能在"之言"中間和後面點斷。例(2)的"唯之,言專也"是把"之言"點斷了,例(3)的"諛之言,裕也"是在"之言"與訓釋詞之間點斷了,致使其動賓結構訓釋關係遭到破壞。因而這兩例標點都是錯誤的。另外"之言"所聯繫的被釋詞和訓釋詞之間是聲訓關係,即聲音相同或相近。《説文解字》"祼"下段玉裁注引《周禮》注"祼之言灌",謂:"凡云'之言'者,皆通其音義以爲詁訓。"[①]但由於時代的久遠,有的訓釋已經看不出聲音的相近了。如例(2)的被釋詞"唯"和訓釋詞"專",今天的讀音就已經相去甚遠了。但循諸古音,還是不難看出它們的聲音相通關係的。"唯"中古音屬余母(喻四),"專"的中古音屬章母(照三),聯繫所謂"喻四歸定"和"照三歸端"的學説,它們的聲母在上古音中就屬於同一大類了。再者,以諧聲偏旁論,"唯"的聲旁是"佳"(音 zhui),聲母也是章母(照三),今天讀起來"佳"、"專"仍有雙聲關係。以"佳"爲諧聲偏旁的"堆"、"推",以"專"爲諧聲偏旁的"摶"、"團",更是在端系聲母裏成爲一個大類了。聲母有了關係,韻母的轉變就更容易了。例(3)的被釋詞"諛"和訓釋詞"裕",即以中古音而論也是余母(喻四)雙聲,只是韻母有陰、入之別,現代均爲零聲母,仍然讀音相近。我們指出其聲訓關係,更能證明"之言"是個訓釋用語,由它形成的固定結構不能點破。上兩例正確的標點法應該是"唯之言專也"和"諛之言裕也"。

---

① 段玉裁:《説文解字注》,上海古籍出版社 1981 年版,第 6 頁。

三、誤認"宮商"爲音樂術語
而將"出宮"點破

（4）正此之道以日，冬至日始，人主不出，**宮商**賈人衆不行者五日，兵革伏匿不起。（第 199 頁）①

這一段中的"人主不出，宮商賈人衆不行者五日……"，中間逗號誤點，應移至"宮"後。之所以將"出宮"點破，而誤使"宮"字屬後，應是將"宮商"誤認爲音樂術語所致。這種點法，"宮商"倒是有意義了，但與"賈人衆"靠在一起却毫不相干，跟其他的事項更是風馬牛不相及。正確的應該點做："人主不出宮，商賈人衆不行者五日……"（"日，冬至"有誤，俟後再論。）原來，中國古代習俗，從冬至這一天開始一連五天，君王不能出宮，商人百姓也不能出行。即使想出行也不可能，因爲所有關口橋梁都封閉了。《易·復》："先王以至日閉關，商旅不行。"②《後漢書·章帝紀》："冬十一月壬辰，日南至，初閉關梁。"③其中"至日"、"日南至"均謂冬至，這都是冬至"人主不出宮，商賈人衆不行"的佐證。此外，《易緯通卦驗》這段話還有其他的相關佚文。《後漢書·律曆志上》"效則和，否則占"劉昭注引《易緯》曰："冬至人主不出宮，寢兵，從樂五日，擊黄鐘之磬。"④《開元占經》引《易緯》曰："日冬至人主不出宮室，寢兵，聽樂，日擊黄鐘之磬。"⑤斯足證"冬至人主不出宮"

---

①　安居香山、中村璋八：《緯書集成（上）》，河北人民出版社 1994 年版，第 199 頁。

②　阮元：《十三經注疏》，中華書局 1980 年版，第 39 頁。

③　范曄：《後漢書》，中華書局 1965 年版，第 153 頁。

④　范曄：《後漢書》，中華書局 1965 年版，第 3016 頁。

⑤　常秉義點校，瞿曇悉達：《開元占經（上）》，中央編譯出版社 2006 年版，第 32 頁。

是古代一件重要的文化事象，"出宮"二字絕不可斷開。按：此錯誤句讀亦經林忠軍先生《易緯導讀》改正，將"出宮"連爲一體，與後面斷開。①

四、未辨"燿魄寶"含義而將 "北辰帝"點破

（5）孔子曰：太皇之先，與燿合元，精五帝期，以序七神。［鄭玄注］皇，君也。先，猶本也。**燿者，燿魄寶。北辰，帝名也**。此言太微之帝，本與北辰之帝同元。元，天之始也。其精有五，謂蒼帝靈威仰之屬也。其布列用事各有期，期各七十二日，主敘十神二十八舍北斗也。（第189頁）②

此段鄭玄注中的"燿者，燿魄寶"後面的句號應該改爲逗號，"北辰，帝名也"中間不應點斷。這是不識"燿魄寶"含義，而誤將"北辰帝"點破了。"燿魄寶"亦作"曜魄寶"、"耀魄寶"（"燿"、"曜"、"耀"一字異體），是中國古人觀念中最高天神的名字。這位天神燿魄寶另有"昊天上帝"、"天皇大帝"、"太一帝君"等許多名號，在中國歷代史書中多有記載。《史記·孝武本紀》："天神貴者泰一。"司馬貞索隱："宋均以爲天一、太一，北極之別名。《春秋緯》：'紫宮，天皇曜魄寶之所理也。'"③《晉書·禮志下》："鈎陳口中一星，曰天皇大帝，其神曰耀魄寶，主御群靈，執萬神圖。"④《隋書·天文志上》："鈎陳口中一星，曰天皇太帝。其神曰耀魄寶，主

①　林忠軍：《易緯導讀》，齊魯書社2002年版，第194頁。

②　安居香山、中村璋八：《緯書集成（上）》，河北人民出版社1994年版，第189頁。

③　司馬遷：《史記》，中華書局1959年版，第456頁。

④　房玄齡：《晉書》，中華書局1974年版，第289頁。

御群靈,秉萬神圖。"①《元史·祭祀志上》:"二曰神位。《周禮·大宗伯》,'以禋祀祀昊天上帝'。注謂:'昊天上帝,冬至圜丘所祀天皇大帝也。'又曰'蒼璧禮天'。注云:'此禮天以冬至,謂天皇大帝也。在北極,謂之北辰。'又云:'北辰天皇耀魄寶也,又名昊天上帝,又名太一帝君,以其尊大,故有數名。'今按《晉書·天文志·中宮》'鈎陳口中一星曰天皇大帝,其神耀魄寶'。《周禮》所祀天神,正言昊天上帝。鄭氏以星經推之,乃謂即天皇大帝。然漢、魏以來,名號亦復不一。漢初曰上帝,曰太一,曰皇天上帝。魏曰皇皇帝天。梁曰天皇大帝。惟西晉曰昊天上帝,與《周禮》合。"②呂思勉《呂著中國通史》第十八章:"鄭玄謂天有六,即五帝和昊天上帝耀魄寶。"③這些記載頗能説明問題,尤其《元史》的引證和辨析極爲詳細。"耀魄寶"正是這位昊天上帝的名號,可簡稱"耀"。其神位在北辰(北極星),故謂之"北辰帝"。"北辰帝"是個偏正結構的概念,中間不可點斷。此句正確的標點應該是:"耀者,耀魄寶,北辰帝名也。"

五、不識"日冬至"爲冬至別名而點破

(6)正此之道以日,冬至日始,人主不出,宫商賈人衆不行者五日,兵革伏匿不起。人主與群臣左右,從樂五日,天下大中,亦在家從樂五日,以迎日至之大禮。(第199頁)④

(7)謹候日,冬至之日,見雲送迎,從下鄉來,歲美,人民

---

① 魏徵等:《隋書》,中華書局1973年版,第530頁。

② 宋濂:《元史》,中華書局1976年版,第1785—1786頁。

③ 呂思勉:《呂著中國通史》,華東師範大學出版社2005年版,第307頁。

④ 安居香山、中村璋八:《緯書集成(上)》,河北人民出版社1994年版,第199頁。

和，不疾疫。無雲送迎，德薄歲惡。故其雲青者饑，赤者旱，黑者水，白者爲兵，黃者有土功，諸從日氣送迎，此其徵也。是故人主動而得天地之道，則萬物之精盡矣。(第 206 頁)①

這兩例的問題相同，例(6)的"正此之道以日，冬至日始"和例(7)的"謹候日，冬至之日"，中間的逗號均屬誤加。這是不識"日冬至"是一個固定結構而點破。"日冬至"是冬至別名，然而遺憾的是，不惟一般辭書失收，就連後出轉精、卷帙浩繁的《漢語大詞典》也未收，大約覺得"日冬至"怪怪的，看起來似乎不像個詞。"日冬至"在古代的用例是很多的。例如《淮南子·天文訓》："距日冬至四十五日，條風至。"②"距日冬至四十六日而立春，陽氣凍解，音比南呂。"③"陽生於子，故十一月日冬至，鵲始加巢，人氣鐘首。"④《春秋繁露·治水五行》："日冬至，七十二日木用事。"⑤《大戴禮記·夏小正》："日冬至，陽氣始動，諸向生皆濛濛符矣，故麋角隕，記時焉爾。"⑥《史記·律書》："日冬至則一陰下藏，一陽上舒，故曰虛。"⑦《漢書·郊祀志下》："日冬至祠泰一，夏至祠地祇，皆並祠五帝，而共一牲，上親郊拜。"⑧

還有一條確鑿證據能夠證明"日冬至"爲一個不可拆解的概念和固定結構，那就是：古人還把夏至說成"日夏至"，且每每與

---

① 安居香山、中村璋八：《緯書集成(上)》，河北人民出版社 1994 年版，第 206 頁。

② 高誘：《淮南子注》，上海書店 1986 年版，第 38 頁。

③ 高誘：《淮南子注》，上海書店 1986 年版，第 41 頁。

④ 高誘：《淮南子注》，上海書店 1986 年版，第 42 頁。

⑤ 董仲舒：《春秋繁露》，上海古籍出版社 1989 年版，第 79 頁。

⑥ 王文錦點校，王聘珍：《大戴禮記解詁》，中華書局 1983 年版，第 46 頁。

⑦ 司馬遷：《史記》，中華書局 1959 年版，第 1244 頁。

⑧ 班固：《漢書》，中華書局 1962 年版，第 1264 頁。

"日冬至"相對舉。《淮南子·天文訓》:"日冬至則斗北中繩,陰氣極,陽氣萌,故曰冬至爲德。日夏至則斗南中繩,陽氣極,陰氣萌,故曰夏至爲刑";"日冬至則水從之,日夏至則火從之,故五月火正而水漏,十一月水正而陰勝。"①《漢書·郊祀志下》:"以日冬至使有司奉祠南郊,高帝配而望群陽,日夏至使有司奉祭北郊,高後配而望群陰。"②《後漢書·禮儀志中》:"日夏至,禁舉大火,……日冬至,鑽燧改火云。"③

"日冬至"、"日夏至"之説是如何得來的呢?原來,古人認爲天是一個渾圓形的球體,天球表面距離南北兩極相等的圓周綫叫做天赤道(實際是地赤道在天球上的投影),日月五星運行,常出入於天赤道左右。太陽行於天赤道南北,於冬至運行到極南之處,於夏至運行到極北之處。故古人謂冬至、夏至爲"日至","至"爲極義,"日"當然就是太陽,兼取其運行之意。爲了將冬、夏這兩個"日至"區別開來,便把它們分別叫做"冬日至"和"夏日至",或者"日冬至"和"日夏至";又因日行極南、極北之故,也叫做"日南至"和"日北至"。表示冬至和夏至的這三組六個詞語,一般辭書都漏收,就連收詞最全的《漢語大詞典》也只收了"日南至"一條,致使與之緊密相關的其餘五條逍遥"法"外。"日冬至"和"夏日至"一組的例子已見上舉,爲了更能説明問題,也更能證明"日冬至"是一個不可分割的結構,我們再鈎稽另兩組詞語的相關例證,扼要列舉數條。先看"日南至"和"日北至"一組的例子。《左傳·僖公五年》"春,王正月,辛亥,朔,日南至。"杜預注:"周正月,今十一月,冬至之日,日南極。"④張衡《西京賦》:"日北至而含凍,此焉清

---

① 高誘:《淮南子注》,上海書店 1986 年版,第 40 頁。
② 班固:《漢書》,中華書局 1962 年版,第 1266 頁。
③ 司馬彪:《後漢書志》,中華書局 1965 年版,第 3122 頁。
④ 阮元:《十三經注疏》,中華書局 1980 年版,第 1794 頁。

暑。"李善注:"日北至,謂夏至。"①《後漢書·章帝紀》:"冬十一月壬辰,日南至,初閉關梁。"②《後漢書·明帝紀》:"閏月甲午,南巡狩,幸南陽,祠章陵。日北至,又祠舊宅。"李賢注:"北至,夏至也。"③再看"冬日至"和"夏日至"一組的例子。《周禮·春官·大司樂》:"冬日至,於地上之圜丘奏之,若樂六變,則天神皆降,可得而禮矣。……夏日至,於澤中之方丘奏之,若樂八變,則地示皆出,可得而禮矣。"④《易緯通卦驗》卷上:"夏日至之禮,如冬日至之禮,舞八樂,皆以肅敬爲戒。……此謂冬日至成天文,夏日至成地理。"⑤《淮南子·天文訓》:"夏日至則陰乘陽,是以萬物就而死。冬日至則陽乘陰,是以萬物仰而生。"⑥《史記·封禪書》:"《周官》曰,冬日至,祀天於南郊,迎長日之至;夏日至,祭地祇。"⑦此外,冬至和夏至,在晝夜、晷影方面均長短有別,故古人又有"日長至"、"日短至"之稱,《漢語大詞典》已經收錄,於此不贅。

以上我們鈎稽出大量史料,足證"日冬至"是古代關於冬至的別名,《緯書集成》點做"日,冬至"是錯誤的。與此同時,我們至少還可以爲辭書增補五個有關冬至和夏至別名的詞條,它們是:"日冬至"、"日夏至"、"日北至"、"冬日至"、"夏日至"。

（與脅愛珍合作,原載《周易研究》2008 年第 3 期）

————————

①　張衡:《西京賦》,蕭統:《文選》,上海古籍出版社 1986 年版,第 50 頁。

②　范曄:《後漢書》,中華書局 1965 年版,第 153 頁。

③　范曄:《後漢書》,中華書局 1965 年版,第 113 頁。

④　阮元:《十三經注疏》,中華書局 1980 年版,第 789—790 頁。

⑤　安居香山、中村璋八:《緯書集成(上)》,河北人民出版社 1994 年版,第 202 頁。

⑥　高誘:《淮南子注》,上海書店 1986 年版,第 45 頁。

⑦　司馬遷:《史記》,中華書局 1959 年版,第 1357 頁。

聯綿轉語考論
——以窩囊、偎儂、唯諾爲例

　　所謂聯綿字，又稱連語、駢字等，是漢語中自古就有的一種特殊的雙音連綴結構，現代詞彙學出於字、詞概念區分的需要，習慣上稱爲"聯綿詞"。聯綿字的内部結構和意義，渾然一體，難以離析，所以古代的聯綿字發展到今天，人們喜歡以單純詞看待。從歷時或動態角度考察歷史上的聯綿字，它們在外部書寫、讀音方面也有其特性。殷焕先①先生指出："聯綿字的特性表現於外可供我們觀察的有二：一是聯綿字的書寫變化不一，……二是聯綿字的聲音（特別是韻部）變化不一。"②正因爲這種形、音上的"變化不一"，有時再加上意義的微妙變化，聯綿字極易衍生出訓詁學家所稱的一系列"轉語"，爲此殷師《聯綿字簡論》專設《聯綿字的轉語》一章予以論述。聯綿字轉語，可簡稱爲"聯綿轉語"，殷師謂之"聯綿字族"，實際上是一組同源聯綿字（詞）。聯綿轉語形成後，儘管原本有着内在的同源親屬派生關係，但由於形音義上的差異，使得彼此間的關係變得隱晦疏遠而不易察覺，以至於被當作彼此孤立無關的語詞看待。因此，探究來歷不明、身份湮晦的孤立聯綿字（詞）的語源，按照清儒因聲求義、不限形體的原則，遵循音轉義通

---

　　①　殷焕先（1913—1994），字孟非，我國著名的語言学家，殷先生畢生關注聯綿字的研究，謹以此文紀念殷先生誕辰 100 周年。

　　②　殷焕先：《聯綿字簡論》，見山東省語言學會編：《語海新探》（第四輯），济南：山東教育出版社，1999 年，第 7 頁。

綫索,在紛繁的語言現象中,細心繫聯和歸納聯綿轉語或聯綿字族,就成爲訓詁家的一項重要任務。著名語言學家王寧先生在講漢語詞源探求的任務時,也把"探求後代已成爲單純詞的連綿詞與迭音詞的詞源"作爲其中一項①。鑒於此,本文以明清以來流行於北方方言區的"窩囊"、"偓促"(及變體"五膿")"唯諾"爲例,先將它們的音義詳加求證,然後對它們的音義派生和同源語轉關係予以論證,借窺聯綿轉語之一斑。

一、窩　囊

"窩囊"一詞,現代漢語極爲常見。《漢語大詞典》第 8 卷收"窩囊"詞條,釋有兩個義項:(1)方言,因受委屈而煩悶、難受;(2)方言,無能、怯懦②。兩個義項均標明"方言",説明它本是方言口語詞;從其前後例證老舍《女店員》、楊朔《春子姑娘》和姚雪垠《李自成》、康濯《東方紅》、魏巍《東方》和徐遲《哥德巴赫猜想》來看,似嫌太晚。檢索北京大學 CCL 古代漢語語料庫後我們發現,含有"窩囊"以及"窩囊氣"、"窩囊廢(費)"、"窩囊叼着一塊肺"在內的句子,共有 6 例,它們分別出自清石玉昆《續小五義》1 例、清常傑淼《雍正劍俠圖》4 例、民國齊秦野人《武宗逸史》1 例。其中的最基本用法如下:

　　(1)我這麼丢了十兩銀子,當然我不在乎。但是,我心裏有點窩囊。(常傑淼《雍正劍俠圖》第七十二回)
例中的"心裏有點窩囊",正説明"窩囊"是形容心情的委屈、難受。這種意義用法,連同"窩囊氣"、"窩囊廢"的説法在內("窩囊叼着一塊肺"等於"窩囊廢"),與當今已經完全相同了。

---

①　王寧:《訓詁學原理》,中國國際廣播出版社 1997 年版,第 148 頁。
②　《漢語大詞典》第 8 卷,漢語大詞典出版社 1991 年版,第 453 頁。

進一步溯源,我們發現,還有早於清末民初的用例。如:

　　(2) 俗罵齷齪不出氣人曰窩囊。窩,言其不離窩,無四方遠大之志;囊,言其知有囊橐,包包裹裹,無光明取舍之度也。亦可作膿,膿是多肉而無骨也。大概人無光明遠大之志,則言語行事無所不窩囊也。而好衣好飯不過圖飽暖之人,與豬狗無異。(傅山《霜紅龕集‧雜記一》)

傅山(1607—1684,字青竹、青主)是山西太原人。該用例表明,至少明朝時山西方言中就已開始使用“窩囊”一詞了。“齷齪不出氣”、“無光明遠大之志”,傅山對“窩囊”的闡發儘管迂回曲折,但基本能夠與現代詞典釋義合拍。在“無所不窩囊”中,“窩囊”受副詞“不”的修飾,顯示了它的形容詞性質。至於傅氏對“窩囊”得義理據的闡釋,純粹是他出於主題議論需要而進行的主觀發揮。

　　由於意義結構的凝固化和單純化,“窩囊”的後一音節早已變成了輕聲。《現代漢語詞典》注“窩囊”爲 wō‧nang,釋有兩個義項:(1) 因受委屈而煩悶;(2) 無能、怯懦。而在標注詞類時,則只標注“窩囊”爲“形”,並沒有標“〈方〉”。① 與前引《漢語大詞典》“窩囊”詞條相對照,意義基本相同,但《漢語大詞典》標注的“方言”在《現代漢語詞典》沒再得到體現,説明經過長期的應用,其方言色彩已經淡化,成爲普通話詞彙成員了。

　　誠如《現代漢語詞典》標注,“窩囊”是個形容詞,其重疊形式也遵循形容詞的變化規律,有“A 里 AB”和“AABB”兩種格式。各舉一例爲證:

　　(3) 我這個人爲人處事一向是直來直去,不能這樣不明不白地把飯碗丟了。更不能這樣窩里窩囊,受治於人,被開除,太便宜了資本家。(吳運鐸《奏響生命之歌》第四章)

　　(4) 從結了婚,我心裏就沒有痛快過,老是窩窩囊囊的。

---

① 《現代漢語詞典》(第 6 版),商務印書館 2012 年版,第 1369 頁。

（《人民日報》1951 年 10 月 3 日第 3 版）

"窩囊"的兩個義項"因受委屈而煩悶"和"無能、怯懦"，都是偏重於心情和性格而言。但從實際運用情況看，"窩囊"及其重疊式，還有形容外在形象的意義與用法。一是形容穿着：

（5）不錯，咋看咋象縣長他二小子，別看穿得窩囊，那是他爹叫他憶苦思甜哩！（張一弓《黑娃照相》）

（6）有時可看到一種很奇怪的現象：先生們經常陪自己的太太逛商場買衣服，把她打扮得漂漂亮亮，而自己却穿得窩窩囊囊。（《人民日報》1999 年 9 月 13 日第 12 版）

二是形容長相：

（7）他雖然長得窩囊，有一張又圓又紅的大窩瓜臉，但她喜歡他舞跳得好。（霍明英《女囚·她與她的父親》）

（8）不僅性格窩囊，而且長相也窩囊：臉黃瘦醜陋，下巴尖尖，眉眼極細，鼻梁扁而寬。（丁伯銓《大膽的有價值的探索——評短篇小説〈春天的圓圈〉》）

（9）整個沖裏，女人長相還算正常，有醜陋的，也有標緻的；男子可是個個難看，不是雞胸駝背羅圈腿，就是朝天鼻子鯰魚嘴，而且一律臉黑賽鍋底。總而言之，男的都長得窩囊，不像話。只有一個例外。余老昆的小兒子余二苗，長得特別漂亮。小時候，像個銀娃娃。（周同賓《奇事三椿·余二苗娶親》）

穿着方面的"窩囊"，意指"衣服穿得不得體、肥大、不利索、邋遢、不整潔、不齊楚"①，較爲全面、詳細、準確地概括了窩囊的詞義。但長相方面的"窩囊"，却没有引起人們足够的注意。從例（7）（8）（9）來看，其意義可以概括爲"醜陋"、"難看"。

---

①　黄後男：《現代漢語"窩囊"詞義研究》，《佳木斯教育學院學報》2012 年第 4 期。

　　此外，"窩囊"還可以用於日常生活和居家過日子，偏重於經濟方面的困難。如：

　　（10）到當年臘月，二流子從煤窰裏掙來的錢花得所剩無幾，日子窩囊。二流子又重操"三隻手"的舊業。（龍明靜《離婚詠歎調》）

　　（11）灶神的職責是一年四季三百六十五天一天三頓都要觀察記錄每一家鍋裏下進去什麼舀出來什麼，到每年臘月二十三回到天宮向天帝述職，報告農人鍋裏的稀稠，天帝據此判斷人間生靈的日子過得窩囊不窩囊。（陳忠實《臘月的故事》）

　　（12）這個護士學校的高才生開始覺得自己在一些同事面前有"矮了三分"的味道，覺得自己哪怕專業知識再好兜裏沒有錢照樣過得窩窩囊囊。（莫志《家裏沒個女人》）

例中"日子窩囊"、"過得窩囊"，顯然是形容物質生活方面的拮据和艱難。如果是純屬精神生活方面的"窩囊"，就應歸於心情方面的委屈、憋悶了。

　　因此我們認爲，"窩囊"作爲形容詞共有五種意義或用法：（1）形容心情的委屈、憋悶，（2）形容性格的無能、懦弱，（3）形容穿着的不得體、不整潔，（4）形容長相的醜陋、難看，（5）形容生活的拮据、艱難。這些意義或用法，在現代漢語中是客觀存在，且已具有相當的穩固性和常用性。所以建議出版《現代漢語詞典》第7版時予以修訂補充，《漢語大詞典》則不惟增補義項，且須增補更早例證。

　　既然"窩囊"已凝固定型且有多種意義用法，那麼它的內部結構如何？構詞理據是什麼？如果只注重字面，就會把"窩"、"囊"當成兩個詞素，要麼理解成並列結構"窩和囊"，要麼理解成動賓結構"窩在囊中"。如傅山的理解，他把"窩"理解爲窩巢，把"囊"理解成"囊橐"，並解釋説："窩，言其不離窩，無四方遠大之志；囊，言其知有囊橐，包包裹裹，無光明取舍之度也。"這種"窩……不離窩"、"囊……有囊橐，包包裹裹"的解釋，就把"窩囊"的結構關係理解成動詞性的並列結構"窩居和囊裹"了，動賓結構"窩居囊中"意思也包括其中了。雖然把"窩囊"拆解開來非常形象，却犯了訓詁學上"望文生訓"的大忌，遠離了樸學家"因聲求義，不限形體"的路數。當然，傅山的這則雜記並不是語詞訓詁的學術文章，而是一篇談人生志向和理念的典型的小品文，其對"窩囊"的解釋，完全是借題發揮，諷刺無志之人只圖衣食飽暖、"與豬狗無異"。所以我們完全不必厚責古人。按照科學的訓詁方法，"窩囊"不能由表面的字義來理解，即在共時平面上不能硬分成兩個詞素，而應看成一個詞、一個單純詞。黄後男指出："兩個音節拆來没有意義，或者與詞義毫無關係的，就是所謂的單純詞。例如'蝙蝠'拆開來看單個字没有意義，而'參差、從容、爛漫'拆開來的語素與詞義也毫無關係。所以嚴格以這個標準衡量，即使'窩囊'原先是合成詞，但現在至少已經近似於單純詞。"①我們認爲，這樣的分析是有道理的。

　　總之，"窩囊"在構詞理據不明的情況下無法拆解，是一個單純詞。或者，我們可以把它作聯綿字（詞）觀——屬於聯綿字（詞）中既非雙聲、亦非疊韻的那一種。

二、偎儂（偎濃、猥濃、喂噥、腲膿）、五濃（伍膿）

　　山東有個方言詞"偎儂"（音 wei·nong，其中 wei 調類系陰

---

　　①　黄後男：《現代漢語"窩囊"詞義研究》，《佳木斯教育學院學報》2012年第 4 期。

平),《漢語大詞典》釋爲"窩囊,無能懦怯"①。所以在懦弱無能的意義上,"偎儂"與"窩囊"是同義詞。它最早出現於以山東方言爲背景的明清文學作品中,如:

　　(1)惟獨小珍珠一人連夾襖也没有一領,兩個半新不舊的布衫,一條將破未破的單褲,幸得他不象别的偎儂孩子,凍得縮頭抹脖的。(西周生《醒世姻緣傳》第七十九回)

若機械地按字面意義理解,"偎儂"是動賓結構詞組,意思是"依偎着我"。如清袁枚《隨園詩話》卷八記青田才女柯錦機一首《調郎》詩云:"午夜剔銀燈,蘭房私事急。薰蕕郎不知,故故偎儂立。"妻子半夜如廁,丈夫不嫌其臭,依偎其旁站立——此"偎儂"正可解爲動賓詞組。而窩囊、怯懦義的"偎儂"顯然是借字記音,與"偎"、"儂"二字自身的意義無關。

　　既然是記音,也就詞無定字。所以在明末清初文人賈鳬西的筆下就出現了"猥濃"的寫法:

　　(2)儉而不勤,則寒酸一生,猥濃一生。(賈鳬西《澹圃恒言》卷一)

顯然,這個"猥濃"和前面那個"偎儂"是一回事,意義均與"窩囊"相通。其他還可寫作"偎濃"、"喂噥"、"腲膿"等多種,意思均一樣。在此基礎上,人們還搭配相類的動賓結構"咂血"構成四字格來用。如:

　　(3)没了我合老七,别的那幾個殘溜漢子老婆都是幾個偎濃咂血的攮包,不消怕他的。(西周生《醒世姻緣傳》第五十三回)

　　(4)程大姐笑道:"你比那喂噥咂血的膿包,你也還成個漢子。只是在我老程手裏支不得架子罷了。"(西周生《醒世姻緣傳》第七十三回)

---

① 《漢語大詞典》第1卷,上海辭書出版社1986年版,第1549頁。

例中的"偎濃哑血"和"喂噥哑血",形式上係由"偎儂"諧音訛舛擴展而來,但懦弱無能的意義沒有實質性變化,其所修飾的中心語"攮包"、"膿包"反過來可資佐證。聊城陽穀縣方言中也有這個"偎儂",但其諧音訛舛的擴展形式爲"偎儂殺(歃)血"。"殺(歃)血"與"哑血",顯然相應。董紹克《陽穀方言研究》"偎儂"下附其變化形式"偎儂殺血",均釋義爲"性子慢,能力差"①。

與"偎儂殺(哑)血"相通的,還有個"腥膿血"。如:

(5) 我是個不戴頭巾的男子漢,叮叮噹噹響的婆娘,拳頭上立得人,胳膊上走得馬! 不是那腥膿血,搦不出來鱉! (蘭陵笑笑生《金瓶梅詞話》第二回)

潘金蓮此前曾對武松調情,武松奉命離家公幹,惟恐家中鬧出什麼不測,對哥哥叮囑一番後,又叮囑潘金蓮"嫂嫂把得家定"、"籬牢犬不入"云云。本就心虛的潘金蓮立馬紅臉,惱羞成怒,藉故罵武大,說了這番自我標榜的話,無非是說自己是個響噹噹的人物,而不是窩囊廢。"搦不出來(的)鱉"意即縮頭烏龜(鱉、龜縮進頭去是搦不出來的),恰可作爲"腥膿血"的注脚。《水滸》中的"搦不出來的鱉老婆"可資佐證。

"偎儂"和"偎濃"、"喂噥"、"腥膿",顯然是同詞異形,即同一個詞的不同書寫形式。作爲"窩囊"的同義詞,"偎儂"也是個形容詞,在山東方言中可重疊爲"偎偎儂儂"。

另外,方言中的"五膿"和"伍濃"也具有窩囊、懦弱之義。

(6) 天底下怎麼就生這們個惡婦,又生這們個五膿! (西周生《醒世姻緣傳》第六十回)

(7) 我只待喝掇奪下他的,我惱那伍濃昏君沒點剛性兒,賭氣的教他拿了去。(西周生《醒世姻緣傳》第九十六回)

例中"五膿"和"伍濃"均是指怕老婆的狄希陳,懦弱無能的意思十

① 董紹克:《陽穀方言研究》,齊魯書社 2005 年版,第 269 頁。

分明顯,與"偎儂"顯係一語之轉。

"偎儂"及其轉語"五膿",也是語源和構詞理據不明、不可拆解,我們也以單純詞對待,看作兩個單純的聯綿字。

三、唯 諾

《現代漢語詞典》(第 6 版)注"唯唯諾諾"爲 wéiwéinuònuò(舊讀 wěiwěinuònuò),標注爲"形",又特意注明爲"狀態詞",釋義爲:"形容一味順從別人的意見。"①狀態詞是形容詞的一個附類,實際上是形容詞的生動描繪形式。照理說還得有個原形"唯諾",但由於現代漢語罕用,故《現代漢語詞典》未收。《漢語大詞典》釋"唯諾"有兩個義項,一是應答,明顯爲動詞;二是形容卑恭順從。② 依此釋義,"唯諾"爲形容詞。表示卑恭順從的"唯諾",在唐宋已有運用。如:

(1) 時右相楊國忠用事,左相陳希烈畏其權寵,凡事唯諾,無敢發明,玄宗頗知之,聖情不悅。(《舊唐書 · 韋見素傳》)

(2) 唯諾苟且,人不以取信。(李燾《續資治通鑒長編》卷四百二十八)

(3) 徒使唯諾風成,謇諤意絕,國是將何定乎?(《明史 · 張養蒙傳》)

但在現代作品中卻罕用,如:

(4) 倘遇見這樣的平民,必須恭維他,至少也得點頭拱手陪笑唯諾,像先前下等人的對於貴人一般。(魯迅《華蓋集 · 補白》)

---

① 《現代漢語詞典》(第 6 版),商務印書館 2010 年版,第 1353 頁。
② 《漢語大詞典》第 3 卷,漢語大詞典出版社 1989 年版,第 388 頁。

（5）吾人聚素心人促膝談心於一室，無所拘束，無所顧忌，言笑自如，各暢所懷，行坐任意，舉止自由，其快樂安慰較與新客同座，端坐拱手，唯諾隨人，其相差豈可以道裏計。（鄒韜奮《愛與人生》）

而"唯諾"的重疊形式"唯唯諾諾"則最早見於明朝後期文獻，一直沿用到當代。如：

（6）徒使唯唯諾諾之風成，寒寒諤諤之士遠，豺狼利於不問，狐鼠便於縱橫。（《明實錄·神宗顯皇帝實錄》卷三○三）

（7）今滿大學士凡有所言，漢大學士惟唯唯諾諾。並不辨論是非。（《清實錄·聖祖仁皇帝實錄》卷一二七）

（8）毫無疑問，艾奇遜先生相信出席聯合國大會的許多國家的代表是絕對服從的。但是，他懂得，表決並不能解決問題。除掉幾百個唯唯諾諾的外交家之外，還有千百萬人民。（《人民日報》1951 年 12 月 21 日第 4 版）

通過以上用例及文本語境可以看到，"唯諾"及其重疊形式"唯唯諾諾"，在形容卑恭順從的時候，在情感上多偏向於貶義。恭順過頭，如例（1）的"凡事唯諾，無敢發明"、例（2）的"唯諾苟且"，當然就走向了另一極端，就與窩囊、無能的意義聯繫在了一起。物極必反，這是正常的事理和語義變化。據此，撇開音讀不論，我們可以把這種意義的"唯諾"與之前的"窩囊"、"偎儂"、"五膿"繫聯爲一組同義詞。

四、"窩囊—偎儂—五膿—唯諾" 乃一語之轉

追尋轉語，判定同源（字）詞，須從聲音和意義兩方面入手。依照王力先生《同源字典》的原則就是"音近義通"，即音、義皆通，缺一不可。

　　"窩囊"、"偎儂"、"五膿"、"唯諾"這組同義詞，不僅意義相通，它們在語音上也是相通的。如果嚴格按照中古音，"窩"、"偎"、"唯"的聲母並不完全相同："窩"、"偎"屬於影母，是個零聲母，而"唯"是喻母，一般擬作半元音[j]。但到近現代北方話中，它們才發生了音轉，一般都變成了零聲母，且韻母也都是合口呼，我們且記作[0u-]（0 表示零聲母）。"囊"、"儂"、"諾"更是如此，它們古今都是雙聲，可以記作[n-]。可見"窩囊"、"偎儂"、"唯諾"三詞的前後三個音節（字）分別是雙聲相轉，屬於典型的"一聲之轉"。至於前舉山東方言中"偎濃"、"喂曩"、"腲膿"，尤不必多說，顯係"偎儂"的同音變體；而另兩個變體"五膿"和"伍濃"，在中古音中，"五"、"伍"是疑母字[ŋ-]，在現代普通話和山東話中則都變成了零聲母合口呼的[0u]（按：山東只有個別地方帶了唇齒音聲母念[vu]）。因此我們可以說，"窩囊"、"偎儂"、"唯諾"及其他變體就是一語之轉的同源詞，其間是循着[0u-n-]的聲母綫索相轉的。既曰同源，也就有個先後亦即源頭和流變問題，其中"唯諾"是源頭，另幾個是流變，即唯諾→偎儂→五膿→窩囊。

　　認定"窩囊"和"偎儂"是聯綿字（詞），大約不致引起爭議，關鍵問題是表卑恭順從的形容詞"唯諾"能否認作聯綿字（詞）。這須將其意義來源、結構性質及其他方面進行相互比照。"唯諾"的來源就是"唯"和"諾"兩個單音詞，二者都是先秦表示同意、肯定或遵命的應答聲（和現在表肯定要先說"是"、"Yes"差不多）。訓詁家認爲，"唯"比"諾"更早些，或兩者曾共時使用，而"唯"比"諾"更恭敬些，後來二者連用表示應答義。這種用法最早見於《禮記·曲禮上》："摳衣趨隅，必慎唯諾。"鄭玄注："慎唯諾者，不先舉，見問乃應。"孔穎達疏："必慎唯諾者，……應對也。既坐定，又慎於應對。"①"慎唯諾"是古代的一種禮節，是説在長者面前不

---

①　阮元：《十三經注疏》，中華書局 1980 年版，第 1238 頁。

要搶先發問,等長者發問後才可謹慎回答。根據注疏,此"唯諾"
已經脫離了應答之聲的用法,轉化爲"應答"、"應對"義的動詞
(《漢語大詞典》用南北朝時期《顏氏家訓》的例子似嫌太晚)。這
種意義的"唯諾",結構結合得較爲緊密,用今天的眼光看應算是
並列式複合詞了。自唐宋時期開始,"唯諾"又衍生出形容詞用
法,表卑恭順從;明清時又出現了其重疊形式"唯唯諾諾"。我們
認爲,當"唯"和"諾"結合成動詞性的"唯諾"時,它是並列式複合
詞;當它進一步發生凝化,變爲形容詞性的"唯諾"時,其内部結構
也發生了變化,它們渾然一體而不可離析,成爲單純性的聯綿字
(詞)了。語言學家也不否認某些聯綿字(詞)在源頭上具有複合
性。殷焕先師曾指出,某些聯綿字(尤其雙聲聯綿)是循"同源並
列構詞"的方式凝成的。① 王寧先生也認爲連綿詞從來源上講有
三種產生渠道: 義合式,衍音式,摹聲式。所謂"義合式"就是在源
頭上具有複合性質,可以分解離析,後來結構發生凝固,"凝固後保
持了辭源意義所帶來的詞義特點"。② 徐天雲指出:"從總體上堅
持强調聯綿詞的單純性和不可分解性,這並不妨礙我們承認在某
種歷史條件下聯綿詞與非聯綿形式之間可以轉化。某些非單純的
複音形式可以蜕變爲不可分解的單純的聯綿詞,條件是詞源失
落。""詞源結構模糊的極至會造成非聯綿形式理據的完全失落,
從而與其他詞失去聯絡,完全孤立起來,變爲單純性的聯綿詞。"③
正因爲"唯諾"蜕化變質成爲形容詞而遠離了原始構詞理據,再加
普通百姓文化低,口説"唯諾"而不知寫法(即使寫出來也不知其

① 殷焕先:《聯綿字的性質、分類和上下兩字的分合》,《山東大學文科
論文集刊》1979 年第 2 期。
② 王寧、林銀生等:《古代漢語通論》,北京師範大學出版社 1996 年
版,第 76 頁。
③ 徐天雲:《聯綿詞研究的歷史觀與非歷史觀》,《牡丹江師範學院學
報》1998 年第 3 期。

所以然),久之發生音變,然後再依音寫字,唯諾—偎儂—五膿—窝囊一組轉語不覺間就形成了。這也正符合了前引殷先生所說"書寫變化不一"、"聲音變化不一"的特性。

筆者不避瑣細,詳說博徵,溯源竟流,望此考論於聯綿字研究有所裨益。

（原載《山東大學學報（哲學社會科學版）》2013 年第 3 期）

説"脚頭妻"

"脚頭妻"一語,元明雜劇中常見。如:元岳伯川《鐵拐李》第三折:"我只把謊人賊營勾了我那脚頭妻,脚頭妻害怕便依隨。"明無名氏《鎖白猿》第二折:"好姻緣生各支兩下分開,妻情抛在九霄雲外,他強占了我脚頭妻,強奪了我懷内子,強要了我家財。"《元曲釋詞》和《漢語大詞典》等均釋爲"結髮妻",殊無根據。

要弄清"脚頭妻"的含義,須弄清"脚頭"的含義和過去夫妻睡眠的習俗。

"脚頭"即"脚端",亦即脚的那一頭。"頭"具"端"義,已不須多證。現在我們天冷時睡覺還要把"脚頭上"蓋嚴些。

舊時習俗,夫妻二人分別在炕或床的兩頭睡眠,即各自在對方的脚頭上睡。如果再在一個被筒裏,北方話就叫"打通腿"。正如一首北方兒歌唱道:"小小子兒,坐門墩兒,哭哭啼啼要媳婦兒。要媳婦兒做啥? 做鞋做襪,通腿説話。"《西遊記》第四七回這樣描寫:"行者道:'在家人,這時候温床暖被,懷中抱子,脚後蹬妻,自自在在睡覺;我們出家人哪里能够!'"又如,清沈起鳳《諧鐸·夢中夢》:"忽聞脚後夫人高唤,春夢頓醒。"脚後即脚頭,此可證夫妻睡覺是在兩頭。王西彥的小説《古城的憂鬱》寫抗戰爆發前夕故都北平的故事,其中有一段寫到了夫妻睡覺時的情形:"接着,他全身躺下,拉被頭塞住了肩膀那兒的空罅,緩了緩氣,對脚後的女人報復一般地想到……"可見舊北京夫妻睡覺仍是在兩頭,而不像今天睡雙人床、席夢思那樣並頭而眠。當然也有其他情形,北方某些地區(如東北),一家老少幾代人睡一個大通炕,一律頭朝外橫着睡。那是另外一種特殊情況,兹不多贅。

或許有人會提出疑問:一般都説夫妻同衾共枕,這裏説兩頭睡,不是矛盾麽? 實際並不矛盾。因爲這要區分平時睡覺和過夫妻生活時兩種情形。元無名氏《沽美酒過太平令》曲這樣寫道:"燈直下靠定壁衣,忙簌下素羅幃。拂掉牙床鋪開繡被,彩雲,我這裏低聲問你:你一頭睡兩頭睡?"接下來便是寫男女歡愛之事。這反映了平時是兩頭睡,做愛時才一頭睡。所謂同衾共枕,是平時同衾,合歡時才共枕(舊時枕呈圓柱形,比現在的枕長,可容兩人同枕)。舊時濟南居民,白天將被疊成長條狀,放置於床裏首,而枕則分放床的兩頭,這都是夫妻睡眠風俗的反映。

夫妻兩頭睡,一方面決定於床或炕的形制(較窄),而更重要的一方面,天冷時可以相互爲對方暖脚。元李文蔚《燕青博魚》第三折:"[搽旦云]我那親哥哥,如今天氣熱,你便殺了我,到那寒冬臘月裏害脚冷,誰與你焐脚?"焐脚即暖脚,即以身體依偎相暖。至今魯西南方言仍婉稱妻子爲"暖脚的",結髮妻爲"暖脚的",續弦妻亦爲"暖脚的"。

由上可以證明,妻子是因爲在丈夫的脚頭上睡才稱爲"脚頭妻"。這是民間俗稱。前舉"脚後夫人"、"脚後的女人"、"暖脚的",其實質與"脚頭妻"没有什麼兩樣。"脚頭妻"就是妻子,而並非强調"結髮"或"元配"之意。

妻子叫脚頭妻,冬天盛熱水置被中暖脚的器具則叫"脚婆"。宋黄庭堅有《戲詠暖足瓶》組詩,其第一首説:"千金買脚婆,夜夜睡天明。"宋范成大有《戲贈脚婆》詩:"日滿東窗照被堆,宿窗猶自暖如煨。"古代開水叫"湯",所以脚婆又叫"湯婆"或"湯婆子";又因爲過去一般是錫做的,因而又叫"錫夫人"。元無名氏《東南紀聞》卷三:"錫夫人者,俚謂之湯婆,鞴錫爲器,貯湯其間,霜天雪夜置之衾席,用以暖足,因目爲湯婆。"《紅樓夢》第五一回:"他素日又不要湯婆子,咱們那熏籠上暖和。"曹禺《北京人》第一幕:"大半

夜了,傰妹妹還下廚房拿水,給爹灌湯婆子呢。"暖脚的器具稱
"婆"、"婆子"、"夫人",都是比喻説法,因爲它起着與妻子相同的
作用——暖脚。妻子名"脚頭妻",暖足瓶名"脚婆",何其相似!

妻子在丈夫的脚頭上睡,同樣,丈夫也是在妻子的脚頭上睡,
元王氏《粉蝶兒·寄情人》套曲:"少一個心上才郎,多一個脚頭丈
夫,每日價茶不茶、飯不飯百無是處。""脚頭丈夫",《漢語大詞典》
未收,《元曲釋詞》將其置於"接脚"條下,釋做"接脚婿",即婦女喪
夫後再招的後夫。這更是沒有道理了。同是"脚頭",何以一爲
"第一個(妻子)",一爲"第二個(丈夫)"?"脚頭丈夫"即是丈夫,
它的得名與"脚頭妻"同理,亦可反證"脚頭妻"得名之由來。[1]

（原載《語文建設》1995 年第 6 期）

---

① 本文承蒙《漢語大詞典》編委、第三卷主編吉常宏先生審閲並提供重
要材料,特此致謝。

説"媳婦"

東南亞某國一位華人,在中國北方一位教授家做客,見其兒媳聰慧勤快而又熱情有禮,便對教授誇獎"你媳婦"如何如何,教授糾正説,在當地,"媳婦"習慣上是妻子、老婆之義。這位華人連忙道歉,説在他的概念裏"媳婦"是專指兒媳。這種語義差別的確是客觀現實,一般説來,南方大部分地區以及港臺,均以"媳婦"專指兒媳,北方則通常指妻子,只在個別情況下,如跟"婆婆"相對時,才專指兒媳。所以北方在稱晚輩之妻時,往往要加定語,説成"兒媳婦"、"侄媳婦"等。"媳婦"的這種意義差異,共時地看是地域方言的差異;歷時地看,又有着較爲複雜的歷史原因,是該詞的詞形與意義的形成和發展變化,以及二者的相互影響造成的。

古人稱兒媳婦爲"子婦",如《後漢書·何進傳》:"張讓子婦,太后之妹也。"而古漢語中"息"又跟"子"同義,如《戰國策·趙策四》:"老臣賤息舒祺。"這就給人們仿"子婦"造出"息婦"提供了條件。"息婦"一語最早見於唐李商隱《乾譔子·陳義郎》:"大家見之,即不忘息婦。"(《太平廣記》卷一二二引)這就是今天"媳婦"的原形。不過那時的"息婦"還不是一個詞,不過是一個結構鬆散的偏正片語。另有一種説法,認爲"息婦"系由"新婦"讀音訛變而來。理由是,"新婦"一開始雖是指剛過門的兒媳,可是漢代以後就固定下來,泛指兒媳及其他晚輩之妻,而不拘是否新婚,這跟"息婦"指兒媳意義是一樣的,並且"息"與"新"聲母相同,因而爲一語之轉。"新婦"也罷,"息婦"也罷,在偏正結構和兒媳意義這兩點上是相同的。

　　值得注意的是,"息婦"産生後,很快在書面上變成了"媳婦",並從而造出了一個此前没有的"媳"字。這種變化是漢字偏旁類化的結果,具體説,是"息"受"婦"偏旁的影響並最終被它同化而誤加了一個女字旁。雙音節概念的兩個字,往往互相影響,使彼此共用符合概念義類的相同偏旁,"瑪瑙"、"琉璃"、"苜蓿"、"葡萄"、"蝴蝶"、"檳榔"、"袈裟"、"眼睛"、"峨嵋"之類,就是這樣的産物。比如"眼睛"早期寫作"眼精",如《宋書・江夏文獻王義恭傳》:"分裂腸胃,挑取眼精。""睛"字不見於《説文解字》,至《玉篇》才有,就是人們根據其義類以及"眼"字的偏旁,將"精"字加以改造而成的。

　　有趣的是,"息婦"雖是女的,可拆開來講,息與"婦"却非同類,"息"無論做兒子講還是看作"新"的語轉,都跟女性毫無關係。可它硬是被"婦"類化而改變了性别。這一來引起了一系列内部變化。首先是結構變化。"息婦"本來是偏正式,"息"女性化爲"媳"後,人們便將它跟"婦"對等起來,並且"媳"可單獨使用以代替整個"媳婦"。這種用法在宋朝就出現了,如宋劉跂《穆府君墓誌銘》:"女嫁唐誦,我姑之媳。"這時如果把謙稱自己兒子的"賤息"寫成"賤媳",可就變了味兒。"媳"既然跟"婦"對等,"媳婦"的結構也就成了聯合式,凝固爲一個合成詞了。其次是意義的變化。"息婦"原來只指兒子之妻,變爲"媳婦"後,在保留本義的同時,又産生了"妻子"一義。這種用法至遲在元代就産生了。元無名氏《漁樵記》第二折:"朱買臣養活不過媳婦兒,來廝打哩。""媳婦"的這兩個意義後來逐漸在地域上發生了分化,南方以"兒媳"爲常用義,北方則以"妻子"爲常用義。《紅樓夢》中的"媳婦","妻子"義已占上風。造成這種地域分化,應跟另一口語稱謂"老婆"有關。口語中將丈夫、妻子稱爲"老公"、"老婆",至遲在宋代就已經出現了,可這在南方延續下來,却漸爲北方所遺棄。"老婆"在現代北方除偶尔用於敘稱外,一般不用於對稱,日常口語交際中,是不用"你老婆"、"我老婆"之類稱呼的,而這在南方則極爲平常。爲了給"妻子"這一書面詞語找一個口語稱呼,北方人就選定了"媳婦"。還有讀音方面,"媳"既由"息"變來,二字就應同音。而今"息"音 xī,"媳"音 xí,這也是人爲的區別。"息"爲古入聲字,韻尾消失後,聲調不穩定,人們有意利用這一點將"媳"音跟"息"區別開來。

（原載《語文建設》1999 年 12 月增刊）

"談笑"補説

《語文建設》1994 年第 1 期載有陳汝法先生《説"談笑"》一文,指出"談笑"(以及"笑談")有一個重要義項:喻指一種輕鬆自若、沉着鎮定的心理神態,其説甚確。《漢語大詞典》"談笑"條也在"説笑;又説又笑"釋義後又列一個意義層次,"後多形容態度從容"。按説,由"説笑"義引申爲"態度從容"也能講得通。例如最早的"談笑"例《孟子·告子下》"則己談笑而道之",陳文和《漢語大詞典》一樣,都認爲其義是"説笑"。陳文認爲這句話意思是説:"他可以有説有笑地講述這事。"(按:楊伯峻先生《孟子譯注》就是這樣翻譯的)

可是,早期文獻中的"談笑"並不簡單地是一般的説笑,其中的"談"也並非"談話"之"談"。

《詩經·小雅·節南山》:"優心如惔,不敢戲談。"其中"戲談"一語,漢鄭玄箋即釋爲"相戲而言語"。很顯然,鄭氏是將"談"與"言語"相對應的,理解成了一般的"談論、説話"之義。對此,清王引之《經義述聞》卷六"不敢戲談"條加以駁正,説:

> 箋曰:"又畏女之威,不敢相戲而言語。"引之謹案:談亦戲也。《玉篇》、《廣韻》並云:"談,戲調也。"《孟子·告子》篇:"越人關弓而射之,則己談笑而道之。"談笑者,調笑也。調、談一聲之轉耳。戲而嘲之謂之調,亦謂之談。故以"戲談"連文。戲談猶戲謔也。

王氏論定了《詩》之"戲談"義爲"戲調"、"戲謔",也順便論定了《孟子》之"談笑"即"調笑",指出了"談"是假借爲"調"(二字一聲之轉,皆爲定紐)。王氏乃清代訓詁名家,尤以"因聲求義"爲長,且又有《玉篇》、《廣韻》釋義爲證,其説應視爲確論。

"談"的"戲調"義,"談笑"的"調笑"義,除了王引之舉出的例子外,我們還可舉出其他證據。

《史記·滑稽列傳》:"優孟……常以談笑諷諫。""優"在古代做動詞時具有戲調之義。《左傳·襄公六年》:"少相狎,長相優。"晉杜預注:"優,調戲也。"所以擅長調戲、謔笑並以此爲業的人就叫"優",如史書上記載的"優孟"、"優施"、"優旃"皆是,他們的名上都冠以"優",標明他們的身份。古優常被君王供養宮中以取樂,所以調笑、逗樂是優的本分。《左傳·襄公二十八年》:"陳氏、鮑氏之圉人爲優。"杜預注:"優,俳。"唐孔穎達疏:"今之散樂,戲爲可笑之語而令人之笑是也。"正如王國維《宋元戲曲史》(一)所説:"秦之優旃,漢之郭舍人,其言無不以調戲爲事。""戲爲可笑之語而令人之笑","其言以調戲爲事",正是指的優人以滑稽言語調笑逗樂。那麼優孟的"談笑",也只能是調笑,而不是一般的説笑。再説司馬遷寫的這一類就叫《滑稽列傳》,所記僅三人,淳於髡"滑稽多辯"當然是滑稽;優旃"善爲笑言"也是滑稽;那麼優孟的"談笑"也只能是滑稽和調笑才有資格入此列傳。

我們再看司馬遷所記優孟的"談笑"到底是不是滑稽調笑呢?楚莊王心愛的馬死了,欲以棺槨大夫禮葬之,令群臣治喪。左右皆以爲不可,莊王竟下令:"有敢以馬諫者,罪至死。"而優孟之諫,卻不以正言,反勸王"請以人君禮葬之",然後又不厭其詳地描述治喪時的豪華與隆重,令諸侯前來弔喪等。真可謂"一派胡言"。然而正是這種"胡言",才使莊王醒悟到"賤人貴馬"之過。最後優孟才説出了自己的本意: 將馬宰殺吃掉。並以調侃的口吻説:"以壠竈爲椁,銅歷爲棺……衣以火光,葬於人腹腸。"不難看出,優孟的"談笑",正是道地的"調笑"。下面著名的"優孟衣冠"的故事,言孫叔敖"持廉至死",也頗具滑稽的性質。明馮夢龍《東周列國志》五四回説優孟"平日以滑稽調笑,取歡左右"。"滑稽調笑"可謂得司馬遷之真諦,應視爲優孟"談笑"最好的注脚。這也是"談"具"戲調"義的一個確證。

《史記・滑稽列傳》一開篇就寫道:"太史公曰:天道恢恢,豈不大哉! 談言微中,亦可以解紛。"這應是本列傳的宗旨。所謂"談言"正是指的優孟等人的戲謔調笑之言,如果是一般的言談、言語,也就不能歸之於"滑稽"了。雖爲戲調之言,然而又不是單純地調笑逗樂,而是暗合"天道",排難解紛,起到常言起不到的正面作用。正如日本瀧川資言《史記會注考證》引曾國藩曰:"即滑稽之談言微中,亦有裨於治道也。"此"談言"之"談",也應爲"戲調"之義。西漢的東方朔,雖不是優人,但以滑稽詼諧著稱。所以褚少孫把他補入《史記・滑稽列傳》;《漢書・東方朔傳贊》則推之爲"滑稽之雄",説他"口諧倡辯","詼達多端","應諧似優"。《後漢書・蔡邕傳》引蔡邕《釋誨》説:"東方要幸於談優。""談優"意義爲何,也就不難理解了。前面已説過,"優"義爲"戲調"。"談"與它相同,二字同義並列。對照唐李賢對這句的注,意義更加明顯。李注説:"東方朔以善談笑俳優得幸。"東方朔的"談笑"與優孟的"談笑"並無二致,皆爲"調笑"之義。

漢成帝沉湎酒色,《漢書・敍傳上》載他在宮中與幾個幸臣飲酒作樂,"皆引滿舉白,談奀大噱。""談奀"即"談笑","奀"是"笑"的古字。"大噱"即"大笑"。一般的説笑不至於引得大笑,所以這裏的"談笑"不是一般的説笑,而只能是"調笑",即戲謔取笑。而"引滿舉白"指斟滿杯而飲,舉空杯告白,有餘瀝則罰,頗似今天的"滴酒罰三杯"之類。這樣的"談笑"不正是戲調取樂嗎?

調笑、詼諧又謂之"談諧"。宋馬令《南唐書・談諧傳序》:"嗚呼! 談諧之説由來尚矣。秦漢之滑稽,後世因爲談諧,而爲之者,多出乎樂工、優人。"馬令把"談諧"的意義解説得十分清楚了。《四庫全書總目提要・子部小説家類存目二》:"《談諧》一卷,宋陳日華撰……所記皆俳優嘲弄之語。"這也是"談"的"戲調"義的明證。

"戲談"即"戲調",反過來"談戲"也一樣。《晉書·陶侃傳》載陶侃嚴禁部下"逸游荒醉",後來"諸將佐或以談戲廢事者,乃命取其酒器,蒲博之具,悉投之於江。"因文見義,"談戲"顯然是指飲酒、賭博這類嬉戲、逸樂之事,這正是陶侃所反對的"逸遊荒醉"。此"談"即"戲"。

總之,"談"的"戲調"義有大量文獻可徵,《玉篇》、《廣韻》絕非憑空立此義項,所以王引之對此加以肯定和初步論證。《漢語大字典》雖立有此義項,但只是照搬《玉篇》、《廣韻》,未附一個書證。到《漢語大詞典》"談"字條,大概由於沒有書證支持,乾脆把這個義項去掉了,以至一些由"談"構成的、本是"戲調"義的詞條,不得不向"談話"方面靠攏。這不能不說是一個遺憾。

"談笑"謂"調笑",而調笑當然也要用言語;其效應則是嬉戲、取笑。這是一個問題的兩個方面。而不必如陳文所說:後來"談笑"在使用過程中有偏側於"談"的,謂"談話、應對",有偏側於"笑"的,謂"嬉戲、嬉笑",等等。誠如陳文所論,後來的"談笑"有的確實是純粹指一種輕鬆自若、沉着鎮定的心理神態,如《漢語大詞典》所正確指出:"後多形容態度從容。"而這個意義則是直接從"調笑"義引申出來的。我們想,"調笑"時是一種什麼心理神態?假如是一種緊張、恐懼的心情,誰還有閒情雅致來調侃、逗笑? 所以輕鬆、從容的意味,是跟"調笑"聯繫着的。晉左思《詠史》詩"吾慕魯仲連,談笑却秦軍",此"談笑"應該説已經具有了輕鬆、從容之意。但翻翻《戰國策·趙策三》,魯仲連之"却秦軍",關鍵是説服了魏國客將軍新垣衍。魯仲連的談話,總是先誇大其詞,如"吾將使梁及燕助之","吾將使秦王烹醢梁王",完全是一副調笑的口吻。難怪新垣衍説:"亦太甚矣,先生之言也!"然而正是這樣的口吻才引起新垣衍的警覺,爾後再曉之以利害,最終説服了他"不敢複言帝秦"。而秦聽説後"爲却軍五十里"。這就是"談笑却秦軍"
的由來。説輕而易舉也罷,態度從容也罷,總之還是源於"調笑"。

　　最後我們不得不提及,就是"調笑"一詞本身,本義雖是"戲謔
取笑",可後來也引申出了輕鬆、輕易、從容之義。李白《贈潘侍御
論錢少陽》詩:"眉如松雪齊四皓,調笑可以安儲皇。"李白這兩句
詩是用典。四皓指秦末隱居商山的東園公等四位德高老人,漢高
祖召,不應。後高祖欲廢太子劉盈而改立趙王如意,吕后用張良
計,使人奉太子書,卑辭厚禮,迎來四皓。四皓見高祖,無非將太子
讚頌一番,高祖便打消了原來的主意,太子的地位得到了鞏固。這
就是四皓"安儲皇"的故事。然而通觀四皓的言語,並無戲謔取笑
之意,不過是"太子爲人仁孝,恭敬愛士"之類。李白詩中的"調
笑",純粹是取其輕鬆從容、輕而易舉之義。這裏的"調笑安儲皇"
與杜甫《復愁》詩中的"談笑覓封侯",有異曲同工之妙,足見"談
笑"、"調笑"意義同出一源。

（原載《語文建設》1995 年第 11 期）

"令堂"述源

中國素稱文明禮儀之邦,一向講究謙恭禮敬。表現在稱謂上,對自己以及自己一方的親屬,要用謙稱;對對方以及對方的親屬,則用敬稱。"令堂"一稱就是對對方母親的敬稱。

有的人對"令堂"一稱不甚了了;有的即使知其然也不知其所以然。"令"還好辦些,它有"美、善"之義,用在對方的稱呼上順理成章。關鍵在"堂"字。"堂"跟母親有什麼關係?細究起來,又要帶出跟母親有關的"北堂"、"萱堂"以及"家堂"、"高堂"等好幾個稱謂。這些都跟中國古代的房室布局和居住禮俗等有關。

堂本來是一個高臺子。古代建房,要突出正房,使之高顯,便先用土夯製成一個長方形的高臺,即屋基,爾後再在上面建房。"堂"的本義就是指這種高臺式屋基,後來則連帶指建在這種臺基上的房屋。古代房屋的格局,具體說來,前面突出的部分叫"堂",其東西牆叫"序",南面沒有牆,只有兩根柱子,叫"楹",堂後叫"室"。堂不住人,是待客和舉行重要禮儀的地方;室才住人,一般是父母居住。堂雖不住人,但人們常常舉堂以兼室,以"堂"爲父母居留之所。室左右各有一居室叫"房"。"房"、"室"不直接相通,而各有一單扇門即"户"與"堂"相通。東房中間有一道牆把它分成南北兩部分,留一小門相通;後面無北牆,又是一個小堂叫"北堂",下有臺階通向後院。北堂是主婦漱洗的地方。《儀禮·士昏禮》:"婦洗在北堂。"鄭玄注:"北堂,房中半以北。"賈公彦疏:"房與室相連爲之,房無北壁,故得北堂之名。"後來"北堂"的含義略有擴大,也泛指主婦的住處,含"室"而言,以與"正堂"相對;有時也可指整個的北屋。"北堂"是主婦居留之所,而母親爲一家之主婦,後遂爲母親之代稱。唐李白《贈曆陽褚司馬》詩:"北堂千萬壽,侍奉有光輝。"明吾丘瑞《運甓記‧剪髮延賓》:"高情海内無,聽奚奴,方才聽小价説,你北堂剪髮供榛脯。"兩例中的"北堂"就都是指母親。

　　母親又稱"萱堂"。這源於古代在東房後的北堂種植萱草之俗。《詩經‧衛風‧伯兮》:"焉得諼草,言樹之背。"毛傳:"諼草令人忘憂。背,北堂也。""諼"是個通假字,通"萱"。萱草,俗名忘憂草。北堂種萱,蓋取其"後顧無憂"或"無後顧之憂"之意。同時,萱草宜於幽暗處生長,自然植於北堂處。(參宋王楙《野客叢書‧萱堂桑梓》)"北堂"已爲母親居處,則"萱堂"後來也指母親居處。久之,"萱堂"以及"堂萱"、"北堂萱"也成爲母親的代稱。如:宋范成大《致政承奉盧君挽詞》詩之二:"眼看庭玉成名後,身及堂萱未老時。"清周亮工《題李武曾灌園養母圖》詩:"荷鋤忘旦暮,得慰北堂萱。"清李漁《奈何天‧誤相》:"怎奈他,前有萱堂,後有紅娘。"

　　"北堂"、"萱堂"既爲母親之稱,冠以敬辭"令",爾後省言之,對方的母親就被稱爲"令堂"。如:元鄭光祖《㑇梅香》第三折:"這聲音九分是你令堂。"明吾丘瑞《運甓記‧剪髮延賓》中范逵對陶侃説:"世上有此賢德之母,小弟既忝與仁兄傾蓋交歡,敢請令堂一見。"洪深《少奶奶的扇子》第四幕:"尊大人在日,也曾説起令堂麽?"推而言之,對人稱自己的母親則爲"家堂"。明湯顯祖《紫簫記‧下定》中,霍府丫鬟櫻桃假作鮑四娘女兒去探問李十郎可曾婚娶,説:"愛你幾件來,家堂誇得你狠。道你是芙蓉玉碗漾秋波。"李十郎説:"這是家尊、家堂生的這般好。"不過,"家堂"一稱後來没有流行開來(對己母一般稱"家母"、"家慈"),不像"令堂"運用得那樣廣泛。

　　作爲正房的堂室,既爲母親的居處,亦當爲父親的居處。例如

“高堂”一稱，就是兼父母雙親而言，舊時結婚要“一拜天地，二拜高堂”，即是此義。可是爲什麼“北堂”、“萱堂”和“令堂”偏於專稱母親呢？這一來是因爲古代重男輕女，男人多在外從事社會性工作，婦女則長期家居，操持家務；二來因爲中國古代文化典故極爲豐富，父親的雅稱已另有來歷。如《莊子》言上古有長壽之大椿，《論語》記孔丘之子孔鯉趨庭受父訓，後人便合起來造了一個“椿庭”爲父親之稱；同時，父親爲一家之尊，後則常稱己父爲“家尊”，稱人父爲“令尊”。因此“萱堂”、“令堂”等也就偏於專稱母親了。

（原載《語文建設》1996 年第 5 期）

“驢年馬月”探源

　　《語文建設》1997 年第 6 期有著名語言學家徐世榮先生的大作《“猴年馬月”“驢年馬月”的來歷》,對已收入《現代漢語詞典》的這兩條熟語的形成,從十二屬相的角度和口頭發音訛變的音理方面,做了一些説明和推斷,讀後深受教益。徐先生説因爲十二屬相中没有驢,所以“驢年”才表示無期,這是完全正確的;徐先生説字面上無理的“猴年馬月”系由“何年某月”讀音訛變而來,這也是有一定道理的。然而,徐先生推斷“驢年”和“驢年馬月”是人們不滿足於“猴年馬月”而改造來的,却與歷史上的語言事實不大相符。

　　“猴年馬月”形成得很晚,《漢語大詞典》没收該條,我們憑語感也會覺出它是一條現代口語化意味很濃的熟語。《漢語大詞典》雖然收了“猴年”,但那是十二生肖之一申猴所代表的年份,與“猴年馬月”毫不相干。而指無期的“驢年”,唐、宋時已廣泛應用了。我們先把《漢語大詞典》的解釋和例子照録如下:

　　　　[驢年]指不可知的年月。《古尊宿語録》:“這癡漢汝與麽攪驢年去,任經塵沙劫,無有見期。”《景德傳燈録·古靈神贊禪師》:“鑽他故紙驢年去。”①

《古尊宿語録》是禪宗南宗六祖慧能以後歷代傳人三十七家的語録彙編,分四十八卷編排,時間跨度由唐至南宋末達五百多年。《漢語大詞典》引此書有一個重大失誤:既没標卷次也没標具體語

---

① 　《漢語大詞典》第 12 卷,漢語大詞典出版社 1993 年版,第 916 頁。

録之名,所以我們無法核對原文。但從引文看,該"驢年"指不可知的年月的意思還是很明顯的。《景德傳燈録》的例子,由於引文過短,且標點不當,反使"驢年"意思不甚明顯。我們根據"四部叢刊"本,重新引文、標點如下:

> 其師又一日在窗下看經,蜂子投窗紙求出。師睹之曰:"世界如許廣闊不肯出,鑽他故紙,驢年去?"

這樣,"驢年"指不可知的年月的意思就顯豁了。另外我們又從《祖堂集》卷七"巖頭和尚"中發現了一個例子,兹引録如下:

> 不同室塞人緊把着事不解傳得,恰似死人把玉攜玉相似。縱然傳得直到驢年,有什摩用處?(見劉堅、蔣紹愚主編《近代漢語語法資料彙編》唐五代卷)

《古尊宿語録》雖然引文不明年代,但《祖堂集》却可確定爲唐五代時的作品。這説明表示無期的"驢年"歷史很悠久了,距今至少要在一千年以上。而明顯帶有現代味的"猴年馬月",怎麼能跟它相比呢?所以徐先生所説"何年某月"訛變爲"猴年馬月"後,由於它字面上"並不能等同於'遙遙無期'","人們不滿足於這個熟語,因而才改變爲'驢年'"是難以成立的。"驢年"的來源跟"猴年馬月"毫無關係,惟"驢年"表無期決定於十二地支和十二生肖相配的紀年法中没有"驢",還是有道理的。

接下來就是"驢年馬月"的來源問題了。先看《漢語大詞典》的解釋和用例:

> [驢年馬月] 不可知的年月。梁斌《紅旗譜》二九:"即便有點希望,又在那個驢年馬月呢?"《新華文摘》1981 年第 4 期:"研究研究,研究到驢年馬月!"①

雖然没有發現更早的例子,但僅此而論,它也不會晚於"猴年馬月"。"驢年馬月"的來源就是"驢年",這是没問題的。問題是人

---

① 《漢語大詞典》第 12 卷,漢語大詞典出版社 1993 年版,第 916 頁。

們不明白其中的"爲什麼"。因爲誠如徐先生所説，"驢年"不存在，"馬月"却是存在的。那麼，無期的"驢年"爲什麼又配上一個有期的"馬月"呢？這不是自相矛盾嗎？徐先生説："'驢年'既永不會有，系於年下之月的'馬月'自然也是永不會有。"這是説有期的"馬月"和無期的"驢年"一會合，也變成了無期。結局固然如此，但這種解釋似無法令讀者理解個中奧妙。

　　我們認爲，"驢年"之所以又演變成"驢年馬月"，其根源在於我們語言中四字格的運用、構成和產生方式。

　　大家知道，我們語言中有大量的四字格（包括四字成語），其中一大部分是由前後兩個結構和意義相同或相類的兩字格構成的，例如：

　　　千山|萬水　胡思|亂想　七上|八下　古往|今來　雞
　　零|狗碎

在這個規律的基礎上還有一個小規律：交叉地看，四字格的第一和第三字，第二和第四字，還相互地配合着，即都是同類的概念。如"雞"與"狗"，"零"與"碎"，"古"與"今"，"往"與"來"。我們把這種四字格的構成規律概括成這樣兩句話：前後同類，交叉相配。

　　再説這類四字格的產生，有的明顯是由兩個獨立的兩字格黏合而成，從中間切開多能單獨成立，如"膽大心細"、"落花流水"。有的從中間切開却不能單獨成立，如"古往今來"、"雞零狗碎"，此則可以看成"古今"和"往來"，"雞狗"和"零碎"這樣的兩字格交叉相配而成。值得注意的是，有一種四字格是在已有的一個獨立兩字格的基礎上，另外硬造出一個類似的兩字結構，然後拼湊而成。如"胡説八道"、"胡扯八咧"。"胡説"和"胡扯"都是能單説的，"八道"和"八咧"很明顯是仿造出來又附上去的。還有一種現象尤其值得注意，有時爲了造成一個前後對應的四字格，而不惜改變原來兩字格的本來面目。比如"家長裏短"、"爭裏道表"、"胡枝扯葉"這三個四字格，誰又能料到，它們是由"家常"、"爭理"、"胡支"這三個兩字格改造擴展而來的呢?①

　　話説回來。這種由已有的獨立兩字格通過附加擴展而成的四字格,在意義上跟原來的兩字格是基本相同的,也就是説,"胡説八道"等於"胡説","胡扯八咧"等於"胡扯","家長裏短"等於"家常","争裏道表"等於"争理","胡枝扯葉"等於"胡支"。雖然意義上差不多,但在語用和修辭上却大不相同。四字格比相應的兩字格,在音節上更加和諧匀稱,鏗鏘有力,這就使語氣得到了加強,意義得到了強調,從而增強了語言表現力。富於表現力,這應該是我們語言中的四字格大量産生和運用的真正原因。

　　我們不厭其煩地説這麽多,讀者也會體味出"驢年馬月"産生的原因了。"驢年"演變成"驢年馬月",實際是在原有兩字格的基礎上,又附加上一個類似的兩字結構,造成一個更富有表現力的四字格。至於原來"馬月"表有期的意義,人們也管不了那麽多了,只好讓它先委屈一下,在這裏服務於"驢年"了。换一種説法,説是"馬月"的意義被"驢年"同化了也行。其實,撇開十二屬相的角度,"驢年"和"馬月"在字面上的意義也應是同類的,交叉地看,"驢"和"馬","年"和"月",更是同類的概念。也就是説,"驢年馬月"的構成,同樣符合"前後同類,交叉相配"的原則。"驢年馬月"形成後,同樣也没有改變原來"驢年"的意義,只不過增加了一個"馬月"的擺設兒而已。可是有這個"擺設兒"跟没有大不一樣。在語用效果上,"驢年馬月"表示"遥遥無期"或"不可知的年月"的意義,比起單説"驢年"來,強烈得多了。

　　以上我們對"驢年馬月"的來源進了一番探討,由此可見,"驢

---

　　① 　這並非筆者的發明,學長董紹克先生《釋元曲"説""拴"的[f]聲母》(載日本《中國語研究》第 38 號),曾提到這三個四字格的來源。董先生稱之爲"理呇構詞法",擬專文論之。只是董文把"胡支對"作爲"胡枝扯葉"的來源,筆者以爲中間經過"胡支"("胡支對"之省) 更合理些。

年"及"驢年馬月"實爲正宗,"猴年馬月"當爲晚出。《現代漢語詞典》以"驢年馬月"做主條,"猴年馬月"做參見條,是頗有道理的。謹以此向徐先生並讀者方家求教。

（原載《語文建設》1997 年第 11 期）

"作業"和"作孽"的歷史糾葛與現實應用

"作業"和"作孽",《現代漢語詞典》的解釋是:

作業 zuòyè ① 教師給學生布置的功課;部隊給士兵布置的訓練性的軍事活動;生產單位給工人或工作人員布置的生產活動:課外~|~計畫。②從事這種軍事活動或生產活動:帶電~|隊伍開到野外去~。①

孽 zuò//niè 造孽。②

造孽 zào//niè 佛教用語,做壞事(將來要受報應)。……也說作孽。③

二詞絕不相混。但在歷史上它們有着不小的糾葛。

先看"孽",《説文》:"孽,庶子也。"這是其本義。古代宗法制度以嫡子爲正,庶子不正,"孽"因而帶有賤義,進一步引申出妖孽、災難、禍亂等意義,那麼"作孽"也就是製造災難、作惡、作亂等。《書·太甲中》:"天作孽猶可違,自作孽不可逭。"孔傳:"言天災可避,自作災不可逃。"《孟子·公孫丑上》:"天作孽猶可違,自作孽不可活。"朱熹集注:"孽,禍也。"《舊唐書·姜皎傳》:"假説休咎,妄談宮掖。據其作孽,合處極刑。"可見"孽"和"作孽"用法比較單純,但與佛教並無牽連。

"業",《説文》:"大版也,所以飾縣(懸)鐘鼓。"其他功能的木

---

① 《現代漢語詞典》(修訂本),商務印書館 1996 年版,第 1686 頁。

② 《漢語大詞典》第 12 卷,漢語大詞典出版社 1993 年版,第 1685 頁。

③ 《漢語大詞典》第 12 卷,漢語大詞典出版社 1993 年版,第 916 頁。

版亦可謂之業,如《爾雅》"大版謂之業"郭璞注爲"築牆版";《禮記》"請業"鄭玄注爲"業謂篇卷",清儒宋翔鳳《過庭録》謂:"古人書寫用方版,《爾雅》'大版謂之業',故書版亦謂之業。"由築牆、學業而引申,一切事業、事務均謂之"業",並且成爲"業"的基本義和常用義。"作業"即從事各項事業以及所從事的工作和事業。如《史記·高祖本紀》:"常有大度,不事家人生産作業。"《東觀漢記·魏霸傳》:"吏皆懷恩,人自竭節作業。"

佛教傳入中國之後,它有一個專門術語,即梵語 karma,音譯爲"羯磨",意譯爲"造作",後專借"業"表示。"業"有三種,身業、口業和意業,合稱"三業",泛指衆生的身體、語言和意識等種種身心活動。可見佛教的"業"起初是和漢語中泛指一切行爲和事務的意義相通的。這個"業"是包涵善惡一切方面的,可分爲善業、惡業和無記業(即無善無惡業);佛教的"作業"起初也應是不別善惡的。可是後來情況有變,佛教"業"的指稱範圍縮小了,偏向了惡的方面。南朝梁沈約《均聖論》:"上聖開宗,宜有次第,亦有佛戒殺人,爲業最重也。"此"業"即已專指"惡業"。"業"既專指惡業和罪業,"作業"也就相應有了專指作惡的意義,《漢語大詞典》就專門收録了這一義項:

> 作孽,造孽。業,罪孽。唐吕岩《絶句》之二五:"起來旋點黃金買,不使人間作業錢。"宋魯應龍《閑窗拾異志》:"汝何作業造罪、貨賣假香?"《封神演義》第八回:"分明是你自己作業,致生殺伐。"[①]

總之,在歷史上,是漢語的"業"和"作業"較早與佛教發生了關係,成爲佛教用語;佛教中起初是不分善惡的,後來詞義發生變化,偏向了惡的方面。這樣一來,"業"和"作業"就與另一對詞語"孽"和"作孽"發生了糾葛,反過來也可以說"孽"和"作孽"也與

---

① 《漢語大詞典》第 1 卷,上海辭書出版社 1986 年版,第 1256 頁。

佛教觀念發生了聯繫。比如，金董解元《西廂記諸宫調》卷三："多情彼此難割舍，都緣只是自家孽。"此"孽"完全變成了佛教的罪業之意。"作孽"也隨之有了作惡（受報應）、遭罪等佛教觀念的意義。金庸《天龍八部》第四十八章："段正淳長歎一聲，說道：'我一生作孽多端，大夥兒死在一起，倒也是死得其所。'"如此，"作孽"與"作業"發生合流。由於動詞"作"、"造"本就同義，"作業"和"作孽"的混同，又帶動了"造業"和"造孽"也混同。例如，南朝梁沈約《懺悔文》："雖造業者身，身隨念滅，而念念相生，離續無已。"《紅樓夢》第九十四回："若是爲着一兩個不好，個個都押着他們還俗，那又太造孽了。"由"業"組成的"業障"、"業海"、"業報"等詞，也均可以成"孽障"、"孽海"、"孽報"。《王力古漢語字典》在"孽"和"業"相通的義項中，所舉的例子就是"孽障"（補按：該字典以"孽"立目）。① 此中"孽"和"業"的意義完全合流爲"禍患"、"罪惡"之意。

　　"孽"和"業"的合流，除了文化影響的因素，還有一個重要原因，那就是讀音的接近。在現代漢語普通話裏，"孽"讀 niè，"業"讀 yè，聲母差別似乎很明顯。但在古漢語裏它們却同屬疑母字，《廣韻》"孽"魚列切，屬疑母開口三等入聲薛韻；"業"魚怯切，屬疑母開口三等入聲業韻，它們聲母、聲調、等呼都一樣，只是韻尾有別。後來在近代語音史上發生了一件大事，即北方廣大方言地區入聲韻尾的消失和古疑母的變化，於是它們的讀音就混同了。"孽"、"業"在歷史上讀音相近和相同的現象，在當今方音中還能找到證明。完整保留入聲韻尾的方言，如粵語，"孽"和"業"雖韻尾不同，但聲母相同。吳語入聲韻尾合併爲一個喉塞音，"孽"和"業"完全同音。北方方言中入聲消失，疑母大多變爲零聲母，"孽"和"業"成爲同音字，同讀 yè。例如《山東省志·方言志》的

____

① 《王力古漢語字典》，中華書局 2000 年版，第 216 頁。

"語音比較"部分所列 36 個方言點,"孽"與"業"同音的就多達 23 處,另有三處爲鼻音聲母和零聲母兩讀,而鼻音聲母後注明"文"或"新",這説明它是"讀書時的念法"或"新派發音",顯係受普通話影響所致,而口語中則念成零聲母。《山東方言詞典》"作孽"一詞注音爲[tsuə³³ iə³¹],①説明"作孽"、"作業"同音。河南陝縣"業""孽"則同讀 niè,"作業"、"作孽"也都同音。

現代漢語普通話中,"業"讀 yè,"孽"讀 niè,二字不同音。《現代漢語詞典》索性把二詞區分開來,造孽、作惡的意義由"作孽"承擔,"作業"一詞只用於工作、事務、課業義,這樣做的好處是利於語言文字應用的規範化和標準化。因爲"作業"是一個使用率極高的詞,如果讓"作業"包含作惡的意思,就極易引起歧義和混淆。即便"作業"和"作孽"像在方言中那樣音、義完全相同,站在異形詞規範的角度也應該整理掉一個。但是這樣做也不是一點弊端也沒有。規範化可以規範當代,但却無法割裂或改變歷史,近現代白話小説中,"造孽"和作惡意義的"作業"却比比皆是,這對語文程度高的人來説自然不成問題,但對廣大中小學生來説却未免感到困難,《現代漢語詞典》"作業"條又沒有這個義項。那麼是否應該像《漢語大詞典》一樣,也給《現代漢語詞典》的"作業"機械地增加一個義項就萬事大吉了呢? 不行。因爲兩辭書性質不同,《漢語大詞典》是歷史性語文辭書,而《現代漢語詞典》主要面向當今語文應用。筆者以爲,可以儘量利用《現代漢語詞典》的自身體例做文章,該詞典《凡例》給詞語釋義規定了這樣幾個特殊符號——"〈古〉、〈方〉、〈書〉",分別表示某詞或某義項是古代用法、方言詞語或者書面文言詞,如果爲"作業"增加一個義項,不妨這樣處理:

---

① 董紹克、張家芝主編:《山東方言詞典》,語文出版社 1997 年版,第 403 頁。

〈古〉〈方〉作惡,造孽。現代書面語中一般用"作孽"。這樣既可照顧歷史傳承及方言現實,又不至影響乃至可以宣導當前普通話和書面語的規範化。同時這對《現代漢語詞典》内部的相互照應也是有利的,因爲該詞典"業"字有佛教的"三業"以及"專指惡業"的義項,還收了"業海"、"業障"兩個複詞條目,"作業"增一義項恰好與之相呼應。

（與尚偉合作,原載《辭書研究》2006 年第 1 期）

“家賊”源流辨考
——兼爲辭書相關條目訂補

“家賊”一詞,《現代漢語詞典》釋爲:“偷盜自家財物的人”①;《漢語大詞典》釋爲:“家庭内部的敗類。亦指内奸。”②兩種釋義,雖皆有失全面,但合而觀之,現代“家賊”涵義可謂兩方面兼而有之了。現代常用的成語“家賊難防”,就既可指内部竊賊,亦可指内部敗類或奸細。然而“家賊”之原始面貌却並非如此。《漢語大詞典》作爲一部歷史性的語文詞典,其“家賊”和“家賊難防”詞條,未詳察“家賊”的本源和流變,以今律古,不别古今地予以一種現代釋義,致使其本義本源以及其他重要義項湮没不彰,這是十分遺憾的。

一 “家賊”本義是上古卿大夫家養的殺手或刺客

欲明真相,尚須從《漢語大詞典》的書證着手進行考辨。其“家賊”條共用四條書證,以下我們逐條加以分析。其關乎本源本義的是第一條書證:

> 漢王充《論衡·感類》:“宋華臣弱其宗,使家賊六人以鈹殺華吴於宋。”

---

① 《現代漢語詞典》(修訂本),商務印書館 1996 年版,第 606 頁。

② 《漢語大詞典》第 3 卷,漢語大詞典出版社 1989 年版,第 1476 頁。

此例"家賊"無論理解成家中敗類還是内奸,皆扞格不通,理解成
"偷盜自家財物的人"尤屬荒唐。

其實《論衡》所引故事前有所本,原出《左傳‧襄公十七年》,
兹摘引如下:

> 宋華閲卒,華臣弱皋比之室,使賊殺其宰華吳,賊六人以
> 鈹殺諸盧門合左師之後。左師懼曰:"老夫無罪。"賊曰:"皋
> 比私有討於吳。"遂幽其妻,曰:"畀余而大璧。"

兩相對照,《左傳》只作"賊",顯見"家"字系《論衡》後增。該"賊"
何義?杜注、孔疏皆未釋。然據文意言之,六名賊即系華閲派去殺
華吳之人,此"賊"意義自應與殺人有關。

這要從"賊"字本源和古義説起。

《説文解字‧戈部》:"賊,敗也。從戈,則聲。"段玉裁認爲從
"戈"毁"則"會意而成。要之,"賊"本爲動詞,義爲毁壞。引申之
則爲殺害。《書‧舜典》:"眚災肆赦,怙終賊刑。"孔傳:"賊,殺
也。"《論語‧先進》:"賊夫人之子也。"邢昺疏:"賊,害也。"《左
傳‧昭公十四年》:"貪以敗官爲墨,殺人不忌爲賊。"《周禮‧地
官‧大司馬》:"賊殺其親則正之,放弑其君則殘之。"《史記‧秦本
紀》:"出子六年,三父等復令人賊殺出子。"以上足證"賊"作動詞
與"殺"同義,且可連用作"賊殺"。

"賊"由動詞殺人義引申爲名詞,即爲殺人者。《左傳‧隱公
十一年》:"壬辰,羽父使賊弑公於寪氏。"此"賊"分明是弑君兇
手。《荀子‧正論》:"故盜不竊,賊不刺。"楊倞注:"劫殺謂之
賊。"《史記‧刺客列傳》,"[聶]政姊榮,聞人有刺殺韓相者,賊
不得。"此"賊"爲刺客甚明。《史記‧秦始皇本紀》:"燕王昏亂,
其太子丹乃陰令荆軻爲賊,兵吏誅,滅其國。"《史記‧白起王翦
列傳》:"燕使荆軻爲賊。"此二例"賊"皆謂荆軻,非刺客爲何?
荆軻以做"賊"(刺客)行刺秦王而名垂青史,事迹俱在《史記‧
刺客列傳》。"賊"指殺人者的意義直至後世仍在應用。唐劉餗

《隋唐嘉話》卷上："英公嘗言：'我年十二三爲無賴賊，逢人便殺；十四五爲難當賊，有所不快者，無不殺之；十七八爲好賊，上陣乃殺人。'"例中"賊"指殺人者的意義再明白不過了。指殺人者的"賊"自然是名詞，或許因其在特定語境中意義顯豁，易於辨別，却爲歷代注釋家所忽略。清代學者錢繹在箋疏《方言》時才順便指出了這一點。《方言》卷一："虔，劉，慘，㤫，殺也。……秦晉之北鄙，燕之北郊，翟縣之郊，謂賊爲虔。"錢繹箋疏："殺謂之賊，殺人者即謂之賊。"在這裏，錢繹不僅補足了"賊"之"殺人者"的名詞義，而且指明了"賊"之動詞義"殺"向名詞義"殺人者"轉化的情形。

"賊"之古義既明，驗之於以上《左傳・襄公十七年》引文，其三"賊"字，以"殺人者"古義解之，若合符節。

《左傳》之"賊"，《論衡》爲何引作"家賊"？那是因爲春秋卿大夫稱"家"，與諸侯之"國"相對。華閱、華臣兄弟皆爲宋卿，當然皆可稱"家"。皋比爲華閱之子、華臣之侄。華臣早對其兄、侄財富懷覬覦之心，其兄死後，華臣以爲彼宗支軟弱可欺，便派六名殺手刺殺其管家華吴，並幽禁皋比之妻。"畀余而大璧"一語道破天機，原來是圖謀人家一塊大玉璧。所以此處"家"正謂華臣本人或其私家，"賊"謂殺人者，亦即刺客或殺手。可見《論衡》中的"家賊"僅是一個結構鬆散的短語，其意義是"家"和"賊"的加合：宋卿華臣"家"之"賊"。

綜上所述，"家賊"本義應爲：卿大夫私家豢養的刺客或殺手。《漢語大詞典》未別古今，釋爲："家庭内部的敗類。亦指内奸。"其誤明矣。吉常宏主編《漢語稱謂大詞典》由筆者撰寫的"家賊"條，已將其本義並《論衡》之書證辨明，且爲之單立義項。①

---

① 　吉常宏：《漢語稱謂大詞典》，河北教育出版社 1991 年版，第 398 頁。

二 "家賊"由古本義向現代意義的演變

下面再分析《漢語大詞典》"家賊"第二條書證：

　　《資治通鑒·唐肅宗至德二年》："[嚴]莊與[安]慶緒夜持兵立帳外，[李]豬兒執刀直入帳中，斫禄山腹。左右懼，不敢動。禄山捫枕旁刀，不獲，撼帳竿，曰：'必家賊也。'腸已流出數斗，遂死。"

　　爲清楚起見，我們特地將殺害安禄山的三個人姓氏以方括號補出。嚴莊是安禄山近臣，李豬兒是其侍衛，安慶緒爲安禄山之子，他們合謀弒主篡位。安禄山被殺情形，《舊唐書·安禄山傳》有載，唯臨死前那句話作"是我家賊"，《新唐書·安禄山傳》則只作"是家賊"。不難看出，此"賊"仍含有殺人者之義，此"家賊"爲安禄山部下和家兵，仍系家養的殺手之類。所不同者，養家賊本爲刺殺外人，而於此反却刺殺己主。這種特殊語用情形，導致此"家賊"在保留古義的同時，又暗中萌生出"家中敗類"或"內奸"之義。所以《漢語大詞典》將古義向今義過渡階段的此例"家賊"釋以今義，亦勉可通過。按此例又應是成語"家賊難防"的實際源頭。安禄山病卧在床，雙目失明，在毫無防備的情況下遭自己人刺殺，此"家賊"之"難防"，已不言自明。

　　衆所周知，在漢語古今演變中，"賊"與"盜"曾發生過意義範疇的錯位，二者既有聯繫又有區別。上古時期"賊"主殺，"盜"主竊。到後來這種區別反過來，殺人越貨者爲"盜"，一般竊貨者爲"賊"。由於"賊"的意義由殺人者變成了竊賊，"家賊"産生出"內部竊賊"的意義就極爲自然了。我們看《漢語大詞典》"家賊"條第三個書證：

　　《宋史·呂嘉問傳》："嘉問竊從祖公弼論新法奏稿，以示王安石,公弼以是斥於外,吕氏號爲'家賊',故不得與吕氏同傳。"

此例"家賊"就已經是現代意義了,是"家中竊賊"和"内部奸細"兩種意義兼而有之。事實是:吕公弼反對王安石新法,欲上書彈劾,其族孫吕嘉問爲變法一派,却將奏稿偷出去給王安石看了,故嘉問被其從祖及其家族斥爲"家賊"。此賊既以"竊"得名,非殺人賊明矣,故此"家賊"宜歸入"偷盗自家財物的人"之列。奏稿爲自家人所偷,該故事本身就昭示了"難防"之意。但吕嘉問這種情形,又不同於單純竊取錢財爲己用的家賊;身爲自家人而竊取内部機密給敵對一方,同時又具有了"内奸"性質。所以該典故宜視爲成語"家賊難防"的另一出典。

《漢語大詞典》"家賊"第四條書證爲:

> 清李漁《憐香伴·歡聚》:"家賊果難防,揖盗寨悼入深幌,把蛾眉奸細認作兒行。"

用例本身就把"家賊"與"奸細"聯繫起來,其義較顯,且已經指明"家賊果難防"。

僅以《漢語大詞典》的四條書證而論,"家賊"意義即可區分爲古今兩大類三小類。古代的家賊是私家豢養的刺客或殺手,這算一大類;後世的家賊算一大類,其中又可細别爲兩個小類:一是内部的敗類或奸細,二是偷盗自家物品或資財的人。《漢語大詞典》的釋義,不辨本原和流變,將四條書證看作一個平面上的東西,所以是很成問題的。

三 "家賊"曾被佛教禪宗
用爲專門術語

問題尚不止於此。"家賊"在後世流變中還滋生出其他新義項,成爲佛家的專門術語,這種意義和用法亦爲《漢語大詞典》所遺漏。與此相聯繫,《漢語大詞典》"家賊難防"條同樣漏釋了這一義項,將它混同於常人概念中一般家庭竊賊或内奸意義的"家賊",犯了以偏概全和以今釋古的錯誤。兹將其釋義及書證照引如下:

> [家賊難防]家庭内部的賊人或内奸最難防範。《五燈會元·同安志禪師法嗣·梁山緣觀禪師》:"問:'家賊難防時如何?'師曰:'識得不爲冤。'"清李漁《鳳求鳳·悟奸》:"這等看起來,真個是家賊難防,連星相醫卜的話都是他教導的了?"①

兩個例子,後一例的"家賊"還可以約略看出是"家庭内部的賊人或内奸"之意,前一例《五燈會元》的"家賊",僅由引文本身,根本無法確定其所指。

實際上,第一例的"家賊難防"正是中國佛教禪宗的專門術語。《五燈會元》爲宋釋普濟所撰,正是記載禪宗傳承和語言的專門著作。中國佛教文化研究所編《俗語佛源》"家賊難防"條釋作"本爲禪語",例證正是前舉《五燈會元》那段話。② 原來,佛教將擾亂人心、劫殺人之善性的六種因素叫作"六賊",且有内、外之分:色、聲、香、味、觸、法這六種塵境爲"外六賊";眼、耳、鼻、舌、身、意這六種感官爲"内六賊",又稱"六根"。外六賊通過内六賊起作用,故佛家講究"六根清净",令其不生貪欲。

這實際是"賊"之古義的正常延伸。古代"賊"指殺人或行刺之人,將其意義加以擴大引申,即可泛指一切起扼殺和破壞作用的人或者抽象事物。禍亂君國者爲"國賊",殘害人民者爲"民賊",連一種專食禾節的小蟲子也謂之"賊",即《爾雅·釋蟲》之"食節

① 《漢語大詞典》第3卷,漢語大詞典出版社1989年版,第1476頁。
② 中國佛教文化研究所:《俗語佛源》,上海人民出版社1993年版,第207頁。

賊"。同理,"家"亦可由狹義的私家、家庭之義,擴大引申爲泛指內部的意義。相對外物而言,人體自身諸感官及所生欲念屬於"内",可喻作"家"。故中國禪宗將"内六賊"喻爲"家賊",其意義可釋爲:人身内部擾亂心志、劫殺善性的諸種感官欲求。

下面我們對佛家這種抽象意義的"家賊"再進一步加以證明。

《五燈會元》共出現"家賊"六例(其中包括"家賊難防"二例),散見於四篇燈錄中,皆是借用"家賊"的常見意義做比方,暗喻人自身諸感官貪欲。其中一篇燈錄,"家賊"的比喻意義最爲明顯。

《五燈會元·道場琳禪師法嗣·東山吉禪師》:"臨江軍東山吉禪師,因李朝請與甥薛林居士向公子譚謁之,遂問:'家賊惱人時如何?'師曰:'誰是家賊?'李豎起拳。師曰:'賊身已露。'李曰:'莫茶糊人好!'師曰:'贓證見在。'李無語。師示以偈曰:'家賊惱人孰奈何,千聖回機只爲他。徧界徧空無影迹,無依無住絶籠羅。賊!賊!猛將雄兵收不得,疑殺天下老禪和,笑倒鬧市古彌勒。休!休!不用將心向外求,回頭瞥爾賊身露,和贓捉獲世無儔。世無儔,真可仰,從兹不復誇伎倆。怙怙安家樂業時,萬象森羅齊拊掌。'①

例中"家賊惱人"正謂人身六根雜念令人煩惱。這種所謂的家賊,之所以"徧界徧空無影迹","無依無住絶籠羅","猛將雄兵收不得",正因爲它不是具體的人和物,而是一種抽象無形的事物,即人的思想和欲念。

四 "家賊"的古今多種所指 及用例考補

綜上所述,"家賊"意義有四種所指:1. 私家豢養的刺客或殺

① 普濟:《五燈會元》,中華書局 1984 年版,第 1225 頁。

手。2. 暗藏於内部起破壞作用的敗類或内奸。3. 偷盜自家物品或資財的人。4. 佛教語。人自身諸感官及其生發之邪念。《漢語大詞典》誤解"賊"之本義,將"家賊"古義釋爲今義,犯了"以今律古"的錯誤;其釋義又過於籠統,頂多可以把2、3兩類包括進去,無論如何不能包括1、4兩類,所以又犯了"以偏概全"的錯誤。

同樣,"家賊難防"條的意義也有兩大類:1. 内部竊賊、敗類或内奸最難防範。2. 佛教語。人自身諸感官所生之貪欲和邪念最難防範。《漢語大詞典》該條兩個書證即應分屬兩個類別。不過《五燈會元》一例既歸爲佛教語,前一義項就只剩下清人李漁傳奇的一個例子,尤其是時代過晚。我們不避煩瑣,於此補充宋元人兩條"家賊難防"用例:

> 宋方秋崖《趙龍學落宫觀謝表》"而臣材不足以御衆,智不足以察奸。羝羊觸藩,尚駭塞垣之未靖;虎兕出柙,詎圖家賊之難防。變忽起於蕭牆,勢竟隳於屏翰。"元方回《續古今考》卷六:"家賊難防,所至有之,曹無傷真沛公之家賊也。欲王關中,盡有珍寶,沛公初意或然;以樊噲張良諫還軍霸上,則不然矣。曹無傷以此譖沛公,悦項羽,意以求封,是所謂叛臣也。鴻門幸免,沛公至軍,立誅曹無傷,殆天理所不容。"

很明顯,這兩例"家賊"已屬現代常用義:暗藏的壞人或出賣本方利益的内奸。

另外,辭書中關於盜竊家中或内部財物的"家賊",例子稍嫌不足或意義欠顯豁。我們再補充《官場現形記》第五十回中一個明顯事例以資參照,例中講家中失盜,内部竊賊義相當明顯:

> 三姨歎口氣道:"提起報官來,更惹了一肚皮的氣!警察局裏的委員也來踏勘過了,失單也拿了去了。不過那委員的口音總説是家賊。我就同他説:'現在牆上有挖好的壁洞,明明是外頭來的。'那委員便説:'是裏應外合。没有家賊,斷乎偷不了這許多去。牆上不挖個洞,他們怎麽往外拿,豈不更爲

便當些?'委員被我頂的無話説,才拿了失單走的。但是一件:賊去之後,掉下一根雪青札腰。我們那些底下人都認得,説是這根札腰像你們這邊胡貴的東西,常常見他札在腰裏的,同這一模一樣。我就趕緊朝他們擺手,叫他們快別響了。照這樣子,警察局裏還推三阻四,説我們是家賊,再有這個憑據,越發要叫他有得説了。"

這段話講家中失盜,内部竊賊的意思十分明顯,完全是現代意義的"家賊",毋庸過多分析。

常見的"家賊"一詞以及"家賊難防"一語,看似簡單,却也問題多多。這説明從事漢語史研究及辭書編纂不可不慎。總之,將諸種情形認真研究,通盤考慮,"家賊"和"家賊難防"的釋義會更加精密、合理和臻於完美。

(原載《古漢語研究》2010 年第 2 期)

"錦標"本義考
——兼爲《漢語大詞典》釋義辨正

"錦標"指授予競賽優勝者的獎品,獲勝者可得錦旗、獎杯之類。辭書對該詞的現代意義大都揭示得比較準確,可是對"錦標"的本文及其初始形制,辭書的解釋却不盡如人意。且看《漢語大詞典》"錦標"條第一義項的釋義:

> 錦制的旗幟,古代用以贈給競渡的領先者。後亦以稱競賽優勝者所得的獎品。唐白居易《和春深》之十五:"齊橈爭渡處,一匹錦標斜。"(以下例略)

這裏對錦標最初用途(古代用以贈給競渡的領先者)的揭示是正確的,但對其本義及初始形制的揭示就值得商榷了。將其本義釋爲"錦制的旗幟",顯然是簡單地把"錦標"跟"錦旗"畫了等號,是不符合歷史實際的。

錦標起源於龍舟競渡倒是確實的。《全唐詩》中描寫競渡的作品就有不少,"錦標"也多次出現,但那時的錦標究竟是什麼樣子則大多不加説明。唐張建封《競渡歌》的描寫倒是透露出一點資訊:

> 鼓聲三下紅旗開,兩龍躍出浮水來。棹影斡波飛萬劍,鼓聲劈浪鳴千雷。鼓聲漸急標將近,兩龍望標目如瞬。坡上人呼霹靂驚,竿頭彩掛虹霓暈。前船搶水已得標,後船失勢空揮橈。

這段文字中出現的三個"標",當然首先是一根高竿,但又非單純指那根高竿,而是連帶飾物而言,指整體的錦標。"竿頭彩掛"關乎其最初形制,謂高竿頂部懸掛的一匹錦彩(一種名貴的彩色絲織品)。

宋代文獻對錦標的形制記載得較詳細。宋孟元老《東京夢華錄‧駕幸臨水殿觀爭標錫宴》:

> 則有小舟一軍校執一竿,上掛以錦彩、銀碗之類,謂之"標竿",插在近殿水中。又見旗招之,則兩行舟鳴鼓並進,捷者得標,則山呼拜舞。

宋吳自牧《夢粱錄‧八日祠山聖誕》:

> 其龍舟俱呈參州府,令立標竿於湖中,掛其錦彩、銀球、官楮犒龍舟,快捷者賞之。……龍舟並進者二,又以旗招之,其龍舟遠列成行,而先進者得捷取標賞,聲諾而退,餘者以錢酒支犒也。

在競渡中出現的這種"標竿"就是錦標。通過這兩段描寫,結合前面的"竿頭彩掛",我們可以斷定,最初的"錦標"形制實際上應是由"錦"、"標"二物組成:"標"是一根高高的標竿(杆),"錦"是掛在竿頭的錦繡彩緞。至於在錦彩之外再添加上銀碗、官楮(官制紙幣)之類,那是額外附帶的,不過是爲提高獎品價碼而作的臨時變通,亦可視爲錦標形制的一種發展。現代用於表彰比賽優勝或工作先進的錦旗,就是古代錦標形制的進一步發展,因爲一匹錦緞掛在標竿上迎風飛揚,本身就像一面旗幟,於是後世便製成專門用以表彰優勝的錦旗。巧合得很,過去標竿上附帶的銀碗,頗有些像現代錦標中的獎杯,官楮則類似今天的獎金。

古代用於競渡的錦標,作用有二:一是這樣一根標竿插在水中作爲競渡到達終點的標誌(類似田徑運動的闖綫),二是上面懸掛的錦彩之類的貴重物品作爲給予獲勝者的獎賞物。現代錦標則純屬獎品了。現代錦旗雖可看作古代錦標的演化形式,但是把古代的錦標直接說成錦旗却是不妥的。其一,古代的錦標儘管像一面旗,但畢竟不是旗,因爲一根高竿和一匹錦彩的結合只是臨時性的,還沒有形成一面旗幟。其二,用以獎勵優勝的錦旗是現代才有的,古代雖然也有錦旗,卻只用作渲染某種熱烈氣氛時的點綴,跟獎品無關。其三,白居易的詩句"一匹錦標斜",更能證明它不是旗幟。如果是旗幟就應該説成"一面",只有布帛之類才論"匹",這説明竿頭所掛只是一般意義上的絲織品。其四,現代的錦旗只是一種榮譽的象徵,本身没有什麽物質的意義和價值;而古代的錦標除榮譽外,那匹錦彩本身就是有使用價值的實物,競渡目的是得到錦彩而不是那根長竿,當時"錦"和"標"是可以分離的。

總之,最初的"錦標"應該是"頂端掛有錦彩的標竿",而非"錦制的旗幟"。綜合其形制、特點、作用等而言,其本義可以釋爲:"古代龍舟競渡時掛有錦彩等貴重物品的標竿,插在水中作爲終點標誌,所懸物品作爲獲勝方的獎品。"此外,它在結構上也是鬆散的,是個偏正式片語;後來"錦標"由於比喻用法而逐漸發生詞彙化(大約發生在宋代),從而凝固爲一個複合詞,衍生出新義,且有數個義項。《漢語大詞典》不唯本義解釋有誤,後起義概括也有缺憾。

(原載《辭書研究》2010 年第 6 期)

陌生人交際的禮貌稱謂

陌生人之間免不了交際,常見的就是一方向另一方詢問什麼情況或請教什麼問題。這種情況就需要使用稱謂語。因為是一方有求於另一方,所以還要遵循尊敬和客氣的原則,即使用禮貌稱謂。然而,怎樣在稱謂上對陌生人表示客氣和尊敬,即怎樣才算是禮貌稱謂,却是個複雜問題。

首先,陌生人之間的禮貌稱謂具有很強的時代性,不同歷史時期有不同的禮貌稱謂。解放以後人們普遍稱"同志",是為了表示人與人之間的平等,也反映了人們為共同的理想和事業而奮鬥的信念。後來政治運動不斷升級,"階級敵人"越來越多,"同志"的革命色彩越來越強烈,也越來越受到人們的青睞。進入新時期後,黨和政府糾正極左錯誤,昔日的"階段敵人"摘帽的摘帽,平反的平反,沒有了"非同志"的對照,"同志"一稱也就不再顯得那麼神聖和高貴了。儘管當時報紙廣播上不斷發出"互稱同志好"的呼籲,還是擋不住該稱謂掉價兒的趨勢。但人們總要交際,對陌生人總要有一個符合時代要求的公共敬稱才是。於是人們便開始搜尋新的目標。隨着形勢的改變,黨號召尊重知識、尊重人才,教師的地位一下子由"臭老九"變成了工人階級的一部分,因而"老師"這一稱呼也漸漸受人羨慕,不知不覺間就擴大了範圍,成了社會尊稱,也成了陌生人之間的禮貌稱謂。山東省會濟南早就興稱"老師"了,北京、上海等大城市雖是稱"師傅",但在文化界,特別是廣播電視和演藝界,"老師"的影響却越來越大,也已經成了時髦的禮貌通稱。假如外地人到濟南,要想問個路什麼的,遇到陌生人,不論是什麼年齡、性別和職業,一聲"老師"馬上會贏得對方的笑臉。實際上這也符合了陌生人交際的禮貌原則。稱人"老師"等於把自己降到了學生的地位,包含了嚮人求教的意味在內。其實,稱"師傅"一方面源於工人階級受尊重,一方面也和稱"老師"一樣,有嚮人求教的意味在內。因爲和"師傅"對待的也是"徒弟"或"學生"。

兩個稱謂的升降浮沉,就像晴雨錶一樣,反映了政治氣候和時代風雲的變化。而今,隨着改革開放形勢的進一步發展和外國及港臺文化的影響,已經棄置的禮貌稱謂"先生"、"小姐"等,又逐漸被起用。同時由於經濟大潮的影響,"老闆"一稱也漸在經商的人們中流行開來。總之,陌生人的禮貌稱謂已不再像過去那樣單調,又開始呈現一種多樣化的趨勢。

還有一種情況則主要反映了人們觀念的變化。比如過去對已婚女性的禮貌稱謂,年長些的稱"大娘"、"大嬸",年輕些的稱"大嫂"。現在對前者則一般改稱"大姨",後者則改稱"大姐"。這一變化反映了對婦女地位的尊重。因爲前者是依照男性劃分的,沒有"大爺"、"大叔"、"大哥"哪來的"大娘"、"大嬸"、"大嫂"? 這很有些把女性看作男性附庸的味道。而"大姨"、"大姐"等稱呼則是純依女性劃分的,用作禮貌稱謂,似亦包含了尊重女權的意思在內。另外,這些稱謂也可免去判別結婚與否的麻煩。舊時婦女結婚,一般都要改變頭髮的梳妝樣式,還要開臉,所以容易辨別婚否。而今的女性則大多看不出已婚未婚的差別。以年齡而論吧,現在"女大當嫁"的觀念又逐漸淡化,就是中老年女性,獨身的也大有人在。萬一人家没結婚,稱之爲"大娘"、"大嬸"、"大嫂",豈不鬧出不快? 代之以"大姨"、"大姐"也就避免了這種尷尬。陌生人之間的禮貌稱謂,還有地域文化性特徵。比如對與自己年齡相當的男子,全國各地大都是尊稱"大哥",而山東的不少地方,例如魯西、魯西北地方以及與山東毗鄰的河北南部地區,却是尊稱"二哥"。以行二者爲尊,這當中有着深刻的文化、民俗背景。因爲山東歷史上有好幾位行二的名人大受推崇。如春秋時魯國有孔丘孔仲尼,齊國有管夷吾管仲,唐代有英雄好漢秦瓊秦叔寶,而最值得一提的則要推好漢武松武二哥了。相貌堂堂、勇猛英武、剛强俠義的武二哥的形象,在老百姓的心目中深深紮下了根。而大哥——武大郎,外號"三寸丁穀樹皮"者,那副猥瑣的形相,那種懦弱的性格,實在爲人所不齒。所以人們漸漸以"二哥"爲日常交往中的尊稱,而不再稱"大哥",稱"大哥"那簡直等於是罵人。可見"二哥"之稱非出偶然。

對陌生人使用禮貌稱謂,還要適合對方的心理特點。記得侯寶林有一段相聲,講一個賣青辣椒的,對自己的辣椒説辣也不是,説不辣也不是。這説明顧客的心理實在難以捉摸。禮貌稱謂也存在這種情況。有一則發生在菜市場内的小故事,説是三位賣韭菜的小夥子,見一位四十多歲的女同志買菜來了,小夥子甲見她興沖沖地朝自己的菜走來,趕忙討好地招呼一聲:"大媽,看我的韭菜嫩不?"女顧客的臉馬上"晴轉多雲"。小夥子乙似乎看出點什麽,馬上改口道:"小姐,看我的咋樣?"顧客的臉"陰"得更沉了。小夥子丙見縫插針:"大姐,看我的!"顧客的臉色又轉"晴"了:"不錯,來兩斤!"這純粹是個心理適應問題。因爲這是一個四十多歲的中年婦女,一聽"大媽",心裏老大不高興:"我老了麽?"一聽"小姐":"怎麽? 我又成'老來俏'了?"而一聲"大姐",則使她既覺得受到了尊敬,又不覺得太老和太小。

陌生人的禮貌稱謂,除了要顧及性別、年齡、心理等因素外,有時還要顧及對方的身分、地位、職業等因素。就連《紅樓夢》裏的村婦劉姥姥也懂得這一點,她初進榮國府,在角門前見幾個挺胸疊肚的男人在那兒説話,便嚮前問訊説:"太爺們納福。""太爺"便是個官稱。雖然那幾個人不一定是多大的官,但劉姥姥知道:這兒是榮國府哇,抬舉着點兒没錯! 古時對官員要稱"太爺"、"老爺";

對公差、衙役要稱"端公"、"牌頭";見當兵的要稱"軍爺"、"將爺"……不一而足。現在沒有那麼多講究了。像"同志"、"老師"、"師傅"等禮貌稱謂,不僅可以不論性別、年齡,而且可以不論身分、地位和職業。只在少數情況下還帶有行業特徵,如對店家稱"老闆",對醫務人員稱"大夫"、"醫生"等。

　　總之,陌生人間的禮貌稱謂是一個複雜而重要的問題。它首先是現實交際的需要。無論過去、現在和未來,只要有陌生人的交際,就會有禮貌稱謂。就是嚮小孩子打聽點兒什麼,也要有禮貌。《紅樓夢》裏劉姥姥一進榮國府,先要找周瑞家的,從前門找到後門,拉住一個小孩子都要稱呼一聲"哥兒"。今天我們見到小孩子也要稱一聲"小朋友"或"小弟弟"、"小妹妹"什麼的,如果就稱人"小孩"或者不加稱呼,人家很可能給你個不理。所以對於個人來說,恰當地使用禮貌稱謂,是交際成功的首要一環。對於商業和服務行業來說,恰當地使用禮貌稱謂,則是吸引主顧的首要一環,直接關係到自身的經濟效益。更重要的,對於一個國家民族來說,陌生人交際的禮貌稱謂,直接關係着社會文明。它是一個時代、一個地區的政治、經濟、文化、風俗、日常生活和心理習慣的縮影,最能體現語言的社會性和文化性特點。因此,對陌生人交際的禮貌稱謂問題進行認真深入的研究,不僅對語言學、社會學、文化學、心理學等學科具有重要的學術意義,而且對社會主義的精神文明建設具有重要的理論和現實意義。

　　(原署名:劍藝　福爲,載於《語文建設》1996 年第 6 期。)

話説"老闆"

語言是和社會生活發展緊密聯繫的,一些社會性稱謂尤其如此。比如,改革開放以來,隨着企業自主權的擴大和商品經濟的建立,"廠長"、"經理"等稱謂也開始受人青睞。可是後來廠長、經理多了起來,只有一隻皮包的"總經理"也不在少數,人們形容:一不小心,一腳就踩仨廠長、倆總經理。事物大凡有個規律:一多就不值錢。這兩個稱謂很快就掉下價來了。

隨着經濟體制改革步伐的加快,過去被當做資本主義打倒了的私營經濟,被當做資本主義尾巴割掉了的個體經濟,以及改革開放中引進的外資經濟,就正式作爲合法經濟成分,與作爲主體的全民、集體兩種公有製成分共同發展,在市場中公平競爭。同時,一個久違了的稱謂——"老闆",又開始流行起來。

"老闆"一稱,解放前就通行了,其初始意義就是指的私營工商業主和雇主。所以如今的"老闆"並不是什麼新生事物,只不過是隨着私有經濟的重新出現與發展,被廢置的舊詞重新"恢復工作"而已。在沿海開放城市中,外資企業和私營企業的業主或總負責人,早就被稱爲"老闆"了。它在内地的流行,不過是近三兩年的事情。

老闆既是私營業主,那他自然是資產的擁有者,他對他那個企業或部門的生產、經營和人員的任用,有着絕對的決定權,沒有誰敢跟他扯皮。因而在人們心目中,老闆總是財富或某種權力的象徵,是腰纏萬貫、頤指氣使的闊佬。這就難免使人們對老闆生出許多的欣羨。產品製造商們也不甘示弱,專門爲老闆設計了一些特殊樣式,美其名曰老闆褲、老闆鞋、老闆襪、老闆杯、老闆檯(一種寫字檯)……有的乾脆以"老闆"爲商標,如老闆牌啤酒、老闆牌抽油煙機,不一而足。老闆本來就够神氣了,這樣就更把老闆給炒紅了。老闆以此爲榮,不是老闆的也夢想着有朝一日能過一把"老闆癮"。

稱人"老闆"是一種尊敬甚至諂媚,被稱者則洋洋自得。尤其値得注意的是,這一稱謂一旦成爲尊稱,便以迅雷不及掩耳之勢擴大了它的陣地。私營企業中"廠長"、"經理"等稱呼被"老闆"取代後,公有企業中的廠長、經理們很快就被稱爲"老闆"了。眼下"老闆"之稱正向黨政機關和高校進軍,某些黨政機關的一把手,甚至一些研究生導師(多爲理工科),也開始被悄悄稱爲"老闆"了。

怎樣評價這種"老闆"現象呢? 從理論上講,這當然是不正常的。社會主義企業,甚至黨和政府的領導怎麼能稱"老闆"呢? 這樣把工人和群衆擺在了什麼位置?《人民文學》1996 年第 1 期有一篇中篇小説《大廠》(作者談歌),其中有位車間主任的話就表達了對"老闆"現象的深深的不滿:

> 賀書記,我不是當面奉承您,您這話叫話。現在眞是没人好好幹活了。您知道,現在連工人階級都不叫了,叫什麼? 叫工薪階層。廠長不叫廠長,叫老闆。眞是×他媽的都成了打工的跟資本家的關係了,還有什麼××主人翁責任感啊?

("×"號處爲引者避掉的髒字)

可是話又説回來,企業負責人跟工人的關係,領導幹部跟群衆的關係,不是因爲使用某個稱呼就決定得了的,而是由政治經濟體制和領導者的素質決定的。領導如果不代表人民的利益,甚至走向反面,再好的稱呼也白搭。就説"公僕"吧,多麼美好的稱呼啊,但人民群衆不是照樣把某些變了質的"公僕"跟"老爺"劃了等號嗎? 再説,當初"老闆"雖然是被當做資本主義的東西廢除的,可如今私有經濟和市場都已被當做社會主義的組成部分了,我們爲什麼非把"老闆"的稱號跟"資本家"劃等號,而不把它從資本主義的標籤下解放出來呢? 實際上"老闆"之稱從　一開始,在具有資產所有者意義的同時,還兼具負責人的意義。現在"老闆"的使用既然擴大了範圍,我們完全可以爲它另立一個義項:指企業、單位或其他方面的主要負責人。

"老闆"是否還會繼續擴大範圍呢? 這就要看具體情形而定了。比如,解放前"老闆"有稱著名京劇演員的用法,今天這一意義就不會被起用了。因爲當今戲劇遠不像解放前那樣火爆,當年梅老闆、馬老闆……那是一種什麼情形? 現在走紅的是影、視、歌明星。照理,起頂樑柱作用的影視歌星也可稱"老闆"的,然而已有"大腕"的稱呼先入爲主了。

"老闆"在解放前還可稱人的丈夫,這也不難理解,其道理跟稱"當家的"是一樣的;後來竟又擴大到對一般陌生人的敬稱。《漢語大詞典》有一個義項就是"舊時對不相識者的敬稱",舉例爲劉俊秀《死亡綫上的鬥争》:"看見他們過去,看清了是兩個穿破衣服的老百姓。我跟上去了,在他們一個的背上輕輕一拍:'老闆,你們哪里去?'"[1]不過這種用法還沒來得及普及,時代一變,整個的"老闆"稱謂就不興了。

今天的"老闆"是否也會走向全社會,成爲一般陌生人之間的敬稱呢? 依筆者看來,也不是没有這種可能。因爲不斷擴大範圍可以説是社交敬稱發展的普遍規律。古代的"相公"本是宰相的尊稱,後來竟由官吏、文人一步步降爲平民百姓;如今的"老師",在有的城市裏不是早已走向街頭了嗎? 所以"老闆"的範圍繼續擴大下去,也可能上街,況且解放前已有將不相識的普通百姓稱爲"老闆"的先例。但今後"老闆"是否會真的走向那一步,卻不是以

① 《漢語大詞典》第8卷,漢語大詞典出版社1991年版,第630頁。

我們的意志爲轉移的,而要由社會的發展和人們心理觀念的發展來決定,也就是要由群衆的約定俗成來決定。目前,我們只能静觀其變。

（原載《語文建設》1996 年第 9 期）

也説"振聾發聵(瞶)"

"振聾發聵"(亦作"發聾振聵")已經成了現代漢語中的一個習用成語,爲各種權威辭書所收載。可近幾年在學術界圍繞"振聾發聵"一詞却展開了一場有趣的争論。先是有人提出了一種令人瞠目的"新觀點",認爲這個成語是錯誤的,在規範性和理據性上都是站不住脚的。其主要理由有二:其一,在寫法上,"聵"本是目字旁的"瞶",寫成"聵"並與"聾"組合成詞語是用字的錯誤,根據則僅是《辭海》1979 年版作"振聾發瞶";其二,在理據上,讓喪失聽力的"聾"者和先天没有聽力的"聵"者産生聽覺是不可能的。因而,"振聾發聵"一語"組詞没有客觀依據,經不起實踐檢驗,應停止其使用!"要再使用這個詞語就應該將"聵"改成"瞶"。接下來論者爲了證明"振聾發瞶"的理據性,專取"聾"字"聽覺不靈"的後起義,又不惜把"瞶"的本義曲解爲"視力不好",於是"聾"就可以"振","瞶"也可以"發"了,"振聾發瞶"就有了"可能"和"客觀依據"了①。隨後有人批評上述解説太"牽强",認爲"聵"、"瞶"都是有理據的,但應把它們解釋爲"憒"的通假字。② 但這仍然没有從根本上揭示"振聾發聵(瞶)"的全部理據。於是又有人把案翻了回去,並且僅根據耳、目並稱的習慣,就斷定"發瞶"是對的,"發聵"則是"訛訛相傳"。③

---

① 張教誠:《組詞要經得起實踐檢驗——由"振聾發聵"提出的問題》,《漢字文化》1996 年第 4 期,第 18—19 頁。

② 王燦龍:《"振聾發聵"辨》,《漢字文化》,1997 年第 4 期,第 59 頁。

③ 梁特猷:《應從漢字文化着眼——"發聵"應是"發瞶"》,《漢字文化》1998 年第 3 期。

第一位論者後來又撰文進一步發揮“振聾發聵”的所謂客觀依據説：“‘聾’的意義是半聾,‘聵’的意義是半瞎。”並把《類篇》釋“聵”爲“目無精”説成是白内障。[①] 一則成語被炒得沸沸揚揚,倒是件有趣的事。爲什麼誰也説服不了誰? 兩種寫法出自同一書證,哪一個有更可靠的版本依據?“振聾發聵(瞶)”的意義理據究竟是什麼?該成語的源頭及改變到底是怎樣的? 爲解答上述問題,筆者認爲有必要對振聾發聵(瞶)一詞的相關問題進行一些梳理和論證。

一、“振聾發聵(瞶)”的版本依據

就目前來看,該成語自身的最早出處就是清代袁枚的《隨園詩話》卷一。現行的幾種大型辭書對它的收録及字形使用情況是這樣的：

1.《辭源》舊版未收,1980 年版(修訂本)收,作“振聾發聵”,書證即袁枚這一例。

2.《辭海》舊版未收,1965 年版(未定稿)收,作“振聾發瞶”,也是袁枚這一書證。1979 年版(修訂本)與“未定稿”本同。1989 年版(修訂本)就改成了“振聾發聵”,並且增加了亦作條“發聾振聵”,書證爲嚴復《救亡決論》。

3. 臺灣《中文大辭典》1962—1968 年版未收。

4. 臺灣《大辭典》1985 年版收,作“振聾發聵”,書證也是袁枚的一例。

5.《漢語大詞典》第 6 卷 1990 年版收,作“振聾發聵”,並且舉了三個書證,除袁枚那一例外,又有太平天國洪仁玕《英杰歸真》和郭沫若《今昔集·“娜拉”的答復》。

---

① 張教誠:《研究組詞要尊重歷史事實——由“振聾發聵”提出的問題》,《漢字文化》1999 年第 1 期,第 55 頁。

以上情况表明，“振聾發聩”這一成語，各辭書由未收到收，由只有一個書證到多個書證，是逐漸豐富完善起來的。而“振聾發聭”這一寫法，除《辭海》1965 年版“未定稿”本至 1979 年版以外，其他辭書均未采用，並且《辭海》1989 年版就自動改爲“振聾發聩”了。所以，拿一個《辭海》已經放弃的形體，來否定後來約定俗成的通行形體，這本身就是不合適的。

當前辭書界對成語“振聾發聩（聭）”都傾向於用“聩”而不用“聭”，是與對該成語的最早出處——清代袁枚《隨園詩話》的版本的信任程度有關的。

現在較流行的《隨園詩話》是人民文學出版社的校點整理本。這個版本又分 1960 年第 1 版（未坎校點）和 1980 年第 2 版（顧學頡校點）。兩版的校點者實爲一人，未坎即顧學頡先生。前後兩版對該成語皆作“振聾發聩”。這個本子是蜚聲海内外的專家顧學頡先生精心校勘整理的，他所依據的底本又是最爲可靠的。第一版在《校點後記》中已説明他的校本是“根據乾隆庚戌和壬子隨園自刻本”來的，袁枚的隨園自刻本“自然是最可靠的版本了”。第二版又根據王利器所藏《批本隨園詩話》進行了整理校核，《附記》還説，該批本“原藏清人某侍郎家”，又據近人所加跋記和批語推知，原批語作者爲“滿人福建總督伍拉納之子仲山”，仲山“與《隨園詩話》作者袁枚同時而晚，並有數面之雅”。這足以證明批本也是很可靠的。再加上又有“仲山批本”的對照，應該説這是集可靠版本之大成的最佳版本。各辭書紛紛以它爲依據，連《辭海》都放弃了原來的字形“聭”而改從爲“聩”，不是没有道理的。

當然，《辭海》所放弃的“振聾發聭”，也並非是一時的誤植，經我們查對，它也是前有所本的。如，已經有人舉出過 1921 年刊印的掃葉山房石印本的例子。① 近來，我們又查到了《隨園四十三

---

① 王燦龍：《“振聾發聩”辨》，《漢字文化》1997 年第 4 期，第 59 頁。

種》和《隨園三十八種》兩個版本,也是作"振聾發聵"的。"四十三種"標明爲"中華民國十年上海著易堂書局發行所印",應爲 1921年;"三十八種"又應是"四十三種"的前身,因爲上有"勤裕堂交著易堂印"字樣,雖未注出版年月,但據張元方題寫書名日期"光緒壬辰年陰月"而斷,應爲 1892 年。然而這比"隨園自刻本"的乾隆庚戌(1790)和壬子(1792)年,已經晚了一百多年。當然也可能還會有更早一些的版本作"振聾發聵"的,但無論如何總不至於早過自刻本的。又據筆者觀察,這兩個本子的印刷質量也相當差。可見著易堂本無論時間、質量及可靠性,都是無法與人民文學出版社校點本所依據的隨園自刻本和仲山批本相比的。也就是説,儘管"振聾發聵"也是有其版本依據的,但其可靠性遠不及"振聾發聩"所依據的版本,這就是大家舍"聵"而取"聩"的主要原因。

二、"振聾發聩(聵)"的意義理據

有論者引《説文》和《國語》,證明在許慎之前"聾"指"無聞","聩"指"生而聾"。① 這無疑是正確的。照此可推知,"振聾發聩"的本義就是:使"無聞"和"生而聾"的人恢復或獲得聽力,即:讓聾子能聽得見聲音。這不過是一種修辭上的形容性、誇張性説法,這種事在現實生活中當然是不可能的,誠如論者所説:

"聾"即屬喪失聽覺能力,那就巨聲也不能振動其耳膜,使其可聞。……"聩"即是生而未有聽覺能力,那他人啓發也不可使其聽到聲音。②

---

① 張教誠:《組詞要經得起實踐檢驗——由"振聾發聩"提出的問題》,《漢字文化》1996 年第 4 期,第 18—19 頁。
② 張教誠:《組詞要經得起實踐檢驗——由"振聾發聩"提出的問題》,《漢字文化》1996 年第 4 期,第 18—19 頁。

這段話除了把"振"解爲"振動"還值得商榷外,正是揭示了讓聾子聽見的"不可能性"。按説到這裏再略加點題,馬上就可以揭示出"振聾發聵"在語言表達上的意義理據了,可萬分遺憾的是,論者却借着這種現實中的"不可能性",把它的語言理據給否定了,於是得出了這個成語"組詞没有客觀依據,經不起實踐檢驗,應停止其使用"的結論。這實際上走進了一個認識誤區——把"客觀依據"當成了一切"組詞"成立的根據和意義理據,而忽視了邏輯語言和修辭語言的根本區别!

論者否定了"振聾發聵",却要把僅一字之差的"振聾發瞶"樹立起來,於是便按照自己的認識邏輯千方百計地爲其尋找乃至臆造"客觀依據"。他先是抓住"聾"字"聽覺不靈"的後起義,給"振聾"找出了可能性,接着又曲解"瞶"字的意義,給"發瞶"製造出了可能性:

> 《康熙字典》引《倉頡篇》和《類篇》,解釋"瞶"有"極視"和"目無精"兩個意義。據這兩個意義可知,瞶者視力不好,但未喪失視覺能力,經他人啓發,會看清所視之物……那就説明"發"與"瞶"可以組合在一起,成爲詞組"發瞶"。① (着重號爲引者所加)

"極視"和"目無精"怎麽會是那樣的意義呢? 這純屬毫無"客觀依據"的臆斷之論! 因爲,論者根本就没弄懂"極視"和"目無精"到底是什麽意思。

先説"極視"。《漢語大詞典》釋義是"盡目力而望",即縱目遠眺,這顯然跟"視力不好"毫不相干。再説"目無精"。此"精"實即"睛"的古字,古無"睛"字,假"精"爲之。"目無精"實即"目無睛"。"睛"字《玉篇》才有,釋爲"目珠子"。那麽"目無精(睛)"的

---

① 張教誠:《組詞要經得起實踐檢驗——由"振聾發瞶"提出的問題》,《漢字文化》1996 年第 4 期,第 18—19 頁。

意思是沒有眼珠(正所謂"有眼無珠"),只有一個眼窟窿,這哪還
談得上什麽"視力不好"和"未喪失視力"!"精(睛)"後來又引申
指視力,則"目無精"謂喪失視力,那麽"瞶"就是眼瞎!因此,論者
給"發瞶"編造的"可能"性根本不存在。這位論者後來又補充説
"瞶"是"半瞎"、"白内障"之類,顯然也是推測之辭。

　　另一論者認爲在應用上應以"聵"爲準,但又認爲在道理上用
"聵"或"瞶"都對。但却認爲"聵"、"瞶"都是"憒"的通假字,其意
義可解作"昏憒"。① 這仍然沒有跳出"發聵(瞶)"在字面上講不
通、在現實中"不可能"的認識圈子,不然何必另繞彎子?"瞶"
"聵"作"憒"的通假字,雖於辭書和典籍有據,但在這條成語中却
不是這樣。因爲,"啓發昏憒"是整個成語的最終實用意義,不只
是"發聵(瞶)"有此義,"振聾"或"發聾"也有"啓發昏憒"之義。
那麽"聾"的"昏憒"義是怎麽來的呢?總不好再講通假了吧?其
實這裏"聾"和"聵"或"瞶"的"昏憒"義,本來就不是經過通假途
徑得來的,而是經過比喻得來的。所以抓住比喻環節,"昏憒"義
就可自現,也不必另繞彎子了。那麽整個成語的"啓發昏憒"義就
是經過比喻得來的實用語義,即《辭海》所謂"比喻唤醒糊塗麻木
之人",《現代漢語詞典》所謂"比喻用語言文字唤醒糊塗的人"。
"聾"、"聵"的原義是聾子,"瞶"的原意是瞎子。它們跟動詞"振"
"發"結合後,"振聾發聵"的原意是說:讓聾子聽見;"振聾發瞶"
的原意則是:讓聾子聽見,讓瞎子看見。這種原始的字面意義,通
過比喻手法就可產生出"啓發昏憒"或"唤醒糊塗麻木之人"的修
辭義。因此,不能把成語的意義只停留在字面的意義上,而忽視了
修辭手法所帶來的字面之上的整體意義。如果硬是摳在字面意義
上詞語組合是否有客觀依據,那反倒等於拆掉了它的理據基礎。
因爲這不是一般的邏輯語言,而是文學上的修辭語言。"振聾發瞶

----

① 王燦龍:《"振聾發聵"辨》,《漢字文化》1997年第4期,第59頁。

(聵)"除了體現着修辭上的比喻意義外,同時還體現着另一種修辭手法——誇張所帶來的誇飾意義。誇張存在的基礎是故意"言過其實"——故意超越現實的可能性!論者不明白這一點,竟變着法兒地給一句運用了修辭上的比喻與誇張手法的成語找什麽意義的"客觀依據",找不到便以"經不起實踐檢驗"爲名加以否定,並讓它"停止使用",還以爲真理在斯,這難道不是天大的誤會麽?修辭上没有"客觀依據"的用語實在太多了:項羽抒發豪情的"力拔山兮氣蓋世",李白寫發愁的"白髮三千丈",毛澤東寫山高的"離天三尺三",京劇《鎖五龍》的"遍野荒郊血成海",京劇《智取威虎山》的"鐵樹開花枯枝發芽竟在今天"……難道這些用語都應當停止嗎?顯然是不行的。

指責"振聾發瞶"没有理據者,如果只是在否定一條成語倒也罷了,但接下來他却是借此否定所有此類詞語,那就讓人難以接受了。請看以下這情緒激昂的主張:

　　詞典出錯……實屬情可原而又不可原!但願以此爲鑒,從此詞典收組詞條條都要有客觀依據,條條都要經得起實踐檢驗,條條都不能隨俗浮沉。①

"條條"都要如此,怎麽得了!我們的語言和辭書中不符合這種要求的"組詞"可謂比比皆是,除已提到的"振聾發瞶"外還可隨手舉出一些來,如:地覆天翻、頂天立地、肝腸寸斷、肝腦塗地、九死一生、枯木逢春、怒髮衝冠、披肝瀝膽、起死回生、氣吞山河、生死肉骨、死灰復燃、一手遮天……

以上各條"組詞"是多麽没有"客觀依據",多麽"隨俗浮沉"和"經不起實踐檢驗"呀!而唯其如此,它們才形象生動,富有表現力!況且這些"組詞"都是用在現實社會裏和大衆日常生活中(並

---

①　張教誠:《組詞要經得起實踐檢驗——由"振聾發瞶"提出的問題》,《漢字文化》1996年第4期,第18—19頁。

非只用在神話小説裏），倘若將這樣的詞語“條條”都從我們的語言和詞典中清理出去，我們泱泱大國的語文，豈不味同嚼蠟，如同毛澤東同志批評的那樣“像個癟三”了嗎？ 至此大家該明白應怎樣認識“振聾發聵（瞶）”的意義理據了吧！

三、“振”的意義及“振聾發聵（瞶）”的源頭

　　“振聾發聵（瞶）”中的“聾”、“聵”、“瞶”前面已經説了，“振”“發”需要再解釋一下。“發”比較簡單，理解成“發啓”就可以了；而對於“振”，就不見得人人都能理解得準確。上述持“新觀點”的第一論者認爲“振”是“巨聲振動其耳膜”，顯然是把“振”理解成“振動”了。而“振動”在現代中文中只作物理學術語，義爲“擺動”。“擺動耳膜”自然很牽强，論者顯然又把“振動”當作“震動”來用了。《現代漢語詞典》“發聾振聵”條釋爲“發出很大的響聲，使耳聾的人也能聽見”，①大約也把“振”直接理解成了“震”。這樣理解也未嘗不可，“振”在這裏的語用意義確也包含“震”的成分。但究其本源却不是這樣。該成語中的“振”與“發”爲同義對文，均爲開啓、啓發之義。如《左傳·文公十六年》：“振廪同食。”杜預注：“振，發也。”“振廪”就是開倉放糧。明歸有光《太極在先天範圍之内》：“明言曉告，以振斯世之聾聵。”太平天國洪仁玕《軍次實録》：“破斯世之迷途，啓斯人之聾瞶”。兩相對照，“振聾聵”與“啓聾瞶”是同義的。還有前面出現的“開盲聾”也是同理。“振”、“啓”既同義，則亦可相對使用。如清鄧顯鶴《鄒君墓誌銘》：“居德善俗，啓瞶振聾。”“啓瞶振聾”與“振聾發瞶”意義完全相同。“振”與“發”也同義，既可連用爲一詞，也可相

---

　　①　《現代漢語詞典》（修訂本），商務印書館1996年版，第39頁。

對使用。如唐劉禹錫《送前進士蔡京赴學究科》詩："振發名聲自
里閭。""振發"即爲顯揚、發揚之義。宋蘇舜欽《〈石曼卿詩集〉
序》："而曼卿之詩，又特振奇發秀。"此"振"與"發"同義對文，
"振奇"即發揚新奇。這些都是"振"跟"啓"、"發"同義的證明，
所以把"振聾發聵"説成"發聾振聵"，意義不變。《辭海》1989
年版"振聾發聵"條後新增了亦作條"發聾振聵"，用例是嚴復
《救亡決論》。我們這裏另舉清楊懋建《京塵雜録·丁年玉笋
志》的"發聾振聵"一例如下：

> 近日昆腔歌喉推金麟第一，聽香出，遽掩其上。如洛鐘之
> 應銅山，蒲牢夜半鳴，足以發聾振聵。

"發聾振聵"的成立可以反過來證實"振聾發聵"的成立。

"振聾發聵（瞶）"雖然出自清人著作，但追踪其源頭，類似的
成語早就有了，如漢枚乘《七發》有"發矇披聾"：

> 當是之時，雖有淹病滯疾，猶將伸傴起躄，發矇披聾而觀
> 望之也。

此處之"披"亦爲"發"義，如《漢書·薛宣傳》："披抉其閨門
而殺之。"顏師古注："披，發也。"可見"披"與"振"也相通，如晉陸
機《文賦》："謝朝華於已披，啓夕秀於未振。"這裏"披"與"振"同
義對文，均指花的開放。顯然，這裏的"披聾"就是"振聾"，"發矇"
（目盲爲"矇"）就是"發瞶"。《漢語大詞典》對"發矇披聾"的解
釋是：

> [發矇披聾] 張開矇目，打通聾耳。猶言恢復視覺和聽覺
> 能力（書證即爲《七發》，略）。①

可見"發矇披聾"的本義跟"振聾發聵"毫無二致，前者是後者
的較早源頭已是不爭的事實。

再往後來，"發矇披聾"又出現了一個變體"披矇駭聾"，見於

---

① 《漢語大詞典》第 8 卷，漢語大詞典出版社 1991 年版，第 576 頁。

南朝梁劉勰《文心雕龍·誇飾》：

> 信可以發蘊而飛滯，披瞽而駭聾矣。

也許由於結合不緊密，《漢語大詞典》引此例時只以"披瞽"之目，並釋爲"使盲人復明"。若把"駭聾"也組合進去，就成了"披瞽駭聾"，其整體意義就是"使盲人復明，使聾人復聰"了。需要特別注意的是"披瞽駭聾"的説法。劉勰是將其作誇張看待的，因此"使盲人復明、使聾復聰"的説法是一種修辭用語，就沒有必要去追究什麼"客觀"的"理性依據"了。總之，無論從"振聾發聵（瞶）"自身來説，還是從它的源頭來説都不過是一種修辭上的誇張性的比喻説法，抛開這一點硬要"鷄蛋裏挑骨頭"把它看成"沒有客觀依據"，並放入"停止使用"之列，確實有無知而武斷之嫌！

四、結　論

"振聾發聵"與"振聾發瞶"的組合搭配和意義都是合理的，並且前有所承後有所變，有源有流，證據確鑿。出自同一人筆下的同一詞語後來變爲兩體，跟"聵"、"瞶"都有理據又形近易混有關。僅憑理據我們無法否定任何一條。但從語文應用和規範的角度説，就沒有必要把二者都保留下來，可以有所割愛，只保留一個。我們認爲，如果二者選一的話，仍以保留"振聾發聵"爲宜。其理由是：第一，它的版本依據更強，乾隆時的"隨園自刻本"應視爲最初寫法。第二，它在應用上更加大衆化，已經約定俗成，連《辭海》都放弃了"瞶"而改從爲"聵"，可謂從善如流。第三，誠如有的論者所説："瞶"已成爲一個"歷史詞"。① 因此，綜合上述幾條原因，我們認爲對成語"振聾發聵"的版本依據和意義理據不應再有懷

---

① 　王燦龍：《"振聾發聵"辨》，《漢字文化》1997 年第 4 期，第 59 頁。

疑,對它的規範地位不應再有動揺,因爲作爲一個前有所承後有所
變的規範成語它已經深深地植根於我們民族語言之中了,任何人
爲的“停止使用”的想法和做法都是行不通的。

（與秦希貞合作,原載《勝利油田師範專科學校學報》2003 年
第 4 期）

鬣狗·鬣·剛鬣

鬣狗是什麼？顧名思義，它應該是一種動物，是一種狗。但它究竟是什麼樣子？由於它不是國產貨，國人便不得而知。又由於"鬣"是個生僻字，一般人憑望文生義也無法得其要領。於是便求助於工具書。最常見的《現代漢語詞典》是這樣解釋的：

> ［鬣狗］liè gǒu，哺乳動物，外形略像狗，頭比狗的頸短而圓，額部寬，尾巴短，前腿長，後腿短，毛棕黃色或棕褐色，多生長在熱帶或亞熱帶地區，吃獸類屍體腐爛的肉。①

《漢語大詞典》的解釋與此基本相同，不具引。這樣的釋義，對獵狗的頭、額、尾、腿、毛色、食性諸方面的特點，介紹得可謂淋漓盡致了，但却很令一般讀者失望。因爲人們對鬣狗的得名來源即爲甚麼叫"鬣狗"，仍不甚了了。也就是說該釋義沒有把跟鬣狗叫名有關的最關鍵特徵揭示出來，即"鬣"字的意義沒有得到落實。這並不是有意"吹毛求疵"，因爲照國人給事物命名的習慣，一般是抓住最顯著的形象特徵，如"帶魚"、"眼鏡蛇"之類。雖然是外來概念詞，既然不是音譯，叫"鬣狗"就不是沒有原因的。如同產於澳大利亞的袋鼠，其得名是由於雌鼠腹部有個育兒袋。作爲辭書釋義，不揭示這一點能行嗎？

相比之下，有的專科詞典在這方面倒做得比較好。馮德培等主編的《簡明生物學詞典》這樣解釋"鬣狗"：

> 哺乳綱，食肉目，鬣狗科動物的通稱。體形如大狗，但頸

---

① 《現代漢語詞典》（修訂本），商務印書館 1996 年版，第 798 頁。

上具長鬣毛。（下略）①
．．．．．

鬣狗科，拉丁學名爲 hyaenidae，是説其中還可細別爲若干小種類。引文中的着重號是我們加的。不難看出，有了這樣一句話，不僅揭示了這種動物最突出的外表特徵，而且揭示了中文"鬣狗"的命名原因，"頸上具長鬣毛"就是"鬣"字意義的體現。顯然這比《現代漢語詞典》等辭書的釋義强多了。

但是"鬣毛"一詞，一般讀者還比較陌生，因爲"鬣"在現代漢語中已不常用。這就有必要把"鬣"字的本來面目簡介一番。《説文》："鬣，髮鬣鬣也。從髟，巤聲。"②從"髟"也就表明了跟毛髮有關，因爲髟(biāo)是長頭髮的樣子。段注進一步釋"鬣鬣"爲"動而直上貌"，所以説"鬣"字的本義就是毛髮上指的樣子，《廣韻》良涉切，今音 liè。在人爲髮，在獸爲毛，而獸毛長而能上指者，莫過於脖頸上部之毛，因而"鬣"引申特指獸類頸上的長毛，如馬、豬頸上現在叫做"鬃毛"者即是。《禮記·名堂位》："夏后氏駱馬黑鬣。"③"黑鬣"就是黑色鬃毛。南朝梁任昉《述異記》卷下形容松樹的針葉"如馬鬣形"；④《新唐書·叛臣傳上·僕固懷恩》載"懷恩至渭水，無舟，抱馬鬣以逸"。⑤ "馬鬣"就是今天説的馬鬃。《北史·盧曹傳》説盧曹"臂毛逆如豬鬣。"⑥宋歐陽修《和聖俞聚蚊》有"豕鬣固多虱"詩句。⑦ "豬鬣"和"豕鬣"就是今天所謂豬鬃。"鬣"由獸頸長毛義進一步引申下去，則泛指有類似特點的事物。

---

① 《簡明生物學詞典》，上海辭書出版社 1983 年版，第 1726 頁。
② 段玉裁：《説文解字注》，上海古籍出版社 1981 年版，第 427 頁。
③ 《十三經注疏》，中華書局 1980 年版，下册第 1490 頁。
④ 《述異記》，《百子全書》第 7 册，浙江人民出版社 1984 年版，卷下第 6 頁。
⑤ 《新唐書》，中華書局 1975 年版，第 20 册 6366 頁。
⑥ 《北史》，中華書局 1974 年版，第 4 册 1150 頁。
⑦ 《歐陽文忠公集》，國學基本叢書簡編本，第 6 册 52 頁。

比如今天常見的掃帚,古代有一個別名就叫"鬣"。《禮記·少儀》:"拼席不以鬣。"孔穎達疏:"鬣謂掃地帚也。"①我們不妨拿起一把掃帚觀察一下,不難體會它的稱"鬣"之意。魚背上的鰭也叫"鬣"。《文選·木華〈海賦〉》:"魚則橫海之鯨……巨鱗插雲,鬐鬣刺天。"李善注引郭璞《上林賦》注曰:"鰭,魚背上鬣也。"②唐韓愈《答張徹》詩:"魚鬣欲脱背,虬光先照硎"③此外,人的長鬚,植物的葉、花、穗等,只要長而細挺成列,皆可稱"鬣",並且皆於古有證,例子就不贅舉了。

　　《説文》"鬣"下還收了兩个重文"氎"和"獵"。從"毛"跟從"髟"同理,這裏就不多説了;從"豕",是因爲這個字在上古禮俗中曾專門跟豬發生過關係,這點下面將要提到。還有,"鬣"的聲旁是"巤",《説文》釋曰:"毛巤也。象髮在凶上及毛髮巤巤之形也。"④段玉裁和王筠皆認爲"巤"是"鬣"的古本字,而"鬣"是後起累增的俗字。唐玄應《一切經音義》卷十九引服虔《通俗文》:"豬毛曰巤"。⑤ 這裏的"巤"就是用的古本字。可是後來"巤"的真實身份被湮没了,如段玉裁所説:"今則鬣行而巤廢矣。"

　　我們上面説到"鬣"在古代禮俗中跟豬沾上了邊,這要從豬八戒説起。豬八戒是《西遊記》中的文學形象,在中國可謂家喻户曉了。可是豬八戒叫甚麼名字? 大家也許覺得這個問題太簡單了,有人馬上會説出就叫"豬八戒",有人會補充出還叫"豬悟能"。但是這兩個名字分別是唐僧和觀音菩薩給起的,是皈依佛門之後的事,應該叫做法名。我們要説的不是這兩個名字。豬八戒入佛門

---

①　《十三經注疏》,中華書局 1980 年版,下册第 1511 頁。

②　《文選》,中華書局 1977 年版,上册第 182 頁。

③　《韓昌黎繫年集釋》,上海古籍出版社 1984 年版,上册第 397 頁。

④　《説文解字注》,上海古籍出版社 1981 年版,第 501 頁。

⑤　《一切經音義》,叢書集成初編本,第 5 册 882 頁。

前不僅僅是個妖精,他還在高老莊招了女婿,當過老百姓,是個不錯的莊稼把勢呢,因此他還應有一個像常人一樣的名字。這個名字就不見得"家喻户曉"了。但畢竟有,也在《西遊記》裹記着呢,它就是"豬剛鬣"。且看第十八回豬八戒這樣自報家門:"我家在福陵山雲棧洞。我以相貌爲姓,故姓豬,官名叫做豬剛鬣。"①第十九回他在山上將要和孫悟空交手時又以韻文的方式把自己的身世講了一遍,最後兩句這樣説:"我因有罪錯投胎,俗名唤作豬剛鬣。"②所謂官名就是大號,即正式的名字;所謂俗名就是普通人的名字,有别於和尚的法名。我們要説的豬八戒的名字就是這個"豬剛鬣"。這個名字又是誰起的呢?《西遊記》裹没有交代,説破了就是作者吳承恩起的。

豬八戒姓"豬"名"剛鬣"。姓"豬"不用多講,豬八戒自己的話已經交代清楚了,"以相貌爲姓",也就是説,長得像頭豬,也就姓"豬"了。名"剛鬣"是甚麽意思呢?《西遊記》本身没有交代,但追究起來却大有來歷。我國古代極重禮儀,周朝便是一個禮治社會。祭祀是諸禮中一種很重要的禮,而祭祀宗廟之禮是重中之重。祭宗廟時,依照禮制規定,所用祭品不能直呼其名,而要换一個委婉文雅的稱説,大約這樣方可表示對祖宗的禮敬。《禮記·曲禮下》:"凡祭宗廟之禮,牛曰一元大武,豕曰剛鬣,豚曰腯肥,羊曰柔毛,⋯⋯。"③可見"剛鬣"是古代行祭宗廟禮時對作爲犧牲的豬(豕)的婉稱或曰雅號,後世則成爲豬的别名。那麽豬爲什麽叫"剛鬣"呢?"鬣"本謂豬的鬃毛,"剛"謂堅硬。豬毛硬,豬鬃更硬,豬越肥大越是如此,宋陳澔《禮記集説》謂"豕肥則鬣剛",④因而有

① 吳承恩:《西遊記》,人民文學出版社 1980 年版,上册第 237 頁。
② 吳承恩:《西遊記》,人民文學出版社 1980 年版,上册第 240 頁。
③ 《十三經注疏》,中華書局 1980 年版,上册第 1269 頁。
④ 《禮記》,上海古籍出版社 1987 年版,第 24 頁。

"剛鬣"之説。我們可以再拿"羊曰柔毛"作對照,羊的毛軟,故曰"柔毛"。"柔毛"和"剛鬣"恰好形成絕妙的一對。以"柔毛"稱羊,以"剛鬣"稱豬,這在修辭上叫做借代。正因爲"鬣"在古禮中跟豬(豕)有這樣一層關係,《通俗文》又有"豬毛曰鬣(鬣)"之説,"鬣"字出現一個從"豕"的"獵"這樣一個重文就不是偶然的了,應是爲此而造的專字。知道了"剛鬣"是豬的別名,也就明白"豬剛鬣"的命名之義了。"豬"是豬,"剛鬣"也是豬,豬八戒的姓和名加起來還是一頭豬。説來未免滑稽,却也體現了《西遊記》作者的良苦用心及其對中國傳統文化的透徹了解。

可見,如果不了解"鬣"字的意義及其來龍去脈,不了解古代文化,就無法領略"豬剛鬣"命名的奧妙。再回到本文開頭的"鬣狗",如果知道了"鬣"的基本意義是獸頸之上的長毛,憑推測鬣狗也應該是——頸上生有長毛的一種狗。辭書釋義不體現這一點,怎不是一個遺憾!《現代漢語詞典》還另外立了"鬣"這個字頭,釋義爲"某些獸類(如馬、獅子等)頸上的長毛",但却沒有在它所領的唯一詞條"鬣狗"中得到落實。詞典一般采取"以字帶詞"的體例,字頭是爲所領詞條服務的,而這裏的字頭却沒起到應有的作用。兩條結合起來看,屬於照應不周,單就詞條來看,屬於釋義不審,無論如何都應是一個缺憾。《簡明生物學詞典》雖增加了"項上具長鬣毛"一句話,但以"鬣毛"對應"鬣",除專家外,一般讀者仍難免感到費解。如果再進一步修改爲"頸上具生長毛",就可以做到雅俗共賞了。

(原載香港《中國語文通訊》2001 年 3 月總第 57 期。補按:《現代漢語詞典》2005 年第 5 版已做修訂,增加一句"頸後有長鬣毛"。不過"後"不如"上"。)

"捋鬍子"與"捋虎鬚"

　　本文題目中出現了兩個短語,我拿這兩個短語向人們做調查,問其中的兩個"捋"音義是否一樣,大家說意義是一樣的,依普通話讀音都應該念 lǚ。可是翻開《現代漢語詞典》,它們却是分屬音義都不相同的兩個字頭! 這是《現代漢語詞典》的疏忽呢,還是另有原因呢?

　　我們還是順着《現代漢語詞典》出現的這種差異一路說下去。"捋鬍子"這一短語沒有必要單列詞條,所以《現代漢語詞典》就以舉例的形式出現在讀 lǚ 的"捋"字頭下:

　　　　捋 lǚ　用手指順着抹過去,使物體順溜或乾净:～鬍子|
　　～麻繩。①

將"捋鬍子"放在該字頭的意義之下,應該是沒有什麼問題的。順便插說一下,人們對"捋鬍子"的現象並不陌生,但具體"捋"起來又有細微差別:所謂"用手指",可以是兩個手指,也可以是多個;可以是只捋一兩根鬍子,也可以是捋一把;可以是自己捋,也可以是讓别人捋。還有,捋鬍子不一定都是爲了使之"順溜"或"乾净",有時純爲一種習慣,戲劇中老生的捋鬍子則更是一種程式化的動作。但這個捋鬍子的"捋"念 lǚ,應該是人人都能接受的。

　　下面再看《現代漢語詞》對讀 luō 的"捋"字頭的解釋和對"捋虎鬚"短語的處理:

---

① 《現代漢語詞典》(修訂版),商務印書館 1996 年版,第 827 頁。

　　　　捋 luō　用手握住條狀物向一端滑動：～榆錢兒｜～起
袖子。①

這樣的釋義以及與舉例的配合也不會引起什麼爭議。可是接下來
却把"捋虎鬚"單列了一個詞條放在後面：

　　　　【捋虎鬚】luō hǔ xū　捋老虎的鬍鬚。比喻觸犯有權勢
的人或做冒險的事情。②

有特殊的含義當然應該單列詞條，但將它放在該字頭的音義之下，
和前面的"捋鬍子"一對比，就讓人疑惑不解了。人們會問：爲什
麼捋人的鬍子念 lǚ，而捋老虎的鬍子就念 luō 呢？爲什麼捋鬍子
是"用手指……抹"，而捋虎鬚非得"用手握"呢？總之，兩個短語
中的"捋"爲什麼會被處理成音義迥異的兩個動詞呢？這恐怕是
連詞典的編者也無法自圓其説的。更何況，"捋虎鬚"作爲一個典
故性詞語本來就是指捋人的鬍子！它的來歷是這樣的：三國時吳
國的朱桓跟吳主孫權等君臣們一起飲宴，朱桓臨別時上前給孫權
敬酒，説自己將要到遠方去了，"願一捋陛下鬚"，也就没有什麼可
遺憾的了。孫權答應了他的請求。朱桓捋着孫權的鬍子説："臣今
日真可謂捋虎鬚也。"③孫權聽罷哈哈大笑。（事見《三國志·吳
志·朱桓傳》注引《吳録》）請看，這跟一般捋鬍子的"捋"没有什麼
兩樣，讀音和意義都應該是同一個。難道僅僅因爲它是個典故就
得加以區別而念成 luō 嗎？這是没有道理的。這裏的捋"虎"鬚實
際也是指人，只不過是比喻大人物的修辭性説法而已。

　　由以上分析可以看出，"捋鬍子"和"捋虎鬚"兩個短語中的
"捋"，音義應該是同類的。《現代漢語詞典》將它們分置兩處雖有
不妥，却也並非偶爾的疏忽，而是還有歷史原因。

---

　　①　《現代漢語詞典》(修訂版)，商務印書館 1996 年版，第 834 頁。
　　②　《現代漢語詞典》(修訂版)，商務印書館 1996 年版，第 834 頁。
　　③　《三國志·吳志·朱桓傳》，中華書局 1982 年版，第 1315 頁。

行文至此,我們不得不交代一下"捋"字具有兩項音義的來歷。從字形發展看,"捋"其實是個後起字;其古本字即是其右半"寽"。《説文解字·受部》:"寽,五指持也。從受,一聲。讀若律。吕戌切。"①從音義兩方而看:這應是捋鬍子的"捋"的前身,今天的 lǚ 音應肇端於此,清王筠《説文解字句讀·受部》"寽"下也説:"'捋'蓋累增字也。"②《説文解字·手部》同時又收了"捋"字:"捋,取易也。從手,寽聲。郎括切。"③(按今本《説文解字》的反切是徐鉉據《唐韻》補注的)此"捋"應是捋榆錢兒的"捋"的前身,今天的音 luō 應肇端於此。又,該項音義後來在有的方言中演化爲"撸"。看來,"寽"、"捋"本同一字,是由於意義的分化而另造一形聲字加以區別,同時讀音也分化爲二。從《説文解字》將二字並收來看,這種分別應該早就形成了。可是後來這兩套形、音、義又漸漸發生了合流。在字形上,"寽"和"捋"由一字分化爲二後,本來是分擔兩項音義的,可是由於"捋"字表示手部動作意義的相對明確性,本應由"寽"字承擔的那項音義人們也習慣上寫作"捋",這樣它就後來居上成了實際上的正字。在今天的規範漢字中,"寽"字就被徹底廢除了,於是"捋"字就隻身將兩項音義承擔起來,成了現代語言學意義上的"同形詞"。

"捋"雖有兩個讀音,但哪一項意義讀哪一個音,却應該一致起來。捋鬍子的"捋"念 lǚ,捋榆錢兒、捋袖子的"捋"念 luō,就是區分兩類意義的。從意義類別上看,捋虎鬚的"捋"顯然應該歸入第一類,把它等同於捋榆錢兒、捋袖子的"捋",是不合情理的。但這只是就實際應用而言,《現代漢語詞典》將捋虎鬚的"捋"定爲 luō 音,却是受了舊辭書的影響。過去"寽"、"捋"二字未合流,從

---

① 許慎:《説文解字》,中華書局 1963 年版,第 84 頁。
② 王筠:《説文解字句讀》,中華書局 1988 年版,第 139 頁。
③ 許慎:《説文解字》,中華書局 1963 年版,第 252 頁。

《説文解字》到《康熙字典》的古代字書,再到 20 世紀初的《辭源》之類現代辭書,均作爲兩個字處理。這樣"捋"字在工具書中就只有一個讀音(舊音"郎括切"或"盧活切"),"捋虎鬚"依音義應歸入"寽",但却依字形歸入了"捋",於是造成了讀音的錯位。例如舊版《辭源》和《辭海》"捋"字就只注"盧活切"一個音,詞條"捋虎鬚"便依字形附於其下。1980 年修訂版《辭源》仍沿襲這種做法,只是加注了漢語拼音 luō 而已。可是有的辭書則開始根據語言實際加以變通,如 1979 年修訂版《辭海》,先是在 luō 音下列了兩個義項,捋鬍子的"捋"便屬於第二義項"撫摩",又説參見"捋虎鬚",這就把"捋鬍子"和"捋虎鬚"的音義聯爲一類;接着又增加了一項讀音 lǚ,注明用於上面第二義項,這就把它們的讀音拉向了口語實際。這種在繼承的前提下又有所發展的辦法,在當時已屬難能可貴了。到後出的《漢語大詞典》中就更加明確了,首先區分了讀 luō 的"捋¹"和讀 lǚ"捋²",然後將"捋虎鬚"單列一個詞條,而將其讀音直接定爲"捋²",這就使它徹底擺脱了舊辭書影響的陰影,與 luō 音脱了鈎,從而順應了歷史發展趨勢和現代人的讀音習慣。

大人物的鬍鬚讓別人捋叫"捋虎鬚",大人物自己慢悠悠地捋也叫"捋虎鬚"。清陳瑞生《再生緣》第四十七回:"亭山國丈笑微微,滿面春風捋虎鬚。"①這裏的"捋虎鬚"就是國丈大人自己捋己鬚,此尤足證該"虎"只是權貴人物的喻稱,該"捋"字應讀 lǚ 音無疑。另外,"捋虎鬚"後來的引申義,多是比喻冒犯權貴或者招惹厲害人物,《水滸傳》中就有好幾例類似的用法。如第五回:"太公道:'好却甚好,只是不要捋虎鬚。'"②這裏是太公提醒魯智深:那山大王不好惹。又第七回:"那廝却是倒來捋虎鬚,俺且走向前去,

① 陳瑞生:《再生緣》,中州書畫社 1982 年版,第 653 頁。
② 施耐庵:《水滸傳》,中州古籍出版社 1995 年版,第 38 頁。

教那廝看洒家手脚。"①這是寫魯智深暗笑幾位潑皮不知深淺,前
來找死。但是"捋虎鬚"似還應有"討好"、"諂媚"之義,這可由一
句歇後語得到印證。這句歇後語的前半叫"老鼠給貓捋鬍子",後
半解語可有兩種,一是"拼命巴結",二是"找死"。老鼠給貓捋鬍
子,本意當然是討好,但結果則可能是找死,這是同一問題的兩方
面。給老虎捋鬍子又何嘗不是如此? 所以,討好別人叫"溜鬚"
(與"拍馬"同義),"溜"與"捋"用同,皆爲理順之義。當然,"捋虎
鬚"又有"撩虎鬚"、"掠虎鬚"等寫法,其動作就明顯只具有撩撥、
招惹之意。但它們應係語源學上所謂一語之轉,義相通而有別,茲
不多贅。

　　總之,《現代漢語詞典》應是受舊辭書的影響將詞條"捋虎鬚"
列於"捋(luō)"字頭下,同時又根據口語實際讀音在"捋 lǔ"字頭
下舉了"捋鬍子"的例子,從而造成了兩處不一致的矛盾現象。從
這個角度講,倒也算是有情可原的。但是 1996 年修訂版的《現代
漢語詞典》,却沒有根據其他辭書的正確做法及時加以調整,就不
能不説是一點遺憾了。這只能寄希望於今後的再版修訂了。

　　(原載《中國語文通訊》,2004 年 3 月,第 69 期。補按:2012
年商務印書館出版的《現代漢語詞典》(第 6 版)仍未修訂,實屬
憾事。)

---

　　①　施耐庵:《水滸傳》,人民文學出版社 1997 年版,第 99 頁。

紅樓“屍場”解
——兼與《漢語大詞典》釋義商榷

《紅樓夢》第八十六回寫道,薛蟠用酒碗砸死了酒店當槽兒的張三,鬧出了人命。薛姨媽及賈府聞訊,讓薛蝌前去疏通,助其翻供,結果大事化小,改判爲誤傷。既係人命案,難免出現相關的刑訟用語,其中“屍場”一詞就接連使用了六次。今依先後順序節錄如下:

  a. 屍場檢驗,證據確鑿。且並未用刑,爾兄自認鬥殺,招供在案。

  b. 知縣道:“那日屍場上,你說張三是薛蟠將碗砸死的,你親眼見的麽?”

  c. 知縣道:“胡説,前日屍場上薛蟠自己認拿碗砸死的,你説你親眼見的,怎麼今日的供不對? 掌嘴!”

  d. 薛蟠道:“……前日屍場上,怕太老爺要打,所以説是拿碗砸他的。只求太老爺開恩!”

  e. 知縣叫仵作:“將前日屍場填寫傷痕,據實報來。”仵作稟報説:“前日驗得張三屍身無傷,惟囟門有磁器傷,長一寸七分,深五分,皮開,囟門骨脆,裂破三分。實係磕碰傷。”

  f. 現有屍場親押、證見,俱供並未打架,不爲鬥毆,只依誤傷吩咐畫供,將薛蟠監禁候詳,餘令原保領出,退堂。

關於這個“屍場”,《紅樓夢》原書無注;幾部專門解釋《紅樓夢》詞語的辭書也未收。《漢語大詞典》第四卷有“屍場”一條,所用書證正是《紅樓夢》,茲照録如下:

【屍場】人命案的現場。《紅樓夢》第八六回："將前日屍場填寫傷痕,據實報來。"又:"那日屍場上,你説張三是薛蟠將碗砸死的,你親眼見的麼?"①

僅就《紅樓夢》的例子來看,將"屍場"釋爲"人命案現場",也可以勉強説得過去,看不出什麼明顯破綻。因爲薛蟠在酒店打死人後,知縣及仵作就地勘驗取證,恰是在案發現場。但是,據我們鉤稽近代文獻中其他例證加以對照,"屍場"的含義與所指,却是另外一番情形。兹舉出以下三條證據:

第一,屍場可在官府破案勘驗前預備和布置。

（1）屍場已布置停妥,請太爺示下。(《狄公案》第九回)

（2）相離不遠,屍場已經搭的整齊。(《施公案》第三〇三回)

（3）飭令:預備屍場,聽候相驗。(《施公案》第三七二回)

此三例上下文的詞語搭配關係顯示:"屍場"可以"布置",可以"預備",可以"搭",絕非命案現場,明矣。"屍場已經搭的整齊"——焉能够是命案現場!

第二,屍體可於入殮或入葬後再開棺取出至屍場檢驗。

（4）到了屍場上,仵作揭開棺蓋,那丘乙大認得老婆屍首,放聲號慟。(《醒世恒言》第三十四卷)

（5）没奈何只得抬出棺木,解到屍場。(《二刻拍案驚奇》卷三十一)

（6）内有幾個膽大差役先動手,將畢順抬出了棺木,放在屍場上面,先用蘆席遮了陽光。(《狄公案》第九回)

此三例中,死者皆已殮入棺材或已入葬,然後再開棺檢驗,把屍體抬至屍場,"屍場"非命案現場,尤爲明證。

---

① 《漢語大詞典》第4卷,漢語大詞典出版社1989年版,第34頁。

第三,屍場所行之事皆屍檢事務。

(7) 那屍棺便吊到了,這大尹如何就有工夫去相驗? 隔了半個多月,方才出牌,着地方備辦登場法物。鋪中取出朱常一干人都到屍場上。仵作人逐一看報道……。(《醒世恒言》第三十四卷)

(8) 反將陳家妻子撈出,定要簡屍。沒奈何只得抬出棺木,解到屍場,聚齊了一干人衆,如法蒸簡。《二刻拍案驚奇》卷三十一)

(9) 凡人命呈報到官,該地方印官立即親往相驗,……其果係輕生自盡,毆非重傷者,即於屍場審明定案,將原被鄰證人等釋放。(《大清律例》卷三十七)

(10) 忽聽外面一聲鑼響,趙知縣已下轎進裏,登了屍場,先分付差人將方坤檢驗,仵作便答應上前。所幸天氣寒冷,屍身並未腐爛,仵作先把身材長短量過報明。(《續濟公傳》第一百七十一回)

此數例,均敍述在屍場上對死者屍體進行檢驗的諸般情形,斯足證屍場之用途,乃特爲命案屍檢而設。

以上三點證明:"屍場"是屍檢場所。

我們再回頭看《紅樓夢》的例子。其首次出現係知縣在薛蟠呈子上的批語,所謂"屍場檢驗,證據鑿鑿"云云,此"屍場"指屍檢場所,豈非亦"證據鑿鑿"麼?《漢語大詞典》舉例本身也可透露些端倪;所謂"將前日屍場填寫傷痕,據實報來",不是指驗屍又是什麼?

當然,"屍場"雖非命案現場,但不否認可以設在命案現場,《紅樓夢》的"屍場"即是在案發現場。但這僅是一種巧合,決不能因此就把"屍場"釋爲"人命案現場"。區別在於,命案現場不可能如前所說事先"布置"、"預備",而驗屍之場所,則須根據需要做一些必要的準備安排。假如命案現場不是在室內而是在露天或野外,就需要適當加以遮蔽以免影響檢驗;如係破墳開棺,屍體已腐,尤需如此。所謂"屍場已經搭的整齊",可見就是在屍場上搭一個棚子,供長官、仵作等人員辦案專用,又起到遮光蔽雨之效。如此則又牽出"屍棚"等詞,須另文敍述。

（原載《紅樓夢學刊》2007 年第 1 輯）

"臘梅"規範的另一種考慮

　　《語文建設》1996 年第 7 期高更生先生的《"蠟梅"與"臘梅"》一文,以確鑿的證據論證了"蠟梅"與"臘梅"是同一科類的植物,起到了正本清源的作用。人們由此可知,原來"蠟梅"是正,"臘梅"是俗;"蠟梅"是本源,"臘梅"是流變。可是高先生據此提出應淘汰"臘梅"的寫法,以"蠟梅"爲規範,對此,我們却覺得應當慎重。我們並非不同意高先生提出的理由,而是提出另一方面的一些理由供大家討論。

　　第一,大家知道,漢字運用中的假借現象是古已有之的,訓詁學者都明白,要準確理解詞義,就得破假借。但也有這樣一種情况,假借字的意義恰好與詞義有某種相合性,久之,人們便以借字義理解詞義了。比如坑人之"坑",李榮先生《文字問題》指出,它本寫作"傾",其"坑害"義係由傾覆義引申而來。借作"坑"後,人們便按照"挖坑陷害"來理解詞義,反覺更加形象,於是就把"坑"當作本字了。有人把這種現象叫作假借義同化。"là 梅"最初寫作"蠟梅",確因其花色外層淡黄如蜂蠟而得名,後來變作"臘梅",也許是同音假借。但隨後人們按"臘"字來理解"là 梅",也正好有一種意義的相合性,因爲"là 梅"雖有多種,但農曆臘月前後開花的却是最有代表性的一種。於是人們就習非成是地按"臘"來理解"là 梅"的得名來源,久之其"花色如蜜蠟"的語源反被湮没了,如郭沫若《百花齊放·臘梅花》詩這樣寫:"在冬天開花已經不算什麼希奇,掌握了自然規律可以改變花期。不是已經有短日照菊開在春天? 我們相信臘梅也可以開在夏季。"在郭老的潛意識裏,臘梅只有冬天開花的一種,他要是知道植物學上的各個種類,還有夏蠟梅之屬,就不會那樣寫了。這就是"臘梅"寫法的另一方面的有理性。著名奉調大鼓、北京曲劇藝術家魏喜奎的《四季相思歌》(已由其學生們演唱並由中央電視臺"曲苑雜壇"節目播出)中有一句唱詞是"冬季裏相思臘梅花兒開"。該歌於每一季都找出一種代表性的花。這更顯然是把臘梅花作爲冬季的象徵。

第二,在漢語中,"là 梅"一詞的植物學概念意義跟它的語用學意義有很大的不同。前蘇聯學者曾根據對外語言教學的經驗,提出了"語言國俗學"的概念,國內有王德春先生早在研究"國俗語義學"。王先生指出:"國俗語義是語義民族性的一種表現,它反映使用該語言的國家的歷史文化和民情風俗,具有民俗文化色彩。"[1]我們理解,國俗意義也就是民族文化意義,它是在一個國家民族的歷史發展和長期語用過程中形成的,是該民族的思維方式、審美情趣和修辭聯想的凝結。它跟詞的理性概念意義是既有聯繫又有區別的。比如"狗"的概念意義全世界是一樣的,但它在不同民族中的文化意義是不同的。我們說這些,意在提醒大家重視我們語言中"là 梅"一詞的國俗意義或曰文化意義。說到這種意義,大家自然會想到梅花身上。誠如前人所說,"là 梅"本非梅類,只因花與梅同時,香又相近,故亦得稱梅。《漢語大詞典》"梅"字條第②義項這樣解釋:"指梅花,也指臘梅科的臘梅花。"初中語文第一册吳伯簫的散文《早》,其中有一大段文字,專門描寫魯迅先生幼年時在三味書屋後園攀折過的那株臘梅花,也是忽而"臘梅",忽而"梅花",混而稱之。這説明二者也許在植物學上要詳加分辨,但在語用上,其文化意義和美學象徵意義是一體的,那就是:隆冬季節先百花而開放,凌霜傲雪,不畏嚴寒,迎春報春,同時象徵

---

① 王德春:《國俗語義學和〈漢語國俗詞典〉》,《語文建設通訊》(香港)1991 年 10 月總第 34 期,第 15 頁。

了一種堅貞不屈的壯美人格。《漢語大詞典》"臘梅"條引的金近《臘梅花》詩:"別的花兒怕冬天,只有臘梅開得旺",用的正是這種意義,而不是植物學概念。毛澤東《詠梅》詞更是把這種意義推向了極致。那麼"là 梅"的這樣一種國俗文化語義,當然是只有冬天開花的一種才具有的,而其他品種的 là 梅則是被排除在外的。這樣一種語義,同時也就使"là 梅"代表了一種人格化的美學形象,寫作"臘梅",馬上可以由表時令的"臘"喚起人們的聯想。如果寫成"蠟梅",作爲花的形象,蟲字旁的"蠟"給人的意義聯想是花的外層顏色如蜜蠟;作爲人格形象,"蠟"又能給人什麼聯想? 是面色蠟黃還是別的什麼? 那樣便情趣大減,意境大傷。所以"蠟梅"這種寫法儘管理論上非常有理,但在語用上,却是不利於我們這種已經形成了的國俗文化語義的表達的。

　　第三,高先生說"'蠟梅'這種寫法運用範圍廣",也是不全面的。因爲高先生所指的"範圍"只是專業學術的範圍,《中國植物志》、《中國高等植物圖鑒》、《花木盆景》,大家一望可知,都是植物學專書。而在這個範圍以外的一般語文應用方面,則完全是另一種情況了。我們隨意性地向一些中文系的大學生甚至研究生做了一點調查,問他們"là 梅"的寫法,無一不是寫"臘梅",並且對其意義的理解也多是"冬天開花,不怕寒冷"之類。可見這種國俗意義以及這種寫法是多麼地深入人心。推想中學生及一般文化層次的人更應是如此。所以我們認爲,"臘梅"的規範,更該考慮的倒應是這種範圍。《現代漢語詞典》所以選擇"臘梅",估計也是考慮到大衆語文應用,從衆從俗的結果。從語言學來說,這種原則是對的。例如 50 年代確定規範字,還不是采用的約定俗成的原則嗎? 再說,《現代漢語詞典》客觀上還起着語文規範的作用,今已使用二十餘年,使得"臘梅"寫法更加根深蒂固了,即便原來是"非",現在也已成爲"是"了。如果忽然淘汰掉,大約只有植物學專家能寫對,廣大群衆則一下子成了錯別字先生,這種規範無論多麼正確都是得不償失的。

綜上所述,"蠟梅"與"臘梅"不能簡單地當作一般異體詞進行規範,"臘梅"淘汰應慎重。但我們也並不主張淘汰專科書籍中的"蠟梅"。誠如高先生所指出,"蠟梅"概括性強(可指整個"蠟梅科"),而"臘梅"在人們習慣上則只指陰曆臘月前後開花的一種。這就是說,"臘梅"寫法難以概括植物學上的諸多品種;但"蠟梅"寫法也不利於特指語用學和國俗文化學上冬季開花、淩寒傲雪的那一種。既然二者"所指"已有差別,我們認爲不如仍舊維持目前這種分工:《中國植物志》等植物學專書側重專業科學概念,用"蠟梅";而《現代漢語詞典》作爲普通語文辭書,則側重於普通民衆的語言文字應用和國俗文化概念,用"臘梅"。普通讀者只作爲一般語文名詞了解冬天開花的一種"臘梅"就行了;特殊讀者要了解"蠟梅科"的概念,再到植物學專書中查找。實在不行,《現代漢語詞典》是否也像《辭海》一樣將二者兼收,然後再設法巧妙地説明它們既有聯繫又相分別的關係?

另外,高先生批評《漢語大詞典》將蠟梅、臘梅當作兩種植物,也不甚妥。該詞典屬歷史性質,體例規定異體字、詞分別立目,這就出現了"蠟梅"、"臘梅"並收且分別釋義的情形。其用語雖有不同,其實質還是指一種植物。

事關"臘梅"的規範和存廢,特提出些微淺見供有關部門參考,並敬向高先生和廣大讀者求教。

(原載《語文建設》1996 年第 11 期)

"小姐"沉浮記

　　眼下時興稱年輕女性爲"小姐"。表面上看它好像跟外國的 miss 差不多,其實它是中國固有的詞。只不過在先前的漢語裏"小姐"並不用以稱所有年輕女子,而是專稱大户人家的女兒,它跟稱貴家子弟爲"公子"是一對稱謂。如《紅樓夢》第二回:"這政老爹的夫人王氏,頭胎生的公子,名喚賈珠……第二胎生了一位小姐。"

　　實際上,稱大家閨秀的"小姐"可以遠溯到元朝。元王實甫《西廂記》第一本第一折"這是河中開府崔相國的小姐",指的就是宰相女兒崔鶯鶯。這種意義的"小姐"是含有出身尊貴的意思在内的,因而常與"千金"相聯系。如元張國賓《薛仁貴》第四折:"你乃是官宦人家的千金小姐,請自穩便。"相反,出身微賤者,山妞村姑,丫頭侍婢,是不可冒稱"小姐"的。即如《紅樓夢》賈府裏的那些丫環,雖然一個個貌若天仙,按現在的標準完全達到了"小姐"的要求,但那時却不配享有"小姐"稱號。可見過去稱"小姐",首先看重的是門第出身,其次才是年齡、容貌、婚否等因素。大户人家女兒,不管長相如何都是小姐,屬主人之列;丫環長得再好也是丫環,屬奴婢之列。

　　後來,隨着封建意識的衰微,民主平等意識的增長和外來文化的影響,"小姐"開始變成對一般青年女子的禮貌稱謂,家庭門第觀念漸漸被忽略。這種用法解放前就已經出現了,可是《漢語大詞典》没有專立義項,只在"稱縉紳仕宦家青少年女子"義項的最後附了一句"亦泛稱未婚女子,今在社交等場合中仍沿用之",可惜没有書證。其實解放前的例子也是不難找的,老舍 1941 年發表的三幕話劇《面子問題》中就有三位小姐,作者在"全劇人物"中這樣介紹她們:"佟繼芬小姐——佟秘書之女。已二十六歲,猶自稱十七";"歐陽雪小姐——二十二歲,秦醫官手下的看護。因容貌的美好,職業的高尚,往往不肯敷衍面子";"單鳴琴小姐——二十八歲,方心正之妻,對面子問題絕對與丈夫合作"。由此可見,"小姐"的含義已經舍棄了門第出身,而轉向注重自身條件。凡本人在年齡、容貌、氣質風度等方面達到一定標準,那她就是小姐了。尤其值得注意的是,原來"小姐"的未婚限制,也開始有所突破了。即如單鳴琴,雖然已經結婚,但只有二十八歲,還是稱"小姐"較爲合適。所以我們給"小姐"發展以後的用法下個定義,應該是泛稱三十歲以下的青少年女性,多指未婚者,亦可敬稱已婚者。但年齡只是根據外貌條件推測的,如果保養得好,四十歲也顯年輕,仍可稱之爲"小姐"的。

我們把話題收回來。解放前"小姐"就已經獲得了對一般年輕女子敬稱的意義。但這種時髦沒興多久,時代一變,整個的"小姐"稱謂就被當作封、資、洋的產物廢除了。解放後直到"文革"期間,誰要是對一個妙齡女郎稱"小姐",實在比罵她還厲害。那可是政治問題。粉碎"四人幫"後又過了十幾年,"小姐"都沒擡起頭來,偶有一用,如《現代漢語詞典》所說,也是"只用於外交方面"。但隨着改革開放的深入,"小姐"畢竟是又擡起頭來了。它先是在沿海開放地區悄悄興起,在内地應該説是進入八九十年代後才開始廣爲流行的。該稱謂一經重新起用,便迅速走紅:空中小姐,導遊小姐,促銷小姐,禮儀小姐,公關小姐……不一而足。

但是,"小姐"也有讓人擔心的地方。現在在服務行業,有一小部分小姐服務得出了格:陪酒、助歌、伴舞、按摩……人們謂之"三陪小姐",公安部門開展的掃黃活動中曝光的也不少了。這就給小姐身上蒙上了一層濃濃的陰影,"小姐"美稱也就有跌價的可能。《人民文學》1996 年第 1 期談歌的中篇小説《大廠》中,年輕的女黨委書記賀玉梅竟然說出了"這年頭婊子才叫小姐呢"的話。這不免使我們想起與"小姐"配套的"公子"一稱。"公子"本來也是指出身高貴的青少年,但改革開放以來,它為什麼没有成爲對年輕男性的社交敬稱呢? 其中一條重要的原因就是,它在解放前就已經壞了名聲了。封建社會末期,公子們就已走向了墮落,所謂"花花公子"、"浪蕩公子"就是這個意思。"公子"一旦跟"花花""浪蕩"連在一起,其名聲跌落就是當然的了。而"小姐"則因爲保住了自身的清白和高雅,所以時隔幾十年後,又重新作爲社交敬稱被起用。如果"小姐"重蹈"公子"的覆轍,難保將來不會落得個與"公子"同樣的結局。

如果再往前追溯,"小姐"一稱開頭確實並不那麼高貴。"小姐"的稱謂最早出現於宋朝,當時就是專稱樂户和妓女的,而一般的年輕女子則稱"小娘子"。例子不用多舉,《漢語大詞典》"小姐"條第一義項已言之甚明了。不過需交待一句,有人説它跟貴家女子的"小姐"不是同一語源,而是源於"小籍"(今方言"籍"還有讀 jie 的),因過去樂工、妓女皆有籍。(參見清梁章鉅《稱謂録·倡》)這我們就且不去管它了。今天的"小姐"是從大家閨秀意義——並匯入外國的 miss——發展而來的,但願它不會向宋朝回歸!

(原載《語文建設》1997 年第 1 期)

服務行業變化與"服務員"、"小姐"稱謂更替

"服務員"早先應該是一個職業性的稱謂。改革開放之前,服務行業的工作人員,不論男女一律統稱爲"服務員"。但這個職業稱謂所代表的群體,在社會上的身份地位屬於一般層次,所以如果用作交際稱謂的當面對稱,就顯得有失禮敬。幸好那時還有一個時尚的"同志",稱作"服務員同志"就得體多了。但隨着極端政治化年代的結束,"同志"稱謂逐漸變得老土了,"服務員"稱謂就顯得更缺乏活力了。隨着改革開放的進展,港臺文化首先在沿海地區流行開來,進而影響到内陸地區。於是,解放後已被廢除的"小姐"這一稱謂,又在一夜之間成了對青年女性的時髦敬稱。一時間各種"小姐"滿天飛,這時再到服務餐飲業去消費,對那些服務女性不喊"小姐"而喊"服務員"的時候,人家還笑話你是老土、跟不上時代呢。"服務員"這一稱謂因其土氣、落伍而被打入了歷史的角落。我們這裹再強調一點:當"小姐"頂替了"服務員"的時候,它在充當敬稱式交際稱謂的同時,無形中又帶上了服務行業職業稱謂的性質。

當初"小姐"領導社會新潮流的時候,談"小姐"稱謂的各類文章不少,觀點各異,這裹毋庸重複。我們要説的是,好景不長,純潔、高雅、時尚的"小姐"稱謂,後來慢慢變味了。九十年代中後期,隨着經濟的搞活,我們的社會生活中出現了一些不和諧的因素。封建殘渣泛起,色情業死灰復燃。但我國法律是嚴禁色情業的,因而一些色情業和准色情業,便一起冒在"服務行業"的名下。於是服務行業的範圍擴大了,形式也出現了新變化,諸如歌房、舞

廳、酒吧、茶樓、桑那浴、洗頭房、按摩室……這裏面真真假假,虛虛實實,情形各異。所以社會上哪些是色情業或准色情業? 哪兒店家與此有關? 誰也不知道,亂説還會惹官司。但誰都承認,服務行業内部的確發生了變化,儘管這些變化可能是畸形的。同樣,"服務"一詞的性質,也發生了一些詞典上無法反映的微妙變化。一部分小姐的"服務"出了格,變成了"陪吃"、"陪喝"、"陪舞"、"陪睡"……;就連那句偉大的口號,居然也被人利用方音篡改出一個"淫民"來,以爲此類變味的"服務"張本。這是多麼大的褻瀆啊,令人可氣不可氣! 但生氣歸生氣,我們又得承認現實,儘管這現實並不怎麼樣。"小姐"稱謂,一旦與出格的"服務"聯繫在一起,與"三陪女"、"坐臺小姐"等聯繫在一起,就給自身蒙上了一層陰影,由此生出了令人生厭的貶義色彩。像朋友之間談話,"你知道小×現在從事什麼職業嗎?""她呀,別提了,小姐。"一聽"小姐",對方就立即明白小×是幹什麼的。至此,"小姐"就又發生了一次大的質變,由服務員職業稱謂,蜕變爲關乎色情方面的職業稱謂了。這種變化自然會引起人們的認識和語用心理的變化,於是"小姐"也就無法再用於交際稱謂的面稱,倘再稱呼那些女服務員爲"小姐",人家一定會杏眼圓睜,没好氣地説"你才是小姐呢!"。此處的"是小姐",簡直成爲罵人話了。看來"小姐"的變質,還是社會的原因,是社會服務行業的變化造成的。或者可以説,是"服務"性質的畸形變化,污染了小姐們的清白,從而污染了"小姐"稱謂的純潔高尚,使其含義和交際功能發生蜕變,感情色彩也發生了一百八十度的大轉彎,由一個交際敬稱,最終變成鄙稱乃至於詈稱。

　　無獨有偶,歷史上色情女冒用良家女稱謂的事件就時有發生。比如"小姐"、"姑娘",清初還都是良家稱謂,尤其《紅樓夢》裏,賈府四春才是"小姐",只有小姐才能正經八百地稱"姑娘",丫鬟没份兒,地位高的大丫頭偶爾能升格稱一下"姑娘"。可是清後期,"小姐"、"姑娘"稱號就都被妓女冒用了,《官場現形記》等小説以及《清稗類鈔》都有記載,此處不必贅言。而今"小姐"果然又向"妓女"靠攏或曰回歸了,這種沉浮升降,却顯示了一個奇特的歷史怪圈。

　　敬稱式"小姐"是又退役了,那語言中有没有産生新的敬稱來稱呼服務業的女性從業人員呢? 目前還没有。這正是語言交際中的稱呼缺位現象,比如當女服務員被稱爲"小姐"的時候,男服務員却没有合適的稱呼,"先生"、"小夥子"亂叫一氣都覺不合適,曾一度定位於"服務生"一稱。但交際不會因爲缺位而停止下來,還是要進行下去。"小姐"變質後,人們也曾"姑娘"、"小妹"亂叫一氣,終覺不妥。那麼該怎麼稱呼呢? 於是只好請"服務員"這一沉寂了多年的稱呼重新出山,實際上是讓它由職業稱謂轉化爲面稱的交際稱謂。比如人們去飯店,完全可以説"服務員,沖茶","服務員,上菜"。該稱謂色調平淡,用作交際對稱,語用效果實在一般。但目前又没辦法,只好這樣對付着。都是那"服務"鬧的,被服務者找不着對服務者的合適稱呼語了。但正因爲"服務員"稱謂情感中性,没有過強的褒貶色彩,暫時反倒容易爲人接受。此外它在性别方面包容性强,男女皆宜,"服務生"也可以被它兼並了,這倒顯出它的一點優勢。

　　"服務員"和"小姐"這兩個稱謂由潛性到顯性、由顯性到潛性的更替,是與社會生活與人們觀念的潛在變化緊密相聯繫的。將來是否會有個什麼樣的禮貌稱謂再代替"服務員",那就由社會和語言的發展以及人們的約定俗成來決定了。

　　(與李銀華合作,由李銀華署名,原載《陝西教育》2006 年第 10、11 期合刊。補按: 此篇與 1997 年《語文建設》第 1 期的《"小姐"沉浮記》,可視爲姊妹篇。《"小姐"沉浮記》提到作爲社交敬稱的"小姐",由於跟"三陪"以及掃黄活動沾上了邊,其敬稱性質受到影響。時過十載,在本篇小文中,"小姐"已經徹底蜕變爲一個跟黃色有關的貶義性職業稱謂，無法用作面稱式交際稱謂了。在這種窘況下只好啓用原來的職業稱謂“服務員”作爲對商店、賓館、飯店等部門服務人員的交際面稱。“小姐”這種沉浮變異以及與“服務員”的語用交際更替，是社會語言學的典型個案，是語言社會性的突出表現。不過在社會上，“美女”已作爲對年輕女性的禮敬面稱，悄悄頂替了“小姐”，逐漸流行開來。能否持久，仍須由社會決定，此係後話。）

《漢語大詞典》誤立條目拾零（外《辭源》一條）

　　《漢語大詞典》是我國語文工具書的集大成之作，無論是收詞之宏富，還是釋義之詳備與精審，都是無與倫比的。但白璧難免也有微瑕，其中就偶有因誤斷文句、誤解文意或誤識字形而誤立的條目。今就所見舉出數條，命之曰《拾零》，以就教於詞典編者與方家。

一、禽疾（第一卷，第 1588 頁）

　　【禽疾】指需急速擒拿的人。《文選·陳琳〈檄吳將部曲文〉》：“至於枝附葉從，皆非詔書所特禽疾。”張銑注：“禽，獲；疾，患也。”

　　顯然，釋義是將“禽疾”對應作“急速擒拿”。可是從張銑注中可以看出，釋“禽”爲“擒拿”是對的；而“疾”，注中明明是“患”，並非“急速”之義。“禽”和“疾”皆爲動詞，非指人；即便指人，也是前面“所”字所具有的功能。再者，“禽”和“疾”在結構和意義上都很鬆散。張銑注後面本來遺有一句話說得更加明確：“言將帥親黨皆非詔書所獨獲而患之。”實際上張注釋“疾”爲“患”仍不甚恰切。此“疾”乃《論語·季氏》“君子疾夫舍曰欲之而必爲之辭”之“疾”，義猶痛恨也。這裏是向東吳將領勸降，言脅從之眾皆非朝廷所必虜獲和痛恨之人。可見“禽”、“疾”是偶爾連用，並沒有凝結爲一個詞，與“所”結合才臨時具有了名詞義。二字連用古今僅此一例，所以“禽疾”不應立爲條目。

二、家兒（第三卷，第 1466 頁）

【家兒】① 子弟。《後漢書·馬援傳》："今獲所願，甘心瞑目，但畏長者家兒或在左右，或與從事，殊難得調，介介獨惡是耳。"李賢注："長者家兒謂權要子弟等。"② 特指肖似其父的兒子。唐韓愈《殿中少監馬君墓誌》："幼子娟好靜秀，瑤環瑜珥，蘭苕其牙，稱其家兒也。"

按：長者家兒應是"長者家之兒"，猶言貴家子弟。"家"在結構上當屬前，與"長者"構成一個詞組，然後再修飾"兒"，所以"家兒"不能成立。同理，"稱其家兒"意思是：真算得上他家的兒子。"家"與"其"先結合，然後再修飾"兒"，是"其家之兒"。所以該"家兒"也不能成立，釋義也是隨文而生。查《辭海》、《辭源》均未收"家兒"，唯《大漢和詞典》收有此條，僅一個義項，釋爲"猶言子息也"。《漢語大詞典》蓋承襲《大漢和詞典》之誤而立此詞條，而且釋出了兩個義項，走得更遠了。因此"家兒"條應予否定。

三、押頭（第六卷，第 46 頁）

【押頭】① 吏卒頭目。《水滸傳》第三七回："次日，宋江置備酒食與衆人回禮，不時間又請差撥、押頭遞杯，管營處常常送禮物與他。"

此例"押頭"，經核人民文學出版社一百回本、七十回本和上海人民出版社一百二十回全傳本，皆作"牌頭"。"牌"與"押"形近致訛。該回的下文還有一句："正惱的説未了，只見牌頭來報道……"，兩處"牌頭"指同一個人。並且《漢語大詞典》第六卷"片部"另收有"牌頭"，其第（2）義項釋爲"舊時對差役或軍士的敬稱"，用《水滸傳》第九回的例子。"牌頭"是對的。"押頭"的該義項並該例,應予取消。

四、親長(第十卷,第 343 頁)

【親長】指父母尊長。《孟子·盡心上》:"孩提之童無不知愛其親者,及其長也無不知敬其兄也。"宋孫奭疏:"知愛親長,知敬兄,此所謂良能良知也。"

按:此條錯誤首先是將漢趙岐注當成了宋孫奭疏,接着又引錯了注文。原注文是:"少知愛親,長知敬兄,此所謂良能良知也。"趙岐注從少、長兩方面釋《孟子》的"孩提之童"和"及其長也"兩方面,準確無誤。下面有孫奭疏説得更明白:"孩提繈褓之童子,無有不知愛其父母;及其長大,無不知欽順其兄。"該條的編者没有細讀原文及注疏,又馬馬虎虎地將注文前句漏引了一個"少"字,復將後句的"長"字誤斷入前句,於是就湊出來一個"親長"。所以該例句的"親長"屬破詞,應予否定。

五、親家(第十卷,第 345 頁)

【親家】① 父母之家。《管子·輕重一》:"爲功於其親家,爲德於其妻子。"

按:本例先是引錯了篇名。該段文字出自《管子·輕重乙》,而非"輕重一"。接着又誤引、誤斷了原文。原文是:"且使外爲名於其内,鄉爲功於其親,家爲德於其妻子。"很清楚,三句話分别從外、鄉、家三個方面論述。對於這段文字,前人並無異議。唯"内""鄉"二字有人認爲是誤倒,但已爲郭沫若等集校所駁正:"沫若案:'内鄉'二字並未誤倒。此'外'與'内'爲對,'鄉'與'親'爲對,'家'與'妻子'爲對。'内'可包含鄉、親、家與妻子,蓋'内'之中又有'内'也。'外爲名於其内,鄉爲功於其親,家爲德於其妻子'者言一人外建立功名,則鄉黨增光,父母榮顯,妻子有德色也。"原文和集校兩相對照,真相大白了:"親"與"家"不相連!《漢語大詞典》誤截原文,誤斷句讀,才使二字連在一起,湊出了一個"親家"。所以本例的"親家"屬破詞,應予取消。

六、阿甄(第十一卷,第936頁)

【阿甄】東阿、甄城的並稱。兩處均在今山東境內。《史記·司馬穰苴列傳》:"齊景公時,晉伐阿甄,而燕侵河上,齊師敗績。"司馬貞索隱:"阿甄皆齊邑。《晉太康地記》曰:'阿即東阿也',《地理志》云甄城縣,屬濟陰也。"三國魏阮籍《東平賦》:"西則首仰阿甄,傍通戚浦。"

按:該條"阿甄",依釋義及書證,皆爲"阿鄄"之誤。"鄄"音juàn,爲地名,春秋爲衛之鄄邑,今爲山東省鄄城縣。"甄"音zhēn,古爲一種制陶的器具,今則多用於姓和"甄選"、"甄別"等詞。二字音義迥異,形近致訛,本應以"阿鄄"立目,而卻誤以"阿甄"立目。如果僅僅是詞目錯倒還罷了,連詞目加釋義帶引文在內,"甄"字接連出現了六次,皆誤!這就不能不令人感到遺憾而且奇怪了。要説編寫者失誤吧,還有審定人以至分卷主編呢?要説印刷錯誤吧,還有一次次的校對清樣呢?個中的原因和責任,就不知在甚麼地方了。

然據筆者考查,另外還真有"阿甄"一詞。不過該"阿"音ā,如果立爲詞目的話,依《漢語大詞典》體例應標作[阿²甄]。"阿甄"本指魏文帝曹丕的皇后甄氏。該"阿"是用在人名或姓前表示親昵意味的前綴。甄后原爲袁紹兒媳,貌美,袁紹滅亡後,被曹丕納爲妻,繼而爲皇后,不久失寵被賜死。因甄氏爲皇后且容貌妍麗,故後來又以"阿甄"爲后妃或宮女的代稱。唐李賀《宮娃歌》:"啼蛄弔月鈎闌下,屈膝銅鋪鎖阿甄。"王琦匯解:"阿甄,魏文帝之甄

夫人。……六朝時稱婦人多以阿字冠其姓上。”實際上，這裏的
“阿甄”已經是借指宮女，即題目所言“宮娃”。王琦匯解：“娃，美
女也。此篇蓋爲宮女怨曠之詞。”即此一例，“阿甄”就應該專門立
爲詞條了。

　　推測，也可能當初《漢語大詞典》編纂時就有“阿甄”，而被粗
心者誤識字形，立目時張冠李戴，擠掉了“阿鄄”，接着又錯上加
錯，將内容上所有的“鄄”字都改成了“甄”，而真正的“阿甄”則被
湮没了。這下可就真成了“鳩占鵲巢”。總之是某個環節的疏忽
所致。正本清源，應該讓[阿鄄]和[阿²甄]分別立目。

　　一部大規模的辭書，尤其像《漢語大詞典》這樣的鴻篇巨制，
收詞制卡與編寫人員陣伍宏大，水準難免有參差。收詞制卡時，可
能就有人讀不懂古文，斷不好句；或因粗心而誤識或誤寫字形；而
編寫人員剛巧没有再認真復核。所以偶爾出現幾個破詞或非詞本是
難免的。其他大型辭書，例如初版於本世紀初的《辭源》，雖然當
時集中了大批優秀學者編成，後又經過修訂，但是仍避免不了此類
現象。這裏僅舉一例：

　　修訂本《辭源》“異姪”條是這樣解釋的：“姪婿。《大戴禮》六
《衛將軍文子》：‘一日三復白珪之玷，是南宫紹之行也，夫子信其
仁，以爲異姪。’注：‘以兄之子妻之也。’”舊版《辭源》所引正文同，
修訂本又加引了注文。

　　“異姪”一詞，查《大戴禮記》原文是“異姓”，《四庫全書》、《四
部叢刊》、《叢書集成》諸本以及中華書局點校本清王聘珍《大戴禮
記解詁》，皆然。盧辯注下文還引了《周禮·司儀職》“時揖異姓”，
亦可爲證。清汪中專門撰有《大戴禮記正誤》，然並未提此處有
誤。還有一個確證，《大戴禮記》此段文字又見《孔子家語·弟子
行》，二者大同小異，只是《家語》作“以爲異士”。不過王肅對“異
士”的注説得明白：“殊異之士也。大戴引之曰‘以爲異姓’，婚姻
也，以兄之女妻之也。”又，清梁章鉅《稱謂録·兄弟之婿》也是以

“異姓”立目，書證就是取自《大戴禮記》。

可見《辭源》的“異姪”乃“異姓”之誤，“姓”與“姪”形近致訛，修訂本比舊本多引了注，看來是重讀了原文，而却未能發現並糾正錯誤，可謂失之交臂，不能不説是一件憾事。但是這種疏漏與其總體價值相比，則是微乎其微的，《漢語大詞典》這一劃時代的文獻，尤其如此。我們指出其不足，以便修訂時加以彌補，才能使它更加完美，放射出更加奪目的光彩。

（原載香港《中國語文通訊》1997 年 6 月總第 42 期。本文第四條“親長”和第五條“親家”，只是否定該條例證，不否定整個詞條。特此説明）

關於“詞典”、“辭典”的規範

　　“詞典”與“辭典”是書刊中經常碰到的兩個詞,在使用上呈現出極大的隨意性。如《中國語文》1996 年第 5 期有一則“中國辭書學會首屆語文辭書學術研討會召開”的簡訊,稱“會議還討論了語文辭典編纂的標準化和規範化問題、語文辭典詞類的標注問題、語文詞典的品質問題……”;《語言文字應用》1997 年第 1 期一篇題爲《論語文詞典的推陳出新》的文章,裏面又不時出現“辭典”的字樣,如“至於語文辭典推陳出新的第二個層面的問題……”。專業書刊尚且忽而“詞典”忽而“辭典”,更不必説一般的報刊文章了。同樣性質的辭書,有的叫“詞典”,有的叫“辭典”,非常混亂。在我們任意抽取的 424 部辭書的名稱中,用“詞典”的 201 部,用“辭典”的 223 部,可謂平分秋色。這不僅僅是一個簡單的詞的選用問題,而是包含着非常複雜的內容,造成這種混亂局面的原因也是多方面的。

　　從現實來看,首先,一些權威性的工具書,對兩詞形的處理没起到指導規範的作用。《現代漢語詞典》(1996 年修訂本):“〔詞典〕收集詞彙加以解釋供人檢查參考的工具書。也作辭典”,“〔辭典〕同‘詞典’”。《漢語大詞典》“詞典”條釋義與《現代漢語詞典》相同,“辭典”條釋爲“彙集詞語,按某種次序排列,加以解釋,供人查閱的工具書”,釋語微别,而實質相同。國家標準《辭書編纂基本術語》(徵求意見稿):“辭典 dictionary 也稱‘詞典’。以詞條爲單元,給出語詞性或專業性注釋的辭書”,“詞典 dictionary 即‘辭典’”。這也是把二者看作同一個詞,即 dictionary 的等價物。朱炳昌編的《異形詞彙編》也把"詞典"、"辭典"作爲一對異形詞收於其中。

其次是近年來"詞典"或"辭典"的大量湧現。這些年來,各種各樣的"詞典"或"辭典"層出不窮,成語、典故、諺語、俗語、名言、名段、楹聯、詩文、題解等都紛紛加入到"詞典"或"辭典"的隊伍中,而在名稱的選擇上,又各行其是,令讀者難免犯糊塗。

除此以外,"詞典"與"辭典"的混亂還有着深刻的歷史淵源。

我國古代没有"詞典"或"辭典"之名,而稱"字書"。但"詞"、"辭"、"字"三個字眼兒及其所代表的語言中的概念却早已産生,並且隨着時代和語言的發展,其意義内容不斷發生變化。

"詞",《説文》釋爲"意内而言外也"。後人對這句話的理解頗有分歧,我們且不管。但"詞"在漢語的早期運用中確有兩種所指,其一專指虚詞,如《説文解字》:"者,别事詞也","乃,詞之難也",等等。後人解釋虚詞的專著如王引之的《經傳釋詞》、楊樹達的《詞詮》都是取"詞"的這種意義,吕叔湘《現代漢語八百詞》也是以虚詞爲主。"詞"的第二所指爲言語、文辭。後來"詞"又多了一個意義,即稱"長短句"這種韻文形式。

"辭",本指争論。《説文》:"辭,訟也,……猶理辜也。"朱駿聲《通訓》:"分争辯訟謂之辭。"以後引申爲所有的言語、文辭,使"辭"成爲一個較大的概念,凡詞、語、句、段乃至篇章均可謂之"辭"。

在"言語、文辭"這個意義上,"詞"與"辭"是相等的,"言詞"與"言辭","文詞"與"文辭","詞訟"與"辭訟","詞藻"與"辭藻","詞令"與"辭令"……意義無别,完全是一組組的異體詞。而"詞"的"長短句"的意義不能寫作"辭"。

再説説"字"。"字"是偏重於書面形體而言的。古人認爲獨體爲"文",合體爲"字",後統稱"字"或"文字"。古代漢語中占優勢的是單音節詞,"字"和"詞"基本上是對等的,所以只有"字典"

而没有"詞典"或"辭典",如《康熙字典》。"字"實則對應於英文中的"word",《馬氏文通》内分"實字、虚字","名字、動字、静字",等等,而不叫作"實詞、虚詞"等。

近現代以來,我們語言的面貌比以往發生了更大的變化。用西方語法學的"詞"概念觀察漢語與中文,"字"與"詞"開始不一致了,由單音節詞占優勢向雙音節詞發展,"字"不再和"word"相對應。1924年出版的《新著國語文法》就完全用"詞"表"word"了,分爲名詞、代詞等七類。而現代詞彙學的研究確定了現代漢語"詞彙"庫中不僅有"詞",還有許多相當於詞的固定結構。"詞"既是語法上的一級語言單位,也是詞彙上的一級建築材料單位。

所以,用我們今天的眼光來看,"字"、"詞"、"辭"的區别是很清楚的。"字"一般表示單音節的詞或語素,"字"不再和"word"相對等,與"word"相對等的是"詞"。人們一看到"詞",首先想到的是語言中那種最小的可以獨立運用的造句單位。這一點可以從小學生學語文和外國人學漢語中看得出來。儘管他們認的是一個個的"字",但實際運用操作的是一個個的"詞","字"和"詞"是不同的概念,雖然實際辨認起來並不是那麽容易。

"詞"和"辭"在"言語、文辭"的意義上曾是相同的。隨着"詞"的"word"義的深入人心,"word"義專門由"詞"來承擔,在"word"意義上,"詞"、"辭"是相互對立的,"詞"對"辭"是排斥的。"詞"、"詞彙"、"同義詞"、"解詞"等中的"詞"不能换成"辭"。而廣義的"言語、文辭"義,人們傾向於由"辭"承擔,"修辭"、"修辭學"不能寫作"修詞"、"修詞學",在這個意義上"辭"與"詞"又形成了對立,"辭"對"詞"也是排斥的。

既然"字"、"詞"、"辭"是不同的,那麽,"字典"、"詞典"、"辭典"也就應該有分工。

在"字"、"詞"基本對應的時代,人們習慣用"字典"對應"dictionary",如1907年上海商務印書館出版的《英華新字典》。

隨着古漢語向現代漢語、文言文向白話文的過渡，"字"、"詞"發生矛盾而獨立門户。如 1953 年初版的《新華字典》就與《康熙字典》性質迥别了。

"辭典"一詞原是從日文中借用過來的，清末就已出現，如宣統三年(1911)上海扶輪社出版的《普通百科大辭典》，收錄的是"超字單位"。在"言語、文辭"義相同的情況下，"詞典"的出現可想而知了，20 年代初就有了《國語詞典》、《白話詞典》。"辭典"與"詞典"等同起來。

既然隨着語法學、詞彙學和修辭學的發展，"詞"、"辭"又逐漸有所分工，"詞典"、"辭典"也應該有所區别，各有所指才好。若把它們視爲異形詞，進行整理，我們會遇到很多困難：

取消"辭典"保留"詞典"，"詞典"的字面示義太窄，無法容納那些比"詞"大的形式；取消"詞典"保留"辭典"，包容性是增强了，但却更雜了。況且把真正解"詞"的工具書也寫作"辭典"，也名不符實。因此，還是利用"辭"和"詞"二字現在意義的差别，將二者分開爲好。

我們可以工具書的收錄對象是否爲"詞"作爲區分標準。只收"詞"的工具書寫作"詞典"天經地義，所有比"詞"大的語言材料由"辭典"負責，二者兼收的呢？以二者所占比重大小而定，只要以"詞"爲主，就用"詞典"，反之用"辭典"。如《現代漢語詞典》和《漢語大詞典》，其宗旨都是收"詞"的，不能因爲兼收了部分"字"和"語"而叫"字典"或"辭典"，收字是爲解詞服務的。成語、典故之類，反映的是文化的積澱，有的可能以"詞"的形式出現，更多的却是以詞組乃至句子的形式出現，亦即以"辭"爲主。那麼以成語、典故爲收錄詞組的工具書以用"辭典"爲宜。而本就以句子形式出現的名言、警句、對聯和以段、篇形式出現的作文描寫、名作欣賞等，當之無愧地應由"辭典"來稱呼。

當然，我們把二者區分開，只是指具體的辭書而言，是確指的概念。當一般敍述的時候,不確指的時候,如概括性地說"語文 cí 典"、"知識 cí 典"、"cí 典編纂"等時,用哪一個呢? 既然"辭"的包容性強,就一律寫作"辭典",這又是一個相容二者的籠統的"辭典"。這並非自相矛盾,只是考慮到特殊情形讓"辭典"義有廣狹之分而已。

(與董秀梅合作,原載《語文建設》1998 年第 1 期)

"黃花"揭秘

　　"黃花女兒"、"黃花姑娘"、"黃花閨女"等語,熟悉漢語的人都知道,均是特指處女而言的。最早的用例是"黃花女兒",元明作品中時常見到。如:

　　　　《竇娥冤》第一折:"〔張驢兒云〕這歪刺骨便是黃花女兒,剛剛扯的一把,也不消這等使性,平空的推了我一交。"

　　　　《金瓶梅》第三十回:"他從去年八月來,又不是黃花女兒,當年懷,入門養。"

　　　　《型世言》第四回:"若日後肯和同水蜜,他年紀小,是黃花女兒,盡可接脚。"

但處女爲什麼就叫"黃花女兒",人們却語焉不詳,工具書也多是解其然而不及其所以然。處女稱"黃花",而不稱"紅花"、"白花"什麼的,顯然"黃花"是癥結所在,關鍵是揭開"黃花"和"處女"之間聯繫的秘密。

　　就《漢語大詞典》所釋,"黃花"有好幾種意義。如係泛指,所有黃顏色的花均可稱"黃花"。如係特指,則常指菊花,李清照的"人比黃花瘦",毛澤東的"戰地黃花分外香",即指菊花。"黃花"還可指菜花,如唐司空圖《獨望》詩"黃花入麥稀"。然而菊花、菜花這兩種"黃花",跟"處女"之間都不存在必然的關聯性;勉强去找,唯有鮮美芬芳的特點,但這又是所有鮮花都具備的。排除了上述意義,"黃花"還有一種特指,即黃花菜,又名金針菜,因而也只能在黃花菜身上找答案了。對《金瓶梅》中的"黃花女兒",有人就試圖以黃花菜揭示其得名來源。姚靈犀《金瓶小札》云:"金針菜,一名黄花菜,'針'與'貞'音諧,言其爲貞女也。"①但這不是從黄花菜與"黄花女兒"的内在聯繫來解釋,而是繞道"金針"之音,從諧音的角度來解釋。無獨有偶,傅憎享《金瓶梅隱語揭秘》,在吸收此説的基礎上又略加改變説:"[黄花女兒]隱處女、貞女。黄花菜又名金針菜,以針諧貞。"②此種解釋可謂之諧音説。持此説者自以爲這樣可以揭開"黄花女兒"得名的秘密了,其實不然。因爲諧音説是站不住脚的。

首先從諧音取義的構成規律來看,那個表音的字一般須到字面上來,然後順着這個音諧出背後的那個字來,所謂"表裏雙關"是也。例如,"東邊日出西邊雨,道是無晴還有晴"以"晴"諧"情","拿着棒槌當了針"以"針"諧"真"。所以"黄花女兒"如果真是通過"針"諧音取義的話,這個音當初也應在字面上出現,直接説成"金針女兒"。諧音説還有一個大不通之處,就是這種音都是取的現代普通話的音。普通話"針"、"貞"、"真"都是同音字,過去却不是這樣。"黄花女兒"最早見於《竇娥冤》中,是關漢卿的作品。關漢卿是金末元初時人,大約出生在1213—1222年間,那時南宋還存在。而這個詞語又不會是關漢卿自己創造的,喜劇是演給大衆看的,也就是説,"黄花女兒"一語在關漢卿之前早就出現於老百姓口頭上了,至少在宋朝就存在是不成問題的。可宋元時期,"針"、"貞"、"真"三字分屬三個不同的韻部,非但不同音,而且相差甚遠。"針"音職深切,收-m韻尾,《中原音韻》屬"侵尋"韻,-m尾仍未消失,音[tɕim],尚未變爲"真"音。"貞"相差更遠,音陟盈切,收-ŋ尾,與"征"、"蒸"等同音。古代諱帝王名,宋代避諱最嚴,不僅要避皇帝名,而且要避嫌名(音同音近的字)。宋仁宗名趙禎,於是人們遇"禎"要改作"真"或"祥",遇"貞"要改作"真"或

---

① 王利器:《金瓶梅詞典》,吉林文史出版社1988年第1版。
② 傅憎享:《金瓶梅隱語揭秘》,百花文藝出版社1993年第1版。

"正"。連前朝年號也不例外,唐太宗的年號"貞觀",宋人竟給改作"真觀"。避嫌名就是要避同音字,"貞"音征,與"真"不同音,所以那樣改。倘若二字像今天普通話一樣同音的話,當時豈非越避越同了麽? 即便到了清朝,"貞"、"真"仍然不同音,雍正皇帝名胤禛,大詩人王士禛改名"王士禎",即是明證。① 現代音"貞"改變了韻尾,脫離了原屬的 zheng 音變爲 zhen,與"真"同音了,這是單獨一個音的特殊音變,據王力先生講,它是受南方和西南方音的影響而造成的。② 王先生還指出,北方音系的-m 韻尾到了明代才消失,並入-n 韻尾,於是"針"變得跟"真"同音了,但仍與"貞"不同音。"針"、"貞"、"真"三字變爲同音字,是很晚的事情。所以,至遲在關漢卿時期即已流行的"黃花女兒",距今也有七百多年,說它的意義通過以"針"諧"貞"或以"針"諧"真"而形成,是缺乏歷史觀點的,是以今律古,把現代人的語音觀念強加於古人。再說,即便諧音說可通,"貞女"與"真女"跟"處女"概念也難以吻合。首先說"貞女",《漢語大詞典》釋爲"貞潔的婦女",顯然不是專指處女的。元朱德潤《佩巾》詩:"妾聞古貞女,委身期百年",更見"貞女"反而偏指從一而終的婦女,與"貞婦"同義。"真女"更成問題,遍查所有辭書,都不見此詞,何以見得它就指處女呢? 處女爲"真女",其他女人皆爲"假女"不成? 我們倒是查到了一條"真女"用例,可補目前辭書之不足。《後漢書·天文志中》:"(永平)七年正月戊子,流星大如杯,從織女西行,光照地。織女,天之真女,流星出之,女主憂。其月癸卯,光烈皇后崩。"就原文看,此"真女"下應皇后,和帝王一樣,應取其"真命"之意,《漢書·天文志》"織女,天女孫也"可資參證。反正"真女"概念不是指處女就是了。

　　諧音說既不可通,所諧出的"貞女"、"真女"又跟"處女"掛不

---

① 　陳垣:《史諱舉例》,科學出版社 1958 年版。
② 　王力:《漢語語音史》,中國社會科學出版社 1985 年版,第 633 頁。

上鈎,此説之不可成立,明矣。

我們認爲,"黃花女兒"的"黃花"指金針菜是對的,因爲此外再無別種更合適的"黃花";但其"處女"之義不是通過"針"的諧音獲得的,而是通過金針菜花的特點獲得的。下面引幾種對於"黃花菜"即"金針菜"的權威解釋。

《本草綱目·草五·萱草》:"五月抽莖開花,六出四垂,朝出暮蔫,至秋深乃盡。……今東人采其花跗乾而貨之,名爲黃花菜。"

《辭海》(1989年版):"[金針菜]百合科。……花蕾呈小棒錘狀,金黃色。花蕾開前采收,經蒸制後晒乾,即爲金針菜。有萱草、黃花菜、紅萱、黃花等種(按:均略去英文名)。原產亞洲,我國南北各地均有栽培。性喜溫暖,對土壤的適應性很廣。作蔬菜。"

《漢語大詞典》:"[金針菜]多年生草本。……因其花蕾黃色,形似金針,故名。可供觀賞。花蕾蒸熟晒乾,可作蔬菜。"

馮德培等主編《簡明生物學詞典》:"[黃花菜]別稱'黃花'、'金針菜'。百合科。……花蕾供食用。""[金針菜]百合科。因其花蕾黃色,形似金針,故名。花蕾蒸熟晒乾即爲金針菜,作蔬菜。"

從上述各種解釋我們可知:黃花菜或曰金針菜又包含多個品類,但共同點都是可"作蔬菜",因而得名"菜";説是菜,實際供食用部分是其花,花金黃色,因稱"黃花";關鍵的一點,采摘的花不是已開的花,而是欲開未開、含苞待放的花蕾(或曰花跗);這種金黃色花蕾"呈小棒錘狀","形似金針",經蒸制乾縮後更加像一根針,故名"金針"。之所以不等開放再采,因爲它開放時間很短,一開即老,很快萎謝,所謂"朝開暮蔫";一旦破開就不"呈小棒錘狀",不像金針反而像漏斗,因而也就喪失了"金針"的意義和價值了。乾制加工正是爲了防其開放變老，便於存放，隨時食用。

總之，供食用的金針菜這種"黃花"不是已開放的花，而是含苞未放的花蕾或曰花苞，"未開"、"未破"正是其根本特點！這正是"黃花女兒"得名與取義之源。因爲"處女"一詞的内涵正是指沒有經過性行爲亦即未破身的女子，"完整未破"、"完好無損"、"原封未動"也是其根本特點！語言中還常將處女謔稱爲"原封貨"或"原裝貨"，正是取處女之身未破之義。我們看，"處女"的本質特點與"黃花"何其相似乃爾！以"黃花"指處女也正是老百姓的語言。如《辭海》所説，黃花（金針）菜這種植物"對土壤的適應性很廣"，"我國南北各地均有栽培"，可見它是一種極爲常見的植物。廣大勞動群衆在對它的長期栽培、采集、加工和食用過程中，熟悉了這種"黃花"的特點，以之爲處女的妙喻是十分自然地事。所以，"黃花"指處女所采用的修辭手段不是什麼諧音，而是比喻，即借助事物之間的相似特點打比方。大家想，以那種黃嫩鮮美、含苞待放的花蕾比喻待字閨中的處女，是多麼的恰當貼切。這一比喻既委婉含蓄，又形象生動，是老百姓的創造。"黃花女兒"就是"像黃花一般的女兒"，起初人們都心知其意，不言自明，關漢卿也不過采用了大衆口語而已。可是時過境遷，又加以"黃花"一詞的多義性，人們對"黃花女兒"以及"黃花閨女"、"黃花姑娘"等語的得名取義之源也就莫名其妙了。我們相信，本文的結論庶幾可揭開"黃花女兒"的面紗，重現其本來面目。

最後我們還應提到，新有一種"黃花"指豆蔻的説法①，理由是唐杜牧《贈別》詩云"娉娉裊裊十三餘，豆蔻梢頭二月初"，後世便以"豆蔻"指十三四歲的年齡，並謂此年齡爲"豆蔻年華"。這種觀點貌似有理，實際也是不成立的。因爲我們語言中的"黃花"一

---

① 王敬騮：《釋"黃"——漢語詞考原之一》，《雲南民族語文》1996 年第 4 期。

詞,古往今來無一例指豆蔻的用法。對杜牧這首詩,注家均將"豆蔻"解作"淡紅色",這與《本草綱目·草十四·豆蔻》集解引蘇頌《本草圖經》"二月開花作穗房……初如芙蓉花,微紅,穗頭深紅色"是相合的。由於品類的不同,不否認豆蔻花也有黃色者,如《辭海》"豆蔻"條所云"初夏開花,花淡黃色"。但"初夏開花"者又與杜牧的"二月初"不相合。去除這類因素,此類黃色豆蔻充其量也只能歸入"黃顏色的花"之列,並未形成"黃花"一詞的專指意義。"豆蔻"雖然獲得了如《漢語大詞典》所謂"詩文中常用以比喻少女"的意義,但這並非由豆蔻花本身的特點造成的。因其顏色已成問題,要說如金針花一般取其未開的形狀吧,就更糟糕了。《漢語大詞典》"豆蔻"條說得明白:"南方人取其尚未大開的,稱爲含胎花,以其形如懷孕之身"。那它就不僅無法喻"少女"、"處女",反倒應該喻"孕婦"了。"豆蔻"與"少女"搭上關係,實在是起源於杜牧這首詩,屬於文學上的用典。是這首詩偶然將"豆蔻"與"十三餘"牽在了一起,並且中間還通過了"二月初"這一重要環節。因爲南方天氣暖得早,農曆二月初豆蔻花已掛滿梢頭;將一年比作人的一生,二月恰好相當於少女青春期,"二月初"的豆蔻花也就相當於"十三餘"的少女了。可"少女"與"處女"語義上雖有相合之處,但畢竟是兩個不同的概念,"少女"偏重於年齡,"處女"偏重於未破身。《辭海》"豆蔻"條"喻處女"的釋義本身就是欠妥當的,再把它向"黃花女兒"上扯就更牽強了。所以,"黃花"爲豆蔻之說是不成立的,而只能是指金針(黃花)菜的那種欲開未開、含苞待放的金黃色花蕾。

(與范景華合作,原載香港《詞庫建設通訊》1998 年總第 15 期)

"一 màr"考

　　香港《語文建設通訊》第 54 期李恕德先生《"一馬平川"應當如何釋義?》一文,指出《現代漢語詞典》將"一馬平川"釋爲"能够縱馬疾馳的平地"乃望文生義,牽強附會;"一馬"之"馬"應讀去聲,且方言常讀兒化音,"一馬"實爲"一 màr",爲"全部"、"一律"、"清一色"之義;"一馬平川"實爲"清一色的平川地帶"。此説甚是有理。因爲筆者也早已注意到了這個問題。個人憑着自己方言的語感以及一個語言研究者的敏感,早就覺得"一馬平川"的釋義很可疑,且已形成了自己的觀點,比如以上觀點就跟李先生不謀而合,只是覺得不太成熟而未發表出來。既然李先生的意見已發表,我只好在此基礎上作些補證,并將個人對"一 màr"成因與來源的看法公諸於世,以求得同行指教。

　　李先生不知是哪裏人,但以工作單位黑龍江大學而論,或許是東北人,這説明東北有此音義是没問題了。筆者爲山東省陽穀縣人,陽穀方言也有這個讀去聲的"一 mar³¹²"(按陽穀去聲調值爲312)。這裏先將《山東方言詞典》(語文出版社 1997 年 1 月第 1版)第二十六類的有關解釋照録如下:

　　　一划一划[i²¹³₅₅ts'an²¹]全部,清一色:她那些衣裳～好料子。｜俺瞳儿～姓孔的。(德)

　　　划[ts'an³¹²](威)

　　　一色子[i²¹³₅₅se²¹³te·](牟)

　　　一㧟儿[i¹³mar³¹²](陽)

該詞典於主條釋義,從條只注讀音和分布地。這段解釋表明:"全部,清一色"的意義,德州説"一剗",威海説"剗",牟平説"一色子",陽穀説"一檛儿"。而"檛"字恰好讀去聲,《漢語大詞典》這樣注釋:"檛(mà《廣韻》莫駕切,去禡,明)床頭橫木。……宋趙叔向《肯綮録・俚俗字義》:'橫木曰檛。音罵。'"《現代漢語詞典》也收了"檛(mà)"字以及當橫木講的"檛頭"一詞。《山東方言詞典》主編董紹克先生也是我的同門老學長,又爲陽穀同鄉,這表明他選擇這個"檛"字是經過了慎重考慮的。這一方面説明該詞典選字、注音之精審,另一方面説明陽穀這個"一檛兒"堪爲我們所説的"一 màr"的確證。

那麽這個"一 màr"的來源是什麽呢? 也就是説,從意義上講,這個"mà"的本字該是什麽呢? 我們發現《金瓶梅》第九回有這樣一個例子:"這婦人一抹兒都看在心裏。"這是潘金蓮初被西門慶娶進門做第五房小,作者通過她的觀察,將前四房吳月娘、李嬌兒、孟月樓、孫雪娥的容貌舉止等,一一進行了描寫交代,交代完後,就總結了這樣一句話。對這個"一抹兒",陸澹安《小説詞語匯釋》釋爲"一齊",王利器主編《金瓶梅詞典》釋爲"一概、全部的俗語"。釋爲"一齊"固然可通,但此處不如後者更合適些。但"一齊"跟"全部"在意義上又是一脈相承、密切相聯的。《金瓶梅》作者雖至今仍是個謎,但其中冀魯豫交接地區的方言尤其是魯西方言占很大的比重,則已爲研究所證明。所以,愚以爲這個"一抹兒"就是陽穀的那個"一檛兒"。

關於陽穀那個"一檛兒",《山東方言詞典》已解釋了它的"全部,清一色"的意義。其中"清一色"的意義,特別是在實指顏色方面,是一個常用的意義,如一個人上下身穿同樣顏色的衣服,不管是黑、白、紅,都叫"一檛兒色",具體説就是"一檛兒黑"、"一檛兒白"、"一檛兒紅"。此外還有一個"一齊"的意義爲該詞典所漏收。陽穀有一個家喻戶曉的歇後語叫"盤子喝水——一檛兒裏擁"(按:此"擁"讀"翁"音)。這個"一檛兒"即爲"一齊"之義。因爲盤子底大而平,邊淺而低,用它喝水時,水就一齊往前擁,往往從嘴兩邊流出來。大家看,這個"一榪兒"跟《金瓶梅》裏的"一抹兒",在"一齊"、"全部"的意義上就搭上了茬兒,它們顯然是同一個詞。回到我們的話題上,"一màr"就是從"一抹兒"那裏來的,"mà"的本字就是"抹"。

那麼"一màr"的意義跟"抹"字又有什麼聯繫呢?"抹"的本意是"塗敷,塗抹","搽胭脂抹粉"即用此義;其引申義爲"揩拭",如"抹桌子"。這種意義的差別,也造成語音的分化,前者念mǒ,後者念mā。塗抹也罷,擦拭也罷,目的或是使均勻,或是使光亮,在顏色、光澤的"一致"意義上仍是相通的。可見"一màr"的"清一色"的意義是跟動詞"抹"有直接關係的,是"抹"行爲造成的結果,比如用手或器具這麼一"抹",顏色或光澤就均勻一致了,就成了"一抹兒(màr)"的了。

"抹"的mà音又該如何解釋呢?這仍是人們爲了區別引申義而分化的讀音。大家知道,"抹"除前述mǒ、mā二音外,還有一個mò音,如趙偉洲、楊少華合説的相聲(忘記題目)諷刺一個文盲大款請人寫情書,其中有一句:"啪,啪,你這是抹(mò)灰呢!""抹(mǒ)灰"和"抹(mò)灰"意義有區別,辭書裏已經講清楚了,這裏就不多説了。但兩個意義又有内在聯繫,係詞義引申所致,顯然mò音是從mǒ音分化而來,由此來區別意義,這在語言學上叫作"破讀"(也叫"讀破")。那麼mà音也應是從mā音破讀而來,對某物或某處施以"一抹(mā)"的行爲,便造成"一抹(mà)"的結果。例如柳青《銅墻鐵壁》第十一章:"大雨一股勁傾倒着,天和地黑得一抹光。"京劇《沙家浜》第四場刁德一説:"日本鬼子人生地疏,兩眼一抹黑。這麼大的沙家浜,要是藏起個把人來,那還不容易嗎!"如此説來"抹"字實際應有mǒ、mò、mā、mà四個讀音。而現行工具書中只收了前三個,mà音由於使用範圍狹窄,只用於"一抹(兒)"而不單用,以至爲工具書所忽略,從而造成了方言口

語中這個去聲讀法的 mà 失去了本字。反過來説,即使文學作品
中用對了這個"抹"字,工具書中也注不出 mà 音。如前舉"一抹
光"和"一抹黑",其"清一色"的意味是非常明顯的,《漢語大詞
典》分別爲它們單立了詞條,但均把"抹"注爲 mǒ 音;"一抹"詞條
第 3 義項爲"一齊",最後一個用例恰好是《金瓶梅》的那個"一抹
兒",也是將"抹"注爲 mǒ 音。這幾個"一抹",根據本文所論,再
加上兒化,其音正應該是"一màr"!

　　"抹"字的多音現象,是不是古來就有的呢? 不是的。不必到
上古,即便中古音也只有一個,《廣韻》莫撥切,屬入聲末韻,音
[muat]。大家知道,古入聲是個韻又是個調,而近代北方語音的一
個重大變化就是入聲的消失。首先是入聲韻尾的消失,尾巴一掉,
"後門"一開,其主要元音就不穩定了,古入聲字在現代北方話中
往往呈現不同的韻母形式,這就是主要原因。其次就是聲調的變
化,所謂"入派三聲",並且不同方言又有不同的"派"法,兹不多
贅。若再加上有意利用這種分化來區別意義,就更複雜了。"抹"
由中古的(muat)音變爲 mǒ、mā 二音,實際上就有入聲分化和區
別意義在內。至於 mò、mà 二音的産生,應是更晚的事,已與入聲
分化無關,如前所論,純係在已有之音的基礎上爲分化意義而破讀
造成的。

　　將"一màr"的來源推到"一抹",是不是還可以再往上推呢?
也不是沒有可能。請看下面的例子。金董解元《西廂記諸宫調》
卷一:"重簾相對,一謎地寶妝就。"元關漢卿《魯齋郎》第一折:"百
姓見無權,一味裏掀潑家私如敗雲風亂捲。"《水滸傳》第三回:"智
深一味地打將下來。"這個"謎"字出現很晚,《説文新附》:"謎,隱
語也。"《廣韻》"謎",莫計切,屬去聲霽韻,今音應讀 mèi,現只用
於"猜謎(mèi)兒",正音却讀 mí,應係由讀半邊約定俗成而來。
"昧",《廣韻》莫佩切,屬去聲隊韻。"一謎"和"一昧"音義皆通,
皆作"一味"、"一直"或"一個勁"講。而"一抹"恰好也有"一味"

義。《蕩寇志》第七七回:"忽聽得喊殺之聲,一抹地追尋來。""一抹"的此項意義顯係由"一昧"而來。由它們的共同意義就引出了另一個詞——"一味"。"昧",《廣韻》無沸切,屬去聲未韻,其聲母後世雖屬輕唇音微母,然《廣韻》時輕重唇仍未分明,"昧"與"昧""抹"聲母仍相同。假如推到上古音,它們同爲入聲物部,不唯聲母,連韻調也相合了。所以可以認爲"一昧"、"一抹"的音義皆由"一味"派生而來。"一味"的原始意義是"一種滋味",由"一種滋味"引申出"單純"義,如唐趙元一《奉天錄序》:"緬尋太古之初,真源一味,自然樸略。"然後再由"單純"義就很自然地引申出了"一直"和"清一色"之義。這就是說,"一味"應是"一昧"和"一抹"的最初源頭,這也許距"一 màr"的問題遠了點兒,但却可爲大家提供點兒深入思考的餘地。

剪斷截説,"一 màr"的直接源頭就是"一抹",或曰 mà 的本字爲"抹"。那麽"一馬平川"的本來面目當爲"一抹(兒)平川"。不知李恕德先生並讀者方家以爲然否?我對此雖自感較有把握,但亦不敢自以爲定論,敬祈海内外有識之士有以教我。

（原載香港《詞庫建設通訊》1998 年 5 月總第 16 期）

"一 màr"補議

香港《語文建設通訊》第54期李恕德先生《"一馬平川"應當如何釋義?》,指出該"一馬"應讀"一 mà"(兒化作"一 màr"),爲"全部"、"一律"、"清一色"之義。接着,《詞庫建設通訊》第16期發表了黃今許先生的《也説"一馬平川"》和拙文《"一 màr"考》,對"一 mà"音義表示贊同,並提出證據和加以考證,指出此音義除"一馬"外,還可寫作"一抹"、"一楂"、"一碼"等。討論至此,漢語的"一 mà"音義應視爲正式確立。然而我們也不能由此走向另一個極端,凡見上述寫法一律歸入"一 mà"。黃今許先生大作中的"一碼"和"一抹",所舉五個例子,就有三個欠妥。

黃先生的"一碼"共舉兩個例證,其一是周立波《暴風驟雨》十八:"一碼柴火全都燒光了。"黃先生謂此"一碼"含"一片"、"一垛垛"的意思。其二是徐光耀《小兵張嘎》十二:"一碼都是葦塘。"黃先生釋此"一碼"爲"一片"、"全部"、"一色"的意思。

以上兩例,後一例是對的,前一例是錯的。因爲前一例中的"一碼"是數量詞組,義爲"一垛",而非"一垛垛"("一垛垛"是許多垛)。"碼"的量詞義又來源於其動詞義,《漢語大詞典》"碼"字條第(5)和第(11)義項對這兩個意義已解釋清楚了,不敢掠美,照錄如下:

(5)方言。堆疊;疊起。周立波《暴風驟雨》第一部五:"劉德山是個能幹的人,扶犁、點籽、夾障子、碼麥子,凡是莊稼地裏的事,都是利落手。"(第二例略)

(11)方言。量詞。相當於"堆"或"垛"。周立波《暴風

驟雨》第一部十八:"風助火勢,不大一會,一碼柴火全都燒
光了。"

"碼"的動詞義和量詞義,是緊密相連的,將物"碼"起來就成爲"一
碼"。"碼"的動詞義,《漢語大詞典》只是現代用例,這裏提供一個
清代書證以補其缺失。清李光庭《鄉言解頤・物部上・造室十
事》記北京地區蓋房的工序,其一曰"碼礎":"礎者,柱石也。俗謂
礎爲磉,又謂之柱頂石。測平之後乃碼礎。"此"碼"即屬動詞"堆
疊"義。

話説回來,《漢語大詞典》動詞、量詞二義用的都是周立波《暴
風驟雨》的例子,尤其量詞義用例與黃文一模一樣,已顯出黃文之
誤。我們再進一步看看原書中"一碼柴火全都燒光了"這句話的
上文,更可明白該"一碼"的真實意義。其上文講趙玉林忙得顧不
上家,其妻埋怨做飯没柴火了,他於是去砍柴:"他走出北門,走過
黃泥河子橋,在荒甸子裏,砍了一整天梢條,碼在河沿上。"將柴火
"碼"在那裏,那一垛柴就是"一碼",下文火燒的正是這"一碼",原
書也交待得清楚:"河沿上不見一個人影子,點起來的是趙玉林割
的梢條,風助火勢,不大一會,一碼柴火全都燒光了。"可見將此
"一碼"釋爲"一垛垛"是錯誤的。該"一碼"應排除在"全部"、"清
一色"義之外,讀音也是"一 mǎ",與"一 mà"無涉。儘管如此,黃
先生舉出的"一碼"仍是有貢獻的,因爲還有《小兵張嘎》的那個正
確用例爲證。另外《漢語大詞典》還收有"一碼新"詞條:"[一碼
新]方言。全新。徐光耀《平原烈火》第三七章:'車子是一碼新的
日本貨,推起來嗒嗒嗒嗒一陣響。'"此"一碼"顯然是"全部"、"清
一色"之義,可歸入我們説的"一 mà"音義。

黃先生的"一抹"共舉三個例子,除《金瓶梅》那一例可歸入
"一 mà"外,另兩例都不妥。

先看唐羅隱《牡丹》詩:"豔多煙重欲開難,紅蕊當心一抹檀。
公子醉歸燈下見,美人朝插鏡中看。"黃先生謂此"一抹"指"一

片",是不妥的,因爲"一片"很容易使人理解爲"一大片或一叢。"通讀全詩,所詠的不是一大片或一叢牡丹花,而僅僅是一枝(朵)而已。公子燈下見的,美人早晨插的和鏡中看的,都是這一枝。並且,這是一枝未開的牡丹,而非已開的牡丹,首句的"欲開難"已點明了。這裏的"紅蕊",也不是花心之蕊,因爲花未開,也就看不見花蕊;再説一般意義上的花蕊是黃色而非紅色。那"紅蕊"應該是什麽呢? 只能是紅色的花苞。① 紅色花苞被綠色的花托和花萼托裹着,其形狀又正像一個花蕊,"當心"即是指在花萼的正中心。這樣一點"紅蕊",其"一抹檀"會有多大"片"呢? 所以"一抹"不如釋爲"一點"好。"紅蕊當心一抹檀"是説:綠色花萼裹着花苞,在頂端正中心露出一點淺紅色來。② 即便把這個"一抹"解作"一片",也只能理解成"局部"的一片,而絶不能理解成"全部"的一片。二者如何區别呢? 比如女子化妝擦胭脂,重點擦臉頰部位,這就是局部一片的"一抹(mǒ)紅",而非全部一片的"一抹(mà)紅"。如果是全部的"一抹(mà)紅",那就成了關公臉。所以黃先生所舉羅隱《牡丹》詩中的"一抹"仍屬於局部意義的"一 mǒ",而不可歸入全部意義的"一 mà"。

黃先生的"一抹"第二個例子是金元好問《楚山清曉圖》詩"一抹春愁淺淡中"。黃先生釋此"一抹"爲"一片",引申爲"無窮"、"無際"。這首詩,一般選本不收,查人民文學出版社 1958 年版《元遺山詩集箋注》又無注,所以無法判定黃先生所釋的正誤。但從後面的"淺淡"看,似與"無窮"、"無際"不符,如此則仍應屬於

① "蕊"指整個花苞以及整朵花,亦於古有徵。如《楚辭·離騷》:"貫薜荔之落蕊。"李善注:"蕊,華也。"宋李清照《攤破浣溪沙》詞:"梅蕊重重何俗甚"。

② 杭州古籍出版社 1985 年出版的《羅隱集校注》,限於體例,這首詩未注這麽詳細。爲此我特將個人理解通過電話向校注者潘慧惠老師請教,以上就是我們二人統一的意見。謹在此向潘老師致謝。

"一 mǒ"的音義範疇。既難以肯定,只能存疑,貿然歸入"一 mà"欠妥。

　　漢語的音義關係不簡單,如果再加上書面的形體關係,就更加錯綜複雜。"一 màr"音義的確立及其書面詞形的認定,充分體現了這一點。該音義既然是我們語言的一種現實存在,詞典就應有所體現,使相應的書面詞形有個歸宿。我在《"一 màr"考》中已考定該 mà 音的本字爲"抹",首先爲"抹"增加此音是不成問題了。如《漢語大詞典》已有"抹¹"(mǒ)"抹²"(mò)"抹³"(mā)三個字頭,再增加一個"抹⁴"(mà)即可,而詞條"一抹"自然也相應增加第四音義項"一 mà"。"碼"、"馬"本只有 mǎ 音,既作爲"抹(mà)"的借字,也應增加 mà 音字頭,詞條"一碼(馬)"也相應增加"一 mà"音義項,以與原來的"一 mǎ"區別開來。《漢語大詞典》是歷史性質,理應做如上處理。而《現代漢語詞典》立足於當前語文應用,"一抹"、"一馬"、"一碼"屬於應規範的異形詞,是否有必要再做如此詳細的區分就值得考慮了。但至少應爲"抹"增加 mà 音字頭,並增加"一抹(mà)"詞條,"一馬平川"即便不修改"馬"音,至少應修改釋義。這些意見僅供辭書工作者參考。

　　　　　　(原載香港《詞庫建設通訊》1999 年總第 19 期)

銀耳的顏色與辭書釋義

以前誰要是提出"銀耳是白的還是黃的"這樣的問題，別人一定覺得荒唐可笑：要是黃的還能叫"銀耳"嗎？權威辭書也解釋得很明白，《現代漢語詞典》說：

> 【銀耳】真菌的一種，生長在枯死或半枯死的栓皮櫟等樹上，白色，半透明，富於膠質。用做滋補品。也叫白木耳。①

《漢語大詞典》說：

> 【銀耳】亦稱白木耳。真菌的一種。白色，半透明，富於膠質。性平，味甘，功能滋陰潤肺。中醫用以入藥，亦可作滋補品。主要產於我國雲南……現在各地多進行人工栽培。②

這兩部辭書的釋義用語大同小異，但對銀耳的"白色"是一致肯定的。

不料中央電視臺 1998 年 12 月 26 日焦點訪談節目却對銀耳的顏色翻了案：銀耳本是黃色的，目前市場上銷售的雪白晶瑩的銀耳，原來都是用硫磺薰白的！人工薰白的銀耳煮不爛，味發酸，對人體有嚴重危害。節目還披露：我國銀耳養殖基地之一的福建古田，長期用硫磺薰制銀耳，結果造成嚴重大氣污染，害人又害己。這一事實在全國人民的生活和觀念上引起了極大震動，人們不由對上述二辭書有關銀耳的釋義產生了懷疑。

好端端的黃銀耳爲什麼要薰成白的呢？原來黃銀耳得不到廣大消費者的認可，而薰白的銀耳則要多賣好多錢。可大衆爲什麼不接

---

① 《現代漢語詞典》(修訂本)，商務印書館 1996 年版，第 1502 頁。
② 《漢語大詞典》第十一卷，漢語大詞典出版社 1993 年版，第 1276 頁。

受黃銀耳呢? 這恐怕又與"銀耳是白的"這種定性觀念有關。這種觀念又是怎樣形成的呢? 首先,"銀耳"或"白木耳"的造詞本身就給人一種望文生義的誤導;其次再追究下去,又恐怕與常見辭書的"白色"釋義有脱不清的干係。於是就使得白色銀耳長期壟斷市場,即便偶爾出現黃的,人們也感到詫異。我就有過這樣的經驗。以前我逛商場遇到了黃銀耳,服務小姐告訴我:"黃的才是正色。"問她爲什麼,她又説不出。我便笑着説:"你們商家總愛把自己的貨説成正宗。銀耳要是黃的,當初不就叫'金耳'了嗎? 黃的頂多是一個新品種而已。"回來查了上述兩部權威辭書,就更加堅定了我對"白色銀耳是正色"的認識。我把市場上出現黃色銀耳新品種的事講給一位同事聽,不料他又講了一件實事: 有人送給他家一盒銀耳,當時没留意,過了一段時間要吃時發現是黃的,還以爲是變質了呢,就扔掉了。可見"銀耳是白的"這種觀念是多麼地正統而深入人心。

　　那麼是"銀耳"的叫名以及上述兩部辭書的釋義錯了嗎? 也不盡然。從其造詞上看,"耳"是取其形狀,"銀"正是取其白色之義。這道理正如"銀河",英語叫 the Milky Way,直譯成漢語就是"牛奶路",其實它既非河亦非路,只是取其形狀而已,其質地既非銀子亦非奶汁,只是取其白色而已。整體地看,這叫比喻式造詞法。"銀耳"之名既是這樣造出來的,辭書將其釋爲"白色",按理説也不能算錯,再説還有"白木耳"一個異名保駕呢。問題究竟出在哪兒呢? 上舉兩部辭書都是語文辭書,而"銀耳"却並不是一般的語文詞條,而是生物學或中藥學專科詞條。我們不妨再看一下專門辭書對它的解釋。《簡明生物學詞典》"銀耳"條説:

　　　　亦稱"白木耳"。擔子菌亞門,層菌綱,銀耳目,銀耳科。子實體由許多瓣片組成,狀似菊花或雞冠,膠質,半透明,多皺褶,乾燥後白至淡黃色。(下略)①

---

　　①　馮德培:《簡明生物學詞典》,上海辭書出版社 1983 年版,第 1298 頁。

《中藥大辭典》“白木耳”條在“藥材”一欄說：

　　　乾燥的銀耳，呈不規則的塊片狀，由眾多細小屈曲的條片組成，外表黃白色或黃褐色，微有光澤。質硬而脆，有特殊氣味。以乾燥、黃白色、朵大、體輕、有光澤、膠質厚者爲佳。①

　　通過這兩部辭書的釋義，我們看出問題來了：乾銀耳和鮮銀耳顏色有別！正如《簡明生物學詞典》所說，銀耳“乾燥後白至淡黃色”，《中藥大辭典》謂乾銀耳“黃白色或黃褐色”，且以“黃白色……爲佳”。“淡黃色”也罷，“黃白色”也罷，意思都是一樣的。反正乾銀耳應以黃色(淡黃)爲正色！

　　看來“銀耳”或“白木耳”的命名，起初是以偏於白色的原生鮮品爲依據的，且是與一般木耳(黑木耳)相比較並推類而及的。推測當初人們發現它時，見它也是長在朽木上，形狀跟黑木耳一樣，只是顏色較白，於是順口給它起個“白木耳”之名是很自然的事；同時由於“銀”也有白色之義，於是又有了雙音而簡潔的“銀耳”之名。至於人們發現它還能够乾制貯藏乃至入藥，應是更晚的事，這時，偏於黃色的乾品已經被排除在命名考慮之外了。可見“銀耳”或“白木耳”的命名或曰造詞，是“斷章取義”式地形成的，即只管鮮品的白色，沒管乾品的黃色。那麼同樣，本文開頭所舉那兩部語文辭書對“銀耳”詞條的釋義，籠統地把它釋爲“白色”而不別乾鮮，也犯了斷章取義或以偏概全的錯誤。這對銀耳產地的人們固然沒有什麼影響，對其他地方的人們後果就嚴重了。因爲銀耳生長很受限制，只在少數特殊木材上才可繁殖，因而分布不廣，只有四川、貴州、福建等少數地方才出產，所以大多數地方的人們對銀耳並不真正了解。他們對銀耳顏色的概念大半是從其名稱上望文生義或想當然得來的。有文化的如果再查一查最容易找到的《現代漢語詞典》，一看上面是“白色”，又有“白木耳”別名爲證，於是“銀耳是白色”的觀念在一般人腦

---

　　①　江蘇新醫學院：《中藥大辭典》，上海人民出版社 1977 年版。

海裏就根深蒂固了。近幾年隨着科學技術的進步,銀耳的人工養殖有了大規模的發展,越來越多的銀耳湧向國内外市場。而走向市場的銀耳,恰恰須是乾品才便於運輸和保存。乾品的黃色由於跟人們"銀耳是白色"的固有認識相衝突而不受歡迎,於是銀耳生産者便人爲地把黃色銀耳薰成白色以迎合廣大消費者的錯誤認識。事情曝光後,人們紛紛指責銀耳生産者缺德:爲了多賺幾個錢,不惜危害人民的健康。可是銀耳生産者難道就没有冤屈麽? 人家要是反過來埋怨消費者呢: 好端端的黃銀耳,價錢又便宜,你們不要,却情願出高幾倍的價錢買那種白色有毒的,這又怨誰呢? 看來應該怨人們對銀耳不分乾鮮一律謂之"白色"的這種認識誤區。這應是造成白色乾銀耳流毒國内外的根源。

這一事實也説明了一點語言學上的道理: 只按照字(語素)的意義去理解複合詞的意義,有一定幫助但却很有限,有時甚至是一種誤導,望文生義往往會生到斜地裏去。因爲詞義是一種内涵豐富的"化合物",而造詞時往往只取事物某一側面或局部的特徵。"銀耳"或"白木耳"之名,便是根據前期鮮品的色彩特徵,仿照"木耳"之名並與之相對比而造出來的。所以要僅憑事物的名稱及其構詞成分去想當然地把握該事物的全部特徵,難免會出現這樣那樣的偏差。要是叫没見過黃瓜的人去買黃瓜而又不告訴它是什麽顏色,不定會鬧出什麽笑話來呢。幸而黃瓜是常見之物,其名稱不會在人們認識上形成誤導。可銀耳就不同了,因爲它不是常見之物,辭書的全面而準確的釋義就顯得尤爲重要。專門辭書一般人不具備,作爲最常用的工具書《現代漢語詞典》,假如一開始就在"銀耳"釋義中加上"乾燥後呈淡黃色"這麽一句話,人們也許就不至於陷入那樣的認識誤區,至少不會陷得那樣深。其實據我請教見過銀耳養殖的朋友,鮮銀耳也並非純白色,而是略帶一點點淺黃,乾燥後黃色就加深加重了。《中藥大辭典》"白木耳"條謂其原植物(鮮品)"子實體白色,間或帶黃色",還是相當準確而切合實際的。可見據鮮品命名的白木耳之“白”，也難以達到純白，而是取其近白（與黑木耳相對而言）；要是據乾品命名的話，還真不如叫“黃木耳”或“金耳”更爲合適呢。由此看來，本文開頭所舉的那兩部語文辭書，一口咬定銀耳“白色”，就顯得更有問題了。語文辭書收專科詞條，雖然不能像專門辭書解釋得那樣細緻全面，但在關鍵之處，尤其是事關人民生活與健康之處，却馬虎不得。亡羊補牢未爲遲，有問題者應抓緊修訂予以補救。

中央電視臺關於銀耳顏色節目的播出，對人們的認識起到了撥亂反正的作用，同時也給語言研究和辭書編纂工作者敲響了警鐘。本文所舉都是公認爲科學嚴謹的辭書，科學嚴謹還難免出現這樣那樣的疏失，要是不科學不嚴謹呢？社會上曾刮起過一陣辭書熱的風，其中不乏粗製濫造和抄襲拼湊之作，不知會給人們乃至子孫後代帶來多大危害呢。辭書編纂及釋義一定要慎之又慎，編者遇有不懂的詞或不了解的事物，應詳閱有關專著，或向內行與專家請教，切不可憑想當然或望文生義而妄下斷語。

題外補記：寫罷此文，一位朋友來玩，談到他過節買了些黑木耳，回家一泡一洗掉了色，水都變黑了。原來那黑色不知是用什麼辦法（染？薰？）人爲地弄上去的。聽到此，更是令我哭笑不得。本來，黑木耳不是墨黑，白木耳不是雪白，可是“黑”、“白”二字給了人多大的誤導！由此我不禁想到，輿論界把乾銀耳的顏色由“白”正爲“黃”，但願人們不要由此進入另一個認識誤區，更願商販們不要把黃度不夠的乾銀耳再人工弄成金黃色。因爲乾銀耳之黃仍屬“淡黃”。總之與人民健康有關的這類食用商品，一切應順其自然，以自然本色爲貴。而我們的語言研究和詞語解釋工作，還真與商品經濟有脫不開的關係呢。

（原載《語文建設》1999 年第 4 期。補按：《現代漢語詞典》2012 年第 6 版“銀耳”條釋義已增加“乾燥後米黃色”一語。）

評第一部省級政區性方言詞典——《山東方言詞典》

　　董紹克、張家芝主編的《山東方言詞典》已由語文出版社於 1997 年 1 月出版。全書 64 萬字,分 29 類編排,詞目後列國際音標注音、釋義、例句和分布地點,書後附各方言點音系和音序索引。已故著名語言學家殷煥先先生在世時擔任該詞典的學術顧問,著名語言學家李榮先生和李行健先生分別爲該詞典題簽、作序。讀罷此書,深感它作爲一部省級政區性方言分類詞典,不僅具有開創性,而且具有較高的實用性和學術性。

一

　　我國分布着許多方言區,各方言區以下又分許多次方言和土語。這些都是根據其語言(主要是語音)特徵來劃分的。從語言學上講,這樣劃分當然是科學的。如果按照行政區劃來劃分,則往往會割裂方言的特徵,因而以往的方言研究多是按根據方言特徵劃分的方言區來進行的,而按政區的方言研究則顯得薄弱,更談不上分省方言詞典的編纂了。而事實上,我國各級政府開展工作實際上又都是按照行政區劃來進行的。隨着改革開放不斷深入發展,省際各地區間的交往、交際越來越廣泛和頻繁。在普通話還沒有普及的今天,到某一個省去,首先遇到的就是方言障礙。即便經過學習和類推,克服了語音上的障礙,但許許多多的詞彙障礙却不是一下子就能克服的。這也就有了編寫政區性方言詞典的必要。這部《山東方言詞典》正是在這種客觀需要的形勢下應運而生的,因而其實用價值和現實意義是顯而易見的。一方面,它顯示了山東話與普通話的詞彙差異,有利於推動山東的推普工作向縱深開展;另一方面,也爲政府制訂有關的政策法規提供了參考依據。

二

　　社會的統一與進步,要求語言高度融合與統一。因爲語言(或方言)的種類愈是繁多,就愈是不利於交際,而交際正是語言的根本職能。今天,我國普通話的影響越來越大,而方言的職能和作用正日趨縮小。從社會交往的角度來看,這無疑是大好事。但是,從科學研究的角度看,却是另一回事。正如李行健先生在該詞典的"序"中所稱,方言也是一種資源。可是這種資源又不同於地下自然資源。地下自然資源是"不動"資源,不開發不會消失;而方言資源是"變動"資源,不及時開發研究就會隨着時間的變遷自然消亡。所以,從科學研究的角度講,方言未經開發研究而消亡,是一種無可彌補的損失。因而,共同語越是迅速擴大與普及,方言的調查研究就越是具有"搶救文物"的性質。《山東方言詞典》實際也適應了這一需要。例如,隨着時代和生產、生活方式的進步,隨着某些特有習俗與事物的改變和消失,書中"農事"、"服飾"、"商業"、"文教"等各個部分中的許多詞語都已趨於湮沒和消失。該詞典將它們調查整理出來,爲科學和學術研究保存了一大批寶貴的資料,實在具有一種"搶救"和"發掘"的性質。多少年後,經歷過舊生活的老一輩人都故去了,許多獨特的方言詞如果成了難解之迷,對科學和學術研究豈不是一種莫大的損失?

三

　　這是一部方言詞典，其學術價值自然首先體現在方言學和語言學上。它對研究山東方言的語音、詞彙、語法、語義，對於研究古代漢語和近代漢語，都有重要意義。例如：

　　　　奘[tʂuaŋ⁵⁵]① 把散亂的東西弄整齊。② 使成堆。③ 振作。④ 神氣。（詞典 415 頁，例略）

拿注音對照各分布點的音系，知該讀音爲上聲。另據筆者所知，第②義項在陽穀讀去聲；"裝窯"之"裝"在山東方言裏也有去聲一讀（見詞典 315 頁）。這足以引發我們的思考：上聲"奘"和去聲"裝"的音義，都應是從平聲"裝"分化而來，其分化手段就是所謂的"破讀"。"穧生子"有指人、指物兩種用法，分別見於該詞典的"人品"類和"植物"類。在陽穀話中指人，猶言"私生子"，用於罵人；在平邑話中則指野生禾類植物。顯然，指人是從指植物引申而來的。但兩種意義分布於兩個地方，得通過這部詞典才能參證出它們的源流關係。該詞典中的"包彈"一詞指缺點或毛病，早期白話中也有這個詞，義爲批評、指責，其源流關係顯而易見。而該詞典中作磨蹭講的"堵磨"，跟宋元白話中作徘徊、盤旋講的"篤麼""獨磨"等，也顯然是一脈相承的（按：這兩例可參張相《詩詞曲語辭匯釋》卷五）。元明雜劇中常罵婦女爲"歪剌"或"歪剌骨"，今人莫明其本義。明人沈德符在《野獲編·詞曲·俚語》中引了兩種說法，一說謂牛角中的臭肉，一說謂"瓦剌"、"瓦剌姑"，但最後又稱"二說未知孰是。"該詞典中"崴拉"一詞指"一瘸一拐地走路"，我們認爲它與"歪剌"應是一個詞。由走路之"不正"引申爲品行的"不正經"是很自然的。倘此說成立，則該詞典又可有助於尋找某些詞語已經失傳了的語源。

　　不唯語言，對其他學科，諸如歷史、文化、民俗等，該詞典也有重要學術價值。如連襟稱作"兩喬"（176 頁），妻子姐妹的兒子稱作"喬外生"（175 頁），就是歷史文化影響的反映，因爲《三國演義》中有大喬小喬兩姐妹的故事。又如一個人忠厚肯幹被形容爲"不奸不曹"（431 頁），也是受了三國故事的影響，因爲《三國演義》成功地塑造了奸臣曹操的形象。又如"紅白喜事"這一類，從"相"到"合房"50 多個（組）詞語，表現了夫妻從相親到入洞房的全過程，無疑是研究山東婚俗的難得素材。

學者讀書是獨具慧眼的，不難從這部詞典中開採出各自所需的"礦藏"。

四

專家們早就說過，編詞典是一件極爲辛苦的事。編方言詞典就更是如此了。在我國，編寫省級的政區性方言分類詞典，在選點、選詞、選字、記音、編排等方面，以前還沒有一套現成的經驗，該詞典編者硬是"摸着石頭過河"式地獨闢一條蹊徑。例如"封閉式調查"（按照提綱）和"開放式調查"（不按照提綱）相結合；選字注意"本""俗"，避免一詞兩形；以"義本位"爲主編排，兼顧"詞本位"，等等。這些可以說都是較爲成功的，日後不能說都可成爲圭臬，但起碼爲後來者積累了經驗。

釋義是詞典的核心，也是編詞典的難點所在。尤其是該詞典只收獨具特點的方言詞，不收與普通話說法相同的詞語，就更增加了這方面的難度。因爲沒有書面的東西可供參考，要一個個地"摸"出這衆多的詞語，再概括出義項，然後再逐個逐項地予以確切解釋，實在不是一件容易的事。可是編者不僅做到了，而且做得相當出色。該詞典的釋義準確、精練，有的還很巧妙、精彩。這裏隨手舉出兩個例子以見一斑。陽穀話說某人"甩瓜"或"甩而瓜卿"，非常形象。但其意義又有點可意會不可言傳的味道。該詞典以"動作松垮不緊湊"七字釋之(453頁),可説恰中肯綮。"絡子"是農村織布時用來纏絡綫子的一種工具,詞典在對其用途和形制作出解釋後,又追加一句"很像個縮小了的臉盆架。"(124頁)這是用現在常見的事物比喻已經不常見的事物,把難解的詞解活了,可謂生花之筆,亦可見其用心良苦。

五

這樣一部詞典,我們不能苛求它盡善盡美,其中對某些問題的處理和個別詞語的釋義,也不是没有可商榷之處。正如李行健先生"序"所説,該詞典把與普通話説法相同的詞語排除,突出了方言特徵,照顧了篇幅,但又"有些可惜"。我們認爲不妨在嚴格控制的原則下適當收錄此類詞語,這樣可以更加豐富該詞典與普通話詞語的可比性。通過這種比較可以分析研究;山東方言作爲普通話基礎方言的組成部分,哪些詞彙是被普通話吸收進去的,哪些是受普通話的影響而產生的,以從中看出方言和普通話的相互影響。

前面説過,該詞典的釋義大都精練準確,但難免也有極個別詞語需要斟酌加工。例如"土井子"一詞,釋義爲"深而陡、形狀像井的小坑"。雖然簡練,但欠明確。没見過土井子的讀者對其挖在什麽地方、有什麽用途,不甚了了。這裏筆者不妨就己所知,囉嗦幾句。土井子一般是挖在坑裏或河裏,供取水之用。根據取水方式,土井子又有兩種。一種是在水較少的時候在水邊挖個小坑,將旁邊的水引過來,以便灌滿水桶;另一種是在無水的情況下,在河裏或坑裏挖一個深坑取地下水。這樣,一來容易接近水位,二來水較清潔,又有不同於井水的優點,可供冬春兩季做豆腐之用。當然釋義不宜説這麽多,但如果附加一句"一般在缺水或無水時挖在坑裏或河裏供取水之用",是否會更好一些。再如"打杂兒"一詞,指一種兒童遊戲,該詞典以"捉拉子"作主條立目,釋義多達 80 餘字,但仍不甚清楚。因爲只説把籴(拉子)敲出"城"外再讓對方扔進"城"中了事,而漏掉了中間的重要一環:把籴敲得蹦向空中,緊接着再打一棒使之飛向遠方。因爲打籴兒時發出"嘎"的一聲響,所以得名"打嘎",後來又根據被打短棍兒兩頭尖的特點另造"籴"字。《七俠五義》第 76 回寫北俠用刀在空中撥打鄧車射來的彈子,"磕的彈子就猶如打嘎的一般",可證打籴(嘎)在空中擊打的情形。(可另參郭芹納《説"打嘎"》,《中國語文》1995 年第 1 期。)

不過,上舉兩個例子不是一般詞語,屬名物或遊戲之類。即使這樣的詞語,也是筆者費了一番"吹毛求疵"式的功夫才尋出的。再説愚見也不見得就正確,即如"打籴兒",或許是各地打法不同呢。

些微不足,不能掩蓋這部詞典所取得的成就和對社會、對學術的貢獻。同時我們也希望再有這樣的政區性方言分類詞典面世,以滿足學術研究和時代發展的需要。

(原載《辭書研究》1999 年第 3 期)

論"詞典"與"辭典"的區分
——一個辭書學的基本問題

一

　　當前,在對"詞典"和"辭典"兩個書面詞形的理論處理與實際應用方面,存在着衆所周知的隨意和混亂。歸結起來,有如下三方面的問題:

　　第一,通行的理論定義把它們作爲同一概念。《現代漢語詞典》(1996修訂本):"【詞典】收集詞彙加以解釋供人檢查參考的工具書。也作辭典","【辭典】同'詞典'"。《漢語大詞典》"詞典"條釋義與《現代漢語詞典》相同,"辭典"條釋爲"彙集詞語,按某種次序排列,加以解釋,供人查閱的工具書",釋語微別,而實質相同。國家標準《辭書編纂基本術語》(徵求意見稿):"辭典 dictionary 也稱'詞典'。以詞條爲單元,給出語詞性或專業性注釋的辭書","詞典 dictionary 即'辭典'"。朱炳昌《異形詞彙編》明確地把它們列於其中。總之,理論上或官方的規定,均將"詞典"和"辭典"作爲毫無別義作用的異形詞。

　　第二,"詞典"和"辭典"既爲一對異形詞,官方又未規定何爲規範形體,於是就放任自流了。我們隨意抽取了424部辭書,其書名用"詞典"者201部,用"辭典"者223部,可謂平分秋色。《中國語文》1996年第5期的簡訊《中國辭書學會首屆語文辭書學術研討會召開》和《語言文字應用》1997年第1期的論文《論語文詞典的推陳出新》,可謂專業性文章,而其中"語文詞典"、"語文辭典"

自由交替使用。

　　第三,遍觀辭書編纂界,形形色色的"詞典"、"辭典"泛濫成災。成語、典故、諺語、俗語、歇後語、名言、警句、楹聯、詩文欣賞……五花八門,皆披上了"詞典"或"辭典"的外衣。至於具體斟酌用"詞典"還是"辭典"時,又罔知所措。二者無別,而此外亦無更好的名目,能不令人頭疼麼?

　　種種混亂,原因何在? 如何治理與消除混亂?

二

　　我國古代無"詞典"或"辭典"之名,收單字者統謂之"字書"。然"字"、"辭"、"詞"及其所代表的概念却早已產生,並隨着時代與語言的發展而内涵不斷發生變化。

　　"字"偏重於書面形體而言,所謂獨體爲"文",合體爲"字",後則統謂之"字"或"文字"。而就其記録的古代語言單位而言,它們又皆爲今天語言學意義上的詞。"辭"本指争訟。《説文》:"辭,訟也……猶理辜也。"朱駿聲通訓:"分争辯訟謂之辭。"以後引申指所有的言語文辭,成段的甲骨文叫"卜辭",《易》有卦爻辭。可見"辭"是一個較大的概念,凡詞、語、句、段乃至篇章,皆可謂之"辭"。"詞",《説文》謂"意内而言外也"。後人對此語的理解頗有分歧且不去説,然"詞"在漢語早期應用中確有兩種所指。其一是指虚詞。許慎在《説文》中就是這樣運用的,如"者,別事詞也","乃,詞之難也",等等。後世的虚詞專著如《經傳釋詞》、《詞詮》等,即是取"詞"的此種意義。其二是指言語、文辭。在這種意義上,它與"辭"完全合流了。"言詞"與"言辭"、"詞令"與"辭令"等一大批詞語,意義混然無別,以今觀之,皆爲一組組異形詞。

　　繼唐詩之後,我國又興起了一種叫作"詞"的韻文形式(又稱"長短句")。而"詞"這個字眼兒也就新增了一個義項,專指這種韻文形式時，如宋張炎《詞源》、明楊慎《詞品》，就不能再寫作"辭"。

近現代以降，西方語法學的傳入，實爲漢語史上一件大事。其中一個極爲重要的概念 word（法語叫 mot，德語叫 Wort）的傳入，引起了漢語中"字"、"詞"之辯的一場革命。而究其實，其内因又在於漢語自身的發展變化。倘使我們一直口說筆寫先秦式文言，這場革命就不致發生了。因爲古漢語及文言文中單音節詞占優勢，字、詞基本對等，《說文解字》直至《康熙字典》中的"字"，皆可作如是觀。1898 年面世的我國第一部古漢語語法專著《馬氏文通》，即是以"字"來對應西方的 word 概念，分"名字"、"動字"、"介字"等九類。然而古代漢語發展到近代白話並進而成爲現代漢語，文言文發展爲白話文，"字"與 word 概念的矛盾，就日益突出了。是誰率先用"詞"來對應 word 概念？據查考，早在 1907 年出版的章士釗的《中等國文典》，就完全用"詞"來表示 word 的概念了，並講了字、詞之別。1924 年出版的我國第一部白話文語法著作——黎錦熙的《新著國語文法》，就完全用"詞"來指稱漢語的基本結構單位了。1949 年後，我國語言學界又從詞彙學的角度對"詞"進行了深入的研究，於是人們對"詞"的意義有了更明確的認識，它既是語法上的一級語言單位，又是詞彙上的一級語言建築材料單位。從此，"詞"的概念就深入人心了。

漢語、中文發展到今天，"字"、"詞"、"辭"已經成爲三個獨立的概念。（1）"字"在古漢語中爲詞，在現代漢語中爲語素，即詞的組成部分。（2）"詞"在現代人的眼裏，首先是指語言中那種最小的可以獨立用來造句的單位。這種後起的意義反而後來居上占了上風。過去的虛詞義，亦併入此義中來了，因爲實詞爲 word，虛詞亦爲 word。而"詞"指長短句那種韻文形式的意義，雖亦偶或一用，但早已退出了現代人的生活。（3）"辭"現在多用於廣義的言語文辭意義。在這個意義上，它過去是跟"詞"相通的，且現在的

word 義照理也是蘊含其中的。而今 word 義從廣義的言辭中分化出來,由"詞"單獨承當了,在 word 意義上,"詞"與"辭"就形成了對立,或者說"詞"對"辭"是排斥的。詞、詞彙以及詞彙學,絕不可寫作"辭"、"辭彙"和"辭彙學"。廣義的言辭義,尤其在容易發生混淆時,人們已逐漸傾向於只用"辭"來承擔。在專業性較強的場合,甚至還非常嚴格。例如修辭和修辭學,是修飾言詞、語句乃至篇章的學問,不可寫作"修詞"和"修詞學"。這樣,"辭"與"詞"也形成了對立,"辭"對"詞"也是排斥的。

我們歷數"字"、"詞"、"辭"三個概念的發展變化,意在説明,漢語文在完成"字詞之辯"的同時,也完成了實際上的"詞辭之辯"。我們是歷史唯物主義者,所以應正視這種變化;我們是辯證唯物主義者,所以又應正視這種差別。要説特色的話,這種"字"、"詞"、"辭"之別,正是漢語文不同於世界上其他語文的中國特色,也應作爲建立科學的有中國特色的辭書學體系的客觀依據。

三

照理説,我們的語文中既有了"字"、"詞"、"辭"之別,工具書亦應有相應的"字典"、"詞典"、"辭典"之別。可"字典"早已獨立門户了,而"詞典"、"辭典"却混於一伍。這是歷史的原因造成的。

西方文化傳入中國之初,還正是中文以"字"爲詞的時代。人們最初以"字"對譯英文的 word,相應地也以"字典"對譯英文的 dictionary,如 1907 年上海商務印書館出版有《英華新字典》。"辭典"原是日本爲對譯英文的 dictionary 而借用漢字造出的,説是仿"字典"一名造出來的也未嘗不可。我們在清末就從日本將"辭典"借用過來了,如宣統三年(1911)上海扶輪社就編印出版了《普通百科新大辭典》。當時叫"辭典"還算是名符其實的,因爲古漢語中單音節單位叫"字",而 word 概念的"詞"尚未產生,雙音節以上的單位則習慣歸入"辭","辭典"正可以泛指收録"超字單位"的工具書。如前所述,"詞"又與"辭"在言語文辭意義上通用,因而我們又很容易地造出了"詞典"的寫法,如 20 年代初就有了《國語詞典》和《白話詞典》。於是就有了"辭典"等同於"詞典"的既成事實。

可見"辭典"和"詞典"的混用是建立在"辭"與"詞"混用而没有形成對立的背景之下的。隨着時代的發展,矛盾就逐漸暴露出來了。

如前所述,隨着我國語法學、詞彙學和修辭學的建立與研究的深入,"詞"與"辭"形成了對立。另一方面,詞彙學研究表明,現代漢語"詞彙"這個大倉庫中的材料,又是分層次的。第一個層次是詞(word),第二個層次是各種各樣的"語",即成語、諺語、慣用語、俗語、歇後語等,一般統稱爲"熟語"。這些"語",現在都承認在結構上不是詞,而是比詞大的語言單位,只是其作用相當於詞而已。這就出現了兩方面的問題:一方面,"詞"已不等於"辭"了,還繼續讓"詞典"等於"辭典",這本身就是一個矛盾;另一方面,詞彙已經劃分爲"詞"和"語"兩級層次了,而"詞(辭)典"則仍混爲一個層次(彙集"詞彙"或"詞語"加以解釋),這又是一個矛盾。

這種矛盾在 80 年代以前還不算突出,但其後忽然出現了辭書熱,各種專以"語"爲收録對象的詞(辭)典爆發性湧現。人們對詞(辭)典的起碼要求,首先得是解"詞"的。而專解"語"不解"詞"的工具書也叫詞(辭)典,人們頗感彆扭。更有甚者,許多連詞彙中的"語"也不沾邊的東西,什麼名言、名句、名段、對聯、文學描寫、名篇鑒賞等,亦得以冒在詞(辭)典的名下。

可話又説回來,這些東西不許它們叫詞(辭)典,又該叫什麼呢? 看來混亂的根源就在於没有適合它們的一個名目,原來"詞(辭)典"的定義,只適合"詞""語"混收的情形,不適合"詞""語"分收的情形。"詞彙"庫中那些比"詞"大的固定結構,稱"語"也罷,統稱“熟語”也罷,總算有了個名目。可專收這類“語”的工具書却没有自己的名目,那種種連“語”都不是的東西就更不用説了。我們着實應該爲它們單立一個“户頭”了。聖人云:“名不正則言不順,言不順則事不成。”欲治理辭書編纂的“濫”與“亂”,亦應由正名始。

照以往“詞典”、“辭典”相等的成規,根據整理異形詞的原則,就該取消一個。然而若取消“辭典”,“詞典”字面示義太窄,不利於容納那麽多的超詞單位;若取消“詞典”,“辭典”包容性是增强了,但却真正成了一個雜貨倉,以濫名治濫實,只能愈治愈濫。看來此路不通。

我們認爲:應該利用“辭”與“詞”意義上已經形成的天然差别,果斷地將“辭典”與“詞典”區分開來!“詞”的 word 義既已深入人心,只收詞的工具書寫作“詞典”自屬天經地義。所有比詞大的語言材料則一律推給“辭”負責,這類工具書作“辭典”也名正言順了。這樣,“詞典”與“辭典”各有其收録對象,各司其職,劃然分别。若“詞”“語”兼收,則視二者所占比重而定,以“詞”爲主用“詞典”,反之用“辭典”。例如《現代漢語詞典》和《漢語大詞典》,其宗旨都是收“詞”的,不能因爲兼收了部分的“語”而叫“辭典”,也不能因爲以單字打頭而叫“字典”。這樣的“詞典”也算名符其實的。典故、掌故之類,反映的是文化的積澱,有的可能以詞的形式出現,但更多的是以短語乃至句子的形式出現,以用“辭典”爲宜,用“詞典”就有名不符實之嫌。至於本就着重於句子的名言、警句、對聯等,着重於段、篇的作文描寫、名篇鑒賞之類,古代就歸入“辭”,今天仍可繼續由“辭”負責,這類工具書歸入“辭典”亦屬順理成章,叫“詞典”反有風馬牛不相及之嫌。

總之,我們認爲,既然有了“字”與“詞”的對立,也就應有“字典”與“詞典”的對立;既然有了“詞”與“辭”的對立,也就應有“詞典”與“辭典”的對立。時代不同了,我們不必墨守以往的成規。

早期不是只有一個"字典"之名嗎？時代發展了，語言變化了，我們又及時地分化出了"詞（辭）典"之名。如今再把"詞典"和"辭典"分化開來，也是時代和學術發展的需要，是現代漢語和當代辭書編纂客觀現實的需要。我們根據實際情況將"字典"、"詞典"、"辭典"三分，使各循其名，各責其實，這正是當代辭書編纂的中國特色。

　　"詞典"、"辭典"之分，都是確指的概念，均指具體辭書而言。然而當一般敍述、不確指時，畢竟還需要一個"cí 典"概念。比如我們常概括地說"語文 cí 典"、"知識 cí 典"、"cí 典編纂"等，是用"詞典"呢，還是用"辭典"呢？我們覺得這時又用着了"辭"字包容性強的特點，應一律用"辭典"。這就是說，還應有一個相容二者的上位"辭典"，以單獨與"字典"相對照。這並非我們自亂其例，只是考慮到不同情形而讓"辭典"義有廣狹而已，而惟此方更加嚴謹。另有一種特殊類型的百科全書，既有"全書"之名，自可獨立一類。至於涵蓋"字典"、"辭典"、"百科全書"的更大概念，學界早有定論，叫"辭書"，且無其他寫法（不作"詞書"）。"辭書"上面的概念叫"工具書"，更勿庸贅言。

四

　　我們闡述了劃分"詞典"與"辭典"的客觀依據，而這在理論上也非忽發奇想或向壁虛構。

　　主張爲專收詞彙中那部分超詞單位的工具書另定名稱的，國外辭書分類理論已有了先例。1978 年，蘇聯辭書學家 A. M. 蔡文發表了《關於俄語詞典的分類問題》一文（見《詞典學論文選譯》，商務印書館，1981）。他把俄語的詞典細別爲兩類：лексикон 和 фразарий，翻譯者分別譯爲"詞詞典"和"語典"。所謂"詞詞典"即只收詞或以詞爲主的辭書，所謂"語典"則專收類似於我們稱爲

"熟語"的各種單位。我們認爲這種主張還是很有見地的,可惜介紹到我國後没引起什麼反響就銷聲匿迹了。

　　本文關於"詞典"與"辭典"的劃分,可説已吸收 A. M. 蔡文這種理論,我們定的"詞典",就是他的"詞詞典",而其"語典"概念,則已吸收進我們定的"辭典"中來了。我們的"辭典"不僅容納詞彙中的"語",而且可以容納超"語"單位。如有人覺得有必要爲後者另定名目,也不是不可以討論。

　　在我國,對於以往將"辭典"與"詞典"相等同的現象,亦非毫無異議,且不無相當好的意見。楊祖希、徐慶凱主編的《辭書學辭典》(學林出版社,1992)中,"辭典"條這樣説:

　　　　"辭典"和"詞典",一般可以通用,但有不同之處。……
　　"辭典"可以包括"詞典"而"詞典"不能包括"辭典"。

"詞典"條又説:

　　　　中國對"辭典"的另一種寫法。一般用作"辭典"的同義
　　詞。但是以諺語、格言、書名等爲收録對象的辭書,稱爲"詞
　　典"有名不符實之嫌,稱爲"辭典"較爲適宜。

其"辭典"條的説法,分明是要建立一個廣義的上位"辭典"概念;其"詞典"條的説法,又分明是對將專收"超詞單位"的辭書叫作"詞典"的做法提出非議,主張應稱"辭典"。這都是很好的意見。可惜這都是在詞條釋義中附帶提及的,讀者無法進一步了解其理論與客觀上的"所以然"。而除此外也再無其他的系統闡述。

　　還有一種把"詞典"與"辭典"區分開來的主張,即讓語文辭典用"詞典",百科及專科辭典用"辭典"。這種劃分並無什麼理論上的所以然,只不過是想當然而已,因爲它經不住人們問一句:語文的 word 是"詞",百科或專科的 word 爲什麼就不是"詞"呢? 所以仍應由所收詞目的結構是"詞"還是"超詞單位"而定。依照我們的劃分,百科及專科辭典大多也要用"辭典",不過我們的根據是這類詞語結構更多地是短語(phrase)。如"化學變化"、"哺乳動

物”、“多年生草本植物”之類,在外語中也是典型的 phrase。日本倒是爲百科及專科辭典另定了專名,即“事典”。不過我們却不能引進此名,因爲它不適合漢語。“醫學事典”、“植物大事典”之類,人們會不知所云。

另外有人主張按規模大小來分,大型的用“辭典”,小型的用“詞典”。這更是毫無道理。12 卷本的《漢語大詞典》不可謂不“大”,能僅僅因爲其“大”就不叫“詞典”嗎? 大型、小型的有了規定,而像《現代漢語詞典》這樣公認爲中型的呢? 可見這種劃分更是一團糟。

總之,將“詞典”、“辭典”作爲兩個概念劃分開來,利用其形體差別在辭書編纂實踐中發揮區別作用,這種指導思想是好的。但關鍵看如何劃分。如果理論上不能服人,實踐上不能理亂,該劃分也就失去了意義。

世界上的辭書編纂已有悠久的歷史,但辭書學却是門十分年輕的學科。它於 20 世紀中期才誕生,僅有數十年歷史;中國辭書學 70 年代末才興起,僅 20 餘年。所以要建立有中國特色的辭書學,任重而道遠。它不僅要借鑒外國理論,而更要適合中國的國情,漢語的“語情”,中文的“文情”,以及當代辭書編纂的實情。有鑑於此,我們不揣固陋,將在辭書編纂實踐中劃分“詞典”與“辭典”的構想奉獻於方家讀者面前。大家完全可以就此展開討論,以求得共識。我們的辭書編纂及其名稱已經亂了,我們不能任其再亂下去。總之我們的目的只有一個,那就是促進有中國特色的辭書學體系的完善,並由此帶動我們泱泱大國的辭書編纂事業走上規範化的大道。

（原載《辭書研究》2001 年第 1 期,與董秀梅合作。）

牛鬼蛇神、牛棚及其他

一

　　中國民俗所謂"牛鬼蛇神"，本爲傳説中的神怪。牛鬼又稱牛頭，在佛教中是看守地獄的鬼卒，牛頭人手，兩脚牛蹄，名曰阿傍。該鬼卒常與另一馬面鬼合稱"牛頭馬面"。蛇神是佛教護法神"天龍八部"之一的大蟒神，名曰摩睺羅迦，其形象爲人身蛇首。中國古代神話傳説中也有自己的蛇神。《山海經》中就有好幾位"人首（面）蛇身"的神，漢高誘注《淮南子》謂天神共工"蛇身人面"，《列子·黄帝》謂庖犧（伏羲）、女媧、神農、夏后皆"人面蛇身"。漢武梁祠石畫像的伏羲形象，正是人面蛇身。中國民俗認爲龍蛇一體，給神安上蛇身，即視之爲龍族，並無惡意，此實爲龍崇拜的産物。尤其伏羲、神農這樣的上古帝王亦爲此形象，更見其爲高貴的象徵，與後世所謂"真龍天子"的寓意異曲同工。以上兩類蛇神雖形象有別，均爲正神。但是"牛鬼蛇神"的形成，還是應視爲主要受佛教文化影響所致。不過蛇神一跟牛鬼這種陰間獄卒並稱就變了味，所以民俗所謂牛鬼蛇神，是泛指妖魔鬼怪之流。進一步引申，即以喻虛妄怪誕之事物。最早使用"牛鬼蛇神"這一民俗詞語的是唐人杜牧，見於其《李賀集序》。由於李賀作品意境怪誕，格調奇異，便被杜牧謂之"鯨吐鼇擲，牛鬼蛇神，不足爲其虛荒誕幻也"。後亦用來比喻邪門歪道和形形色色的壞人。如《兒女英雄傳》第四十回："至於外省那班作幕的，真真叫做牛鬼蛇神。"蔣光慈《新夢·莫斯科吟》："十月革命，如大炮一般，轟隆一聲，嚇倒了野狼惡虎,驚慌了牛鬼蛇神。"

　　1957 年整風反右期間,毛澤東多次用到"牛鬼蛇神"這個詞語,例如:"現在一放,什麼《烏盆記》、《天雷報》,什麼牛鬼蛇神都跑到戲臺上來了"①;"最近一個時期,有一些牛鬼蛇神被搬上舞臺了"②;"凡是錯誤的思想,凡是毒草,凡是牛鬼蛇神,都應該進行批判,決不能讓它們自由泛濫"③;"毒草共香花同生,牛鬼蛇神與麟鳳龜龍並長"④;"其目的是讓魑魅魍魎,牛鬼蛇神'大鳴大放',讓毒草大長特長"⑤;"牛鬼蛇神只有讓它們出籠,才好殲滅它們,毒草只有讓它們出土,才便於鋤掉"⑥;"牛鬼蛇神讓它出來,然後展覽,展覽之後,大家説牛鬼蛇神不好,要打倒"⑦。這些"牛鬼蛇神",雖然沿襲了歷史上的説法,有的指戲劇中的鬼怪,或者是這樣的作品,有的指錯誤的思想和言論,但也確有隱指"右派分子"這類"壞人"的含義在内了。這可視爲"牛鬼蛇神"政治化的序曲。

　　1966 年,標誌"文革"開始的"五一六通知"中再次提到"牛鬼蛇神",除引用毛澤東"凡是錯誤的思想……"那段話外,還有"他們對於一切牛鬼蛇神却放手讓其出籠,多年來塞滿了我們的報紙、

　　①　毛澤東:《在省市自治區黨委書記會議上的講話》(1957 年 1 月),《毛澤東選集》(第五卷),人民出版社 1977 年版,第 349 頁。
　　②　毛澤東:《在中國共産黨全國宣傳工作會議上的講話》(1957 年 3 月 12 日),《毛澤東選集》(第五卷),人民出版社 1977 年版,第 416 頁。
　　③　同上,第 417 頁。
　　④　毛澤東:《事情正在起變化》(1957 年 5 月 15 日),《毛澤東選集》(第五卷),人民出版社 1977 年版,第 427 頁。
　　⑤　毛澤東:《文匯報的資産階級方向應當批判》(1957 年 7 月 1 日),《毛澤東選集》(第五卷),人民出版社 1977 年版,第 436 頁。
　　⑥　同上,第 437 頁。
　　⑦　毛澤東:《打退資産階級右派的進攻》(1957 年 7 月 9 日),《毛澤東選集》(第五卷),人民出版社 1977 年版,第 447 頁。

廣播、刊物……"①,這裏顯然系指文章作品而言。但是 1966 年 6
月 1 日的《人民日報》發表了一篇著名的社論,題爲《橫掃一切牛
鬼蛇神》。社論説:"以毛澤東思想爲武器,橫掃盤踞在思想文化
戰綫的大量牛鬼蛇神……把所謂資産階級的'專家'、'學者'、'權
威'、'祖師爺'打得落花流水,使他們威風掃地。"至此,"牛鬼蛇
神"的含義就發生了根本性的變化,由一個普通的民俗詞語變成政
治術語,成爲"文革"時期特指各類階級敵人的代名詞了。

　　社論一發表,全國範圍内便掀起了大揪所謂"牛鬼蛇神"的
熱潮。由於有"思想文化戰綫"的界定,一般此類事情只在城裏
進行。以往有"地富反壞右"身份的當然在"牛鬼蛇神"之列,此
外又新添了"走資派"和"反動學術權威"(再後來還有"叛徒"
"特務")。1966 年,權威的《紅旗》雜誌多次指名道姓説某某爲
"牛鬼蛇神",如"三家村黑幫這一夥牛鬼蛇神"②,"陸平、彭佩雲
等大大小小的牛鬼蛇神"③。"文革"後的一些回憶文章寫道,滬劇
表演藝術家顧月珍"理所當然地被投進了牛鬼蛇神的行列"④;評
劇表演藝術家新鳳霞"被打成'牛鬼蛇神',關進'牛棚'"⑤;電影
導演蔡楚生"被誣爲'黑綫人物''牛鬼蛇神'而慘遭迫害"⑥;歷史
學家山東大學教授華山、孫思白"都成了'牛鬼蛇神'中的重量級
人物"⑦;語言學家陳原"以牛鬼蛇神的姿態"陪同夏衍"登臺演出

①　載《紅旗》雜誌 1967 年第 7 期,第 5 頁。
②　載《紅旗》雜誌 1966 年第 8 期,第 30 頁。
③　載《紅旗》雜誌 1966 年第 13 期,第 20 頁。
④　李輝等著:《中國現代戲劇電影藝術家傳》,江西人民出版社 1981
年版,第 202 頁。
⑤　同上,第 264 頁。
⑥　同上,第 346 頁。
⑦　孫思白:《一位純樸的歷史學家華山先生》,《山東大學百年學術集
粹·史學卷(上)》,山東大學出版社 2001 年版,第 426 頁。

牛鬼蛇神的鬧劇"①。作家馮英子"在 1966 年 8 月就做了'牛鬼蛇
神',失去了做人的基本權利"②。

二

牛鬼蛇神又簡稱"牛鬼"和"牛"。作家巴金説:"浩劫一來,大
家都變成了牛鬼","外面的紅衛兵跑進來找'牛鬼'用皮帶抽打",
連他的夫人蕭珊"也給關進'牛棚',掛上'牛鬼'的小牌子,還掃過
馬路"。③ 據筆者向一些"文革"經歷者調查,"牛鬼"之稱確有其
事,並且還有一個滑稽的稱謂"二牛鬼",專指社會上有種種問題
但尚達不到"牛鬼蛇神"規格的那部分人。"牛鬼蛇神"、"牛鬼"再
簡縮一下就成了"牛"。巴金説:"十年浩劫中我給造反派當成
'牛',自己也以'牛'自居";"我痛苦地想,難道給關了幾年的'牛
棚',真的就變成'牛'了?"一位朋友對巴金説:"你要講道理,那麼
你明明是一個人,怎麼一下子就變成了'牛'呢?"④馮英子説:"因
爲我們大家都變成了'牛',又同在一個'五七幹校',同在一個飼
養場。"⑤對這種奇特的"人變牛"現象,陳原後來曾從語言學和社
會學兩方面加以反思⑥。

人既然變成了"牛",於是另一個有趣的現象就發生了:關押

---

① 陳原:《重返詞語的密林·原來我是牛鬼蛇神》,遼寧教育出版社
2002 年版,第 159—160 頁。

② 馮英子:《風雨故人來》,山東畫報出版社 1998 年版,第 78 頁。

③ 巴金:《巴金全集》(第九卷),四川人民出版社 1982 年版,第 586
頁、687 頁、389 頁。

④ 同上,第 717 頁、388 頁、377 頁。

⑤ 馮英子:《風雨故人來》,山東畫報出版社 1998 年版,第 107 頁。

⑥ 陳原:《重返詞語的密林·人變牛》,遼寧教育出版社 2002 年版,第
75—81 頁。

牛鬼蛇神這類人的地方叫做"牛棚"！"牛棚"的例子可謂屢見不
鮮,正如陳原所說:"翻開七十年代的最後幾年報刊,到處都可見
'牛棚'兩字。"①巴金回憶那段經歷的文章中,"牛棚"一詞比比皆
是,茲略舉數例:"當時我已經被一紙'勒令'剝奪了憲法上承認的
一切公民權利,給關進了'牛棚'";"當時我每天到作協分會的'牛
棚'學習、勞動,早去晚歸";"一個窄小的'煤氣間'充當我們的
'牛棚'。六七名作家擠在一起寫'交代'"。② 巴金是親歷者,提
到"牛棚",似是信手拈來,可見它應屬當時就有的叫法。

<h2 style="text-align:center">三</h2>

　可是陳原却忽然提出一種觀點,說"牛棚"是"文革"後人們虛
構的一個詞:

　　其實那時——十年浩劫之時——無論口頭語還是書面
語,都還沒有"牛棚"這樣的語詞,只是到了傷痕文學時期,大
地回春,群魔絕滅,才出現這個事後虛構的、類似象徵派畫家
筆下若真若假的複音詞。……牛棚裏關着的動物(不論是人
是牛是牛鬼是蛇神)只許寫交代,挨批鬥,不許亂說亂動。那
時牛棚叫什麼? 不知道。或者更準確地說,我們這些被關牛
棚的動物確實不知道那關人的地方叫什麼,後人想出一個意
味深長却又不無幽默的名稱來,却是聰明絕頂!③
連被關牛棚的人自己都不知道有"牛棚"這一叫法,似可說明

<hr>

① 陳原:《重返詞語的密林·人變牛》,遼寧教育出版社 2002 年版,第
76 頁。
② 巴金:《巴金全集》(第九卷),四川人民出版社 1982 年版,第 377
頁、656 頁、715 頁。
③ 陳原:《重返詞語的密林·人變牛》,遼寧教育出版社 2002 年版,第
78 頁、79 頁。

"文革"期間並無此詞。我們查閱當時的報刊資料,也確實未找到"牛棚"二字。陳白塵有《牛棚日記》,①其中未見"牛棚",而書名則是事後定的。丁玲有《牛棚小品》,②季羨林有《牛棚雜憶》,③更是事後的記憶。若舉此爲證,正應了所謂"事後虛構"之説。

　　然而,説當時書面語無"牛棚"尚可,説口語也沒有就未免有些絶對化。季羨林《牛棚雜憶》説,當時在北大官方是叫"黑幫大院"和"勞改大院","牛棚"並不流行。不流行並不等於沒有。據我們向"文革"期間在北京大學、後來調到山東大學工作的一位老教授詢問,當時北京大學私下裏是説"牛棚"的,只是不那麼公開和普遍而已。據調查,山東大學當時也叫"牛棚",群衆之間常有這樣的説法:"某某人又被關了牛棚,某某同學負責看牛棚。"據我們向一些當事人調查,在濟南的政府機關,如省直各廳局,背後也都説"牛棚"。就連魯西北的聊城,當時不僅有"牛鬼"、"二牛鬼"之稱,"牛棚"的説法也是在私下裏流行。但文件不説,報紙不説,公開場合不説。公開場合另有一個冠冕堂皇的説法叫"學習班",確切點是叫"毛澤東思想學習班"。

　　正式的報刊文件爲什麼不提"牛棚"呢? 蓋因官方只説要批判牛鬼蛇神,並沒有明文限制其人身自由;私設那麼多具有准監獄性質的"牛棚",既無法律依據,又無政策條文,如果在報紙上出現"牛棚",就等於承認這種無法無天現象的存在,讓外國人看着成何體統? 而叫"學習班",是説單獨讓這類人進行檢查反省或進行政治思想學習,就顯得高雅文明。所以"牛棚"不過是民俗口語中私下流行的稱説,帶有明顯的戲謔幽默和嘲諷意味,當然是不能登

---

　　① 陳白塵:《牛棚日記》,三聯書店 1995 年版。
　　② 丁玲:《牛棚小品》,載《丁玲全集》(第 10 卷),河北人民出版社 2001 年版。
　　③ 季羨林:《牛棚雜憶》,中共中央黨校出版社 1998 年版。

報紙、廣播、文件這類大雅之堂的。再説各地叫法不一，以上已見
"黑幫大院"和"勞改大院"，這裏再舉一個"黑洞"的例子：

> 他們行使着生殺予奪大權，把社内的"走資派……各色牛
> 鬼蛇神"揪了出來，關進"黑洞"。所謂"黑洞"，就是别處稱做
> "牛棚"的那個地方。最初設在一樓一間門口貼有"洞中牛
> 鬼，穴内蛇神"的門聯的小房間。①

即便是同一地方也有不同的叫法，還有叫"鬼屋"、"蛇洞"的，
總之這些都是群衆性的隨意造詞，無一定之規。大約由於"牛棚"
以"牛"立意，幽默含蓄，貼切凝練，易於爲群衆接受，故使用較廣，
所以"文革"一結束，禁區一衝破，它便在公開場合，尤其在報紙、
雜誌等正式書面語中流行開來。

只要有口語的客觀存在，就難免有文字記載。没有正式的或
許有非正式的，没有公開的或許有秘密的。巧得很，一次由於工作
需要，我們去山東省檔案館查閲資料，偶然看到一份手寫的山東省
革命委員會生產指揮部領導小組會議記録，時間是 1968 年 12 月
17 日。其第二項議程赫然寫着：

關於牛棚問題

其中又有這樣的記録：

> （各廳局）牛棚的問題，單獨開個會，限期撤消。……牛
> 棚裏大部分是牛，裏面也有假牛。……關到棚裏的不都是牛
> 鬼蛇神，建議解剖一下。

這裏怎麼使用了"牛棚"？因爲這是領導小組會議，屬"秘密"場
合。這段白紙黑字的記録表明，"牛棚"以及"牛"的説法，確實早
在"文革"時期的口語裏就已存在了。它們是繼"牛鬼蛇神"由民
俗語言轉爲政治語言後，受政治的影響，由群衆自發創造的特殊的
民俗詞語。嚴格地説是以舊瓶裝新酒，賦予養牛的"牛棚"這個舊

---

① 楊静遠：《咸寧幹校一千天》，長江文藝出版社 2000 年版，第 140 頁。

詞以全新的意義和用法。這種另類的"牛棚"和"牛"固然通俗形象且不乏幽默感，但其中又隱含了多少不堪回首的往事？

四

　　至此，"牛棚"的出現和使用年代問題，似宜重新定案了。所謂"後人想出"或"事後虛構"之説，似宜重新考慮了。行文於斯，不由筆者頗多感想。"文革"過去不過二三十年的歷史，連"牛棚"這類重要的語詞都不可考了，連親歷"文革"且住過牛棚的陳原先生這樣的老一輩語言學家，都認爲"牛棚"是"事後虛構"和"後人想出"了。倘若再過上一百年、數百年，已有"事後虛構"這權威的結論在，它豈不成了永遠糾纏不清的學術官司？難怪陳老一方面考證"牛棚"，一方面感歎説："可見做學問之難，考古難，考今也不易。"①"牛棚"考證之難，情形已如上述。有鑒於此，我們認爲有必要大力發掘整理"文革"詞語，好多詞語如"牛棚"之類，絕非查查當時的報刊資料所能濟事的，須做廣泛的調查了解。這對政治學、歷史學、社會學、民俗學、語言學等，無疑都有重要意義。更重要的是要對歷史負責，對國家和民族負責。如果再過 50 年，經歷"文革"的一代都作古了，那就真成了"死無對證"了。

　　因此，筆者撰寫此文，並不僅僅出於學術，同時還出於某種責任感。詞語是社會和歷史的化石。通過"牛鬼蛇神"、"牛棚"等一系列詞語，我們可以窺見那個時代，窺見觸及人們靈魂的那場浩劫中"人變牛"的那一幕幕悲劇。而今，悲劇成了過去，只留下某些詞語作爲歷史的見證，供後人追憶和評説。

　　（附言：蒙山東省檔案館准予使用館藏檔案資料，特此致謝。

---

　　①　陳原：《重返詞語的密林·人變牛》，遼寧教育出版社 2002 年版，第78 頁。

爲寫作本文,筆者隨機性地向許多"文革"親歷者做了大量調查和驗證,名不俱列,謹一併致謝。)

（與陳寧合作,原載《民俗研究》2003 年第 1 期。）

社會民俗語源例析
——兼作對辭書相關條目的訂補

語詞具有社會性,民衆的生産生活,民間的風俗習慣,都有可能在語詞上得到反映。有些詞語本身就是社會民俗詞語,對其意義的闡釋或推求,當然須結合社會民俗進行;有些詞語的現行通用意義雖然看不出明顯的民俗性來了,但它的形成及其本義却是從社會民俗那兒來的,當然也須向社會民俗方面進行追溯和考索。基於這樣一種觀念,本文由幾組詞語出發,着重在其社會民俗語源和流變方面進行一些探索和開發。

一、賽龍舟與奪錦標

當今社會生活中,"錦標"一詞可謂司空見慣。它指授予競賽優勝者的獎品,比如體育運動就有各類"錦標賽",獲勝者可得錦旗、獎杯之類。因而凡屬爭優勝、比先進、奪冠軍之類的行爲或活動,均可謂之"奪錦標"或"奪標"。可是,説起"錦標"以及與之相關的一類詞語的來歷,人們却已難道其詳,就連權威辭書對"錦標"語源的解釋都説錯了。其實"錦標"一詞來源於賽龍舟這一歷史悠久的民俗活動,其廬山真面目亦須由此綫索去追尋。

賽龍舟又稱龍舟競渡。競渡之戲起於南方楚越之地,一説是爲紀念屈原而起,一説是爲紀念伍子胥,還有一説謂起於越王勾踐。南朝梁宗懍《荆楚歲時記》三説並存,謂:"五月五日競渡,俗爲屈原投汨羅日,傷其死所,故並命舟楫以拯之。……邯鄲淳《曹娥碑》云：‘五月五日，時迎伍君，逆濤而上，爲水所淹。’斯又東吳之俗。事在子胥，不關屈平也。《越地傳》云起於越王勾踐，不可詳矣。”另外，近年來新説又把競渡起源溯至遠古，如有人認爲湖南沅陵龍舟的祭祀物件是五溪共同始祖盤瓠，還有龍舟競渡是“史前圖騰社會遺俗”等説。不過後世龍舟競渡多取紀念偉大愛國主義詩人屈原爲主題，還是有其特定進步意義的。真實起因雖難斷定，但至少説明，水上競渡這一民俗活動由來已久，至南北朝時就很普遍了。到唐朝，競渡就更加流行了，《全唐詩》中以“競渡歌”、“競渡曲”、“觀競渡”等爲題的作品就有不少。並且，一些作品還明確描寫了競渡用龍舟的情形，如唐元積《競渡》詩云：“壯哉龍競渡，一競身獨尊。”唐張建封《競渡歌》：“鼓聲三下紅旗開，兩龍躍出浮水來。”尤其是唐朝後期，競渡之戲這種民間娛樂活動竟堂而皇之地進入京都和皇宮。《舊唐書·穆宗本紀》載“辛丑，大合樂於魚藻宮，觀競渡”；《敬宗本紀》載“乙未，詔王播造競渡船二十只供進”。後世龍舟用於競渡就更是常事了，且舉宋詞一例。宋余靖《端午日寄酒庶回都官》詞：“龍舟争快楚江濱，弔屈誰知特愴神。”另據《清稗類鈔·時令類》記載：“乾隆初，高宗於端午日命内侍習競渡於福海。畫船簫鼓，飛龍鷁首，絡繹於波浪間，頗有江鄉競渡之意。”競渡之舟稱“龍舟”，是直接以其形制命名的。《資治通鑒·唐敬宗寶曆元年》“詔王播造競渡船二十艘”。元胡三省注：“自唐以來，治競渡船，務爲輕駛，前建龍頭，後豎龍尾，船之兩旁，刻爲龍鱗而彩繪之，謂之龍舟。”可見競渡龍舟是因其首、尾、身皆仿龍的形狀製作而得名。中國進入“家天下”的皇權社會以後，“龍”幾乎成了天子的專利，不許僭越，否則便爲“大逆”，因而“龍舟”的通行意義多指天子御乘之舟。但統治者却准許民間競渡活動用龍舟，稱“龍舟”，這却是一件頗有意義的特例。

競渡，顧名思義實爲一種劃船比賽，快者爲勝。《舊唐書·杜亞傳》：“江南風俗，春中有競渡之戲，方舟並進，以急趨疾進者爲勝。"獲勝者要給予一定的獎勵,而"錦標"的最初用途之一就是作爲給予競渡獲勝者的獎賞物品。唐白居易《和春深二十首》之十五:"齊橈爭渡處,一匹錦標斜。"唐盧肇《競渡詩》:"向道是龍剛不信,果然奪得錦標歸。"宋黃裳《減字木蘭花·競渡》:"歡聲震地,驚退萬人爭戰氣。金碧樓西,銜得錦標第一歸。"最終"奪得錦標"或"銜得錦標"者,就是競渡獲勝一方。對於龍舟競渡和奪取錦標的全過程及其緊張熱烈之場面和氣氛,唐張建封《競渡歌》這樣寫道:"五月五日天晴明,楊花繞江啼曉鶯。使君未出郡齋外,江上早聞齊和聲。……鼓聲三下紅旗開,兩龍躍出浮水來。棹影斡波飛萬劍,鼓聲劈浪鳴千雷。鼓聲漸急標將近,兩龍望標目如瞬。坡上人呼霹靂驚,竿頭彩掛虹霓暈。前船搶水已得標,後船失勢空揮橈。"其中的三個"標"字就是錦標的省稱,其表現形式就是那"竿頭彩掛"之物品。

那麼錦標的具體形制、全部作用及其命名本意究竟如何呢?宋孟元老《東京夢華録·駕幸臨水殿觀爭標錫宴》:

> 則有小舟一軍校執一竿,上掛以錦彩、銀碗之類,謂之"標竿",插在近殿水中。又見旗招之,則兩行舟鳴鼓並進,捷者得標,則山呼拜舞。

宋吳自牧《夢粱録·八日祠山聖誕》:

> 其龍舟俱呈參州府,令立標竿於湖中,掛其錦彩、銀碗、官楮(紙幣)犒龍舟,快捷者賞之,……龍舟並進者二,又以旗招之,其龍舟遠列成行,而先進者得捷取標賞,聲喏而退,餘者以錢酒支犒也。

通過以上描寫我們可以看出,"錦標"實際上是合"錦"、"標"二物組成:"標"是一根高高的標竿(杆),"錦"是掛在竿頭的錦彩等物。其作用有二:一是這樣一根標竿插在水中作爲競渡到達終點的標誌(類似田徑運動的闖綫),二是上面懸掛的錦彩之類貴重物品作爲給予獲勝者的獎賞物。"掛有錦彩等貴重物品的標

竿"——這就是"錦標"的初始意義和得名的來歷。今天,用於獎
勵比賽優勝或工作先進的錦旗,就是從古代的錦標演變來的,因爲
錦繡彩緞掛在標杆上迎風飛揚,本身就像一面旗幟;標杆上掛的銀
碗頗有些像今天的獎杯,官楮當然就是獎金了。

　　需要交代的是,到後來,龍舟競渡雖仍以端午節舉行爲常,但
却已不局限於此。上舉宋朝兩條書證,前者是三月之事,後者是二
月初八。前舉唐張建封《競渡歌》,在《全唐詩》中又作薛逢《觀競
渡》,文字大同小異,首句就改成了"三月三日天晴明"。如今南方
一些地區和民族的龍舟競渡和龍舟節,時間也不一致,如傣族的龍
舟競渡跟潑水節同時進行,貴州清水江苗族的龍舟節是農曆五月
二十四日至二十六日。看來,隨着歷史的發展,龍舟競渡之初衷及
當時的觀念已變得無關緊要。由於它那緊張熱烈的氣氛和昂揚向
上的奮進精神,再加上"龍的傳人"之信念,龍舟競渡已成爲中華
民族特有的一項民俗活動。

　　但無論如何,"錦標"的語源跟賽龍舟的民俗有關,起初賽龍
舟的目的就是奪錦標,這是確鑿無疑了。並且由此還衍生出一系
列相關詞語,如"奪標"、"爭標"、"打標"、"得標"等,這些詞條《漢
語大詞典》等辭書均有收錄,茲不多贅。這裏再補充一例"搶標",
以補辭書之不足。清魏子安《花月痕》第九回:"五月初五這一天,
是馬鳴盛、苟才在芙蓉洲請客,看龍舟搶標……遠遠聽得人語喧
嘩,鼓聲填咽,正是龍舟奮勇競渡之時";"恰好亭外一條青龍、一
條白龍,轟天震地的搶標,便扯着秋痕道:'我和你看是哪一條搶
去標。'"

　　錦標既然賞給競渡獲勝者,説明它誕生之初即已與"優勝"或
"先進"結緣,如前所舉,獲勝龍舟"銜得錦標第一歸"。於是它後
來就直接引申出"優勝"或"第一"之類意義,而"奪標"也因此引申
出廣義的"奪魁"或"爭勝"之意,比如喻指科考中元之類情形。實
際上,前舉唐盧肇《競渡詩》"果然奪得錦標歸",就是在科考後所

作,明寫龍舟得標,暗中比喻他已得中狀元。明張居正《示季子懋修》文中有"奪標藝院"之語,也是指科場之事。清李漁《憐香伴‧搜挾》寫一舉子秋試中舉,說是"錦標兒奪得秋去"。南宋時又將"錦標"與比賽射箭聯繫起來。宋周密《武林舊事‧社會》有"錦標社",原注"射弩"。《水滸傳》第六十一回對此也有描寫。清燕南居士《永慶升平》第七回寫道,豫親王弟子班演的一出戲叫《奪錦標》,具體內容未說。查陶君起《京劇劇目初探》,《奪錦標》又稱《扈家莊》,是一出武旦戲,無非是講扈三娘打敗梁山將,活捉王英,後又被梁山好漢林沖活捉,與王英配成夫妻。這裏的"奪錦標"更是跟龍舟競渡毫無關係,完全是雙方打仗相互競勝之意。比賽爭勝之事,任何國家都有。在英語中,champion 是冠軍的意思,爭奪冠軍的比賽叫 championship。到了近現代,外國的一些體育項目和比賽傳入中國,我們把 championship 譯為"錦標賽",於是古老的"錦標"和"奪錦標"一類詞語又與時俱進地取得了與國際接軌的新義。袁進主編《閑者的盛宴》引 1948 年出版的《秋齋筆譚‧竊鈎者的絕技》:"何妨廁身選手中,同赴英倫,奪得跳高跳遠的錦標回來。"此時的"錦標"完全是現代體育比賽方面的意義了。

綜上所述,"錦標"一詞從古至今的意義應該有這樣幾項:1. 古代龍舟競渡時掛有錦彩之類貴重物品的標杆,插在水中作為終點標誌,並作為獎勵競渡獲勝方的獎品;2. 喻指科考中元及各項活動中的第一或優勝;3. 現代指授給競賽中優勝者的獎品,如錦旗、銀盾、獎杯等(現代體育活動有各類錦標賽)。

下面看當今權威辭書對"錦標"的釋義情形。《現代漢語詞典》:

> 【錦標】授給競賽中優勝者的獎品,如錦旗、銀盾、獎杯等。

這種釋義準確揭示了現代語言和社會生活中"錦標"的含義及其具體所指,當然是正確的。再看《漢語大詞典》"錦標"條第一義項的釋義：

> 錦制的旗幟,古代用以贈給競渡的領先者。後亦以稱競賽優勝者所得的獎品。唐白居易《和春深》之十五:"齊橈爭渡處,一匹錦標抖。"(以下例略)

所謂"錦制的旗幟"云云,顯然是簡單地把"錦標"跟"錦旗"畫了等號。錦旗雖然古代也有,但却只用做渲染某種熱烈氣氛的點綴,跟獎品無關。用以獎勵優勝的錦旗是現代才有的,並且是由古代賽龍舟所用的錦標演化而來。對照本文以上考釋,不難看出這種釋義存在的問題來。《漢語大詞典》是歷史性的語文辭書,其釋義理應首先揭示詞語的本源本義,包括揭示詞語內部的基礎形式亦即其原始造詞理據。而該條釋義恰恰沒有揭示"錦標"的本源本義,"錦標"得名的原始理據絕不是什麼"錦制的旗幟",而是"掛有錦緞的標杆"。所以該條釋義宜據此予以適當修訂,並增補"搶標"等新條目。

二、檔子與檔子班

《漢語大詞典》有一個條目叫"檔子班",謂"舊指藝伎班子",這釋義是不錯的,與所舉三條清代書證也是相吻合的。辭書的釋義固然貴在簡潔,但人們倘欲借此詳細了解一個詞語所代表的社會現象,就顯得有些困難了。因此我們在這裏首先對檔子班的情形再多交代幾句,然後重點考釋一下"檔子班"的內部形式亦即命名理據,理所當然還要進一步挖掘與此緊密相關的"檔子"一詞已經湮沒了的其他意義。

檔子班的盛行時期是在清朝,所以涉及"檔子班"的作品也以清朝人的或描寫當時生活的居多。作爲"藝伎班子"的檔子班,實爲一種小戲班子,是跟正規的大戲班相對而言的。正規大戲班文戲武戲兼唱,連臺本大戲和摺子小戲兼唱;相對而言,檔子班由於條件的限制,則只能唱些文戲、折子戲或時調小曲之類,也有的只唱曲不唱戲;在服飾化妝上,也只能因陋就簡,便宜行事。趙鐘雲主編《曲山藝海話濟南》一書載有趙璧等人的《清末民初濟南戲劇活動》一文,其中寫道:

> 光緒年間,官紳家庭喜慶堂會,講排場的多邀約正規戲班。小組織者,便傳檔子班。檔子班爲女伶,多兼操副業,而門戶較妓女冠冕。演出劇目昆亂俱備,但唱工戲多,武戲少見;折子戲多,本戲少。大蟒大靠等均不備,該穿蟒時有宮衣就行;該穿靠的,箭袖馬褂足以了之。

> "檔子班",女伶上臺,確有些兒戲,一臉脂粉,兩墜金環,照樣羽扇綸巾扮起諸葛來,司馬懿不開臉是常事。

以上文字比較了檔子班與正規大戲班的異同,同時提到她們"兼操副業",即兼作賣身妓女之事。研究資料表明,妓女也分三六九等,清高些的妓女以"賣藝不賣身"相標榜,若系群體,便是這種檔子班,某些作品所謂"清吟小班"者亦是。不過"不賣身"並非絕對,而是以賣藝爲主,遇有特殊情況亦兼操賣身之"副業"而已。

舊時北京也有這種檔子班,地址在口袋底胡同一帶,相傳名妓賽金花亦曾在此經營妓院。張清常《文藝作品中北京街巷名稱示例》:"據高陽《八大胡同》第3頁,清朝歌妓本集中於北京內城口袋底磚塔胡同一帶。"燕谷老人《續孽海花》第四十九回就提到口袋底的檔子班:

> 昨兒我見着了崇受之,他說:"前天蘭公爺派了右翼總兵,第一句話要辦口袋底的檔子班,說是內城地方,不應容留流娼。"我就笑了一笑道:"當然要禁! 不過這檔子班相沿好久了,我是沒有逛過,不曉得實在情形,等調查一下,我們再定辦法。"

這裏把檔子班與"流娼"相聯繫,表明她們在以賣藝爲主的前提下,有時也兼賣身。徐珂《清稗類鈔·戲劇類》對"檔子班"做了這

樣的介紹:

> 女伶之外,有所謂檔子班者,一名小班,始於嘉、道間。所歌之曲,書於扇,且僅演劇而不侑酒,亦即貓兒戲也。……

> 若光緒時,天津所在有之,居侯家後,一堂輒有雛姬數人,玉貌綺年,所唱曰檔調。而江西亦有檔子班,以廣信府之人爲多,且遠至廣州,達官豪商每招之侑酒,然皆以度曲爲事而不演劇也。

> 光緒中葉,上海亦有檔子班,其人率來自江右,居之安李氏,其最著者也。……其家有小戲臺,凡就宴者,可命其登臺歌舞,亦可出外演劇,且侑酒也。

這段文字表明:檔子班全國很多地方都有,有的只唱曲不演劇不侑酒;有的則兼演劇兼侑酒;檔子班起源乃"始於嘉、道間"。關於其起源流變進一步的情況,另外有臺灣《國立編譯館館刊》第21卷第1期張繼光《檔子班源流考述》一文可參考,茲不多贅。

檔子班本身的大致情形已如上。但是,從語言學的角度,讀者更關心"檔子班"的語源問題,即:這類小戲班或藝伎班爲什麼叫做"檔子班"? 讀者首先會考慮,這無疑跟"檔子"一詞有關。可是,《漢語大詞典》"檔子"條所給出的三個義項却絲毫看不出跟"檔子班"有什麼聯繫。看來"檔子"應該另有含義,只是未被開發而已。

前引《清稗類鈔》的例子提到,檔子班"所唱曰檔調",似乎露出一點綫索,只是過於朦朧,尚未接觸到"檔子"。我們考察發現,"檔子"另有指歌唱時的曲子和歌妓兩項意義。

著名紅學家周汝昌《曹雪芹小傳·身雜優伶》提到:清後期產生了大量八旗紈綺子弟。他們"一無所事,每日只是遊蕩戲耍:飲宴、賭博、聽戲、唱曲(注:那時叫做'唱檔子')"。唱曲叫"唱檔子",可見檔子就是曲子。清陳聲和《鼓兒詞》:"鼓兒詞,何自始,鼓形八角彈以指,誰與擅場唱檔子。"清蔣士銓有一首詩就叫《唱

檔子》,該詩詳細描寫了優伶唱檔子的情形:

> 作使童男變童女,窄袖弓腰態容與。暗回青眼柳窺人,活現紅妝花解語。
>
> 慹來低唱想夫憐,怨去微歌奈何許。童心未解夢爲雲,客恨無端淚成雨。尊前一曲一魂銷,目成眉雨師所教。燈紅酒綠聲聲慢,促柱移弦節節高。富兒估客逞豪俠,鑄銀作錢金縷屑。一歌脫口一纏頭,買笑買嗔爭狎褻。夜闌卸妝收眼波,明朝酒客誰金多。孩提羞惡已無有,父兄貪忍終如何。
>
> 君不見鶯喉一變蛾眉蹙,斜抱琵琶定場屋。不然去作執鞭人,車前自理當年曲。

對照一下白居易所描寫唱曲的琵琶女,就更能理解這位小歌童唱檔子的情形。"唱檔子"是動賓結構,"檔子"是唱的對象,指曲子無疑,對照一下"所唱曰檔調"之說,此義就尤爲確鑿了。假如說成"所唱曰檔子",離"檔子班"的意義就不遠了。

"檔子"指曲子,引申也指唱曲賣藝之人。清楊芳燦《小檔子》詩:"近時有歌兒,其名曰檔子。郡中產尤多,挾技走都市。""歌兒"在這裏是指唱曲之幼童("兒"讀本調第二聲),又稱"檔子"或"小檔子"。下面我們再看一例。清鄒熊《檔子行》:

> 華筵開,檔子來:朱繩辮发金縷鞋,長袍窄袖吳綾裁。琵琶輕撥腕如玉,宛轉當筵歌一曲;曲中眉語目傳情,燭光照面佯羞縮。朱門子弟易魂銷,袖底金錢席上拋……

這裏的"檔子"指唱曲之人的意義很明顯,緊接着描寫的是這位檔子的服飾、神態及演奏情形,等等。

由上可見,"檔子"另有曲子和唱曲者兩項意義是不成問題了。需要交代的是,"檔子"作爲唱曲者,本是不別男女的,"檔子班"亦然。這就跟"戲子"、"戲班"本身沒有性別的區分一樣。女性的檔子和檔子班兼賣身不難理解,男性優伶古稱"相公",有時被迫兼賣身,也是舊時代的一種社會陋習,茲不多贅。

那麼,曲子和唱曲者又爲什麼會叫做"檔子"? 這裏也有個意義理據問題。《清稗類鈔·禮制類·牌子檔子》有一段記載,可以幫助我們理解"檔子"的本義:

> 宮中冊籍,謂之"牌子"、"檔子"。溯其始,蓋國初八旗無冊籍,有事,恒記於木,往來傳遞者,曰"牌子",以削木片若牌故也。存貯年久者曰"檔案",曰"檔子",以積累多,貫皮條掛壁,若檔故也。至其後,敗文字之書於紙者,亦呼之爲"牌子"、"檔子"矣。

看來"檔子"的本義應該是牌子,即木片,因這種"檔子"做記事之用,久之便引申出檔案和冊籍之義。

"檔子"既然等同於"牌子",衆所周知,"牌子"有特指曲牌的意義,那麼"檔子"由木牌義引申出曲牌或曲子的意義,就是理所當然的了。管見所及,不敢自是,尚祈方家賜正。

綜上所述,"檔子"和"檔子班"與舊時代唱曲、聽戲、嫖妓、狎相公之類社會風氣有關。讀罷本節考索,相信讀者在了解一些社會舊俗的同時,對"檔子班"的得名來源自然也會豁然開朗了。通過本節的考察發掘,我們還可以爲辭書中的"檔子"詞條補充好幾項漏收的新意義。

三、縫窮與縫窮婆

《現代漢語詞典》收有"縫窮"一詞,釋爲"舊時指貧苦婦女以代人縫補衣服爲生"。[1]《漢語大詞典》也收錄了"縫窮"詞條,並且采用了老舍和丁玲的現代作品爲證。今天,隨着社會的發展,"縫窮"作爲一種社會現象或生計已漸趨消失,而只作爲一個詞條躺在辭書裏,從而使當代青年人失去了理解這一詞語的客觀比照。

---

① 《現代漢語詞典》(修訂本),商務印書館 1996 年版,第 381 頁。

然而詞語是社會的化石,我們可以通過對一個詞語的考證追溯,窺見一個時代以及那個時代的民俗風情和百姓生活的畫面。正如辭書釋義所透露,"縫窮"應是生活困難時代貧家婦女賴以糊口的一種微賤的社會職業。但《漢語大詞典》舉老舍和丁玲作品爲例就太晚了,這個詞至少在清人作品中就有了,並且還有"縫窮婦"、"縫窮婆"等一批與此緊密相關的社會稱謂詞語。

作爲一種社會現象和時代風情的縮影,"縫窮"早在清代就受到了詩人和小説家的重視。清人張應昌於咸豐年間編選了一部反映清代社會生活和民俗風情的詩集叫《清詩鐸》,其中的《婦女部》就有好幾首專門以"縫窮"爲題材。且看清祝維誥的詩《縫窮歎》:

縫窮婦人家何方,提兒挈女輕故鄉。粗知刀尺能裁量,遠來糊口逐隊行。

無家客子衣服破,呼攜敗席簷前坐。縫來縫去針縷煩,猶道工夫不多作。

北風夜起天乍寒,塵沙滿鬢生計難。可憐十指僵且乾,自顧瑟縮衣裳單。

不見長安富家女,手織不動無針瘢,年年被服羅與紈。

這首《縫窮歎》描寫的這位縫窮婦人,離鄉背井,攜兒帶女,在寒風中爲人縫補舊衣,着實可歎。"縫窮婦人"簡縮一下即是"縫窮婦",且看清蔣士銓的詩《縫窮婦》:

獨客衣單襟露肘,雪中凍裂縫裳手。簷風吹面身坐地,兒女爭開啼哭口。

夫難養婦力自任,生涯十指憑一針。狂且或動桑濮想,蕩子戲擲秋胡金。

君不見紅粉雲鬟住深院,雙手不親針與綫。笑他女兒性癖習女紅,窮人命薄當縫窮。

這位"窮人命薄當縫窮"的縫窮婦,在風雪天氣裏爲人縫補,手都凍裂了,一雙兒女餓得嗷嗷啼哭。詩人用自己的筆爲我們描繪了一幅催人淚下的縫窮圖！再看清鄒在衡的詩《縫窮婦歎》：

> 縫窮婦，縫窮婦，攜兒挈女沿街走。衣裳破碎鞋底穿，霜天凍裂縫窮手。

> 含辛向客前致詞，上有翁姑年力衰。丈夫久病責婦養，一家全仗十指支。

> 朝縫一件衣，暮縫一件褲，瑟縮畏風在當路。天寒日短心手忙，掙得青錢幾十數。

> 買米歸家常恐遲，兒要乳，女要哺，屋內翁姑餓日暮。煮一溢秕，和一溢粞。

> 老不苦饑幼不啼，床頭半飽夫與妻。怕聽向夜攪飛雪，明朝愁殺街心泥。

> 多少紅樓帷不卷，美人抹額豐貂暖。玉蔥懶去撥薰爐，繡床兩月閑針管。

> 作婦莫作窮人家，今歲窮人猶可嗟。只恐縫窮沒縫處，君不見山東千里無棉花。

這位縫窮婦尤爲可歎：丈夫久病在床，公婆年老，兒女年幼，養家糊口的千斤重擔，就落在她一個人的肩上，“一家全仗十指支”，那是一種怎樣的生活困境！詩人還特意運用對比手法描寫紅樓佳人養尊處優的生活，就更顯出縫窮婦命運的悲慘。最後詩人筆鋒一轉拉向“今歲”：今年縫窮婦想縫窮都沒處去縫，因爲“山東千里無棉花”！棉花不收，窮人連衣服都穿不上，縫窮婦還縫什麼呢？這就由憂縫窮而憂及天下了。行文至此，相信讀者對“縫窮”一詞的社會意義會有更爲深切的體會了。

“縫窮”同樣成爲小説家描寫的對象。清陳森《品花寶鑒》第五十一回的題目就是“鬧縫窮隔牆聽戲　舒積忿同室操戈”，寫的是京郊通州地方之事。其中寫道：

> 獨自逛出城來，到了運河邊上。……還有那些縫窮婆，面前放下個籃子，坐在小凳上與人縫補。元茂望着一個縫窮的，

堆着一頭黑髮,一個大髻子歪在半邊,插一支紙花。雖然紫糖色臉,望去像二十幾歲的人,倒也少艾。

"面前放下個籃子,坐在小凳上與人縫補",正是對縫窮情形的具體描繪。"縫窮"同樣出現在現代作家的筆下。老舍《駱駝祥子》七:

> 大雜院中的苦哥兒們,男的拉車,女的縫窮,孩子們撿煤核,夏天在土堆上拾西瓜皮啃,冬天全去趕粥廠。

這段描寫是舊北京大雜院貧民生活的生動寫照,"縫窮"便是貧民生計之一種。蕭紅的長篇小説《生死場》第十四節《到都市里去》,就是描寫鄉村年輕寡婦金枝,在日寇入侵東北後,爲了謀生去闖哈爾濱,受一位"縫婆"的啓發從事縫窮,結果受盡痛苦和屈辱。《蘇州雜誌》2003 年第 5 期周允中《我父親結識的兩位蘇州影評人》一文透露,作家周楞伽 20 世紀 30 年代曾發表短篇小説《縫窮婦》。

畫家們也不甘落後,紛紛以"縫窮"爲素材。現代名畫家蔣兆和有一幅名畫題爲《縫窮》,上面一位老婦人坐着爲人縫補舊衣。這幅畫作於 1936 年,現藏徐悲鴻紀念館。著名畫家盛錫珊有畫集《老北京·市井風情畫》,其中一幅題爲《縫窮的》,也是畫一位婦女正在縫窮的情景,並且下面附有這樣一段説明文字:

> 很多窮人家裏人口多,收入少,不够維持生活,婦女出來給人縫縫補補,或做些鞋墊等其他小零碎之類,俗稱"縫窮的",因爲主顧大多是窮人。

這段話不僅揭示了縫窮的職業特點,同時也揭示了之所以稱爲"縫窮"的原因:縫窮者是因"窮"而縫——賴以糊口,主顧也是因"窮"而縫——買不起新衣。對照一下前舉"無家客子衣服破"、"獨客衣單襟露肘"的詩句,就更能理解"縫窮"之"窮"字的雙重性質。

"縫窮"題材同樣進入了音樂的殿堂。舊中國樂壇上有一首頗爲有名的流行歌曲題爲《縫窮婆》,是現代音樂家許如輝

(1910—1987)創作的,題目交代得已經很清楚,只是具體歌詞內容不得而知,反正可以歸入民歌采風一類。

"縫窮"現象之所以反復成爲詩歌、小説、美術、音樂等文學藝術形式描寫和反映的物件,就是因爲它是不可忽略的社會民俗風情現象,縫窮隊伍代表着一大批下層勞動婦女,是特定時代社會生活的一個重要方面。文學號稱"人學",以描寫社會、塑造人物爲己任,當然要反映縫窮;畫家反映縫窮,同樣是爲了再現生活,有的索性明確標明"市井風情畫";至於詩歌采風,更是《詩經》以來的優良傳統。這一切都表明,縫窮是職業,是生活,是風俗,是民情,是社會的縮影。那麽,專門研究風俗的著作,又怎能忽視"縫窮"現象? 顧炳權《關於上海風俗的研究(二)》就有對舊上海縫窮婆的專門描述:

> 如"縫窮婆",業此者,胳膊勾挽一竹籃,中放針綫尺剪及做活時坐的小凳,專給工人、夥計、學徒等單身在上海生活者縫襪底、補衣洞。縫窮婆大部分是蘇北婦女。

這裏對縫窮婆的描寫與前面是一致的。當然縫窮不是上海獨有的現象,如上所舉,全國各地都有,是整個中國貧窮落後時期的社會現象。如今,隨着中國的日漸發達富裕,"縫窮"漸已成爲歷史,本文的鈎稽索隱,已多少帶有一些"考古"性質,所徵引事實雖多取自文學藝術作品,但從學術的角度,却旨在爲社會學、民俗學、語言學等方面的研究提供借鑒。

通過以上考察,"縫窮"是怎樣一種社會民俗現象,大家就不難理解了;對"縫窮"一詞的意義内涵及賴以存在的社會背景,也會體會得更加深刻了。《現代漢語詞典》將"縫窮"釋爲"舊時指貧苦婦女代人縫補衣服謀生",還是相當簡潔而準確的;相比之下,《漢語大詞典》釋爲"舊指貧苦婦女代人縫補衣服",就顯得蹩脚極了。後者顯然是從前者沿襲而來,但去掉了"謀生"二字,"縫窮"的生計和職業特點就模糊了。另一方面,從語言學角度來説,除了語義以外,就詞性而論,"縫窮"首先是一個動詞,指一種動作行爲或職業,從事這種職業的一般爲女性,即前面出現的"縫窮的"、"縫窮婆"、"縫窮婦"之類名稱。從社會學上來講,縫窮婦女也是一種"社會群體",這種群體雖無一定的組織,却有一種特殊的業緣關係。給這種群體起個名稱就是語言學上的"稱謂",這類稱謂詞語辭書應當予以收錄。也許由於缺乏書證的緣故,《漢語大詞典》只收了指行爲的"縫窮",而没有收指人的"縫窮婆"和"縫窮婦"("縫窮的"可以不收),本文前面所舉可以提供好幾例實證。蕭紅《生死場》還多次出現"縫婆"一詞,顯系"縫窮婆"的省稱;網上小説《江漢屠龍》第二十八章寫了一位"張縫婆",與姓氏連稱,更能見出"縫婆"一詞的職業特徵。縫窮者如系未婚女性,則稱"縫窮女"、"縫窮丫頭",筆者也有例證,在此就不詳舉了。總之,本文在圍繞"縫窮"進行這番社會民俗、語言文化考察的同時,無疑還可爲辭書補充好幾項相關的新條目。

(原載《民俗研究》2005 年第 1 期)

"大腕"語源的民俗語言學闡釋

一、"大腕"原本應寫作
"大萬"或"大蔓"

　　改革開放以來,隨着我國社會經濟文化的發展,"大腕"一詞的"人氣指數"直綫攀升,早已進入普通話的通用語詞系列,成爲日益受人欣羨的一個社會稱謂。且引十幾年前媒體報導一則以見該稱謂流行之一斑:

　　　　北京現在最流行的一句話就是"大腕",什麼叫大腕? 一時半會還真難説清。有時大腕指的是特有錢的那種,譬如,見到"奔馳車",北京人説裏面坐着的就是"大腕";有時大腕指的是特有名的那種,毛阿敏當然是"大腕";有時大腕指的是特讓人服的那種,所以葛優絕對是"大腕"。(《解放日報》1992 年 3 月 7 日)

原版《現代漢語詞典》未收該詞,1996 年修訂本便適時地增收了"大腕"詞條,釋曰:"(～兒)指有名氣、有實力的人(多指文藝界的)。"括弧中的"～兒",表明"大腕"在口語中實際上是讀兒化音。誠如另一括弧中所注,"大腕"曾多用以專稱文藝界名人。不過這只是新時期之初的情形,後來其使用範圍便逐漸擴大,再加上其他因素,如馮小剛執導的電影《大腕》之類,都對該詞的走俏起到了推波助瀾的作用。當今社會,幾乎各界名人均可稱爲"大腕"了,諸如"足球大腕"、"圍棋大腕"、"房地產大腕",等等;並且"大腕"的語法作用和意義還發生了轉化,比如可以用作限定性成分,具有

"著名"、"頂尖"之意,如"大腕導演"、"大腕記者"、"大腕作家"、乃至"大腕企業"之類。此外"大腕"還可以單説成"腕兒",有了名氣,成爲名人,可以説"成腕兒了"。這跟戲劇界有時單説一個"角兒"就等於"名角"的道理一樣。

然而名人爲何叫"大腕"或"腕兒"? 起初命名時固然有個造詞理據存在,後來該理據湮没不彰了,人們順着某種綫索再去追蹤和考證其廬山真面目,就成了語言學上的語源推求問題。對於"大腕"的語源,一般人多會順着"腕"字去推求,認爲是源於"手腕",因爲本領高強可謂之"大手腕",所以強有力的人物也就應謂之"大腕"了。這種推斷貌似有理,但不過是就字解字而已。這個字若是本字還好,如果是借字,那就成了望文生義和牽強附會。也有人指出了另外的情形。王學泰(1998)認爲"腕"並非本字,"大腕兒"本應寫作"大萬兒",説:"'大腕兒'的'腕'字用得極其普遍,但似乎是個錯字。這是句江湖隱語(也稱'調侃兒'或'春典'),'腕'大概應該寫作'萬'……。'大萬兒'指一些領域的名人,通常是指演藝界的名流。"①還有人認爲"大腕兒"應該寫作"大蔓兒"。著名相聲表演藝術家常寶華(2004)指出,"大腕兒的腕,是相聲界的行話,但腕兒字應該寫成這個蔓兒"②,並且稱馬三立是自己的"大蔓兒老師",稱牛群是自己的"大蔓兒徒弟"。張浩(2002)盛讚京韻大鼓藝術家駱玉笙"不擺'大蔓兒'架子",虛心向青年演員學習③。這爲我們提供了一種事實:"大腕"之"腕"字,前身是"萬"和"蔓"。求諸江湖隱語習俗及俗文學文獻,確有實證可證。

---

① 王學泰:《從"大腕兒"説起》,《生活日報》1998 年 12 月 7 日。
② 常寶華述、牛立明整理:《馬三立,我的大蔓兒老師》,《書摘》2004 年第 3 期,第 15—18 頁。
③ 張浩:《駱老,一路走好》,《天津日報》2002 年 5 月 6 日。

二、"蔓"和"萬"是江湖隱語
對"姓"的代稱

　　既然"萬"和"蔓"二字是"腕"字的早期寫法,那麼它們跟"大腕"一詞相關聯的意義又是什麼呢? 有的專類辭書給我們提供了一些綫索。曲彦斌(1996)解釋説:"蔓〈隱〉犯罪團夥指姓氏";"萬兒〈隱〉清末以來京津等地江湖諸行指姓名"①。這裏的"蔓"和"萬兒"兩個詞條,釋語雖略有不同,所指實質應爲一回事,"指姓氏"連帶上名字就是"指姓名"。其中括注的"〈隱〉"還透露出一點資訊;這種用法是江湖隱語。周日字、廉潔(1999)也指出;"'蔓兒'這個詞綴,簡寫成'蔓',念萬兒(wànr),清末以來江湖就用它作姓氏標幟,一直沿襲至今,當代黑道仍有某些犯罪團夥在使用,如稱崔姓爲'喇叭蔓',稱楊姓爲'犀角靈蔓'。"②這説明大腕之"腕"的前身"蔓"和"萬",是江湖隱語對姓氏以及姓名的代稱。

　　衆所周知,江湖各界素有使用隱語(又稱行話或黑話)的習俗,好端端的一些事物,生怕圈外人聽懂而不明明白白説,非要繞個彎子換一個隱晦的説法,以"萬(蔓)"代指姓氏及姓名即屬此類。這在舊題材的俗文學小説作品中是很常見的,例如:

　　(1)夥計説:"我就知道你是個行中人,你算冤苦了我了。我給你言語聲兒去罷。"艾虎説:"不用。我還有句話,你先給我帶了去。你們寨主是什麽萬兒萬兒? 可就是問姓。"(清無名氏《小五義》第五十八回)

① 曲彦斌:《俚語隱語行話詞典》,上海辭書出版社 1996 年版,第 424、27 頁。
② 周日字、廉潔:《隱語與諧音》,《佛山科學技術學院學報(社科版)》1999 年第 2 期,第 51—58 頁。

（2）有二百多人說話：“合字吊瓢兒，招路兒把哈，海會裹，赤字月丁馬風字萬，人牙淋窰兒……摘赤字瓢兒，急浮流兒撒活。”列位，這是什麼話，這是江湖豪傑、綠林英雄的黑話，……“赤字”是大人，“月丁馬風字萬”是兩個人姓馬的。（清燕南居士《永慶升平》第十二回）

（3）那邊的那些個賊一見，齊說：“不好！遇見了英雄了。”問廣太姓什麼，三爺説：“弓長萬，汪點。”那邊的賊人就知是姓張，行三了。（清燕南居士《永懷慶升平》第三十三回）

（4）彭連虎叫道：“來者留下萬兒，夜闖王府，有何貴幹？”柯鎮惡冷冷地道：“在下姓柯，我們兄弟七人，江湖上人稱江南七怪。”彭連虎道：“啊，江南七俠，久仰。”（金庸《射雕英雄傳》第十一回）

（5）姓白那少年溜滑之極，一見“祝氏三雄”形勢不妙，立即沖出大門，出了大門，這才揚聲説道：“閣下劍法高明，佩服，佩服！請閣下賜個萬兒。”這是江湖上的術語，留個“萬兒”即是報個姓名的意思，要對方報出姓名，乃是準備以後尋仇的。（梁羽生《瀚海雄風》第三十六回）

（6）明俠把煙袋鍋磕磕，冷冷地説：“是朋友就亮個蔓兒把道路閃開，你我井水不犯河水；是冤家就亮青子拼個死活！”（單田芳《童林傳》第一六七回）

（7）三個人準備停當，靳忠人讓馬慢慢拖着轅套走。那邊二十幾匹人馬漸漸靠近了，其中有一個戴着土耳其式水獺絨帽的，看樣子是大哥或四梁八柱的人物，在馬背上欠了欠身子，開口道：報報迎頭，什麼蔓？邵越和靳忠人都不是關外人，聽不懂綹子的黑話，不知他説什麼，兩人大眼瞪小眼。倒是烏雲聽懂了，趴在那裏打着顫説，他要咱們報個姓名，問咱們是幹什麼的。（鄧一光《我是太陽》第一部）

以上例證充分顯示出“萬（蔓）兒”指姓氏或姓名的本來面目。其中"萬(蔓)"指姓氏是初始用法,指整個姓名則是連類而及。

"萬(蔓)兒"再進一步引申,則指江湖門派等的名號及其相關的名聲:

(8)此計大妙。咱哥兒倆立此大功,九江白蛟幫的萬兒,從此在江湖上可響得很啦。(金庸《笑傲江湖》二十五)

(9)長樂幫是近年來江湖上崛起的一個大幫,八九年間闖下了好大的萬兒。(金庸《俠客行》第十三章)

(10)二十五年前,辛斗南以一根丈八蛇矛槍、一十八支雁翎箭震慴河南黑道,創下中原鏢局,當真是赫赫有名,好大的萬兒。(周顯《后羿神弓》第一章)

三、江湖習俗稱通報姓名來歷 爲"報(道)萬(蔓)兒"

"萬(蔓)兒"是指姓氏及姓名,上節各例中所謂"賜個萬兒"或"亮個蔓兒"等,就是讓對方亮出(通報)姓名。這又牽扯到江湖隱語通報姓名的習俗。江湖或武林人士見面,互不知曉對方身份,就要問問對方的"萬(蔓)兒",實即讓對方報上自己的姓名來歷,當然有時也包括門派出身在內。但"賜萬(蔓)兒"和"亮萬(蔓)兒"只是對通報姓名的較爲特殊的説法,前者帶有客套的口氣,後者則帶有強硬的口氣。而較爲通行的中性説法則是"報萬(蔓)兒"或"道萬(蔓)兒",有時還要加上量詞"個"。例如:

(11)任雲秋道:"二位要找總令主,先報個萬兒上來,在下自會給你們進去通報。"公孫坤不耐道:"小子,還不快去,嚕嗦什麼?"任雲秋道:"這是規矩,你們不報萬兒,在下如何進去通報?"(東方玉《新月美人刀》第十三章)

(12)仇自春退下一旁,嗯,此刻,一個是青面,一個是黃臉的缺耳仁兄開始報萬兒了。"'青廟鬼'艾少長""'黃廟鬼'艾少福。"原來,這兩位仁兄竟就是大名鼎鼎的"金家雙鬼",他兩人的萬兒可真是又響又亮,君惟明對這一雙昆仲的名頭還比較熟悉。(柳殘陽《撕腸花》第三十三章)

(13)雲中鶴眸子裏精光四射,瞬也不瞬地盯向尹劍平:"請恕我健忘,朋友你報個萬兒吧!""我姓尹,"尹劍平面若寒冰地道:"雲中鶴,你也報上個萬兒聽聽吧!"(蕭逸《甘十九妹》三十六)

(14)文勝中拔足飛逃,一面跑一面叫道:"這是六合幫史幫主的東西,你這丫頭有膽拿去,可有膽報個萬兒麼?"(梁羽生《俠骨丹心》第三十一回)

(15)"好,你們三個是哪一門派的人,報個萬兒來,只要說得不假,就沒你們的事了。"(東方玉《金縷衣》第二十四章)

(16)慶兒忙說:"各位老大別誤會,咱們都是自家人哪!""自家人?"黄面鬼眨巴眨巴小眼睛,仔細打量着主僕說:"那你就道個蔓兒吧!你是哪個溜子上的?"(單田芳《童林傳》第一七一回)

四、江湖習俗稱成名或顯揚名聲
爲"揚名立萬(蔓)"

江湖人士報出姓名(蔓兒、萬兒)之後,如系名聲顯赫,其行話叫做"萬(蔓)兒響"或"萬(蔓)兒亮",如前面例子所說"他兩人的萬兒可真是又響又亮"。所以人在江湖行走,先圖混碗飯吃,進而就想出人頭地、名聲顯揚——這在江湖上也有專門術語叫"揚名立萬(蔓)"。例如:

(17)雖然你已被逐出本門,但在江湖上揚名立萬,使的仍是本劍法。(金庸《笑傲江湖》二十七)

(18)我瞧這一十二路華拳,只須精通一路,便足以揚名

立萬。(金庸《飛狐外傳》第十五章)

(19) 如果張紀中不拍《射雕》了,那他們這幫年輕人靠什麼揚名立萬呀。(《人民日報》2001 年 8 月 13 日)

(20) 揚名立蔓以及書法界的爭鬥恩怨若與中國煌煌幾千年書法藝術本身比起來都實在太渺小太渺小,小到了我們無心無暇去顧忌它們,讓它們擾亂心性。(《中國書法家論壇》2002 年 12 月 28 日)

"揚名立萬"又可説成"創名立萬"和"成名立萬(蔓)":

(21) 貝海石道:"幫主奉師父之命,前來投靠司徒幫主,要他提攜,在江湖上創名立萬。"(金庸《俠客行》十五)

(22) 一個身材高瘦的中年書生站了起來,朗聲道:"俠客島主屬下廝養,到得中原,亦足以成名立萬。"(金庸《俠客行》十九)

(23) 他這一揮鞭,跟姚清宇同來的,也都是在武林中成名立萬的豪士,也紛紛喝駡着湧了上來,而和這漢子同行的另幾匹馬,此刻也兜了回頭。(古龍《飄香劍雨》第三十四章)

(24) 但火箭隊應該把眼光放得長遠一些,因爲姚明在經驗、力量與技巧方面還有許多東西需要學習。可見要想在 NBA 中成名立蔓,姚明還需假以時日。(《市場報》2002 年 10 月 26 日)

由於後來"萬"、"蔓"多寫做"腕",所以又有"揚名立腕"的寫法;有時也單説"揚萬"或"揚腕"。例如:

(25)《功夫》以 40 年代魚龍混雜的中國廣東爲背景,周星馳扮演一街頭善惡不分的小混混,爲揚名立腕欲加入黑幫。(《梧州日報》2003 年 7 月 8 日)

(26) 江南七怪都是一怔。焦木道:"你就算要到江南來揚萬立威,又何必敗壞我的名頭……你……你……到嘉興府四下裏去打聽,我焦木和尚豈能做這等歹事?"(金庸《射雕英

雄傳》第二回）

　　（27）到春節晚會劇組裏轉上一轉，已經起到了"揚腕"的作用——只要在審查中露露面，馬上就會被地方臺請走去錄節目。(《齊魯晚報》2001 年 2 月 4 日)

　　（28）後來，我回哈爾濱路經北京時，把這事向侯大娘講了。侯大娘說："你侯大爺（侯寶林）這麽做，是有意的，他在爲你'壯腕''揚腕'，擴大你的'知名度'。"我真要感謝他。(《黑龍江日報》2002 年 12 月 2 日)

從"萬（蔓）"到"腕"既然代表了名聲或知名度，"大腕"指名人或大人物就容易理解了。

五、"大腕"原由秧蔓之
"蔓"引申嬗變而來

　　"大腕"既然本可寫做"大萬"和"大蔓"，那麽"腕"、"萬"、"蔓"三字哪個是本字呢？其實"蔓"字是本字，"萬"和"腕"都是借字。三字既可相通假，當然也同音。"蔓"字的口語音念 wàn（一般單念要讀兒化音），正好與"腕"、"萬"也同音，是能夠互相借用的。

　　儘管有的老一代藝人明白"大腕"的本原，但一般却難以道出個中關聯、嬗變之所以然。人們普遍感到困惑的是，作爲"大腕"之"腕"本字的"蔓"，怎麽會成爲江湖隱語姓氏的代稱？又怎麽會演變成當今名人意義的"大腕"呢？這同樣與民衆的語言生活習俗有關。

　　衆所周知，"蔓"本指蔓生植物那種不能直立的長莖（如瓜蔓、藤蔓）。這個字在《説文》中就有了，許慎釋曰："蔓，葛屬。"王筠句讀："諸書多以爲藤生者之通名。"《廣韻·願韻》："蔓，瓜蔓。"可見這種意義由來已久了。植物的這種蔓兒或曰蔓子，有一個顯著的特點，那就是細長而綿延不絶，因而在現實生活中常用以比喻長而連貫的事物。比如我國的達斡爾族人睡一種南、北、東(西)相連的三鋪炕,叫"蔓子炕";曲藝界稱長篇而連貫的作品爲"蔓子活",各種大鼓、評書都有這種"蔓子活"(短篇則稱"段子活")。而我們的姓氏,却正像一條長蔓一樣,生生不已,好多姓氏已有數千年的悠久歷史。同樣,江湖或武林的門派中,師弟相傳,層層延續,也具有一條長蔓的特點。所以,江湖隱語以"蔓"作爲姓的代稱,不過是語言習俗中一種打比方的辦法;起初或許只是臨時的修辭手段,久之"蔓"便有了這項比喻引申意義。繼續推衍下去,植物的蔓子有粗細、長短等爲標誌的大小之別,那些粗長強壯的當然就是"大蔓兒";社會上的姓氏宗族也有大小、強弱之別,強大者亦被喻爲"大蔓兒"(門派亦復如是)。姓氏或門派是由人組成的,大姓望族以及有名的江湖門派,是因爲有名人的緣故,所以名人亦得以稱"大蔓兒"。按理說,報蔓時報出姓氏按說就可以了,可是一般情況下同姓者太多,姓往往不足以確定具體身份,就需要連帶上名字,以及出身來歷、門派師承。但真正有名的人物,只要報上姓名,或者只有一個姓,乃至綽號,對方馬上便會確知其身份: 嚯,大蔓兒!

如此說來,江湖上表姓氏的隱語以及引申出的名人意義,寫做這個"蔓"才是正宗,才有理據。但它又怎麼會陰差陽錯地變成"萬"和"腕"了呢? 這也源於大衆借字記音、以熟代生等用字習慣。第一,雖然以字記詞應儘量體現其理據性,即儘量使用本字,但是以"蔓"表姓的理據,一般人是不了解的,要不怎麼是隱語呢? 這就給同音假借開了方便之門。第二,"蔓"和"萬"本來就是同音,在《廣韻》中,屬於同一韻中的同一小韻,即聲韻調全同,皆音"無販切",這給它們相假借提供了語音基礎。第三,後來"蔓"分化爲 wàn、màn 二音,致使表姓的這個"蔓"一旦脫離了口語環境,就呈現出讀音歧異,而寫成"萬"就可避免這種誤讀尷尬,這就給"蔓"假借作"萬"提供了客觀需要。第四,就使用頻率而言,在同讀 wàn 音的情況下,"萬"是個慣用字,"蔓"是個冷僻字,這就給

"蔓"假借作"萬"提供了客觀必然性。綜合這些因素,在記寫江湖上表姓的 wàn 這個隱語詞的時候,"萬"字反倒占了上風,清人小說中大多寫做"萬",現代作品中也以用"萬"爲常。至於最終又爲什麼變成了手腕的"腕",恐怕又是所謂理據性因素占了上風。因爲"大 wànr"演變出名人的意義以後,距離原來的理據更遠了,無論是寫做"萬"還是"蔓",人們都感到與現有意義毫無聯繫。而"大 wànr"所表示的人物,正是具有某種大手腕或曰大本領、大能力的實力性人物,這種意義使人們覺得 wànr 音似乎應該是手腕之"腕",而"手腕"一詞的口語音也正好是兒化形式,於是"大wànr"一詞最終定型爲"大腕"。所以,說到底,這個"腕"字也是一個鳩占鵲巢的假借字,其似是而非的所謂"理據",不過是一種後起的"假借義同化"而已。

但是,字詞的原始理據跟它現實應用的書寫規範是兩回事,我們探討一個詞的音義來源和造詞理據,並不是非要在寫法上去復古。比如我們探討"大腕"的原始形式,就不必去恢復其原來的通俗形式"大萬",更不必去恢復其具有原始理據的形式"大蔓"。字詞書寫的規範化在講究理據的同時,更重要的還要遵循約定俗成的原則,"大腕"詞形就是當今社會共同約定的形式。另外,我們也不必對江湖用語談虎色變,甚至一說江湖隱語就跟黑社會聯繫起來,或者欲來個清理門户把"大腕"從普通話語彙中排斥出去,那樣將不勝其煩。因爲普通話語彙的來源極其複雜,即如過去的"江湖",就是一個很大的概念,凡具有某種技藝出外謀生,皆謂之走江湖,當今語彙來自江湖用語者,肯定不在少數。而過去的江湖藝人正是今天的文藝工作者,所以"大腕"最先從文藝界用起,就不足爲怪了。滄海不擇細流乃能成其大,我們民族共同語的語彙正具有吸收和改造古今中外各種詞語的博大容量和潛在能力。

(原載《民俗研究》2006 年第 1 期)

"花姑娘"源流嬗變新詮
——兼爲辭書"花姑娘"條訂補

　　一說到"花姑娘"人們馬上會想到侵華日軍,因爲大家正是從文學和影視作品中得到了日本兵滿世界追趕"花姑娘"的印象。這幾乎已成爲中國人的一種"定性思維",並且這種思維已經影響到權威辭書的立項和釋義。《漢語大詞典》"花姑娘"條提供了兩個義項:"① 侵華日軍稱供他們侮弄的女子。② 指妓女。"吉常宏主編《漢語稱謂大詞典》(河北教育出版社,2002)"花姑娘"條只提供了一個義項:"侵華日軍稱中國年輕婦女而生造的漢語詞。"兩部辭書都指明了該稱呼與"侵華日軍"的關係。照此解釋,抗日戰爭及日寇侵華是"花姑娘"一詞產生的背景和源頭,其後才又派生出一個"妓女"義——這是不符合漢語實際和歷史事實的。

　　這要從指妓女之"花姑娘"的使用年代辨起。《漢語大詞典》"花姑娘"第二義項"指妓女",書證爲沈從文《主婦集·貴生》:"我們五爺花姑娘弄不了他的錢,花骨頭可迷住了他。"此例"花姑娘"指妓女沒問題,唯時間欠明確。實際上,"花姑娘"指妓女意義的明確年代是很早的,我們發現了民國初年即 20 世紀 20 年代的一條書證:

　　　　不料這天居然也有一位八太爺光降下來。那位八太爺在船上找花姑娘,北人稱妓女爲花姑娘。找了半天,只找到了一個雞皮鶴髮的老太婆。(蔡東藩、許廑父《民國演義》第一五八回)

例中所寫爲 1924 年直系軍閥孫傳芳部進入浙江時,亂兵禍害百姓的情形("八太爺"即丘八)。《民國演義》共 160 回,前 120 回爲蔡東藩所寫,完成時間據蔡序爲"中華民國十年",爲 1921 年;後 40 回爲其好友許廑父所續,完成時間據許序爲"民國十八年",爲 1929 年。斯足證"花姑娘"在民國初年就廣爲流行了,且書中已交代明白:"北人稱妓女爲花姑娘。"目前雖然沒有發現更早的書證,但推測它産生在清末是不成問題的。清末北方妓女時興稱"姑娘",而"花"字歷來也跟妓女有關(清代妓女常取帶"花"字的藝名),妓女多貌美如花且打扮得花枝招展,因此造出一個文雅的"花姑娘"稱謂是很自然的。金庸作爲熟諳歷史的學者型作家,其演繹清代故事的小説《鹿鼎記》就有"花姑娘"指妓女的例證(例略),此差可爲清代就使用妓女義之"花姑娘"的旁證。

　　《漢語大詞典》"花姑娘"所引沈從文小説《貴生》,正是對妓女義的沿用;作者自署"一九三七年三月作,五月改作",顯系抗戰全面爆發前夕的作品,與侵華日軍無關。"花姑娘"指妓女的意義,即使抗戰爆發後仍有應用:

　　　　大赤包變成全城的妓女的總乾娘。……她覺得日本人的占據北平實在是爲她打開一個天下。她以爲若沒有她,日本駐北平的軍隊便無從得到花姑娘,便無法防止花柳病的傳播。(老舍《四世同堂》37)

　　　　胖菊子沒有運動成妓女檢查所的所長。因爲競爭的人太多,日本人索性裁撤了這個機關,而改由軍部直接管理花姑娘的事。(老舍《四世同堂》76)

上例反映了日軍進駐北平後設立妓女檢查所,搜羅全城妓女爲其提供性服務的情況。那麼此處"花姑娘"本爲原北平妓院中的從業妓女,但日軍一到,尤其後來"改由軍部直接管理花姑娘的事",其性質便發生了改變:由自由從業的身份,變爲日軍"專用品"。

　　其實,《漢語大詞典》第一義項所用的兩條書證,也隱含有"妓女"的意義。兹照録如下,以便分析:

馬烽、西戎《呂梁英雄傳》第七回："〔僞聯合村公所〕村長
就是'二日本'王懷當⋯⋯每日便派村警,四村催糧要款,抓
民伕,派花姑娘。"茅盾《劫後拾遺》:"日本人多麼精明,他們
平時每到一個碼頭,妓女是自己帶去的。現在是戰時,要花姑
娘自然徵用。"

上例寫日本人平時自帶妓女,戰時應急只好"徵用"。"花姑娘"與
"妓女"並用,意義不難體會。所謂"派花姑娘",是日本人通過僞
政權向地方攤派妓女名額。

侵華日軍徵召妓女,與其軍事慰安制度有關。二戰研究資料
表明,"慰安婦"是日文中特爲戰爭創造的專用名詞,其性質即軍
用妓女。日本人先是在本國和韓國徵招慰安婦,但數量遠遠不夠,
後便在中國徵召妓女和民女。詞語本義決定其詞義運動方向。
"花姑娘"本義指妓女,自然受到日軍青睞,成爲慰安婦的代名詞。
然而真正的妓女能有多少? 攤派和徵用的結果,必然把範圍擴大
到良家婦女,日寇逼良爲娼,婦女們紛紛逃亡和藏匿,日軍便依仗
武力搶良爲娼。於是就出現了日本兵滿世界搜尋和追捕"花姑
娘"、肆意侮辱中國婦女的場景——婦女們只要被日軍看上就是
"花姑娘"。

綜上所述,經過抗戰,"花姑娘"成了多義詞。既是多義詞,各
意義之間就有個產生先後問題,辭書編纂就有個義項結構和排列
次序問題。若是面向現代的辭書,可以不管歷史,而以常用義爲首
列物件;但《漢語大詞典》作爲大型的歷史性語文詞典,同時兼具
詞源詞典性質,就不能不管義項和書證的歷史先後。

我們認爲,"花姑娘"的意義在時間上應該以"七七"抗戰全面
爆發爲界分爲兩個階段。根據本文搜集的例證,現將"花姑娘"一
詞的釋義修訂如下:

① 妓女的雅稱。蔡東藩、許廑父《民國演義》第一五八
回:"不料這天居然也有一位八太爺光降下來。那位八太爺在

船上找花姑娘，北人稱妓女爲花姑娘。找了半天，只找到了一個雞皮鶴髮的老太婆。"沈從文《主婦集·貴生》："我們五爺花姑娘弄不了他的錢，花骨頭可迷住了他。"② 侵華日軍對可供其侮弄之年輕女子的猥褻性稱呼。巴金《寒夜》一五："這樣不行，日本人來，會到鄉下找花姑娘的。你還是早走的好。"楊沫《英華之歌》第十四章："馬官營新來的鬼子班長外號'大下巴'，膽兒挺大，常跑出崗樓，跟附近村子要花姑娘。"

　　(原載《辭書研究》2010 年第 4 期。補按：本義指妓女的"花姑娘"，我們又發現了較早的用例。1914 年《餘興》第 3 期載有署名"吟僧"的《擬荷花大少致花姑娘書(仿李白與韓荆州書體)》，是一篇模仿古人文體的滑稽搞笑文章，"致花姑娘書"即寫給妓女的一封信。文章開頭即云："某聞嫖界大少相聚而言曰：'生不用受嘉禾章，但願一識花姑娘。'"下面又云"容貌冠青樓"，"情科之博士，色界之元勛"等。該"花姑娘"指妓女之義甚明。)

古代"贅婿"的稱謂詞勾稽與禮俗特性分析

小　引

　　在中國傳統禮俗社會中,招贅婚是中國婚俗中的一種特殊形式。① 它與主流婚俗相反,不是女方嫁到男家,而是男方到女家安身立命。"招贅"係着眼於女家而言。就男子爲主體而言,若着眼於出離本家,叫作"出贅";着眼於進入女家,那就是"入贅"。說法不同而實質爲一。通過招贅進入女家的男子即謂之"贅婿"。"贅婿"一稱,先秦、秦漢時期即已普遍使用,後世人們又從不同角度不斷爲贅婿命名,從而累積成爲一個貫古通今的"贅婿"義稱謂詞語的類彙。從民俗學、社會學角度論述贅婚現象的成果已有不少,本文從語言學出發,以民俗學、社會學等爲參照,先用歸納法,借助各種語料庫和數據庫,將該義類的相關稱謂詞語及用例進行窮盡性搜羅聚攏。然後依據語義類型别爲若干類,再以語素分析爲切入點,通過各類稱謂語所顯示的意義特點來顯示其禮俗特性,從而加

---

① 按:"禮俗社會"是個社會學概念。1887 年,德國社會學家滕尼斯(Tönnies)出版了代表作《社區與社會》,他將人類社會區分爲兩種類型:以農村爲代表的"Gemeinschaft"和以城市爲代表的"Gesellschaft"。1947 年費孝通初版《鄉村中國》一書,在《鄉土本色》一節中譯介道:"用我們自己的話説,前者是禮俗社會,後者是法理社會。"社會學家認爲,禮俗社會並不是説排斥"法理",而是主要以傳統禮俗習慣及觀念爲行爲規範。中國數千年來一直是個農業大國,所以就傳統而言以禮俗社會爲主體。費氏《鄉土中國》即認爲中國鄉土社會是個以"禮治秩序"爲行爲規範的傳統社會,即"禮俗社會"。

深對歷史上贅婿性質、功能、地位等方面的理解,推進對古今招贅婚的諸種情形以及賴以形成的社會民俗動因的認識,以期於當前學術研究有所裨益。

一、"贅"字本義與戰國、秦漢"贅婿"之 性質和禮俗特性

招贅婚及贅婿的更早起源已不可考,至遲在戰國時期就已經出現了。地下出土文獻《睡虎地秦墓竹簡》所附魏律中,就已經有了關於"贅婿"的法律條文。《六韜·練士》(一般斷爲戰國作品)記載:"有贅婿人虜欲掩迹揚名者,聚爲一卒,名曰勵鈍之士。"①意思是説:贅婿和俘虜,欲掩蓋以往身份行迹而揚名者,把他們編爲一卒,叫做"勵鈍之士"。《史記》記載,淳于髡就是齊國的贅婿;《漢書》記載,"秦人……家貧子壯則出贅"。然贅婿入贅情形各異,有學者將戰國贅婿分爲三種類型:秦國分異令下的贅婿;齊國的巫兒婿;魏律中的流民贅婿。② 這應是比較符合實際的。秦國所謂"分異"即男子長大須析產分居。《史記·商君列傳》:"民有二男以上不分異者,倍其賦","令民父子兄弟同室内息者爲禁"。③強令分異的結果就促成或加劇了出贅之俗,如同《漢書·賈誼傳》所言:"商君遺禮義……秦俗日敗。故秦人家富子壯則出分,家貧子壯則出贅。"④後人用典,生造出"秦贅"一詞。如杜甫《遣悶》:"依著如秦贅,過逢類楚狂。"⑤這同時也説明了秦國存在贅婚習俗

① 《六韜 鬼谷子》,中華書局 2007 年版,第 212 頁。

② 方心棣:《秦漢贅婿謫戍制度芻議》,《安徽教育學院學報》2005 年第 4 期。

③ 司馬遷:《史記》第七册,中華書局 1959 年版,第 2230、2232 頁。

④ 班固:《漢書》第八册,中華書局 1962 年版,第 2244 頁。

⑤ 朱鶴齡:《杜工部詩集輯注》,河北大學出版社 2009 年版,第 748 頁。

的客觀事實。戰國時齊國有一種巫兒婚,據《漢書·地理志下》記載:齊襄公"令國中民家長女不得嫁,名曰'巫兒',爲家主祠,嫁者不利其家,民至今以爲俗"。① 不嫁不見得不婚,於是有了巫兒招贅之俗。魏國的流民贅婿也是有其特定原因:彼時因戰亂、災荒等故,人口流動規模增大,故出現流民異地入贅之俗,由此帶來一些社會問題,魏國特制訂法律予以懲治。《魏户律》規定:"贅婿後父,勿令爲户,勿鼠(予)田宇";《魏奔命律》規定:"贅婿後父……遣從軍,將軍勿卹視。"②據此,爲穩妥起見,"贅婿"一詞的源頭可定爲戰國時期,秦、齊、魏均存在招贅婚俗。而到了秦統一六國後,曾大規模徵發贅婿與其他罪徒戍邊,史書多有所載,例不贅舉。西漢時期仍實行將贅婿流放戍邊的制度,這在《史記》、《漢書》等文獻中均有體現。這説明天下一統的秦漢時期,贅婿及贅婚習俗仍是較爲突出的社會現象。

　　先秦及秦漢之贅婿的性質及其社會地位,可先從"贅"字本義得到認識。《説文·貝部》:"贅,以物質錢也。從敖、貝。敖者猶放,謂貝當復取之。"段玉裁注:"若今人之抵押也。"接下來段玉裁徵引文獻,證明"贅"又有"聯屬"義和"餘剩"義,乃"綴"字之假借。③ 據此可知"贅"爲會意字(從敖、貝),本義爲"以物質錢"。段玉裁又以通行義"抵押"釋"贅"字,可謂得其精要。抵押品對接受抵押的一方來説,就實際而言,也是一種餘剩、多餘之物。另外從音韻上講,"贅"與"質"聲音相近,是典型的"一聲之轉"(均爲章母)。《説文》"以物質錢"的訓釋中已經出現了"質"字,表面看是借用同義詞相訓,實際是用聲訓的手法揭示了語源。《説文·貝部》對"質"字的解釋是"以物相贅",段玉裁注已指明"質贅

　①　班固:《漢書》第六册,中華書局 1962 年版,第 1661 頁。
　②　《睡虎地秦墓竹簡》,文物出版社 1978 年版,第 293 頁。
　③　段玉裁:《説文解字注》,江蘇古籍出版社 1998 年版,第 281 頁。

雙聲".① 可見"贄"、"質"二字,意義相近而微別,是一對同義詞,
故可以用爲互訓;音又相近,就可以認定爲同源詞。王力先生《同
源字典》即把它們作爲一對同源詞予以解説(音韻關係爲:章母雙
聲,質月旁轉)。② 鑒於"質"同樣具有抵押義,有時現實中可逕以
人爲質。春秋戰國時期,一國向別國求援,往往以國君之世子作抵
押,叫作"質子",史書頗有用例,兹不贅舉。民間貧窮之家,虧欠
他人錢財債務,往往用兒子爲抵押,以定期的無償勞動來償還,因
而出現"贅子"一稱。"贅"字意義至此就有了擴大,在"以物質錢"
的基礎上延伸爲"以人質錢"了。《漢書・嚴助傳》:"賣爵贅子,以
接衣食。"顏師古注引如淳曰:"淮南俗賣子與人作奴婢,名爲贅
子,三年不能贖,遂爲奴婢。"③看來"質子"和"贅子"也是一對同
義詞,僅僅在於官方和民間的一點差別,其用兒子做抵押的實質是
一樣的。"贅子"和"贅婿"也是互相轉化的,如前所説,贅子三年
不能贖便成爲終身奴婢,倘若主家以女兒許配之呢? 那就成了贅
婿,朱駿聲《説文通訓定聲》:"贅而不贖,主家配以女,則謂之贅
婿。"④當然不能否認,很多情況下是以兒子抵押和招贅同時並行,
那樣"贅子"和"贅婿"就成了一回事。可見"贅婿"充分吸納了
"贅"的含義,表現爲以身爲質並能進行贖取的特點。因此,男子
以身抵押性質的勞役婚,應是有文獻記載的早期招贅婚的基本禮
俗定位,且這種影響一直波及後世。又按:"婿"字原本作"壻"。
《説文・士部》:"壻,夫也。從士,胥聲。……婿,壻或從女。"段玉
裁注:"夫者,丈夫也。"⑤《爾雅・釋親》"女子子之夫爲壻。"刑昺

---

① 段玉裁:《説文解字注》,江蘇古籍出版社 1998 年版,第 281 頁。
② 王力:《同源字典》,商務印書館 1982 年版,第 472 頁。
③ 班固:《漢書》第九册,中華書局 1962 年版,第 2779 頁。
④ 朱駿聲:《説文通訓定聲》,中華書局 1984 年版,第 666 頁。
⑤ 段玉裁:《説文解字注》,江蘇古籍出版社 1998 年版,第 20 頁。

疏:"聞一知十爲士,胥者有才知之稱,故謂女之夫爲壻。"①可見
"壻"自古就有二義,一是指丈夫,即"夫婿";二是指女兒的丈夫,
即"女子子之夫"(古謂女兒爲"女子子")。可見"壻"、"婿"是文
字發展先後過程中形成的一字異體,音義全同,只是後世多通用
"婿"而已。

　　"贅"字本義及早期"贅婿"的性質,同時也説明了贅婿角色的
社會地位。今天所見的很多材料也都在強調贅婿的卑下地位,如
《史記·滑稽列傳》:"淳于髡者,齊之贅婿也。"司馬貞索引:"猶女
之夫也,比於子,如人疣贅,是餘剩之物也。"②《漢書·賈誼傳》:
"家貧子壯則出贅。"顏師古注:"應劭曰:出作贅婿也。師古曰:
謂之贅婿者,言其不當出在妻家,亦猶言人身體之有疣贅,非應所
有也。一説,贅,質也。家貧無有聘財,以身爲質也。"③"疣贅"、
"餘剩之物"的比方,不惟揭示了贅婿的附庸性質,而且不言而喻
地連其獨立人格也進行了否定。這是因爲,從贅婿的社會認可度
來看,在傳統宗法制社會中,贅婿不僅没能履行婚禮的正統聘嫁義
務,反而放弃本宗,承繼女方家財,多被看成不事勞作、趨利背倫之
舉。因此不僅贅婿被視爲人身體的疣贅,"出贅"更被認爲是敗壞
社會風氣的行爲,備受社會歧視。如上引資料,魏律規定不給贅婿
立户,不予田産,還要遣發從軍,《漢書·賈誼傳》把秦國的贅婚看
成"秦俗日敗"的表現。天下一統後,秦始皇仍然"發諸嘗逋亡人、
贅壻、賈人略取陸梁地"④。漢代贅婿不得爲吏,"孝文皇帝時,貴
廉潔,賤貪汙,賈人、贅婿及吏坐贓者皆禁錮不得爲吏"⑤。總之先

①　阮元:《十三經注疏》,中華書局1980年版,第2593頁。
②　司馬遷:《史記》第十册,中華書局1959年版,第3198頁。
③　班固:《漢書》第七册,中華書局1962年版,第2244頁。
④　司馬遷:《史記》第一册,中華書局1959年版,第253頁。
⑤　班固:《漢書》第十册,中華書局1962年版,第3077頁。

秦、秦漢都是把贅婿當作賤民,甚至與罪犯同列。儘管也有個別例外,戰國齊贅婿淳于髡,能够位至上大夫,數使諸侯,因而有學者指出"其地位並不低下"。① 但這只是一個特例,既與齊國的巫兒招贅有關,也與齊國當時開明君主重用人才有關,所以不能據此否認贅婿整體的卑下地位。實際上招贅婚與主流婚俗相背離,贅婿受歧視的情形,是一直貫穿到後代的,這種現象很難從傳統禮俗社會中徹底剥離和消解。

二、"補代"等所反映的傳宗接代、守護財産和頂門立户的禮俗特性

贅婿在後來發展中形成了變體稱謂,大約唐宋時期,江南地區出現了一個俗稱"布袋"(布代),這在宋人筆記裏有記載:

> 宋無名氏《潛居録》:"馮布少時絶有才幹,贅於孫氏,其外父有煩瑣事輒曰:'畀布代之。'至今吴中謂倩爲布代。"②

> 宋朱翌《猗覺寮雜記》卷上:"世號贅壻爲布袋,多不曉其義。如入布袋,氣不得出。頃附舟入浙,有一同舟者,號李布袋。篙人問其徒云:'如何入舍壻謂之布袋?'衆無語。忽一人曰:'語訛也,謂之補代。人家有女無子,恐世代自此絶,不肯嫁出,招壻以補其世代爾。'此言絶有理。"③

我們認爲這兩條講的是同一回事,都是在爲"布袋"進行溯源。"世號贅婿爲布袋"分明是説:"布袋"早就是民間廣爲流傳的一個口語詞。這裏,我們暫且斷爲唐宋時期而不是更早。因爲漢語史

---

① 方心棟:《秦漢贅婿謫戍制度芻議》,《安徽教育學院學報》2005 年第 4 期。

② 陶宗儀:《説郛三種》,上海古籍出版社 1988 年版,第 1514 頁。

③ 朱翌:《猗覺寮雜記》,中華書局 1985 年版,第 37 頁。

上"囊"與"袋"是一對歷時性的同義詞,隋唐以前用"囊",以後才用"袋"。至於爲什麼叫"布袋",《潛居録》認爲本應是"布代",源於贅婿馮布故事。馮布何許人也? 名不見經傳,竟至影響全社會產生一個新詞"布代"? 明顯有牽強附會之嫌。《猗覺寮雜記》則交代了兩種解説。其一是作者理解的"如入布袋,氣不得出",這是形容贅婿在女家受委屈的生存狀態;其二是作者乘船入浙,談起"如何入舍壻謂之布袋"的問題,衆人皆不知,"忽一人"説是語訛,本應是"補代"而音變爲"布袋",作者遂擯弃己見,認爲"此言絶有理"。後人對這則記述從無評價,我們於此不妨補充一點看法:我們認爲"布袋"就是正源,把贅婿叫作"布袋"的道理,不必另繞彎子,從"布袋"一詞意義本身即可找到答案。它本應是起於最平常的比喻用法。前人早就把贅婿喻爲"疣贅"、"餘剩之物",這已經充分體現了"布袋"的含義特點:布袋之於人身,恰是一外在之累贅多餘之物——贅婿之於女家,猶如人身挂一布袋,適足爲女家之冗贅。這才應是稱贅婿爲"布袋"的真實理據。通過隱喻方式,使得"贅婿"和"布袋"兩個本來毫無關係的概念建立起内在聯繫,這也正是認知語言學所研究的主要認知模式。這種認知理據淵源一旦湮滅,後人爲之索解,因而有了"布代"、"補代"之説,其實這不過是曲解而已。上引《潛居録》還説"至今吴中謂倩爲布代","倩"是女婿的泛稱,已不限於贅婿了。現代吴方言"布袋"一詞,也突破了原來指贅婿的限制而泛指女婿,如江蘇丹陽一帶即是如此。①無論贅婿還是一般女婿,就血緣關係而言,皆是岳家之"外人"(其岳父稱"外父"),同號"布袋"都有道理。只是一般女婿不離本家,贅婿這條"布袋"則附着於岳家而已。這也證明了"補代"之説之迂曲:女婿可補代,補誰家之代? 本無子而得子,或者繼子和養

---

①　許寶華、宫田一郎:《漢語方言大詞典》,中華書局 1999 年版,第1140 頁。

子,不也相當於"補"上了"代"麼? 所以我們認爲還是應從"布袋"字面本身,通過隱喻認知途徑尋求理據爲是。稱贅婿的"布袋"一詞口語性雖强,但後世流布不廣,起碼文獻記載不多,到清人張南莊的吴方言小説《何典》卷四出現了一個"入舍布袋"這一帶有明顯拼合痕迹的稱謂詞:"若再肯做入舍布袋,豈不是千里有緣來相會?"①

我們説"布袋"表贅婿是本源,就内在理據而言,本應是取義於外在之"累贅"或"冗贅",附會成"補代"應是一種曲解。但正解也罷,曲解也罷,語言具有約定俗成性,對社會應用會産生不同程度的影響。《猗覺寮雜記》把贅婿"布袋"曲解爲"補代",但却歪打正着,正好揭示了贅婿可以爲岳家補續後代的功能特點和宗法社會需要傳宗接代的禮俗特性,從而得到後人承認,並被沿用爲贅婿的又一别稱。請看元雜劇的例子:

元武漢臣《散家財天賜老生兒》第三折:"【賺煞尾】我在這城中住六十年,做富漢三十載。無倒斷則是營生的計策,今日個眼睁睁都與了補代。那裏也是我的運拙時乖。"②

元張國賓《薛仁貴榮歸故里》第二折:"【梧葉兒】劉大公家菩薩女,招那莊王二做了補代,則俺這衆親眷插鐶釵。"③

"補代"的行用,體現了中國社會婚育的禮俗特性和傳宗接代的思想觀念。《禮記·昏義》:"昏禮者,將合二姓之好,上以事宗廟,而下以繼後世也。"④所以儒家以爲"不孝有三,無後爲大"。然中國傳統社會是父系社會,以男權爲中心,"事宗廟"、"繼後世"這類傳宗接代的大事,女子是不能擔當的。那麼有女無子之家,除了

① 張南莊:《何典》,工商出版社 1981 年版,第 79 頁。
② 《全元戲曲》,人民文學出版社 1990 年版,第 620 頁。
③ 同上,第 277 頁。
④ 阮元:《十三經注疏》,中華書局 1980 年版,第 1680 頁。

過繼收養外,爲女兒招贅就成了傳宗接代的重要途徑。否則,這戶人家就要滅絶了,按古代户籍制度叫做"户絶"或"絶户"。户絶之家,其財産依例應入官。所以贅婿除"補代"外,又可爲女家抱持財産,承繼和支撑門户(包括承應各種賦税、官差等)。故而元代法律文書中出現了一個贅婿别稱"抱財女婿",清代方志中出現了"承户婿",現代方言又有"頂門女婿"之稱。

　　元《通制條格》卷三:"至元十六年六月,中書省禮部呈:'彰德路楊阿田憑媒説合張招撫次男羊兒與女春兒作抱財女婿,下訖銀絹,未曾成婚,張羊兒將伊亡兄張大妻阿梁收繼了當。本部議得:張羊兒既將伊嫂收繼,若又與楊春兒作婿,即是有妻再娶,擬將元下銀絹回付,令楊春兒别行改嫁。'省准。"①

　　嘉靖四川《洪雅縣志》"其子婿,則成化以前多入贅,分財産謂之承户婿。"②

　　竹林《苦楝樹》十九:"好啊,現在反正新法子,你做嫂子的當家作主,給小姑找個頂門女婿進來,給他們準備一上一下樓房吧。"③

　　張萬一《彭青天》第四場:"彭總:孔家没有兒子,只有一個女兒,和郝根生同庚,孔家見郝根生忠厚、老實、勤謹,便招他爲頂門女婿,改姓了孔。"④

"補代"、"抱財"、"承户"、"頂門",都體現着某種社會客觀需求,蘊含着現實社會的禮俗特性。再説這也是後世法律得到許可

---

① 《通制條格校注》,中華書局2001年版,第150頁。
② 陳梧桐:《中國文化通史(明代卷)》,北京師範大學出版社2009年版,第655頁。
③ 竹林:《苦楝樹》,湖南人民出版社1985年版,第191頁。
④ 《張萬一劇文集》,山西人民出版社2007年版,第52頁。

的體現,倘若遵照前引戰國時期《魏户律》"贅婿後父,勿令爲户"條文,就不會允許贅婿補代抱財和頂門立户,也就不會出現這樣的稱謂詞語。這也是語言變化體現社會發展的表現。

三、"養老女婿"等所體現的以婿爲子、養老送終的禮俗特性

傳宗接代畢竟是後世之事,"養兒防老"却是現世的直接功用。照當今社會的法律,女兒同樣具有承繼遺産、贍養父母等權利義務。然如前所説,在古代却不然。《官場現形記》第三十回有段話説得好:"男大須婚,女大須嫁。人家養了姑娘,早晚總得出閣的,出閣就成了人家的人。"①費孝通《鄉土中國·家族》指出:"在父系原則下,女兒和結了婚的女婿都是外家人。"②至今民間有句俗語"閨女大了是人家的人"。所以在過去父系男權原則下,女兒被認爲是不能養老的。若想讓女兒養老,與傳宗接代一樣,那就唯有招贅一途。於是"養老女婿"作爲贅婿俗稱也就應運而生了。到了元代該稱謂普遍使用,幾乎成了贅婿的通稱。"養老女婿"在嚴格意義上講,必須奉行終身養老的職責,不能隨意別立門户,甚至該女婿身故之後,妻子也不能歸屬夫家或另行婚嫁,而是由岳家再行招贅,以將傳宗接代和養老送終職責貫徹到底。但廣義的"養老女婿"也包括規定一定養老時限的贅婿,年限一到,可以另立門户或歸宗(詳後"年限女婿"、"歸宗女婿"等)。

元代典章制度文書中經常使用"養老女婿"一稱,並對婚書、聘財、承差和離異等方面予以詳細規定。

《元典章·户部四》:"養老女婿,依例,聘財等減半,須要

---

① 李寶嘉:《官場現形記》,人民文學出版社 1957 年版,第 502 頁。
② 費孝通:《鄉土中國》,北京出版社 2005 年版,第 55 頁。

明立婚書成親,則女家下財,男家受禮。"①

《元典章·戶部三》:"元議,養老女婿,有丈人要訖財錢,或因事已將元妻休弃,即目另居,别行娶到妻室,無問籍内有無,收係當差。良人於他人驅户住作養老女婿,即目養老丈人丈母另居。"②

《元典章·户部四》:"民間召婿之家,或無子嗣,或兒男幼小,蓋因無人養濟,内有女家下財,召到養老女婿,圖藉氣力,及有男家爲無錢財,作舍居年限女婿。……非理、飲酒、游手好閑、打出調入、不紹家業、不伏丈母教令及有該寫在逃一百日或六十日不還本家,所立婚書便同休弃,任便改嫁。"③

《通制條格》卷三:"大德五年十一月,中書省。准陝西行省諮:'延安路趙胤告,年老無人養濟,將女穿針召到王安讓作養老女婿,身故,其房弟王安杰要行收嫂。'禮部議得:'凡人無後者,最爲大事。其趙胤初因無嗣,與女召婿養老,不幸婿死,賴有伊女可爲依倚。合從趙胤别行召婿,以全養老送終之道。'都省准擬。"④

由上可知,元代"養老女婿"一稱,可以作爲各種入贅婚中贅婿的統稱。符合條件的男子在履行了"女家下財,男家受禮"的禮儀後,即可入贅岳家爲養老女婿,一般要承差當户,與岳父母共屬一門。女婿若游手好閑,不伏教令,違法出逃等,岳家可解除婚書;"丈人要訖財錢,或因事已將元妻休弃"時,方可脱離岳家。

明清兩代延續元代"養老女婿"這種稱謂形式,並一直延續到

① 《元典章》,中國書店 1990 年版,第 278 頁。
② 《元典章》,中國書店 1990 年版,第 269 頁。
③ 《元典章》,中國書店 1990 年版,第 282—283 頁。
④ 《通制條格校注》,中華書局 2001 年版,第 115 頁。

當代社會。

　　明吳承恩《西遊記》第十八回："老拙不幸,不曾有子,止生三個女兒……那兩個從小兒配與本莊人家,止有小的個,要招個女婿,指望他與我同家過活,做個養老女婿,撐門抵戶,做活當差。"①

　　明無名氏《郭青螺六省聽訟錄新民公案》卷一："告狀人葉自芳,係九都二圖民,告爲欺孤吞噬事。芳父先年無嗣,嫡母生女玉蘭,招贅同都游吉爲養老女婿,家財悉付管理。"②

　　清李百川《綠野仙踪》第二十二回："招贅金不換做養老女婿。"③

　　清李光庭《鄉言解頤》卷三："謂無子招婿者曰養老女婿。"④

　　《人民日報》1998 年 7 月 14 日第 11 版《春風吹綠"古都河"》："古都河村過去是個出了名的窮苦地方。支書李富林打小就在那些光山禿嶺、深溝大壑裏生活,看着窮苦的山裏小夥,一批一批遠走他鄉,給人去當養老女婿。"

養老女婿既可爲岳父母養老送終,這就具有了女婿和兒子雙重角色,於是有了"半子半婿"、"兒婿兩當"等稱呼形式。如:

　　清方大湜《平平言·察情》："已隔數年之久,應詹忽以伊本贅與小強家爲半子半婿,小強賴婚將伊逐出等情具控。"⑤

　　《清代乾嘉道巴縣檔案選編》："緣蟻娶媚婦梁氏爲妻,梁氏隨帶一女二姑已許楊正邦爲婚。蟻將二姑撫成,乾隆二十

　　①　吳承恩:《西遊記》,齊魯書社 1992 年版,第 132 頁。
　　②　無名氏:《郭青螺六省聽訟錄新民公案》,天一出版社影印本,第56 頁。
　　③　李百川:《綠野仙踪》,人民文學出版社 1987 年版,第 203 頁。
　　④　李光庭:《鄉言解頤》,中華書局 1982 年版,第 32 頁。
　　⑤　張希清、王秀梅主編:《官典》,吉林人民出版 1998 年版,第 810 頁。

八年贅配正邦爲半子半婿,養蟻夫婦終老,現有約據。"①

　　京劇《金玉奴》第二場:"哎呀慢着! 我看莫稽,人有人才,文有文才;丫頭也老大不小的啦,剛才她話言話語的也有點意思,倒不如成全他們做個小兩口,把莫稽做個兒婿兩當,待我百年之後,也好抓把土把我埋了。……嗳,那就對了! 你想想要做個兒婿兩當,你也有了安身之處,我女兒也有了人家,我也有了兒子,三全其美,你看怎麽樣?"②

　　紹劇《龍虎門》第三十三場:"我年過豐百,膝下無後,某賢侄做個兒婿兩當,心意如何?"③

"養老"突出強調了贅婿的功能和職責,"半子半婿"和"兒婿兩當"則從字面上闡釋這種亦子亦婿的情形,這都是社會客觀需要和禮俗特性的體現。

四、"入舍婿"、"倒插門"等所體現的 從妻居禮俗特性

　　結婚意味着夫妻開始一起居住,共同生活。但入贅婚的婚姻生活方式是: 男到女家過活,即"從妻居"。這在唐宋時期叫"入舍"或"進舍"。爲了突出這種婚姻生活方式,人們造出了"入舍女婿"、"入舍婿"、"進舍贅婿"這類的稱謂。

　　《敦煌變文集·㘕㘕書》:"唱帝唱帝,没處安身,乃爲入舍女婿。"④

　　①　《清代乾嘉巴縣檔案選編》,四川大學出版社 1996 年版,第 374 頁。

　　②　《金玉奴》,北京寶文堂書店 1960 年版,第 14、16 頁。

　　③　中國戲劇家協會浙江分會紹興縣紹劇搜集小組:《浙江戲曲傳統劇目彙編·紹劇(四)》,1961 年,第 56 頁。

　　④　《敦煌變文集》,人民文學出版社 1957 年版,第 861 頁。

《宋會要・食貨・民産雜録》："若亡人在日親屬及入舍婿、義男、隨母男等自來同居營業佃蒔,至户絶人身亡及三年已上者,二分店宅、財物、莊田並給爲主。"①

《宋會要・食貨・民産雜録》："且如甲之妻有所出一女,別無兒男,甲妻既亡,甲再娶,後妻撫養甲之女長成,招進舍贅婿,後來甲患危爲無子遂將應有遺産遺囑與贅婿。甲既亡,甲妻却取甲之的(嫡)侄爲養子,致甲之贅婿執甲遺囑與手疏與所養子爭論甲之財産。"②

既稱"贅婿"便已經隱含了婚後進岳家生活的意思,所以"進舍贅婿"和前引《何典》"入舍布袋",頗有叠床架屋之嫌。但是"入舍""進舍"(即進入女家生活)正是對贅婿生活方式的重複强調,這也是招贅婚的一條突出的禮俗特徵。

宋代還有稱招婿爲"舍居"的説法。如宋范致明《岳陽風土記》："湖湘之民生男往往多作贅,生女反招婿舍居,然男子爲其婦家承門户,不憚勞苦,無復怨悔,俗之移人又若此者。"③於是贅婿又有了"舍居婿(壻)"之稱。

《宋會要・兵二・鄉兵》："乞義子孫、舍居壻、隨母子孫、接脚夫等,見爲保甲者,候分居日,比有分親屬給半。"④

宋范鎮《東齋記事》卷一："累月,家人商議,欲以爲四娘子舍居之婿。"⑤

宋李燾《續資治通鑑長編》卷四百九十四："兼臣在史院見蔡卞云有文字擊鄧綰,云事王安石,至薦其心病子雱、舍居

①　徐松輯:《宋會要輯稿》,中華書局1957年版,第5902頁。
②　同上,第5906頁。
③　范致明:《岳陽風土記》,臺灣成文出版社1976年版,第30頁。
④　徐松:《宋會要輯稿》,中華書局1957年版,第6784頁。
⑤　范鎮:《東齋記事》,中華書局1980年版,第1頁。

壻蔡卞。"①

也有人認爲"入舍婿"與"舍居婿"是有一定區別的。"入舍婿"指終身在女家,並改從女家姓氏,子女姓氏也隨女方;"舍居婿"則是不改姓,在岳父母家居住,待女方父母亡後携妻兒回原籍,留下一子繼立女方門户。②

入贅婚,男到女家居住,有悖於正常禮俗,頗有些"鳩占鵲巢"意味。因而金代有文獻記載,人們把贅婿比作"斑鳩"("斑"借作"班")。這正是形象地抓住"俗以鳩拙不善爲巢,常占他鳥之巢"的特徵。③ 同時,"斑鳩"在西南官話中也指男孩生殖器,④或許側面表達出"贅婿"延續後代的社會功能?

　　金無名氏《劉知遠諸宫調》第三:"團練常便,不圖豪貴,故招知遠作班鳩。"⑤

一般婚俗是女到男家生活,即女方"踏"入男家之門。入贅婚則是倒過來,男方"踏"入女家之門,這種婚姻形式在明清時期被稱爲"倒踏門",例如《金瓶梅》中李瓶兒與蔣竹山成婚,就是"把蔣竹山倒踏門招進來,成其夫婦"。⑥《西遊記》也用到了"倒踏門"(見下引例)。清李光庭《鄉言解頤》卷三:"謂入贅曰倒踏門。"⑦也許是諧音的緣故,"倒踏門"後來在民間演化爲"倒插門"。所以

---

① 李燾:《續資治通鑑長編》,中華書局 1990 年版,第 11917 頁。

② 邢鐵:《我國古代的諸子平均析產問題》,《中國史研究》1995 年第 4 期。

③ 吉常宏主編:《漢語稱謂大詞典》,河北教育出版社 2001 年版,第 23 頁。

④ 許寶華、宫田一郎:《漢語方言大詞典》,中華書局 1999 年版,第 5875 頁。

⑤ 《劉知遠諸宫調校注》,中華書局 1993 年版,第 107 頁。

⑥ 蘭陵笑笑生:《金瓶梅詞話》,人民文學出版社 1992 年版,第 140 頁。

⑦ 李光庭:《鄉言解頤》,中華書局 1982 年版,第 32 頁。

贅婿又有了"倒踏門女婿"、"倒插門女婿"及其簡稱"倒插門"這樣的變體。

明吳承恩《西遊記》第二三回:"[行者對八戒道]你要肯,便就教師父與那婦人做個親家,你就做個倒踏門的女婿。他家這等有財有寶,一定倒陪妝盒,整治個會親的筵席,我們也落些受用。"①

清文康《兒女英雄傳》第九回:"姑娘,這話這麼說罷,我們父母倆是千肯萬肯的咧,可是倒踏門兒的女婿,我們才敢應聲兒呢!"②

《人民日報》1987年10月10日第8版《承受重負的民族脊骨——評影片〈老井〉》:"可是,出於對亡父的孝,對現實生活經濟條件的正視,旺泉難以選擇自由的婚姻。按照傳統的習慣,他只能去做喜鳳的倒插門女婿。……喜鳳勤勞賢慧,只想得到個能支撐門户、傳宗接代的丈夫。"

《人民日報》1991年11月22日第三版《臨漳西羊羔鄉鼓勵男到女家落户》:"在河北省臨漳縣西羊羔鄉最近召開的一次表彰會上,鄉黨委負責人給6名'倒插門女婿'的胸前挂花,以表彰他們打破世俗觀念,高高興興來到妻子家落户。……如有歧視、刁難、打擊'倒插門女婿'的,要按鄉規民約加重處罰。鄉黨委給'倒插門女婿'的優惠政策,使村民體會到生兒生女都一樣。"

孫方友《雙刀劉二》:"'你現在想混人,年老不勝人!我問你,三個閨女一出閣,你我年邁無力,靠誰?我劉家絕技誰來接?''咱不會給女兒尋個倒插門?'"③

---

①　吳承恩:《西遊記》,齊魯書社1992年版,第169頁。

②　文康:《兒女英雄傳》,齊魯書社1995年版,第90頁。

③　孫方友:《小鎮人物·名伶》,河南文藝出版社2009年版,第122頁。

"倒踏門"也好，"倒插門"也罷，均强調了與正常婚姻形式相違背的一個"倒"字，詞義顯豁，色彩鮮明。所以民間使用此類稱謂，表示着人們對贅婚的社會認可程度並不高，且帶有明顯的輕賤、貶斥意味。如上面例中所説，現實中出於種種動機對倒插門女婿"歧視、刁難、打擊"者時或有之。

相比之下，"上門女婿"在感情色彩上就顯得中性一些，起碼在字面上較之"倒踏(插)門"之類顯得婉轉含蓄一些了。

民國・曹绣君《古今情海・情中貞・平生喜説李氏斷臂事》："又有人想招重珍爲上門女婿，而且田地房屋都有，顧氏仍拒絶道：'我這孩子所以能够長大，是他父親的力量，怎麽能讓他離開呢！'重珍四十歲時，舉進士，得了第一名，遂把母親顧氏接到京城贍養。"①

《人民日報》1983 年 3 月 12 日第 5 版《不應歧視上門女婿》："我從小死了父親，由母親撫養成人。由於母親年邁，我不忍離去，故招贅南通市碳素廠醫生陳學高上門。……我向有關領導反映過多次，大隊、公社、工廠也進行了教育和處理，但至今仍有閑言閑語。難道上門女婿就低人一等，該受人欺負嗎？"

《人民日報》1988 年 10 月 6 日第 4 版《平邑縣上門女婿自强有爲》："過去，由於封建傳統觀念影響，上門入贅的所謂'倒插門'女婿一直受歧視。近幾年，隨着社會主義精神文明建設的深入開展和商品經濟的發展，農村中願意倒插門的男青年越來越多。這些上門女婿大都是回鄉知青、共青團員，事業心强，思想開放，勇於競争。在當地政府、科協、民政、銀行、稅務、司法等有關部門的扶持幫助下，很快走上了富裕道路，涌現了一批'田把式'、'瓜狀元'、'樹秀才'、'水司令'。全

①　曹绣君：《古今情海》，吉林文史出版社 1994 年版，第 76 頁。

縣已有490名上門女婿成爲科技帶頭户和萬元户。"

"上門"和前面的"入舍"一樣,雖較"倒踏(插)門"委婉些,但仍意味着女婿婚後到岳家生活。《人民日報》之所以發表《不應歧視上門女婿》的文章(1983年3月12日第5版),説明"歧視"現象是存在的。從語言文化層面分析,這些稱謂詞的詞素"門"與"舍"除其内涵意義外,還强調其民俗意義,顯示了傳統禮俗宗族和門第觀念。"門"、"舍"即代表了家族、宗法的集團,門第觀念在中國傳統文化中根深蒂固,贅婿作爲外人,要通過贅婚的形式進入這個家族,即進入女方之"門"、"舍",方能獲得相應的權利義務。由此,"入舍"、"上門"、"倒插"這類限定性詞素,在凸顯贅婚生活方式的同時,也表明了招贅婚不同於主流婚俗的禮俗特性,顯示了人們的社會認識和價值觀念。

五、"年限女婿"等所體現的贅婚形式 權變靈活的禮俗特性

入贅婚的標誌特徵就是夫到妻家生活。但就其歷史發展來看,贅婿是否在妻家終其一生或世代傳承下去? 這却是不一定的。也就是説,贅婿的入贅時限、生活方式等,也並不是千篇一律和一成不變的。如同元徐元瑞《吏學指南·親姻》中所指出:"贅婿:……今有四等焉:一曰養老,謂終於妻家聚活者;二曰年限,謂約以年限,與婦歸宗者;三曰出舍,謂與妻家析居者;四曰歸宗,謂年限已滿或妻亡,並離異歸宗者。"①

女方招贅,就養老送終目的來説,當然希望最好是終身的;就傳宗接代延續祖宗香火來説,當然也希望是子子孫孫世代不變的。但男方却並不都心甘情願於此,甚至與此相反。中國宗法制男權

---

① 徐元瑞:《吏學指南》,浙江古籍出版社1988年版,第91頁。

社會的禮俗特性,決定着入贅婚只能是主流婚俗的一種悖逆:對男方來説,是出於某種原因之下的"無奈",所以他們入贅前會在盡可能的情況下争取約定一定時限,以圖日後出舍或歸宗。這就形成了"年限女婿"、"出舍女婿"和"歸宗女婿"等一系列帶有區別性的贅婿稱謂。相對於終身在妻家過活的情況而言,這可視爲入贅婚的一種權變靈活狀態。

"年限女婿"是女婿按照事先約定的期限到女家服役,期滿即可獲得自由。這種情況皆因男方家貧,無力籌措足額聘財,只好以定期勞作以抵充;男子到女家亦不必改從女姓,更不必爲岳父母盡養老送終、頂門立户和傳宗接代的職責。女方則多係有子尚幼,就長遠而言不存在養老和承嗣之憂,只是暫時缺乏勞動力而已。所以此種情形的招贅就以從事勞作和承差應役爲主要目的。這就有些向上古"贅婿"以身爲質的意義回歸,帶有一種人質女婿或勞役女婿的性質。

《元典章·户部四》:"年限女婿,依照聘財等第,驗數以三分不過二,女家受財,期以幾年爲滿日,方聽出離。"①

《元典章·户部三》:"年限女婿。歸宗與父兄同家,主坐應當差役之人別無定奪。年限已滿,不行歸宗,今次另供到手狀户數仰收係當差。年限未滿,即目另居取到手狀之人,仰合屬官司籍記作户收係候年限滿日依例科差。"②

"出舍女婿"强調贅婿將來有出舍另立門户的權利,區別於終身在岳家的養老女婿。相對於前面出現的"入舍"而言,"出舍"指與岳父母分家析居,另立門户(但有的仍然爲岳父母盡贍養義務)。但何時可以"出舍",婚書上都有一定的年限規定,所以"出舍女婿"是與"年限女婿"緊密相連的,故又有"出舍年限女婿"之説。如:

───────────

① 《元典章》,中國書店 1990 年版,第 278 頁。
② 《元典章》,中國書店 1990 年版,第 270 頁。

《通制條格》卷四："至元八年七月,尚書省戶部呈:'照得民間招召養老、出舍女婿,財錢爲無定例,往往多餘索要,耽誤引訟。本部議得,聘財等第。'都省准擬於後:'一、招召養老女婿,照依已定嫁娶聘財等第減半,須要明立媒妁婚書成親。一、招召出舍年限女婿,各從所議,明立媒妁婚書,或男或女,出備財錢,約量年限,照依已定嫁娶聘財等第,叁三分中不過貳二分。'"①

"歸宗女婿"的字面意義就是由女家返歸本家的贅婿。歸宗的原因不一,包括上述年限期滿的贅婿,也包括妻亡或離異而歸本家的贅婿。文獻中並未出現"歸宗女婿"這一稱謂語,但在現實社會中却是客觀存在的一類。上引元徐元瑞《吏學指南·親姻》把贅婿分爲四類,最後一類便是:"四曰歸宗,謂年限已滿或妻亡,並離異歸宗者。"爲强調爲岳父母終身養老和永不歸宗,《金瓶梅》第七十六回還造出了個"養老不歸宗女婿"。②

六、"養婿"所反映的童女
招贅婚俗形式

招贅婚的正常形式是爲已至婚齡的女兒招婚。但有種情況:女兒未成年就爲其招贅一個男孩養在家中,以待適齡再成婚。這頗與人們所熟悉的"童養媳"制度類似:在正式結婚前已經開始接受婚姻對方的經濟幫助,從小就作爲對方家庭成員被養育長大。因此,這種特殊形式的贅婿叫做"童養婿",簡稱"養婿"。出現童養婿的原因,同樣是女方無子而男方經濟貧困,有可能兩家還有些世交舊誼之類。如:

---

① 《通制條格校注》,中華書局 2001 年版,第 176 頁。
② 蘭陵笑笑生:《金瓶梅詞話》,人民文學出版社 1992 年版,第 773 頁。

　　明馮夢龍《警世通言》第二十五卷:"次日,支翁差家人持金錢幣帛之禮,同媒人往聘施氏子爲養婿。……施還擇日過門,拜岳父岳母,就留在館中讀書,延明師以教之。"①

　　明都穆《都公譚纂》卷上:"宗吉少時,爲富氏養婿。"②

　　清李漁《合錦回文傳》第二卷:"竇氏探知其意,便與梁孝廉商議道:'賴家外甥,我收他爲假子,不如贅他爲養婿。現今瑩波姻事未就,何不便把來配與他?'"③

　　《中華民國十八年十月九日 江蘇吴縣地方法院民事判决十九年地字第一四四號》:"原告劉小三子係原告劉景元之女,於民國十八年二月間憑媒介紹被告(嚴貴龍)爲童養婿,詎自入門後不務正業,甘習下流,竟敢在家行竊非止一次。"④

　　《陝甘寧邊區婚姻暫行條例第二次修正案》(民國三十一年十二月)第一條:"男女婚姻以自願爲原則。禁止包辦、强迫及買賣婚姻。禁止童養媳、童養婿及站年漢。"⑤

　　上引例證中帶出了"站年漢"一詞,什麽意思?"站年漢"實際上也是一種特殊形式的養婿,流行於解放前的陝北等地。其特殊就在於以招婿爲名招一個無償勞動的成年雇工,待幹滿一定年限方可令其成婚。此等人家多係中農之類中等户,若是地主等大户人家,雇工不差錢,也就不必如此了。1940年王若望在《七月》雜志發表短篇小説《站年漢》,其題注云:"'站年漢'是陝北一帶存在着的一種封建性的雇工制度。有些雇工因爲娶不起媳婦,受雇在雇主家(大多是中農),做十年或十二年後,雇主把女兒配給雇工

---

① 馮夢龍:《警世通言》,萬卷出版公司2008年版,第213頁。
② 都穆:《都公譚纂》,中華書局1985年版,第24頁。
③ 《李漁全集》,浙江古籍出版社1991年版,第314頁。
④ 謝森等編:《民刑事裁判大全》,北京大學出版社2007年版,第47—48頁。
⑤ 《陝甘寧邊區法律法規彙編》,三秦出版社2011年版,第223頁。

或替他娶個媳婦。陝北叫做'站年漢'。"可見"站年漢"也是抵押式勞役婚的殘留,同時帶有"年限女婿"的性質。陝西籍老作家延澤民(1921—1999)也有作品涉及站年漢:

　　　　王若望《站年漢》"高長發家有二十多坰地,就只有一個獨子是做活的,自己又老朽了。化錢雇個長年實在雇不起,找個站年漢,不化一個錢,一做就做上個十年八年,只是貼配一個女兒。"①

　　　　延澤民《強人吃強虧》:"站年漢是這裏特有的娶媳婦的鄉規,有兒子的没錢給兒子訂親,便讓兒子到有女兒無兒子的人家裏去勞動。勞動幾年有父母雙方商定,就像定'合同'一樣。……年限一到,就可以把那家的女子娶過來,這不叫'招女婿'或'當女婿',而叫'站年漢'。"②

一般情況下"養婿"多爲幼兒,自幼年即養在女方家中,既培養了女婿對岳父母和妻子的感情,又兼有義子之實,爲最後承擔養老重任做好準備。可見"養婿"與普通贅婿不同處,在於代表了一種童年招贅婚俗。"站年漢"又特殊在於,女子未成年,而男子須是成年人,不然就無法從事繁重勞動。"童養婿"和"站年漢"現象在解放前的舊中國依然存在,解放區法律曾明令禁止。新中國法律嚴禁未成年婚姻,"童養婿"、"站年漢"連同"童養媳"制度一道,被作爲陋俗徹底廢除了。

七、"接脚婿"等所體現的
寡婦招贅特殊婚俗

招贅的另一種特殊情況是寡婦招夫。寡婦喪夫後,出於種種

---

① 《七月》1940 年第 6 集第 12 期,第 47 頁。
② 《延澤民文集》第五卷,黑龍江人民出版社 1999 年版,第 108 頁。

原因不能改嫁却又需要婚配,這就出現了招贅的情形。寡婦招贅婚,也是在戰國即已出現,出土秦簡"後父",實指寡婦招贅之夫。

《睡虎地秦墓竹簡·爲吏之道》附《魏户律》:"(假)門逆呂(旅),贅婿後父,勿令爲户,勿鼠(予)田宇"。①

《睡虎地秦墓竹簡·爲吏之道》附《魏奔命律》:"(假)門逆呂(旅),贅婿後父……今遣從軍,將軍勿㤪視"。②

古代"父"可作男子通稱(用同"甫"),如"田父"、"耕父"、"樵父"、"漁父"等,所以這裏的"後父"實際應是"後夫"。寡婦再婚之夫皆是後夫,但招贅之後夫也就成了實際上的贅婿了。故魏律將"後父"與"贅婿"並列,予以懲治。後世遇有此類情況,爲避免歧義,就直接寫作"後夫"了。如:

《宋會要·食貨》:"婦人夫在日,已與兄弟伯叔分居,各立户籍。之後夫亡,本夫無親的子孫及有分骨肉,只有妻在者,召到後夫,同共供輸。其前夫莊田,且任本妻爲主,不得改立後夫户名,候妻亡,其莊田作户絶施行。"③

《名公書判清明集》卷十二:"陳念三,後夫也,法不當干預前夫物業,而教之訟,其罪二。"④

《嘉隆新例·刑例》:"其民間寡婦不能守志者,聽其改嫁。敢有假以子女幼小及翁姑年老無人侍養招贅後夫,事發,比依和奸者律問罪,離異。情重者,從重科斷。"⑤

到宋代又專門爲寡婦招夫取了一個形象的説法叫"接脚"。"接脚"本是此前就有的舊詞,字面意義本應指脚步相接,脚跟脚

---

① 《睡虎地秦墓竹簡》,文物出版社1978年版,第292—293頁。
② 同上,第294頁。
③ 徐松輯:《宋會要輯稿》,中華書局1957年版,第5902頁。
④ 《名公書判清明集》,中華書局1987年版,第479—480頁。
⑤ 《中國珍稀法律典籍集成》,科學出版社1994年版,第70頁。

的狀態。遵循隱喻認知擴散的規律,到唐代形成一項比喻意義,指冒死人之名應選出仕。如《舊唐書·韋陟傳》:"常病選人冒名接脚……正調者被擠,偽集者冒進。"①到宋代,又擴散到婚姻方面,特指寡婦招贅。如宋洪邁《夷堅志補·都昌吳孝婦》:"都昌婦吳氏,爲王乙妻,無子寡居,而事姑盡孝。姑老且病目,憐吳孤貧,欲爲招婿接脚,因以爲義兒。吳泣告曰:'女不事二夫,新婦自能供奉,勿爲此説。'"②宋張齊賢《洛陽縉紳舊聞記·焦生見亡妻》:"有同里民姓劉,家亦豐實。姓劉者忽暴亡,有二女一男。長者才十余歲,劉之妻以租稅且重,全無所依。夫既葬,村人不知禮教,欲納一人爲夫,俚語謂之'接脚'。…… 焦久貧悴,一旦得劉之活業,幾爲富家翁,自以爲平生之大遇也。"③招夫接脚的原因不一,如上引二例,頭一例是"事姑盡孝"而其姑"欲爲招婿接脚";後一例劉氏妻家道豐實,子女年幼,"全無所依",村人爲之"納一人爲夫"。而那位焦生被招爲夫後,因得劉氏家產"幾爲富家翁"。可見坐產招夫"接脚"也是寡婦招贅的一種主要情形。

"接脚"一語,形象地表現出後夫與前夫的承繼關係。而寡婦所招贅的夫婿也就有了"接脚夫"、"接脚婿"之稱,例如:

宋周密《癸辛雜識別集》上:"林喬泉州人,……既而元杰家爲伐柯一村豪家,爲接脚婿。"④

宋李燾《續資治通鑒長編》卷三百三十二:"提舉河北保甲司言:'乞義子孫、舍居壻、隨母子孫、接脚夫等,見爲保甲者,候分居日,比有分親屬給半。'詔著爲令。"⑤

---

① 《舊唐書》,中華書局1957年版,第2959頁。

② 洪邁:《夷堅志》,中華書局1981年版,第1554—1555頁。

③ 張齊賢:《洛陽縉紳舊聞記》,清刊本,第124頁。

④ 周密:《癸辛雜識》,中華書局1988年版,第229頁。

⑤ 李燾:《續資治通鑒長編》,中華書局1990年版,第8009頁。

宋袁采《袁氏世範》卷一：“收養義子當絕争端：娶妻而有前夫之子，接脚夫而有前妻之子，欲撫養不欲撫養，尤不可不早定，以息他日之争。”①

《名公書判清明集》卷八：“按户令，寡婦無子孫並同居無有分親，召接脚夫者，前夫田宅經官籍記訖，權給，計直不得過五千貫，其婦人願歸後夫家及身死者，方依户絶法。”②

元徐元瑞《吏學指南·親姻》：“接脚夫：謂以異姓繼寡婦者。”③

“後夫”或“接脚夫”，都是對着寡婦本人説的，是寡婦招贅的丈夫。若是對着寡婦之公婆（即前夫父母）來説呢？那無疑等於接續了一個養老兒子。清代小説《緑野仙踪》就有“養老兒子”一稱：

清李百川《緑野仙踪》第二一回：“他是城内方裁縫的女兒，嫁與這對門許寡婦的兒子，叫做許連升。連升在本城緞局中做生意，今年二月，在江南過揚子江，船覆身死。許寡婦六十餘歲，止有此子，無人奉養，定要招贅個養老兒子配他，還要二百兩身價。”④

清李百川《緑野仙踪》第二二回：“老婦人聽得兒子死了，便覺終身無靠，從五月間就托親戚鄰里，替我尋訪個養老兒子做女婿。這幾月來，總没個相當的人，偏偏二十天前，就來了個金不换，煩張、尹二人做媒，與了二百兩身價，各立合同。這原是老婦人作主，與金不换等何干？”⑤

---

① 袁采：《袁氏世範》，中華書局 1985 年版，第 17 頁。
② 《名公書判清明集》，中華書局 1987 年版，第 273 頁。
③ 徐元瑞：《吏學指南》，浙江古籍出版社 1988 年版，第 91 頁。
④ 李百川：《緑野仙踪》，人民文學出版社 1987 年版，第 196 頁。
⑤ 同上，第 203 頁。

例中六十多歲的許寡婦死了兒子,自己無人奉養,便欲爲寡媳招婿,也就是爲自己再招一個兒子。這裏的"養老兒子"就是對着婆婆説的,因爲寡婦之接脚夫同樣要對前夫父母(即寡婦之公婆)擔負養老職責,盡"兒子"般的義務。

同樣道理,"接脚夫(婿)"是對着寡婦本人説的,若是對着寡婦之公婆(即前夫父母)來説,那就成了"接脚子"。甘肅崇信方言就有這樣的叫法。

> 梁山巍《崇信喪俗》:"兒子先喪,媳婦招贅別姓之夫,謂之'接脚子'。繼妻帶來前夫之子,謂之'馱歸子'。"①

寡婦坐門招夫也是中國傳統禮俗諸種觀念的體現,社會職能對於此種"後夫"、"接脚夫"或"養老兒子"的要求,與其他贅婿基本一致,無非是養老撫孤、當門立户、承守財産,等等。但由於寡婦招贅的特殊性,財産歸屬問題尤顯突出。宋代規定,招贅之後夫對妻子前夫遺下的家産只有使用權而無所有權。如前引宋代《名公判案清明集體》云:後夫依法"不當干預前夫物業",前引《宋會要》規定:"前夫莊田,且任本妻爲主,不得改立後夫户名,候妻亡,其莊田作户絶施行。"也就是説即使妻子死了,財産作"户絶"處理,也不能歸在後夫名下。但這樣規定自有其道理所在,惟如此,方可使純爲圖謀富婆財産而入贅之不良之徒無機可乘。所以儘管寡婦招贅民間多見,但舊時法律並不鼓勵。如前引明朝《嘉隆新例》規定:寡婦若不欲守志應"聽其改嫁",若捏造種種藉口逼其招贅則"從重科斷"。《大清律例彙輯便覽》卷十:"坐産招夫,聽從民便。若私昵圖謀、有傷風化者,應申禁鄰族禀逐。"②由此可見,寡婦招贅之接脚夫,其地位比普通的贅婿更加低下,毫無法律保障。

---

① 《崇信文史》第 3 輯,平凉報社 1993 年版,第 80 頁。
② 《大清律例彙輯便覽》,清刊本,第 134 頁。

結　語

　　綜上所述,招贅婚的背後隱有種種動因,舉其要者有三。第
一,經濟條件是一條很重要的原因。"贅婿"最初的造詞理據所顯
示的抵押勞役式婚姻就是基於經濟原因:男方虧欠他人債務或無
力出具聘財,"家貧子壯則出贅"。宋元時期的"年限女婿",先約
定在岳家勞動生活時限,到期後即成爲"出舍女婿"或"歸宗女
婿",以及現代西北地區的"站年漢",其中很大成分帶有抵押勞役
性質。女方出於財産維護和繼承目的而招贅,如"抱財女婿"及寡
婦所招"接脚夫"之類,自然也是經濟動因。直到近現代,舊式招
贅婚約上男子要寫明"小子無能,隨妻改姓"——無能者,無娶妻
養家諸經濟能力之謂也。第二,"無後爲大"觀念下的傳宗接代思
想是招贅婚的另一重要動因,因而把贅婿叫做"補代"、"承户婿"、
"頂門女婿"等。第三,養老送終是招贅婚的又一重要動因。自古
至今,老人贍養問題都是一個重要的社會問題。去除女大當嫁和
男尊女卑的社會理念不論,男性和女性在生理、體力等方面存在差
别是個不爭的事實,尤其在以體力勞動爲主要生活來源的傳統農
業社會,養老送終、頂門立户這樣的重擔,理所當然地落在男子身
上。所以元明清以來,"養老女婿"一直是個非常通行的稱謂,"養
老兒子"、"半子半婿"、"兒婿兩當"等稱謂也伴隨而生。

　　作爲主流婚俗的對照和補充,招贅婚及其形成的"贅婿"類稱
謂詞語,連綿數千年而不斷,封建王朝還在法典中予以記載和判
析。這説明招贅婚俗雖與中國傳統禮俗相背離,但本着存在即合
理的原則,已經在民俗生活中爲人們所接受,並最終納入法律視
野。進入現代文明和法制社會,實行婚姻自由和男女平等,尤其計
劃生育成爲基本國策以來,只生女孩的家庭越來越多,婚後男到女
家生活,更是成爲不可避免的婚俗事象。《中華人民共和國婚姻

法》第九條規定:"登記結婚後,根據男女雙方約定,女方可以成爲男方家庭的成員,男方可以成爲女方家庭的成員。"這説明"上門女婿"已成爲受法律保護的對象。隨着社會主義精神文明建設的開展,男到女家落户不僅得到法律保障,不再受到歧視,而且成爲講文明樹新風的範例,婚姻與婚後居住生活方式的自由自主,得到真正落實,延綿數千年之贅婚舊俗,在建設和諧社會的今天,又翻開了新的一頁。

（與果娜合作,原載《民俗研究》2011 年第 4 期。）

山東陽穀尊稱"二哥"諱稱"大哥"的民俗學詮釋
——兼論山東、河北、天津等地的"二哥"尊稱舊俗

常言道"入鄉問俗"。各地有各地的鄉風民俗,體現在語言上,就會形成各具地方特色的民俗語言或曰民間語言。鍾敬文先生主編的《民俗學概論》第十一章專論民間語言,謂"民間語言是一種民俗現象",是"民衆習俗的一部分、民間文化的一種","民間語言不僅自身就是一種民俗,而且它還記載和傳承着其他民俗事象"。① 並且該書將稱謂語作爲常用型的民間語言對待。近幾年隨着旅遊文化的升溫,各地相繼出現了民俗文化熱,例如山東人尊稱"二哥"諱稱"大哥"的民俗語言現象,就不斷被媒體和書籍炒作。其實這種民俗語言現象的根源是在敝鄉陽穀縣,或者説是盛行於陽穀。那麼該稱謂是怎樣形成的? 在山東又有怎樣的地域擴散? 全國其他地方有無尊稱"二哥"諱稱"大哥"的社交民俗語言? 其深層原因又是什麼? 既爲民俗語言,則只能向民俗文化層面尋求答案。

---

① 鍾敬文主編:《民俗學概論》,上海文藝出版社 1998 年版,第 302、304 頁。

一、陽穀尊稱"二哥"諱稱"大哥"習俗
及其民俗文化内涵

　　陽穀有一種傳統民間習俗,即出門在外,遇到年齡相當的陌生男子,要尊稱爲"二哥",而不許稱"大哥"。比如在集市趕集,人來車往,熙熙攘攘,請求讓道的,問事問路的,人群中便不時傳來這種帶有尊敬、客氣和祈求語氣的"二哥"稱呼。推車兒的,挑擔兒的,要想請人給自己讓路,只須一句話:"借光啦二哥!"如果挑副油挑子,就更簡單了:"碰身油啦二哥!"———這時別人不讓也得讓,誰願碰身油呢? 如果是問事或者問路,那得先喊聲"借光啦二哥",然後再詢問,例如:"借光啦二哥,木料市兒往哪走?"一聲"二哥",顯得客氣而親熱,別人聽着舒坦,自己的交際目的也達到了。相反,如果稱人家"大哥",不僅交際目的達不到,恐怕還會遭來白眼。大家看,這不是一種很有趣的方俗語言現象嗎? 但是,陽穀人在一個家庭之内,老大、老二……兄弟排行好幾個,親屬稱謂方面却是"大哥"、"二哥"、"三哥"等俱全,仍是以"大哥"爲尊,而不必避諱。可見出門在外稱人家"二哥",已與家庭中的兄弟排行無關。該"二哥"既已走出家庭,進入社會,它就變成了社會稱謂。再進一步限定一下,它應該屬於"社交敬稱"之列,專用於陌生男子間交際時的禮貌敬稱。由於這種社會稱謂尚帶有親屬稱謂的影子,語言學上又稱其爲"擬親屬稱謂"或"類親屬稱謂"。

　　陽穀這種尊稱"二哥"諱稱"大哥"的社交民俗語言現象雖相沿已久,但誰也不知起於何時;至於爲什麼稱"二哥"不稱"大哥",陽穀人自己也説不清道不明。我小時候對這種有悖常理的現象感到奇怪,遍詢老人:爲什麼到外面非得叫人家"二哥",而不能叫"大哥"呢? 初時老人們不告訴我,只神秘兮兮地説:"'大哥'是孬話",或者確切點説:"'大哥'是罵人的話。"問急了則説:"大哥是

王八!"再問:"二哥呢?"答曰:"二哥是兔子。"這種解釋真是叫人丈二金剛摸不着頭腦,不說還好點,越說越糊塗。王八、兔子都是動物,王八固然遭人厭惡,但並沒有任何的民俗傳說能夠説明兔子的高尚和受人尊敬啊? 所以,"大哥是王八"似乎還能與諱稱"大哥"貼點譜;但"二哥是兔子"的説法,與"二哥"之成爲社會尊稱,顯然是風馬牛不相及了。

　　民俗語言必定有其得以形成的民俗語源,只是時間一久,其語源和真相被埋没了而已。語言是一種社會現象,它除了遵循自身的發展規律外,還要受社會的政治經濟、文化習俗以及人們的觀念認識等各方面的影響。因此陽穀人尊稱"二哥"諱稱"大哥"這種現象,不行於家庭内部而行於社會外界,一定是社會文化方面的外在原因所致。思來想去,能夠影響陽穀民風民俗的文化,最明顯的莫過於以景陽岡打虎英雄事迹聞名天下的好漢武松的故事了。武松故事自誕生以來,不斷被人們加工演義、敷展鋪張,通過小説、戲曲、曲藝等各種民間文學藝術形式而得以廣泛流傳。武松故事以及由其演義而來的諸種民間文學藝術形式,我們可以稱之爲"武松文化"。而"二哥"尊稱的出現,就與武松文化有很大關係:

　　　　而最值得一提的則要推好漢武松武二哥了。相貌堂堂、勇猛英武、剛強俠義的武二哥的形象,在老百姓的心目中深深扎下了根。而大哥——武大郎,外號"三寸丁穀樹皮"者,那副猥瑣的形相,那種懦弱的性格,實在爲人所不齒。所以人們漸漸以"二哥"爲日常交往中的尊稱,而不再稱"大哥",稱"大哥"那簡直等於是駡人。可見"二哥"之稱非出偶然。①

　　而這一見解,其實早在八十年前就有人談到了。民初有位名士叫尤半狂,是著名的"鴛鴦蝴蝶派"作家,他在 1926 年《紅玫瑰》

_____

① 劍藝、福爲:《陌生人交際的禮貌稱謂》,《語文建設》1996 年第 6 期,第 22—23 頁。

第 6 卷第 26 期上發表了一篇隨筆,題爲《俗語瑑談》,開宗明義即言:

> 前在皖北,有魯人某君,在省候補,人極慧直,友人則背呼之曰傻瓜。納妾甚豔,友朋每以爲諧謔資料。我人見之,喜作笑臉,長揖而尊之曰大哥,某必艴然謂:"誰和你胡鬧?"旁觀者不解,輒謂:"某君太不講理,人家這樣客氣,你却以爲胡鬧。"不知"大哥"二字,適得魯人忌諱,在笑謔時稱之,不啻詈爲"忘八"。蓋魯人有俚語,謂:"大哥是忘八,老二是好漢。"爲中下等人所流傳,此語由來已久,或謂即由於"水滸"之武大武二。故魯人見人以戲謔態度,呼之爲老大哥,必勃然云。①

該文以具體生動的事例證明尊稱"大哥"乃"魯人忌諱",如同罵人曰"忘八"("忘八"爲"王八"之舊寫),並且引出了"大哥是忘八,老二是好漢"一句山東俚語。同時又謂此種習俗"由來已久",並推測"或即由於'水滸'之武大武二"。只是作者不知這位"某君"具體爲山東何處,只得籠統謂之"魯人",説不定正是陽穀、聊城一帶人呢?不管怎樣,有了這樣確鑿的書面文獻證據,我們可以下一個更加確切些的結論了:陽穀"二哥"系導源於"武松文化"!

二、陽穀"二哥"尊稱的形成年代及 "武松文化"的歷史淵源

我們既已認定陽穀尊稱"二哥"諱稱"大哥"的習俗導源於"武松文化",據此便可對它的形成年代加以推斷了。大體言之,約爲明朝中後期。因爲"武松文化"來源於"水滸文化",所以"二哥"尊稱的形成必定是在水滸故事廣泛流傳之後。衆所周知,水滸故事

---

① 袁進主編:《閑者的盛宴》,東方出版中心 1997 年版,第 144 頁。

雖然發生在宋朝,但正史中只有極零星的一點記載,而主要是通過民間文藝形式加工創造才得以廣泛流傳的。宋元時期已經出現了有關水滸故事的話本和雜劇,明初施耐庵、羅貫中對先前的水滸故事進行了集大成性質的加工擴充和再創作,完成了不朽的鴻篇巨制《水滸傳》,從而使得"水滸文化"得到了廣泛傳播。《水滸傳》中有關武松的故事共有十回,俗稱"武十回",在書中可算重頭戲,成爲武松文化的重要藍本。

明中葉,又有一位大戲劇家沈璟(1553—1610),把武松的故事專門演繹爲一部傳奇,名叫《義俠記》。在原水滸故事中,武松就已成爲一位響噹噹的英雄好漢了,沈璟的《義俠記》更使武松"義俠"的稱號名播天下。因爲中國人歷來崇尚"義"字,某類人物如果被冠以"義"字,那無疑是至高的褒獎。正如宋洪邁《容齋隨筆·人物以義爲名》所説:"至行過人曰義,義士、義俠、義姑、義夫、義婦之類是也。"武松被塑造成爲一位集"義""俠"爲一體的英雄好漢,自然成爲日常生活中倍受人們尊崇的偶像。另值得一提的是,明中葉又出現了另一部長篇小説《金瓶梅》,系由《水滸傳》中"武松殺嫂"一段演化而來,無疑又擴大了武松故事的影響。

清代乾嘉以來,京劇大盛,漸獲國劇之名。京劇演義武松故事的劇碼,僅陶君起《京劇劇碼初探》所載就有《武松打虎》(一名《景陽岡》)、《武松殺嫂》(一名《挑簾裁衣》)、《獅子樓》、《武松打店》(一名《十字坡》)、《安平寨》、《快活林》、《鴛鴦樓》、《蜈蚣嶺》等多部。該書還提到,著名武生蓋叫天將全本武松故事合演,名爲《武松》或《武十回》。其他演藝《武十回》的戲曲曲藝形式更是種類繁多,不勝枚舉。而在山東不能不提到山東快書這種曲藝形式。山東快書確切淵源已不可考,有傳説早在明萬曆年間,山東臨清落魄武舉劉茂基趕集趕會,就已敲着瓦片演唱武松故事。一般較爲確切的説法,清道光十九年(1839)傅漢章在曲阜林門會演唱武松故事大獲成功,迄今已有一百七十餘年了。此種曲藝形式本無確定名稱,歷史上因多演唱武松故事而稱"武老二",快書藝人則稱"唱武老二的"、"唱大個子的"。總之,《武松傳》一直是山東快書的看家作品。

這一切表明,"武松文化"自明朝中後期以來就得到了廣泛傳播,從而使得剛強俠義的好漢武松以及武大郎、潘金蓮、西門慶等,成爲家喻户曉、婦孺皆知的文學人物形象。而反過來,"武松文化"作爲一種民俗文化,又必然會對民風民俗産生某種影響。正如清代著名學者錢大昕在評價通俗小説作用時所説的那樣:

> 古有儒釋道三教,自明以來又多一教曰小説。小説演義之書,未嘗自以爲教也,而士大夫農工商賈無不喜聞之,以至兒童婦女不識字者亦皆聞而如見之。是其教較之儒釋道而更廣也。釋道猶勸人以善,小説專導人以惡……有覺世牗民之責者,亟宜焚而棄之勿使流播。①

錢大昕把小説稱爲"教",且認爲其教化作用及對世俗的影響比儒釋道三教"更廣",雖然他更多是從"壞"的方面強調這種作用的。不過客觀來看,小説、戲曲等通俗文化對世俗的影響和教化,主流方面還是積極的、正面的,人們對善惡美醜還是有較一致的取舍判斷標準的。文藝作品塑造的某些英雄人物,可能成爲人們仰慕的偶像和效法的榜樣,而有的人物形象則可能成爲人們譏笑和鄙夷的對象。比如武松的形象,《水滸傳》描寫是"身長八尺,一貌堂堂,渾身上下,有千百斤力氣";而武大郎却是"身不滿五尺,面貌醜陋,頭腦可笑","身材短矮,人物猥獕","三分像人,七分似鬼",諢號"三寸丁穀樹皮"。性格方面,武松有"英雄"、"好漢"、"義俠"之美稱,有"景陽岡打虎"等壯舉,其剛強俠義自不必説;武大郎則生性懦弱無能,終致其妻潘金蓮與西門慶勾搭成奸,使其成爲戴綠帽子的"王八",並最終死於非

---

① 錢大昕:《潛研堂文集》,《四部叢刊》本。

命。武松、武大郎弟兄的形象及相關故事,被藝人們搬來演去,自然會影響到民風民俗。文藝作品中的武二哥雖然原籍清河縣,本不是陽穀人,但武松成名在陽穀,景陽岡打虎、殺嫂、鬥殺西門慶這類重要事迹,又都是以陽穀縣爲背景的,所以走遍全國各地,人們提起武松,往往首先與陽穀聯繫起來。就連領袖毛澤東 1956 年對《我們一個社要養豬兩萬頭》一文的批示都說"陽穀縣是打虎英雄武松的故鄉"。基於此,所謂"武松文化"首先會對陽穀的民風民俗和民俗語言發生深刻影響,應該是很自然的事了。如此以來,陽穀人在社交稱謂方面,形成尊稱"二哥"諱稱"大哥"的語言習俗,不也是很自然的事了嗎? 這一點也可從其他一些語言習俗中看出來,比如歇後語"武松打虎——一舉成名","武松鬥西門慶——扔出他去","武大郎的身子——不够尺寸","武大郎賣涼粉——人軟貨也打顫","武大郎開店——比自己高的不要","潘金蓮給武松敬酒——別有用心","潘金蓮熬藥——暗中放毒",等等,這足以證明通俗文化對世俗和語言的影響和作用。

　　綜上所述,我們説陽穀尊稱"二哥"習俗的形成,是在武松文化廣爲流傳後,其下限是清朝中前期,其上限是明朝中晚期,而不會再早。那麼這裏有一個問題:武松文化影響到社會稱謂,爲什麼沒有影響到親屬稱謂呢? 原因很簡單,因爲就歷史發展而言,在所謂"武松文化"形成之前親屬稱謂已經定型了,家庭内部"大哥"、"二哥"、"三哥"等稱謂已經俱全。而這也可以作爲斷定社交尊稱"二哥"的形成不會太早的證據之一。

三、陽穀"二哥"尊稱習俗
在山東的傳播

　　下面我們再辨析一下所謂"山東人尊稱'二哥'"的説法。首

先,這應該是外省人聽到山東個別地方尊稱"二哥",未加詳辨而以偏概全的籠統説法,因爲山東"二哥"尊稱並没有普及到那樣的程度。但既有這種籠統説法,也就有了在整個山東範圍内隨意追尋"二哥"源頭的做法。歷史上行二的名人諸如孔子、管仲、秦瓊等都曾被作爲"二哥"來源的猜測對象,但却又都是不符合實際的。假如跟孔子和管仲有關,他們都是春秋時人,那麽該稱謂應該很早,再説在他們各自的家鄉却並没有這樣的稱謂;秦瓊故事流行更晚,他是濟南人,濟南却也没有這樣的稱謂,所以只有武松文化才能成爲山東"二哥"稱謂的真正根源。

山東人"見面叫二哥"之俗,著名民俗學家山曼先生亦曾有專門論述,兹節引如下:

　　在山東,見了素不相識的男子,和他打招呼,開口要稱"二哥",而不是象在别處那樣叫"大哥"。

　　這種習俗的來源,並不象有根有據的學術問題那樣,可以確切作答,所有的,只是有趣的傳説。

　　説來也湊巧,有兩個家喻户曉的山東人,在自家兄弟中都是老二。這兩個人一文一武:文的是儒學創始人孔丘,武的是《水滸》小説中人物武松。

　　孔丘因爲後來被尊爲聖人,没有人敢再直呼其名,世上只知有孔子,除了個别年代稱他爲"孔老二",大多時候總叫他"孔聖人",而且,他的大哥是怎樣的人物,也没有人知道,因此,山東人見人叫"二哥"和孔聖人的關係比較淡,只有文人們作這樣的附會。

　　武松雖是個虚構的人物,但他的言語行爲處處合山東大衆的脾味,因此在山東人的心目中,他比活人更有生氣,稱名道姓還不足以表示和他的親近,便象稱呼自家兄弟那樣,叫他"老二",喊他"二哥"。因爲和他相親相愛,便離開《水滸》的本本,更編了許許多多説書的回目,敲兩片梨花板説起來,直令山東老鄉廢寢忘食,搞得説書也不叫"説書",叫做"説武老二"。人們是那樣崇愛武松,却並没有認識到,武松的高大形象,在不少方面是靠他的兄長武大郎的反襯而成立的。在武松成爲英雄而深入人心的同時,武大郎作爲一個其貌不揚,言行缺少英雄氣概的男子,也被人牢牢地記在了心中。日久天長,這兄弟二人強烈對照的形象,在山東男子漢中就成了一種約定俗成的標準,叫"大哥",心中浮起的是武大郎的影子,叫"二哥"精神上升起的是好漢武松的豪氣。

　　既然這樣,見了山東的朋友就響亮地喊他一聲吧:
　　"二哥!"①

這段文字通俗而精彩,考辨可謂精到,將"二哥"尊稱的來源,最終定位於好漢武松身上,無疑是卓見。但"隨俗當個山東人","在山東,見了素不相識的男子,和他打招呼,開口要稱'二哥'",却與前引《俗語噱談》籠統謂之"魯人"之稱謂一樣,定性過寬,難免使外省人將"二哥"尊稱籠統地當作了整個山東的民俗語言現象。

　　那麽是否山東省除陽穀外,別處就没有這種"二哥"尊稱習俗了呢? 當然不是。一種民俗文化事象形成後,就縱向而言,它具有歷史傳承性;就横向而言,它又具有地域擴散性或曰流布性。尊稱"二哥"諱稱"大哥"的社交習俗,發源地固然應該首先斷定於陽穀,但它形成後不會凝滯不動,而是迅速向周邊地區擴散,所以魯西的聊城、莘縣、東阿等縣舊時均有此稱,至今老一輩人,尤其在較爲偏僻的鄉村中,仍在使用。早些年聽説青州一帶亦曾有此稱,只是未審確否。除此之外,山東其他地方此一稱謂

---

① 山曼:《齊魯之邦的民俗與旅遊》,旅遊教育出版社 1995 年版,第 1 頁。

則罕見。

相比之下，山東有的地方，如魯西南的滕州、梁山、曲阜等處，不僅不以"二哥"爲尊，反倒有意回避它，因爲它容易使人聯想到本地方言中男性生殖器的隱語——"老二"。因此，"而在魯東南地區，見面須稱'三哥'，俗以爲'大哥王八二哥龜，就數三哥是好人'"①。那爲何會有尊稱"三哥"之現象呢？此處我們不妨試予揭秘：這裏的王八、龜其實都不是指水中動物，"大哥王八"指武大郎戴綠帽子已如前述，"二哥龜"就是指男性生殖器。《水滸傳》裏"王婆貪賄說風情"那段，王婆給西門慶說要把潘金蓮勾搭上手須具備五個條件，第二件就是"驢兒大的行貨"，西門慶回答說"第二，小時候我也曾養的好大龜"。《金瓶梅詞話》第二回把這段吸收下來，到六十九回又寫道："今老爹不上三十一二年紀，正是當年漢子，大身材，一表人物，也曾吃藥養龜。"原來，"龜"指男陰，也是於古有徵的，於是就有了"二哥龜"之說。看來在魯西南一些地方的方言裏，"大哥"、"二哥"都是避諱，算來算去"就數三哥是好人"，於是這些方言"三哥"成爲社交尊稱。唯獨陽穀及周邊方言，"老二"雖同樣有指男陰這項意義，但最終沒能戰勝打虎英雄武二哥的力量，乃至使"二哥"成爲社交尊稱。

這恰從另一方面說明，籠統把"二哥"當作整個山東地區人們的社交尊稱，是不符合實際的。

四、河北清河、天津等地"二哥"
尊稱習俗及其文化成因

那麼山東以外是否也有尊稱"二哥"諱稱"大哥"的民俗語言

---

① 張廷興：《山東方言親屬稱謂的文化特徵》，《中國山東網》2004 年 6 月 1 日。

現象呢？管漏所見，河北清河、臨西及京津一帶即有此俗，只是形成的緣由不一。對清河、臨西此俗之由來，南杉曾做過專門説明：

外地一般以"老大"爲尊稱，而河北省的許多地方，如清河縣、臨西縣這一帶則不然。這一帶習慣以"老二"爲尊稱。這種情況主要表現在對男性的稱呼上，如二哥、二叔、二兄弟、二大爺，等等。如果稱呼別人"大哥"、"大叔"等，不免會招人白眼，甚至惹人生氣。

這種習慣是怎麼形成的呢？説起來話長。原來，《水滸》中梁山好漢的故事，在這一帶流傳得既深又廣。清河是武松的誕生地，武松老家所在的村莊，全村皆姓武，據説是武松的故居。而與之一縣之隔的山東陽穀縣的景陽岡，則是他"打死山中虎，從此威名天下揚"的地方，至今遺迹尚存。武松身材魁偉，武藝高強，見義勇爲，勇猛無比。他鬥殺西門慶，醉打蔣門神，夜走蜈蚣嶺，智取二龍山，等等，是婦孺皆知的。因爲他排行老二，所以人們習慣稱他"英雄好漢武二郎"。而武松的哥哥武大郎，則是一個世間少有的窩囊廢。他身材矮小，懦弱無能，膽小怕事，終日受氣。關於武大郎，民間還流傳着許多歇後語。久而久之，武大郎和武二郎的典型形象在人們的心目中繫下了根：一個是無所作爲的人物，一個是英雄好漢。所以，一些爭勝好強的人都自比"老二"，即使一般低能的人也不願與"老大"爲伍。與陌生人搭話，稱"二哥"、"二叔"一類，被認爲是對人家的尊重，而稱對方爲"大哥"，被叫的人則認爲是受了污辱。

現代，一些新稱謂時興起來。不過，這些地區，在年歲稍大的人們中間，特別是在鄉下，大都還是喜歡別人把自己喚作"二哥"、"二大爺"。[1]

---

① 南杉：《尊稱"老二"》，《燕趙晚報》2008 年 6 月 18 日。

　　文章列舉了以"老二"、"二哥"爲尊的習俗,也將起因推至武松、武大故事,説明同屬"武松文化"系列。清河縣既在文藝作品中作爲武松的原籍,自然也會受到武松、武大傳説之影響,與陽穀等地的習俗同屬"武松文化"系列。這也證明了尊稱"二哥"諱稱"大哥"習俗與"武松文化"相關聯的正確性。

　　此外在天津一帶也有尊稱"二哥"的現象。《新浪網》2006 年5 月18 日發布一位無名網友文章,作者是外地人,來天津後發現了這一現象:

　　　　這天津老爺們兒忌諱管他叫"大哥",你要是在天津問路這樣問:"大哥,和平路怎麽走?"没人理你。這在其他地兒再普通不過了,見着男的叫大哥有什麽錯,難道叫小弟不成? 非也,呵呵,非也呀。天津人這"大哥"的意思可有點慘,那是"王八",哈,這回明白了吧,你説你在大街上管人叫"王八",人能理你嘛,不揍你那是給外地人留面子。那你要問了,那怎麽叫呀,告訴你啊,叫"二哥",儘管這人不一定行二,哪怕他就是個獨苗兒,那也是直接叫"二哥",没錯兒。不過啊,需要説明一下,這都是以前的事兒了。

　　至於天津舊俗爲什麽諱稱"大哥",該文作者給出的答案竟然也是"大哥"是王八! 只是這一解釋帶有道聽塗説的性質,並不能解决實際問題。對此,筆者曾專門發郵件向天津師範大學教授、天津市語言學會秘書長譚汝爲先生求教,兹將譚教授之答復郵件照録如下:

　　　　京津地區舊時飯館旅店對前來食宿的男性顧客尊稱二爺,却諱稱大爺。典型者爲茶房、夥計、店小二之類在與前來的客人打招呼時,必稱"二爺裏請"、"二爺您用點兒什麽"之類。社會交往中,亦尊稱成年陌生男子爲二哥,却諱稱大哥。例如天津小販在兜售時,愛説:"二哥吃菜瓜,酸甜的。"究其原因,誠如閣下所言,蓋因山東好漢武二郎爲響噹噹的英雄,而其胞兄武大却因妻子穢行而窩囊被害，成爲遭人恥笑的人物所致。

　　天津舊時民俗，婦女婚後無子，則到娘娘宮請回一個泥娃娃，稱爲"娃娃大哥"。出生頭胎男孩後，則排行爲老二。老二、老三對娃娃大哥畢恭畢敬，尊之爲兄長且輩輩相沿。數十年後，逢年過節，連老二老三的子女也對娃娃大爺叩拜行禮。我幼時曾看到鄰居家的娃娃大哥留兩撇小黑胡，衣着長袍馬褂，戴着紅頂瓜皮帽，端坐在玻璃罩子内的情狀。五六十年前，天津土著各家各户的長子却屈尊降爲老二，而老大行第却專屬泥偶，蓋因招來弟弟而功莫大焉。不知山東可有此民俗否。這是舊時天津衛社會稱謂中習於面稱老二的又一條原因。

　　譚汝爲教授是一位學識淵博的語言學家，曾出版有民俗語言方面的專著《民俗文化語彙通論》，力倡語言學和民俗學研究的結合與貫通，重視"民俗語言與民俗文化的關係"[1]。因此其解釋應該是真實可靠的。據此解釋，天津尊稱"二哥"而諱稱"大哥"，有兩方面原因：一是武松文化影響，二是當地拴娃娃的民俗所致。不過我認爲，這兩個原因，武松文化應是外因，拴娃娃民俗才應是真正的内因。與陽穀大爲不同的是，天津不僅社會稱謂不稱"大哥"，其親屬稱謂也不稱"大哥"！因爲其兄弟排行根本就没有老大，長子出生就是老二，老大竟是那位泥娃娃！這種現象推廣到社會上，社交中也就尊稱一般男子爲"二哥"。舊社會京津地區尊稱男子統謂"爺"，於是天津就尊稱陌生男子曰"二爺"。這在全國來講都是一種非常有意義的民俗現象！所以武松文化對天津"二哥"尊稱即便有一點影響，也只能算是一種晚起外因，其拴娃娃民俗才是根源。

---

①　譚汝爲：《民俗文化語彙通論》，天津古籍出版社 2004 年版，第 1 頁。

　　譚先生所説天津拴娃娃民俗造成的尊稱"二爺"現象,又在前輩相聲大師張壽臣先生那裏得到印證,老先生有一段單口相聲《娃娃哥哥》專講此事:

　　　　解放以前,天津跟別處不一樣,起先天津人見了面兒不稱呼同志,稱呼什麽? 稱呼"二爺"! 這"二爺"是迷信。不管行二不行二,姓什麽搭上什麽姓,不搭上姓就叫"二爺",這位准不反對,"爺爺爺爺……"您叫他一個"二爺",他還您一連串兒的"爺",打心裏愛聽這"二爺"倆字。那位説:"這不對,這不是迷信;叫'二爺'這是恭敬人,'敬人者人恒敬之',你恭敬人,人就恭敬你呀!"不對,您不信,挪個地方就不成啦! 離這兒二百四十裏——北京,不管誰,您要稱呼他"二爺",他行二成,要不行二呢? 不行二當時就翻臉:"啊,你怎麽瞧出我是行二? 胡説八道的,我是大爺!"這位不明白:"我稱呼你是好話,怎麽翻臉啊?"這"二爺"呀到天津是恭敬人,到北京就不是好話。怎麽哪? 報告您哪: 在舊社會時候,這"二爺"是跟班兒的——底下人,伺候人的那個才叫"二爺"。到北京得稱呼"大爺"。

　　　　到天津二爺怎麽是好話哪? 到天津"二爺"就是大爺。天津是從二爺、三爺往下數,没有"大爺"。"大爺"哪? "大爺"是"娃娃哥哥"。"娃娃哥哥"就是泥人兒啦! 就是"拴"的"娃娃"呀! 那位説:"這是怎麽回事? 拴娃娃哪兒都有哇,舊社會的迷信,哪兒都有拴娃娃的!"是啊,哪兒都有拴娃娃的,可哪兒也没有咱們天津屬害,天津對於這個特別盛行,差不多家家都有"娃娃哥哥"。這是怎麽回事哪? 這是娘娘宫老道給造的魔!

此外,老一輩學者涂宗濤先生亦曾對拴娃娃習俗對天津"二爺"尊稱習俗的影響作用做過相關説明,可與前引諸説相互補充和印證。但作者寫此文的意圖却在於重新認識這種現象的歷史成因和文化意蘊。他是讀了著名語言學家裘錫圭教授的《殺首子解》後萌生了新想法的。裘先生文章引用《墨子》、《列子》等古籍記載,證明我國上古曾有過"其長子生則解而食之,謂之宜弟"的習俗。於是涂先生便以此爲契機,將天津這種民俗現象直接與上古"殺首子"習俗聯繫了起來:

> 通過以上介紹,才明白老天津"拴娃娃"和"洗娃娃"的習俗,仍保留了上古"殺首子"的文化意蘊。因頭生子是要殺了獻給神的,"娃娃哥"爲神所賜,以之代替頭生子,和以俑代替人殉葬一樣。老天津人之所以要"洗娃娃",使"娃娃哥"伴隨其一生,就是爲了證明自己不是頭生子,行二,不能殺以獻給神,這樣一來,當然就"宜弟"了,而"拴娃娃"和"洗娃娃"的根本目的就是爲了"宜弟"。"禮失而求諸野",解放前四川東部農村的"嘗新"祭禮和老天津"拴娃娃"與"洗娃娃"的習俗,仍保留了人類上古習俗的痕迹,可作《殺》的補充。①

筆者認爲,這種解釋如同將山東"二哥"往管子、孔子身上推一樣,未免追溯時限過早。新固然新,表面上也似乎有理,但未免證據不足。上古或遠古殺首子而食,聽起來未免殘忍和恐怖,但確曾存在。此於古籍有徵,不少學者及論著曾談及此事。另外還有文字方面的痕迹。如"孟"字,《説文》釋曰"長",古指長子,與"伯"同義。其商代金文形體像以器皿盛小孩狀,現代學者認爲,其字從"子"從"皿"會意,應是將長子放在器皿中烹食的取象。另外,殺首子習俗也是人類發展史上普遍有過的現象,《聖經·出埃及記》就有記載。殺首子之俗的出現,獻神嘗新固是一説;就社會發展而言,它又是母系氏族社會向父系氏族社會過渡時期,男子出於財産繼承權等方面考慮,爲純正自己的血統而采取的一種措施。

---

① 涂宗濤:《老天津話"二爺"的文化意蘊》,《今晚報》2006 年 6 月 20 日。

但是將天津拴娃娃和兄弟排行無老大的習俗與上古殺首子聯繫起來，就未免牽強了。天津地區産生於隋朝京杭大運河的開通，史籍記載的最早名稱是"直沽"，即金朝設立的直沽寨。元朝設海津鎮，明朝時才賜名天津，意思是"天子車駕渡河的地方"。後又設立軍事組織"衛"，派三衛士兵屯田，故稱"天津衛"。因此將天津這種民俗現象推爲上古習俗，缺乏説服力。

天后宫和拴娃娃習俗的歷史本身也可證明天津"二哥"尊稱不會過早。天后宫俗稱娘娘宫，敕建於元泰定三年（1326），原名天妃宫，明清兩代多次重修。再説拴娃娃之俗，全國各地的方志史料都有相關記載，有時間可考者，基本不早於明朝。拴娃娃所求告的女神叫"送子娘娘"，但各地信奉的送子娘娘不一，有專職的，也有兼職的，如送子觀音、金花娘娘、女媧娘娘、泰山娘娘等。天津没有專門的送子娘娘，但祈神求子却是普遍的民俗和人們的共同心理，於是天津人在觀念上就把護海神和送子神混淆了，或者説讓海神天后娘娘兼任了送子娘娘的職能，於是天后宫也成爲拴娃娃的所在。所以天津之拴娃娃，連同尊稱"二哥"諱稱"大哥"的習俗，決不會早於明朝，更不會是上古"殺首子"習俗之遺留。

五、關於一條北京尊稱"二哥" 諱稱"大哥"語料的辯駁

如上所述，張壽臣先生相聲《娃娃哥哥》曾提到，舊北京的"二爺"是對下人、僕役的稱呼。這與歷史事實是相合的。《清稗類鈔・稱謂類・爺》記述：北京及北方地區，儕輩相呼皆曰"爺"，如果加上姓氏就稱呼"趙爺"、"錢爺"等，加上排行可稱"大爺"、"二爺"、"三爺"、"六爺"、"七爺"，等等。[①] 所以在北京，除非知道對

---

① 徐珂：《清稗類鈔》，中華書局1984年版，第2176頁。

方行二,否則是不能稱"二爺"的。既不能稱"二爺",自然也就不能稱"二哥"。但同樣是《清稗類鈔》,在其《詼諧類‧張冠李戴》却有一條語料記載了北京人稱"二哥"的一則故事:

> 京師內外城之街道,有官廳,爲汛弁辦公之地,受轄於步軍統領,俗所稱爲廳兒上或堆兒上者是也。有兵役,司灑掃,廳前必懸數帽,夏羽纓,冬緯纓。蓋兵役時或他出,居守者輒僅一二人,遇步軍統領及左右翼總兵並各上級官至,必站班,而倉卒間不能得多人也,則強執途人使立於帽下。所懸之帽本甚低,人行近之,適覆其首,乍觀之,不辨其人之是否冒充也。陽湖楊赤玉主政瑜統,在京時,一日,乘車出,至鬧市,居守之人語其御者曰:"二哥(都人儕輩相呼必曰二哥,以大哥有所諱也),借光。"於是即頂帽而立,俟顯者過,始駕車行。赤玉曰:"此真張冠李戴矣。"

這段文字講京城外城官廳兵役遇上司顯宦前來時須站班肅立,倉促間往往兵役不够,便預於廳前懸垂數帽,臨時強拉路人立於帽下冒充,帽子遮住頭面,難辨真假。資料年代及這位元官員楊赤玉是何許人難以確知。查有關資料,張元濟 1903 年曾聘請高夢旦、蔣維喬、莊俞、楊赤玉等入商務印書館編譯所國文部,這說明楊赤玉是清末民初時人。又《清稗類鈔‧譏諷類‧女知勢利》說"陽湖楊赤玉主政瑜統",則楊赤玉籍貫應系江蘇。此次楊赤玉在京乘車外出,其御者(車夫)就被拉了官差,居守之人客氣地對御者說了句"二哥借光",便把他拉到帽子底下了。在此特定語境中,"二哥"顯系陌生人之間的交際敬稱。括弧中的文字本是以小字排的原注,恐人不明白此處"二哥"含義,故特加說明。"都人"就是京都之人,"儕輩"就是年齒相當之平輩。照此說來,北京舊俗也跟山東一樣以"二哥"爲尊了! 並且還交代了原因"以大哥有所諱也"。諱什麼? 却隻字未提。由此可見,這條資訊與通常所認爲的北京人以"大"爲尊、以"二"爲卑大相徑庭了! 筆者認爲此二說必有一誤,此處北京稱"二哥"實屬孤證,解說大有問題。就文本分析,官廳差役對突然而至的駕車人稱"二哥",二人互不相識而與排行無關,這是事實。但由此得出"都人儕輩相呼必曰二哥"的結論卻未免武斷。因這位被稱"二哥"的"御者",不過是一名車把式而已,那麼此"二哥"可視爲對下人、僕役的稱謂,與稱店小二"二哥"同理了。總之,由此記載不能得出"北京尊稱二哥"的結論,更找不到北京人避諱"大哥"的證據。

六、結　語

綜上所述,山東陽穀等地尊稱"二哥"語言習俗的歷史成因是"武松文化"影響的結果。"二哥"尊稱濫觴於陽穀,並在其周邊地區擴散,但並沒有擴散至山東全境。河北清河縣等地亦有此俗,則是"武松文化"的正常延伸。天津尊稱"二爺"、"二哥"的成因則與當地流行的"拴娃娃"習俗有關,"大爺"、"大哥"避諱的正是那位泥娃娃。而時至今日,隨着社會的快速發展,無論陽穀還是天津的尊稱"二哥"諱稱"大哥"的民俗現象,都在日漸衰微,社交稱謂習俗已開始向以"大哥"爲尊的主流文化看齊。老派之人雖仍維持舊稱,但新派的年輕人已較少使用或不知道了。這裏面有開放交流、主流文化影響和計劃生育等多種因素,另一方面也是社會生活、語言生活一體化和現代化的必然結果。因而這種習俗,今天看來漸已成爲"舊俗",再過多少年,恐怕更是趨於湮滅了。而本文的寫作,對這類特殊民俗和語言現象,正帶有某種發掘整理或搶救性意義;同時從文化和學術的角度進行考索,力爭將其真相予以澄清,給後人和學界一個相對滿意的答案,期免"撲朔迷離、一團亂麻"之歎。治學有大題小作、小題大作二途,本文自屬後者,故不避繁瑣考據之嫌。初稿早成,多年思考,反復考訂,不敢自是,公諸同好,敬祈方家是正。①

（原載《民俗研究》2014 年第 1 期）

---

① 本文初稿是因 2006 年陽穀縣城遷址千年所草急就章,時任《百靈網》總編的布茂發君頗賞之而掛於該網,引起反響且被轉引。而我則不滿意,然忙於他務未惶細訂。2010 年"近現代社會變遷與中國民俗學"國際學術研討會,倉促增修以助陣勢,然過後又一擱至今。今下決心詳加訂補,稿成又蒙鄉友山東大學歷史文化學院院長方輝教授是正並鼓勵。是爲記。

"家長"何須改"父母"

　　《中國婦女報》2000年5月31日第1版有一篇報道,題爲《青少年問題研究專家建議"家長"稱謂改"父母"》。報道説:

　　　　中國青少年研究中心副主任孫雲曉今日在《中國青年報》上撰文,呼籲從6月1日起將"家長"的稱謂改爲"父母"。

　　孫雲曉認爲,"家長"的含義就是家庭的統治者,是孩子命運的掌管者,這是個充滿封建專制意識的稱謂,與現代教育相悖。

　　我們認爲這没有絲毫的必要。

　　的確,"家長"之稱從其本源來講,是奴隸制和封建制社會的産物,本義爲"一家之主",跟"家屬"是相對的。但時代和人們的觀念是變化的,時代變了,家庭關系也變了,關於家庭成員的某些舊有稱謂的含義也發生了潛移默化的改變。實際上,"家長"的含義早就改變了。比如,封建時代家長只能有一個,所謂"家無二主";而新社會男女平等,父母都可以是家長。與之相對的"家屬"也是如此。封建社會只有家長才配有家屬,進入現代文明社會,"家屬"有時雖仍保留一些舊意義的痕迹,跟"户主"或"丈夫"相對而言,但却又滋生了一項新的意義:泛指任何一個人以外的其他家庭成員。比如妻子或孩子住院,醫院就有讓"家屬看護"、"家屬簽字"一類説法。當今是獨生子女時代,很多孩子在家裏是"小皇帝"、"小公主",家長們都快成奴僕了,哪裏還有半點"統治者"的味道? 因此更多的專家認爲,新形勢下的主要任務,是如何加强對獨生子女的教育,更多地給家長一點尊重,而不是再大批特批什麽封建家長專制了。

　　《現代漢語詞典》"家長"條的釋義是：① 家長制之下的一家中爲首的人。② 指父母或其他監護人：學校裏明天開～座談會。看來"家長"的含義已由一家之主變成了孩子的監護人。父母當然是監護人，父母以外的其他人也可以成爲監護人。可見"家長"的外延比"父母"要大得多。學校要開"家長會"，父母不去，祖父母、外祖父母均可參加；如果把"家長"改成"父母"，"家長會"就得改成"父母會"，非父母者將不得參加。當"家長"的含義是一家之主的時候，任何一個人，無論是成年人還是未成年人都有自己的家長；而當"家長"的含義變成監護人的時候，就不是每一個人都有"家長"了。因爲只有不具備行爲能力和具有不完全行爲能力的人才需要監護。所以今天的"家長"稱謂已經具有了特殊含義，它是和其監護對象"未成年人"相對而言的。中小學生使用"家長"一稱恰如其分，大學生就顯得勉強，成年人乾脆就不能使用了。成年人對人介紹說"這是我的父母（或其他長輩）"可以；如果再像小孩那樣說"這是我的家長"，就成爲笑話了。同樣，詢問一個成人"令尊令堂身體可好"甚爲得體；要像問小孩那樣說"你家長怎樣"，對方就感到很不自在了。

　　總之，"家長"和"父母"雖有一定内在聯系，但在應用上又是有顯著區別的，它們各有適用場合，有時候還不容許互相代替。將"家長"改爲"父母"，只能引起交際上的混亂，實在不是什麼高明之舉。

（原署名：萬禄　劍藝，載於《語文建設》2000 年第 8 期。）

"黑恬"，黑店！

濟南市文化西路上，一家商店高高打出一塊橢圓形店名招牌，直伸向路邊，過往行人老遠就能看見，上寫兩個大字：黑恬；上面還有大寫英文名稱：BLACK HOUSE。只懂中文的人也許不知所云，懂點英文的人馬上會明白，這是一家"黑店"！

"黑店"的意思大家都明白，《現代漢語詞典》說得清楚：殺人劫貨的客店（多見於早期白話）。想到這一層，不免令人毛骨悚然。當然這樣的黑店現在不會有了，顧客也用不着擔心進商店會丟命。正因爲如此商家敢於光天化日之下打出"黑恬（店）"招牌，以爲這樣就能出奇制勝，一下子把顧客全吸引過來了。但是還有另外一層，恐怕店家不曾想到。因爲，顧客即便不怕在你的店裏被殺，却也害怕在你的店裏被"宰"。目前市場經濟還不够規範，有的商店存在着質量矇騙、價格欺詐之類行爲，有的店家甚至千方百計引誘顧客上鈎，然後漫天要價，雁過拔毛，只差不要人的"命"而已。北京等地管這類現象叫"宰人"，上海等地管這類現象叫"斬客"。這就是說，儘管沒有了殺人的黑店，却有了"宰人"的黑店。顧客不知是黑店而被"宰"，只能自認倒霉。要是明知是黑店而被宰呢？那簡直就成了周瑜打黄蓋願打願挨了，實在叫不得冤屈。需要聲明的是，我們並不是說這家商店就是"宰人"的黑店，只是對其店名招牌進行評析，是就它所傳達出來的的信息而言的。

店家把"黑店"修飾打扮成"黑恬"做店名，又恐人不明用意而加英文做注脚，本意是希圖一種轟動效應，可負面效應這麼大應是其始料不及的。前幾年天津有家娛樂場所將一句駡人話修飾打扮

成"塔瑪地"做招牌,結果却門庭冷落車馬稀,終致倒閉。因爲人
們不願進門挨罵。同樣,對這家"黑恬(店)"來説,難道人們就願
意進門挨"宰"嗎? 如果不及時糾正,其結局恐怕也只能是關張
大吉。

市場經濟,店鋪林立。店名是留給顧客的第一印象,一個好的
店名自然很重要。那麼店名怎樣才叫"好"呢? 講究可能很多,但
我們認爲關鍵的有兩條。第一,新穎別致,與衆不同。不新穎別致
就不足以引人,但如果和別的商店重名,不惟喪失了自我,還帶有
侵權性質,説不定會帶來不必要的糾紛。這種一店一名的情形,也
給命名增加了難度,使店名成爲一種藝術。第二,高雅文明,健康
向上。店名是社會現象,是時代心理的折射,是精神文明的窗口,
因而店名也是一種文化。以上兩條原則都符合的才是一個好的店
名。"黑恬(店)"之名,以第一條來衡量,新穎別致、與衆不同自
是沒得説;要是拿第二條來衡量呢? 那就大相徑庭了。當然,商家
成功的根本,更在於店名之外的質量、價格、服務諸方面的信譽和
競爭。倘僅僅在店名上想名堂,出高招,那就是舍本逐末了。不過
這已是另一方面的問題了。

(原署名劍藝,載於《語文建設》2001 年第 6 期)

流行語：一頭霧水

經常從報紙上看到"一頭霧水"的説法：

（1）銷售人員百問不厭，記者覺得越來越迷糊……記者逛了一天珠寶市場，攤主各説各的，弄得記者一頭霧水。（《齊魯晚報》2000 年 3 月 11 日第 2 版《記者逛了一天珠寶商場，被珠寶商講得暈頭轉向。買珠寶，買來滿頭"霧水"》）

（2）而對方一個朋友電話正好與此號碼相近，他使勁給朋友回電話，弄得朋友一頭霧水。（同上第 9 版《哈市愛情密碼數位表示愛》）

這是隨手從一張報紙上選下來的。同一天的報紙就有兩篇新聞使用"一頭霧水"，其流行和時髦的程度已可見一斑。"一頭霧水"是什麼意思？讀者從上面的例子也不難得出結論：它不過是"暈頭轉向"或"迷迷糊糊"的同義語而已。

那麼，放着"暈頭轉向"、"迷迷糊糊"等傳統的現成説法不用，而非要説成"一頭霧水"，讀者對此未免覺得也有些"一頭霧水"。但静下心來想一想，就不覺得奇怪了。語言這東西，尤其是見諸書面的與大眾生活相關的語言，本來就要求生動形象、新穎別致，不斷出新，再好的東西，日久也容易生膩。像"迷迷糊糊"之於"迷糊"，"糊裏糊塗"之於"糊塗"，從語法上講，已經是生動化形式了，説成"暈頭轉向"則更加形象生動。而"一頭霧水"在修辭上就更進了一層，是一種形象化的比喻性説法。"一頭霧水"本義是指進入迷霧當中的情形，若非漫漫迷霧，何來一頭霧水？而進入迷霧當中，人們的感覺又是如何？正是迷迷糊糊、暈頭轉向——看不清周圍景物,辨不出東南西北。用這種景象來比喻現實生活中聽不懂別人的話、對某種情況不了解、對某件事情莫名其妙等情況,不正恰如其分麼? 所以"一頭霧水"的説法不但能增加人們的新奇感,而且在實際效果上,也是能增強語言表現力的一種説法。

"一頭霧水"的説法來源於何處呢? 黄麗麗等編《港臺語詞詞典》(黄山書社 1990 年版) 開篇就有這個"一頭霧水",釋義正是"糊裏糊塗;不了解情況"。"一頭霧水"原來是從港臺引進的。

弄清了"一頭霧水"的意思和用法,並把它的"源"追到了港臺,似乎問題已經解決了。其實不盡然。因為人們已經有了經驗:好多港臺的語言成分,尤其是語詞,人們還以為就是港臺特産呢,可是略一查它們的"三代",古漢語中都有,只是在大陸失傳而已。那麼港臺的"一頭霧水"是否也古有所本呢?

由於霧這種東西本身的迷蒙性質,古人就用它來比喻令人迷惑的情形了。南朝宋劉義慶《世説新語·賞譽》:"王仲祖、劉真長造殷中軍談,談竟俱載去。劉謂王曰:'淵源真可!'王曰:'卿故墮其雲霧中。'"這裏的"墮其雲霧中"就是比喻受到了別人言語的蒙蔽而沒有悟出真意。後來這種説法演變為成語"如墮煙霧"和"如墮煙海"。如梁啓超《讀日本縣誌書後》:"茫茫如墮煙霧,瞠目撟舌不能語。"毛澤東《矛盾論》四:"萬千的學問家和實行家,不懂得這種方法,結果如墮煙海。"又據《後漢書·張楷傳》載,張楷好道術,能作"五里霧"。故後人又以"五里霧"來比喻令人迷惑的境況,"霧"前有了修飾成分,更生動了。如孫中山《三民主義的解釋》:"現在許多人講民生主義,都是離題太遠,墮入五里霧中,這也是國人不求甚解的過錯。"鄒韜奮《抗戰以來》六:"究竟怎樣,實使人如陷五里霧中。""五里霧"和"如墮煙霧",由於已成為具有典故性的固定説法,《漢語大詞典》分別單列了詞條。由用例不難看出,它們跟"一頭霧水"所表達的意思和所起的作用是一樣的,它們的本源正應是"一頭霧水"的本源,或者説"一頭霧水"是它們在港臺語中的變體。

　　有人不免要問：既然漢語中已有類似的現成説法且有近現代人的用例,何必再從港臺引進一個"一頭霧水"呢? 事情並非如此簡單。我們可以想一想"如墮煙霧"和"如陷五里霧中"之類説法,是否經常出現在大衆的口中? 顯然不是的。它們讀起來文縐縐的,多出現於文人筆下,是普通話吸收文言成分的結果。而老百姓通常不這樣説,遇到類似意思,如果非要生動一下,是寧可説成"丈二和尚摸不着頭腦"之類的。可見"如墮煙霧"之類在口語化程度方面是大爲遜色的。另一方面,從嚴格的同義角度來講,"一頭霧水"的等價物應該只是"煙霧"或"五里霧"。然"一頭霧水"可以直接拿來做比,而"煙霧"和"五里霧",一般須有一個指明比喻的"如",還得再加"墮"、"陷"之類動詞,你説麻煩不麻煩!

　　以上我們分析了"一頭霧水"的種種有關情形,最後還須指出,它能否最後在普通話中安家落户,似乎還需要一個過程。因爲目前它的流行,還只限於媒體,雖然也得到了受衆的理解和默許,但只有最終融化爲大衆自然語言成分,才能算落地生根。

　　(原署名劍藝,載於《語文建設》2000 年第 7 期。補按: 2005 年《現代漢語詞典》第 5 版第 1599 頁增補"一頭霧水"詞條,釋曰:"【一頭霧水】〈方〉形容摸不着頭腦,糊裏糊塗。")

"叫板"的引申義

一說到"叫板",人們馬上會想到這是一個戲曲術語。《現代漢語詞典》(修訂本)也正是這樣解釋的:

[叫板] 戲曲中把道白的最後一句節奏化,以便引入到下面的唱腔上去。用動作規定下面唱段的節奏也叫叫板。

可是作爲社會尤其媒體方面流行語的"叫板",却全然與戲曲無關。請看例子:

(1)《南非向美叫板 繼續同敘貿易》。(《大衆日報》1997 年 1 月 16 日)

(2) 這些晚會"摽着勁兒"揚己之長,尋求最佳狀態。就是中央電視臺辦的意在分流的除夕三臺晚會也是自己跟自己"叫板"。(《濟南日報》1997 年 1 月 19 日)

(3) 某些有"特殊身份"的人物跟辦案部門的領導叫板: "走着瞧!"(《鑒·"嶺南虎"毁滅》,山東人民出版社 1997 年版)

(4)《敢向現行交通規則叫板的農民》。(《每周文摘》2000 年 3 月 28 日)

(5)《兩個"紀曉嵐"叫板:張國立没信心蓋過趙亮》。(《濟南日報》2000 年 4 月 2 日)

(6) 對於劉曉慶前些年的一再叫板,翚小姐更是裝聾作啞。(《今周末》2000 年 8 月 4 日)

(7)《總統前妻叫板總統》。(《齊魯晚報》2000 年 1 月 6 日)

（8）《住户叫板房地産商》。（《濟南時報》2000 年 1 月 14 日）

（9）《俄金融寡頭叫板普京》。（《齊魯晚報》2000 年 8 月 6 日）

（10）《網上"叫板駭客"事件即將水落石出》。（《生活日報》2000 年 8 月 31 日）

（11）《巴黎大阪叫板北京》。（《參考消息》2000 年 9 月 18 日）

這些例子都是隨機碰上的,如果有意識地去找,會有很多;最早的僅是 1997 年的,這以前的絶對也少不了。這足以證明"叫板"一語的流行,並且由來已久了。

這些"叫板"既非戲曲術語,又該做何解釋呢? 讀者雖然不易於言傳,却一般不難於意會,有時上下文就能提供一些理解的綫索。如例（1）講南非不聽美國那一套,偏偏同敍利亞貿易,這就是向美國"叫板";例（2）的"摽着勁兒"可以視爲"叫板"的注脚;例（3）的"走着瞧"是"叫板"姿態的生動化;例（5）講兩個演員爭演一個角色,"叫板"的含義相當顯;例（7）的"叫板"是講秘魯總統的前妻可能代表反對黨參加競選,"届時可能出現前第一夫人參加大選,挑戰前夫的戲劇性場面";例（11）的"叫板"是講巴黎和大阪跟北京爭辦 2008 年的奥運會。餘不贅言。總之,"叫板"的意義歸納爲挑戰、競争、較勁、對着幹等,俗語所謂"擺擂臺"、"打擂臺"、"唱對臺戲"等也都含有叫板的意思。一句話,一切對抗性或挑釁性行爲均可稱爲"叫板",其確切含義則隨具體情形而定。

"叫板"是動詞性的,可它本身又是一個動賓結構,照一般規律,叫板的對象（賓語）是用介詞"向"或"跟"提到前面,形成"向（跟）……叫板"的結構,如例（1）—（4）即是。如果雙方互相叫板,都是主動者又互爲叫板對象,就不必用介詞了,例（5）就是這種情形。可是"叫板"也可以直接帶賓語,形成"叫板……"的結構,如例(7)—(11)即是。這種結構在過去是一種反常,可是近幾年却很流行,尤其多用於報刊標題,例(7)—(11)就都是"叫板……"格式用於標題。這並不是人們一味好奇(儘管新穎、醒目也是標題的要求),實在是出於資訊傳遞的需要。這種結構比"向(跟)……叫板"結構更加經濟、直接、簡捷、明快,因而受到人們歡迎。類似於"叫板……"的其他動詞結構還有很多,人們把它們歸納爲"動賓式動詞 + 賓語"結構。

"叫板"既如此流行,又人人可懂,就可視爲已脫離了戲曲專業範疇,進入了普通話,成爲大衆語言成分了。促成這種變化的中間環節是詞義引申。演員向樂隊叫板,這本身就含有"挑戰"的意味在內;演員叫板,樂隊響應,兩者之間相互制約,相互抗衡,相反相成,對立統一,這就含有"競爭"、"比賽"、"摽勁兒"的意味在內。所以"叫板"由戲曲術語引申出新義,成爲共同語成分,是很自然的事,正如衆所周知的"曝光"本是由照相業術語引申而來一樣。

"叫板"由戲曲術語直接進入普通話,固然講得通。但我們繞個彎兒想一想,它是否先進入某一方言,然後再進入普通話呢? 這却是很可能的,並且相比較而言也更符合情理。"叫板"進入方言,最可能的莫過於北京話了。因爲國粹京劇爲百戲之魁首,在北京已有二百多年的歷史了;京劇連唱腔形式都叫"板",如原板、慢板、二六板、流水板等。所以北京的老百姓對什麼是"板",什麼是"叫板",實在是太熟悉了,久而久之,這不會不對群衆語言產生影響。如陳剛《北京方言詞典》就收了"叫板",釋義爲:"〈流〉挑戰,尋釁毆鬥。"①注"〈流〉"系指流氓阿飛的特殊用語。這說明"叫板"已經成爲北京地區的社會用語,只不過是社會上少部分人而已。但是這種限定還是太陳舊了。據我們所知,北京地區的"叫板"絕非僅限於流氓阿飛尋釁用語的範圍,而是已成爲群衆口語,

———————————

① 陳剛主編:《北京方言詞典》,商務印書館 1980 年版,第 130 頁。

泛指挑戰性或對抗性行爲。不過我們也不否認"叫板"會先進入黑社會,然後再擴大範圍,逐步流行開來。有興趣者可向北京人做一下調查,對"叫板"的社會化進程進行一番歷史性考察。

話説回來,應該説"叫板"流行的結果,已經使它成爲普通話語彙中的一員,並且由於有群衆基礎,形象化且富有表現力,因而不會是曇花一現。可是對它的這種通行新義,以往辭書沒有收,專收新詞新義的辭書也沒收。例如于根元主編《現代漢語新詞詞典》,收了從戲劇界引申來的"下海"、從照相業引申來的"曝光"、從交通業引申來的"搭車",等等,却沒收"叫板"。建議《現代漢語詞典》等再修訂時爲"叫板"增加引申義的新義項。

　　(原署名劍藝,載於《語文建設》2001 年第 3 期。補按:2005 年《現代漢語詞典》第 5 版第 688 頁"叫板"條正式增加了引申義的新義項:"【叫板】……② 向對方挑戰或挑釁:他們敢於向世界冠軍叫板。")

"美眉"演義

"美眉"本來是網上用語,又是一個頗為時髦的新詞。于根元主編《中國網絡語言詞典》(2001 年 6 月出版)對"美眉"的釋義為:"妹妹。網上對女性網民的常用稱謂,一説稱容貌較好的女性網民。網絡聊天室常用。義同'MM'。"看來"美眉"是"妹妹"的改妝。

"妹妹"怎麼會變成"美眉"呢? 原來這是内地人"音譯"港臺味普通話的結果。"妹妹"的後一個"妹"字,用北京音的普通話來念,只是個一帶而過的輕聲音節,而港臺人不念輕聲,反而調子上揚,類似北京音的陽平。因而港臺味的"妹妹",内地人聽起來頗似普通話的"美眉"。而網絡語言的風格特點是新穎生動、幽默風趣等,於是網民們便約定俗成地把"美眉"當成了"妹妹"的替身。

但是"美眉"却很快從網上走下來,成了一般的書面用語,尤其是在新聞語體中。例如:"新一季推崇 Q 風格,時尚美眉的潮流裝扮。"(《深圳晚報》2001 年 11 月 11 日) 這顯然已經超出"女性網民"的意義了。再如:"央視對話節目的美女主持人沈冰從没引起像現在這樣多的關注:作為有着億萬觀衆的《你好,世界杯》節目的美眉主持,與老牌體育主持人劉建宏搭檔,她在演播室裏的一顰一笑都會被拿來放大和談論。"(《濟南時報》2002 年 6 月 21 日) 這類用法的"美眉"是什麼意思呢? 例中"美女主持"和"美眉主持"同時在一段文字的上下文出現,兩相對照不難發現,"美眉"和"美女"是等義的。

"美眉"怎麼由網内的"妹妹"意義又衍化出網外的"美女"意

義來了呢？這跟"美"、"眉"二字的字面意義是分不開的,或者説跟人們望文生義的習慣有關。"美眉"從語音上講本來是模仿港臺味普通話"妹妹"的發音的,但它的字面意義却是:(女人)美麗的眉毛。女之美在眉,眉亦可代指美女。文獻記載唐明皇讓畫工繪了一幅畫叫《十眉圖》,畫的是十個美女;"娥眉"也是先由眉毛而代指美女。所以用"美眉"指稱年輕美女,是很自然的事。應注意的是,"美眉"的美女意義不是指選美大賽上的那種美女,而應作較爲寬泛的理解,一般的年輕女性都具有青春靚麗的特點,均可進入"美眉"隊伍。

"美眉"的這種"美女"意義,是網上用語所不具備的。上引詞典釋義"一説稱容貌較好的女性網民",其實是很牽强的。因爲網上聊天是看不到對方容貌的,甚至連對方是否真正的女性都不知道。"美眉"的容貌方面的色彩實際上是這兩個漢字帶出來的,這是"妹妹"二字所沒有的。正是這點色彩或效果,才發展爲後來指美女的意義。

"美眉"從網内走向網外,不僅意義發生了變化,用法也發生了變化。網内的"美眉"相當於"妹妹",可以用於對稱;網外的"美眉"相當於"美女",所以不能用於對稱。網内外的"美眉"在語體上倒有一點共性,即都只能用於書面。網内的"美眉"雖可直稱對方,但却是用文字發出的,跟寫信發電報差不多;網外的"美眉"則只見諸報端。爲什麼呢？因爲"美眉"所表達出來的色彩和意義,跟這兩個字是緊密相聯的,也就是説通過人的視覺才能顯現出來。如果進入口語,就只剩下"měiméi"的聲音,又成了港臺味"妹妹"的發音,大陸人是聽不慣的。在大街上對一位陌生的小姐稱呼一聲"měiméi",那反應肯定好不了,不如稱"小姐"。"美眉"今後如何發展,能否進入口語,則只能静觀其變。

(原載《辭書研究》2005 年第 1 期)

"零距離"追蹤

一、叫響九州的"零距離"

中國眼下最流行的新詞,如果讓公眾推舉,恐怕"零距離"會榮膺首選。人們平常說話和寫作,無論是指人還是事物,只要是形容二者關係或距離的貼近和直接,動不動就說"零距離"。百姓學科學,可說"與科學零距離";記者到前綫采訪,可說"與戰爭零距離";醫護人員在抗"非典"第一綫工作,可說與非典"零距離"。大眾看好"零距離",將密切接觸說成"零距離接觸",將直接對話說成"零距離對話";新聞媒體看好"零距離",動不動就是"零距離采訪";商家看好"零距離",紛紛推出"零距離銷售"、"零距離服務"、"零距離模式"。某大學請一位院士給大學生作報告,同學們提出口號說,"今天零距離學院士,明天零距離做院士"。凡此等等,不一而足。如果網上搜索"零距離"以及由它構成的短語,所顯示的數目會是成百上千萬!

資料表明,"零距離"的流行,不過是近三四年的事,大約始於世紀交替之際。爲了扼要說明問題,我們有代表性的選擇一些使用"零距離"的新聞標題,依時間先後排列如下:

(1)《王菲、謝霆鋒愛到零距離》(《鳳凰衛視》2000年6月5日)

(2)《陸毅周末在京與影迷"零距離"接觸》(《北京晚報》2000年11月31日)

(3)《科技與農民零距離接觸》(《華商報》2001年11月

7 日)

　　(4)《體驗上海高科技產品與百姓生活"零距離"》(《新華網》2002 年 10 月 13 日)

　　(5)《中國人才面臨"零距離競爭"》(《人民網》2001 年 10 月 6 日摘《市場報》)

　　(6)《與"準變性人"零距離》(《人民網》2001 年 12 月 25 日)

　　(7)《天公一張臉,商家一盆金──與"氣象經濟"的零距離接觸》(《河北商報》2002 年 3 月 29 日)

　　(8)《浙江餘姚丈亭鎮推行幹群"零距離"對話》(《浙江日報》2002 年 6 月 21 日)

　　(9)《觸目驚心──零距離直擊戒毒所》(《濟南日報》2002 年 6 月 21 日)

　　(10)《手機真能讓學生與家長零距離?》(《黑龍江日報》2003 年 5 月 26 日)

　　(11)《零距離接觸小湯山》(《海口晚報》2003 年 5 月 27 日)

　　(12)《零距離貼近"非典"的博士》(《工人日報》2003 年 5 月 27 日)

幾年的時間,"零距離"遍遊九州,急遽走紅。中國人之於"零距離",幾乎已是無人不知,無人不曉;說話着文,但凡需要,信手拈來,高雅時尚,新穎活潑,貼切自然。其使用率之高,表現力之強,影響性之大,恐怕沒有哪一個新詞堪與之媲美。此足見"零距離"已叫響九州!

　　說起"零距離"的叫響,還有一個事例不能不在此預先交代,那就是著名女記者李響和她那本轟動一時的暢銷書《零距離──李響和米盧的心靈對話》。"零距離"的用例,最該列舉的應是這個書名。由於上面列舉的僅是一些新聞文章標題名,故只得在此

補及。否則,一定會有讀者指責筆者的無知和孤陋寡聞了。此處
先賣個關子,下文就要從另一角度重點談這個例子了。

二、“零距離”流行的原因

上節末尾之所以先交代李響和她那本書,因爲時至今時,只要
一問起“零距離”一詞及其流行的原因,人們首先會提到李響和那
本書。正如《新浪網》2001 年 12 月 29 日所説:“在新浪網上輸入
‘零距離’,8207 個搜索結果中有一半和一本書和一個中國女人有
關。之所以強調她的性別,是因爲假如她是個男人,絶不會有這麼
多紛擾——當然,她也不可能得到她的獨家新聞。”李響的書之所
以出名,因爲它是寫特別牽動國人視綫的中國足球的,是寫萬民矚
目的足球主帥米盧的,同時也是寫輿論敏感話題李響和米盧關係
的。這諸種因素足以使該書身價百倍。所以,經過一段時間的媒
體輿論“預熱”,2001 年 10 月,那本《零距離——李響和米盧的心
靈對話》,終於由知識出版社隆重推出。隨後,李響又到全國各大
城市現場簽名售書,氣氛相當熱烈,媒體競相炒作,華夏爲之震動。
頓時,“零距離”成爲一個最時尚的新詞,新聞媒體對該詞的使用
達到一個空前的高峰,社會上誰要不知道“零距離”,幾乎要被譏
爲“土老帽兒”了。所以,促使“零距離”的流行和走紅,李響和她
的大著《零距離》,不能不説是一個極爲重要而顯著的原因,在人
們眼裏,“零距離”也幾乎成了李響的專利。果不其然,據《山東商
報》2003 年 6 月 3 日第 33 版報導,繼 2002 年韓日世界杯結束米盧
離開中國後,李響也離開了足球圈獨自創業,現爲“零距離體育文
化傳播有限公司”董事長! 這是天下第一家以“零距離”注册命名
的公司,並且屬於李響。“零距離”的叫響以及與李響的聯繫,於
此可見一斑。

然而,李響和她的書是“零距離”走紅或叫響的原因,却不是

"零距離"流行的最初原因。因爲在這之前,"零距離"已在流行了。李響寫的書是 2001 年出的,而本文上節所引新聞標題用例中的頭兩條就都是 2000 年的。況且,李響的書以"零距離"命名,也是事出有因的。由於此前李響對米盧采訪的壟斷,和李米關係的密切,早就招致了同行的嫉妒。有的新聞記者,也許出於"吃不到葡萄就説葡萄酸"的心理,也許出於獵奇或新聞需要,就在報端大肆炒作所謂米李之間的"緋聞",把他們的友情關係説成是"零距離"或"零距離接觸"。李響寫的書原本也不是以"零距離"命名的,就叫《李響與米盧的心靈對話》,可是出版社基於商業性考慮,期求某種轟動效應,索性將計就計,故意借用"零距離"這一含蓄之詞作爲書名,而將原書名降爲副標題。不出所料,果然一炮打響。

既然李響出書之前"零距離"已在流行了,那就説明另有促其流行的原因,我們須通過另外的綫索繼續向上追蹤。新聞圈外,我們還應再考慮娛樂圈。追星族都知道,日本有一位當紅女歌星名叫宇多田光,她有一張歌曲專輯叫《零距離》。如此説來,"零距離"是起自宇多田光,乃至從日本借來,都不是没有可能。但是,時間問題否定了這種可能。宇多田光這張專輯是 2001 年 3 月才推出的,如前引新聞標題用例,2000 年 3 月 5 日《鳳凰衛視》已有《王菲、謝霆鋒愛到零距離》了。當然,宇多田光的歌集也是推動"零距離"流行的小插曲之一。巧得很,上則新聞提到的王菲和謝霆鋒,也是兩位紅歌星,媒體特意用"零距離"形容他們的愛,不會無因。這又爲我們提供了一種綫索:此二人也許跟"零距離"的使用有關。果然,追蹤結果顯示,1999 年有一件促使"零距離"流行的至關緊要的大事:大宇國際唱片有限公司推出了謝霆鋒的粵語大碟專輯——《零距離》! 説起謝霆鋒,當代娛樂圈,新聞圈,尤其是青年一代,可説是無人不知,無人不曉。他是香港當今流行歌壇天王級巨星之一,其追星族和發燒友,何止億萬! 流行歌曲能唱出一些新詞,或促使某些詞語成爲時髦,這本來就是一條規律,何況謝霆鋒這樣倍受矚目的大腕級當紅歌星呢? 所以,由他口中唱出一個新鮮詞兒,馬上會變成億萬歌迷的口頭禪,不流行才怪呢。香港衛視關於《王菲、謝霆鋒愛到零距離》的報導,一方面是對謝霆鋒"零距離"的化用,一方面也標誌着"零距離"已在流行。再後來,宇多田光的《零距離》,顯然是受謝霆鋒《零距離》的影響,同時又爲"零距離"一詞的流行助了一臂之力。除新聞標題外,隨文使用"零距離"的用例,目前發現最早的也是在 1999 年,例如:

> 我們也在學習和借鑒這種被業界普遍看好的銷售模式,並將它中國化,逐步實現惠好產品的"零距離銷售"。(《北京晚報》1999 年 11 月 10 日)

值得一提的是,2003 年 1 月商務印書館推出一部《新華新詞語詞典》,"零距離"躋身其中,最早的書證就是上例。顯然,該用例也是受謝霆鋒的影響而及早趕了個時髦而已。目前還沒有發現1999 年前的用例,即便有,如果不遇謝霆鋒這一"契機",它也只是偶爾一用,不會搖身一變而躋身流行詞一族。所以,謝霆鋒和他的《零距離》歌集,應是促使"零距離"一詞進入流行詞軌道的第一個發送站! 至於以後的推動因素,那只不過是"加油站"而已。

三、"零距離"起源蠡測

我們説謝霆鋒及其歌集是"零距離"得以流行的最初原因或第一個發送站,但要説"零距離"一詞就是起源於謝霆鋒的歌集,那就有欠妥當了。因爲我們無法證明"零距離"一詞爲謝霆鋒發明或首創,甚至連"零距離"是國產貨還是舶來品,都還説不定。當然了,就"零距離"本身來看,其構造成分的確都是地道的國產貨。這個"零"在當代漢語中又是一個較爲能產的構詞語素,早期有"零聲母",臺灣早就有了"零故障"、"零污染"、"零缺點"等;大陸改革開放以來又陸續出現了"零增長"、"零缺陷"、"（電腦）零等待"、"零投訴"等。目前這種形式更多了,我們暫且稱之爲"零××"格式。所以,説"零距離"是模仿這類形式造出來的,也應是很自然的事。但問題没有那麽簡單,上述那些"零××"格式如果一一核查,説不定都能在外語那兒找到對應呢。有些詞語,正因爲其民族化形式,才掩蓋了其外來面目。如:"籃球"之於 basketball,"足球"之於 football,尤其是"熱狗"之於 hot- dog,兩相對照,不難顯出其"舶來"痕迹了。我們費力地説這些,意在啓發大家,"零距離"還需到外語中進一步尋"根"。其實很簡單,打開互聯網,只要敲進與"零距離"對應的 zero distance 以及由它組成的短語,這種英文形式可謂比比皆是,足以數百萬,數千萬計。這説明什麽問題呢? 漢語中"零距離"的大量運用,才是近三兩年的事,因而決不能説英語的 zero distance 是從漢語翻譯過去的,結論恰恰應該相反:漢語的"零距離"應是用語素對譯的辦法,從英語的 zero distance那兒"套"過來的。由於歷史原因,香港一直使用英語,最易接受英語影響,所以 zero distance 的套譯形式"零距離"應該最先進入香港漢語,謝霆鋒根據編創歌曲的需要,大約不過信手拈來而已。然而一個平淡的詞語,一旦跟流行歌曲及紅歌星結緣,它便獲得了一種契機和一種最便捷的載體,得以"零距離"地遍遊九州了。所以,就其起源來講,漢語的"零距離"應是外來詞,來自英語的 zerodistance。外來詞當然就是受外語影響而産生的漢語詞。雖然現在習慣上不把意譯詞看成外來詞了,但意譯詞和音譯詞實質上都是受外語影響而産生的,所以從廣義而言我們還是把"零距離"看成外來詞。不惟"零距離",眼下流行的"零××"格式,也大多是從外語那兒來的。

說完了"零距離"的來源,問題似乎應該結束了,但却又不儘然。因爲人們會問:英語中的 zero distance 是什麽概念? 是否一直是個日常生活用語呢? 我們認爲答案應該是否定的。大家知道,如果予以科學的界定,"距離(distance)"首先應該是幾何學上的一個概念,指兩點間相隔的長度,"零(zero)"在數學上表示數量的沒有,"零距離(zero distance)"就是無距離,其實就僅是一個點,用英語解釋就是 one single point space- time,譯成漢語應該叫做"單點時空"。例如物理、化學講物質的接觸、結合、反應、變化等,往往就限定在只能是零距離或單點的條件下才能發生,講"黑洞""場"等理論也難免涉及此概念。總之,英語中的 zero distance,首先應該是一個科學術語,然後再進入日常生活用語,成爲公眾的一般語文詞語。共同語吸收科學術語,本來就是一般詞彙形成的一條途徑。英語的 zero distance 用開後,組合能力特別強," zero distance ××"的形式也比漢語的"零距離××"多得多,漢語中與"零距離"組合的成分目前還只有"接觸"、"銷售"、"投訴"等爲數不多的幾個,好多英語中有的組合形式漢語中還沒有。比如 zero distance learning,直譯爲漢語,似應爲"零距離學習",可是漢語還沒引進這種説法呢。沒引進,或許已有別的説法占了位呢。我們有教學方面的"遠程教育"和"網絡教育"的説法,是否與此相關?這如果可以叫做"零距離"的話,正應是電腦帶來的方便。前引用例出現的"零距離競爭"也是同樣道理。由此我們推測,這個 zero distance 在英語中的廣泛應用,或許跟全球進入高科技和資訊化時代有一定關係。當然,英語的 zero distance 也是個新詞語,一般英文詞典尚未來得及收載,但我們不能由此而否認它是漢語"零距離"的源頭。如今是全球一體化時代,外語中產生一個新詞,往往馬上在漢語中有所反映,有的幾乎是同時而略有早晚而已。

四、"零距離"的意義、用法和規範

歸納以上所論,"零距離"這個新詞,應是濫觴於英語的 zero distance。zero distance 先由一個科學概念變爲社會常用詞語,然後進入香港漢語偶爾一用；一個偶然的原因，謝霆鋒的《零距離》一下子把它放射到全國，使它成爲流行語；中間又有宇多田光《零距離》的推波助瀾；最後李響的大著《零距離》一炮打響，"零距離"叫響九州！

"零距離"的流行，既然早期是跟旨在抒情的流行歌曲有關，它的意義也偏重於指情感關係的親近與融洽，就連李響的"零距離"也標明是與米盧的"心靈對話"，後來零距離的使用範圍逐步擴大到生活的方方面面，無論是形象的和抽象的，内心的和外在的，均可使用。我們嘗試將它的意義概括如下：

> ［零距離］沒有距離間隔。（1）形容外部空間關係的直接、當面，沒有阻隔。（2）形容内心情感關係的密切、融洽，沒有隔閡。

有時候這兩方面又是合二而一的。比如形容兩人友好關係的"零距離"接觸，既有空間位置的直接和靠近，也有内心情感的親近和融洽。《新華新詞語詞典》的釋義爲：

> ［零距離］沒有距離，指互相密切接觸，中間沒有任何阻隔。

我們覺得這更像是解釋"零距離接觸"，所以釋義似嫌狹窄了些。

下面我們再對"零距離"的詞性和用法略加分析。静態地看，"零距離"應是名詞性質，但進入具體語用情境當中，雖有時也用爲名詞，然却更多地體現爲動詞和形容詞性質。（1）用如名詞作賓語（或主語）。如：王菲、謝霆鋒愛到零距離（作介賓）。（2）用如動詞作謂語。如：與××零距離。（3）用如形容詞作定語。如：零距離對話；零距離模式。（4）用如形容詞作狀語。如：零距離接觸小湯山；零距離貼近"非典"。

"零距離"在使用過程中，又出現了"0距離"和"○距離"兩個變異形體，這就有了一個詞形規範問題。我們認爲應以"零距離"爲書面規範詞形，淘汰另外兩個寫法。第一，"零距離"作爲一個整體的中文詞,寫作"0"或"○"既不合理也不協調。"0"是阿拉伯數字,跟"123"等相配,"○"雖已被確定爲中文數字,跟"一二三"等相配,但却只表示空位,如:二○三年,三○一房間。第二,從語用主流看,"零距離"詞形已約定俗成,不宜再生枝節,否則只能徒增煩擾和混亂,這是與語文規範化的要求相違背的。

五、"零距離"的流變——"負距離"

按理説,追蹤完"零距離"的方方面面,本文就應該打住了,但却事有未然,因爲"零距離"在走紅的頂峰階段,却馬上又生出了枝節。有個"負零距離"曇花一現就不必説了,但另一個"負距離",却又在不知不覺間悄悄走紅了。《中國網》2001 年 11 月 22 日有篇體育評論,題目就是《論米盧和李響的負距離接觸》,其中説:

> 從實體層面講,不發生彈性形變的物質是不存在的,只要接觸,彈性形變就一定會發生,所以,所謂的"零距離"其實就是負距離。……記者與采訪對象的負距離接觸帶來的影響是負面的,我在祝福米盧和李響在足球領域成功的同時,也希望能引起一些思考,如是而已。

《新浪網》2001 年 12 月 29 日有篇文章《10 個詞》説:

> 負距離是一個新詞,來自於"零距離",……2001 年,她(李響)爲我們示範了一種嶄新的工作方式——將采訪安排到了米盧的卧室裏,一切攻擊也因而産生——除了采訪,他們還做了什麽? 究竟是零距離? 還是負距離?

這個"負距離"看似怪怪的,其實並非多麽艱深難解,因爲就數軸上的反方向而言,負數比零應是更進一步而已。所以就字面意義來看,"負距離"在程式上自然比"零距離"更深一層,形容兩者關係更加親近和密切。它最初仍舊是指李響和米盧關係而言,不過却比"零距離"更具攻擊性。

可見"負距離"是在 2001 年底"零距離"走紅的顛峰時期産生的,且二者是同氣連枝的。起初"負距離"也是新聞記者們的偶然創造,但它一經形成,却很快産生連鎖反映,一家大公司提出"負距離行銷"理念:

> 邁普同樣提出了"産品適用,應用創新"的思路。在處理技術和應用之間的關係時,邁普提出了"負距離行銷"的研發設計理念:"邁普的産品在技術上不一定是最先進的,但在應用上却一定是最領先的,即一定是用户最適用的。"(《上海熱綫》2002 年 7 月 11 日)

由例可見,"負距離行銷"比"零距離行銷"並沒有大的差異,只是在貼近應用的産品開發設計方面,由原來的基礎上再"深化"一步而已。但"負距離"一詞在社會上的影響和滲透却可見一斑。

"負距離"的影響繼續擴大。2004 年 3 月 31 日,爲紀念香港著名演員、歌星張國榮 4 月 1 日逝世一周年,一部大型多媒體音樂歌舞劇《張國榮——負距離接觸》在上海大劇院首演。該劇由臺灣"小虎隊"三將之一的"小帥虎"陳志朋及其他港臺明星連袂打造。全劇以張國榮 1997 年的香港演唱會爲基礎,穿插了一個美妙的愛情故事。講述了一個迷戀張國榮近乎瘋狂的女大學生在張國榮的演唱會上偶遇一個長相酷似張國榮的男孩,兩人産生了朦朧的感情,但男孩在一次去高原采風的途中去世了,時間也是 4 月 1 日。在兩人交往中,張國榮將不斷在演唱會上和女大學生的夢境中出現。劇中張國榮由陳志朋扮演,酷似張國榮的男孩由白永明扮演,"哈妹"大學生由薛凝扮演。據該劇導演介紹,劇名中的"負距離"主要是强調歌迷與偶象"精神上的交流"。

綜上所述,"負距離"在實用中已有三種所指:

(1)極言男女兩性間關係的親密。(2)商業服務行業指行銷服務等工作比"零距離"更進一層的貼近和深入。

（3）娛樂圈內指歌迷與偶像精神上的交流。

另據媒體報導，《張國榮——負距離接觸》一劇演出引起了極大轟動。嗣後4月份各場演出，場場爆滿，並且還將於5月18、19日在廣州中山紀念堂上演，緊接再赴杭州、重慶、天津、北京等地演出。之所以如此，因爲“哥哥”張國榮乃國際巨星，其名氣身價又爲謝霆鋒等人所望塵莫及，他的辭世已引起舉世震動，國際電影節都爲他默哀。“小帥虎”陳志朋雖已沉寂多年，却因扮演張國榮而頓時身價百倍，且已預先爲此投保人民幣3000萬元！我們絮叨半天講該劇，因爲劇名中用上了“負距離”，此劇無疑爲“負距離”插上了翅膀，“負距離”從此又要叫響九州，遨遊世界！張國榮生前本未跟“負距離”沾邊，身後却促成了“負距離”的走紅，這跟謝霆鋒、米盧、李響等人促成“零距離”走紅的道理是一樣的。無怪乎商家做廣告要借重明星，原來新詞語流行的背後，往往也有一種明星效應。這或許也算語詞考證的一條規律吧？

　　（附言：語言在變化，語言研究亦應跟上。一條新詞，筆者整整追蹤了三年，本文寫作修改亦歷三年，尚不知結論確鑿否。此足見考古難，考今亦不易。）

　　（原載《山東教育學院學報》2004年第4期。補按：2005年《現代漢語詞典》第5版適時增加了“零距離”詞條。）

"爲"並没有被誤用
——與劉大爲先生商榷

　　《語文建設》1997 年第 10 期劉大爲先生《介詞"爲"爲什麽容易被誤用》一文認爲,《我爲祖國獻石油》這首名歌中,介詞"爲"用錯了。同時認爲這類誤用相當普遍,並舉出了一大批類似的例子:"爲聽衆獻上一支歌"、"爲困難職工子女送新衣"、"爲父母送上一片祝福",等等。錯在哪里呢? 按照劉先生的規定,凡謂語動詞是"給予"義的句子,其中的介詞"爲"只能引進受益者,不能引進與事(即間接受事),因而句子必定另外隱含一個間接受事對象。劉先生説:"例如'獻石油'必定隱含一個接受石油的對象","'我爲祖國獻石油'的實際意思却應該是我爲祖國把石油獻給祖國之外的某一對象"。

　　劉先生緊接着又舉出了正確的用例來證明這種分析的正確性:

　　　　我爲他償還了債務。

的確,這個句子在"爲"的介賓"他"之外隱含着一個接受債務的對象。劉先生又指出該句與"我爲祖國獻石油"的共同結構是:

　　　　S + [爲 + O2] + [V + O1]

那麽同理類推,"我爲祖國獻石油"也必定另外隱含一個接受石油的對象了。劉先生又進一步對這一結構做出規定説:"'爲'作爲一個介詞,在這裏起的作用是引進行爲動作的受益者",於是"通常還需要一個間接受事作爲行爲的對象",其完整結構實際應是:

$$S + [爲 + O2] + (向對 + O3) + [V + (O3) + O1] +$$
$$(給 + O3)$$

劉先生規定:"三個圓括號內的項目是任選項目,對它們只能選擇一次,但可以不選,不選時 O_3 以零形態的方式依然存在。"

我們的觀點是:"我爲祖國獻石油"等句子並没有隱含間接受事,而是劉先生的理解和推論有誤。

一、"受益"和"與事"是對立概念嗎?

推理是由判斷構成的,判斷又離不開概念。讓我們先來分析劉先生自己確立的概念。

其公式中出現了三個賓語:直接受事 O_1,受益者 O_2,與事(間接受事) O_3。劉先生首先把受益者 O_2 和與事 O_3 配成一對,並分析它們的"語義差異"説:

> 它們之間的區別本質上在於是否受到了行爲的影響,是不是行爲的必要組成元素。受益者不受行爲的影響,不是行爲的對象,因而也不參與行爲的組成,它只是通過行爲而得到益處。……相反與事一定受到行爲的影響,是行爲的參與元素之一。

劉先生對"受益"的界定,在情理上説不通。"受益"本身就是一種行爲,不參與行爲又怎樣受益? 大約只有鷸蚌相争故事中的漁翁才叫受益。實際上,劉先生的規定,正是根據"我爲他償還了債務"中的"他"定出來的,而那個"他"正好是一個既非"償還"的施事,亦非其直接、間接受事的局外人。但也非絶對局外,因爲"償還"本該由"他"施事,只是被"我"代替了而已。"他"正是這種"被代替"的受益者。這固然也是受益的一種形式,但將"受益"僅僅局限於這一種形式,却既不符合實情,也不符合通行的界説。

《現代漢語詞典》"受益"條的釋義是"得到好處；受到利益"，①並没有劉先生那幾個"不"的限制。吕叔湘主編《現代漢語八百詞》"爲（ wèi）"字條第一義項爲："引進動作的受益者；給。"其"爲＋名"格式共舉四個例句：爲人民服務／爲祖國作出新貢獻／不用爲我擔心／請爲我向主人表示謝意。② 各例"爲"的介賓應該都是受益者。可是只有最後一例符合劉先生的規定，而第一例是"服務"的對象，第二例是接受"貢獻"的與事，照劉先生看來，不都成了"誤用"的句子了嗎？

20 世紀 60 年代末，由美國語言學家 Fillmore 發起，國外興起了一種以句中語義關係爲中心的格語法。格語法中的"受益格"和"與格"，也不是相互對立和排斥的概念，而是着眼點不同。如 Joan baked Louise cake，其中間接賓語 Louise，一般認爲既是受益格，也是與格。如果把間接賓語用介詞引導放到其他位置，Fillmore 早期認爲，用 for 是受益格，用 to 是與格。也許他覺得這樣較勉强，後期又取消與格歸入終點格。③

我國語言學家史有爲借鑒格語法理論寫有《"格素"論要》④一文，將漢語的語義格分爲三大類五十小類，其第一大類第八小類就是受益格：

8）受益。例如：給"他"一本書／給"他"提了點意見。可能標誌："給"、"替"、"爲"；給義動詞前後或間接賓語。

我們看，"受益"跟"與事"分明成了一碼事！

朱德熙《語法講義》第十三章提到，介詞"給"的一種用法是

---

① 《現代漢語詞典》（修訂本），商務印書館 1996 年版，第 1166 頁。

② 吕叔湘主編：《現代漢語八百詞》，商務印書館 1980 年版，第 484 頁。

③ 參見侯明君主編：《應用語言學詞典》，山東教育出版社 1991 年版；黄錦章：《漢語格系統研究》，上海財經大學出版社 1997 年版。

④ 原載《語法研究和探索（六）》，語文出版社 1992 年版。

"引出受益或受損的與事"。受損的我們不管,玆將其"受益的與事"兩個例句照錄如下:

　　他專門給人家修理電視機("人家"受益)

　　他常常給我開藥方("我"受益)

句中介賓"人家"和"我"就是受益的與事,既受益,又與事,不僅不對立而且合爲一體了。如果把其中的"給"替換成"爲",句子意思也完全一樣。哪里還有什麽"受益者同與事的語義差異"呢? 朱先生唯恐有人把與事排除於"受益者"之外,特意在括弧中注明了。

　　前引國内外專家專著的意見,涉及到詞彙、語法、語義各個方面,都没把"受益"和"與事"看成對立概念。將某事物"給予"某人,該人是間接受事者;當行爲是積極意義的時候,該人又是受益者。得到事物跟受到利益,正是一件事情的兩方面。劉先生所指被施事代替的對象,雖也是一種形式的受益者,但通行意見則更多地傾向於間接受事(與事)這種受益者。即便綜合起來考慮,"受益"和"與事"也只能視爲"交叉",不能把個別情況下的差異擴大爲整體的對立。

二、介詞"爲"在給予義動詞句中跟　　"向(對、給)"對立嗎?

　　劉先生把"我爲祖國獻石油"等句判爲誤用,還有一個重要前提,那就是把其中的介詞"爲"理解成像"我爲他償還了債務"中的"爲"一樣,只能引進施事所代的對象,不能引進行爲所向的對象;如果要引進所向或與事,那只能是介詞"向"或"對"、"給"的責任。也就是説,劉先生在製造"受益"和"與事"對立的同時,又製造了介詞"爲"跟"向(對、給)"的對立。這種情況固然有時也是存在的(例如"我爲他償還了債務"),但將其絕對化,用它來排斥和否定其餘,徹底剥奪介詞"爲"引進與事的功能,不許它在其他情況下具有"向(對、給)"之義,這同樣是違背客觀事實的。

《現代漢語詞典》"爲(wèi)"字條中間三個義項是：② 介詞，表示行爲的對象；替。③ 介詞，表示目的。④ 對；向。① 可見"爲"既可表示行爲對象，又可有"對"、"向"之義。《馬氏文通》卷七講介詞"爲"時提到："凡心向其人曰'爲'。"上舉《現漢》那三個義項，皆可納入"心向其人"的範疇。"爲"表示代某人做事或給某人服務的"替"義，表示行爲目的時的"爲了"之義，表示行爲所向或將某物給予某人的"向"、"給"之義，都是施事"心向其人"的表現形式。"爲"的介賓是施事心向的對象，從另一角度看，就是受益者。可見"爲"和"向(對、給)"不是相互排斥的。

朱德熙《語法講義》第十二章曾提到：在"給我打了一針"中，介詞"給"就是"爲"或者"替"的意思。② 第十三章介詞雖没專門講"爲"，但在總論介詞作用時舉例説：

　　跟　給　對　爲　比　(引出與事)③

這説明介詞"爲"可以引導與事，在這方面跟"向(對、給)"並不對立。

一般認爲漢語介詞"爲"跟英語的 for 相當，我們可以拿 for 加以比較。For 也可表所向，如"開向倫敦的列車"要説成 the train for London，該 for 實爲 to(向)之義。再進一步，for 同樣可以引進直接賓語所歸向的對象。朱德熙《與動詞"給"相關的句法問題》④一文，在一條注釋裏，根據國外語言學家的觀點分析 for 的歧義，舉了四個例子，其中之一是：

　　　Uncle Jim knitted some socks for Margaret.

朱先生説，該 for 既可理解成給予又可理解成服務。理解成服務是

---

① 《現代漢語詞典》(修訂本)，商務印書館 1996 年版，第 1314 頁。
② 朱德熙：《語法講義》，商務印書館 1982 年版，第 170 頁。
③ 同上，第 175 頁。
④ 載《現代漢語語法研究》，商務印書館 1980 年版。

instead of 之義;理解成給予,則表示直接賓語的所向,即間接受事,其功能正相當於 to。英語的 for 可以兼有 to 的語義功能,漢語的"爲"可以兼有"向(對、給)"的語義功能,二者一致而不對立,怎麼能算誤用呢?

讓我們再看漢語的語用事實吧。"爲"表示所向以及引進與事即間接受事的功能,劉先生以爲只有現代漢語才有,其實這種用法在古代漢語中早就存在了。先看純表行爲所向的"向"、"對"之義:

持其踵爲之泣。(《戰國策·趙策四》)

不足爲外人道也。(陶淵明《桃花源記》)

例中的"爲"顯然皆爲"向"或"對"之義。下面就是不僅具有"向(對、給)"之義,而且在給予義動詞句中引進與事即間接受事的例子:

(1) 爲淵驅魚者,獺也;爲叢驅爵(雀)者,鸇也;爲湯武驅民者,桀與紂也。(《孟子·離婁上》)

(2) [董卓]拔手戟擲布,布捷避之,爲卓致謝,卓意亦解。(《後漢書·獻帝紀一》)

(3) 但得酒中趣,勿爲醒者傳。(李白《月下獨酌》之二)

(4) 問我心中事,爲君前致辭。(李白《書懷贈南陵常贊府》)

(5) 吳弦楚調瀟湘弄,爲我殷勤送一杯。(白居易《酬別程秀才》)

(6) 舟同李膺泛,酒爲穆生携。(白居易《三月三日被禊洛濱》)

各例中"爲"的意義及其引導對象,也是較爲明顯的。如例(1)的三個分句,前兩句"爲"的介賓好像是處所,可後一句"湯武"顯然是指人,自然是間接受事。但合起來看,前兩句是比喻後一句,爲後一句服務的,所以三個"爲"的介賓應都是間接受事。例(2)"爲卓致謝"就是"向董卓表示謝罪"之意,介賓"卓"更是間接受事無疑。這種介詞"爲"的意義也只能是"向（對、給）"。其他各例不一一分析，讀者自可體會。

宋朝的孫奭作《孟子正義》（見《十三經注疏》），生怕人們對"爲淵驅魚"等三個句子中介詞"爲"的意義和功能有所誤解，特意做了這樣一段疏：

> 故爲淵而驅聚其魚而歸之淵者，是獺爲之驅也；爲叢木而驅聚其爵（雀）而歸之叢者，是鷹爲之驅也；爲湯王武王而驅聚其民而歸之湯武者，是桀與紂也。（着重號爲引者所加）

這段話可謂不厭其詳了。孫老先生好像有意防止後人在"爲"的介賓之外尋找什麼隱含的間接受事對象，而接連用三個"歸之"指明了。照此類推，"我爲祖國獻石油"只能是"爲祖國獻石油而歸之祖國"，而絕不是如劉先生所説"把石油獻給祖國之外的某一對象"。因爲《孟子》中"[獺]爲淵驅魚"等三個句子，跟被劉先生判錯的"我爲祖國獻石油"等句子，無論是表層語法還是深層語義，都應是同類結構。

可見"爲"既可引進"施事所代"，也可引進"行爲所向"，從邏輯上講，二者同樣不是依據同一標準劃分出來的對立概念，而是"爲"在不同情況下的不同功能。劉先生把"我爲他償還了債務"中的"爲"只能表所代不能表所向這種有時的不同擴大爲普遍的對立，從而造成了把其他大批句子中的"爲"判爲誤用的"冤假錯案"。

三、餘　論

跟"我爲他償還了債務"意義相對的句子可以是：

> 我爲他借來了錢。

該句中的"他"既是被施事代替的對象，同時又是與事即間接受事對象（"錢"所歸向的對象）。也就是説，前述介詞"爲"的兩種意義和功能,這裏被同一個"爲"兼而備之了。當然,謂語動詞"借"在這裏已經成了向内的"取得"義,但却足以説明謂語動詞的變化,會造成"爲"的意義及功能的變化。由於語義關係的複雜性,"爲"的意義及功能還會有其他類型,但無論有多少種,都是語言的客觀現實,語言研究者的責任應是對它們進行客觀地分析描寫,而不是抓住一種類型否定其他類型,從而否定語言事實。

劉先生所謂"爲"的"誤用",的確不是原始就有的。"爲"最初純是動詞,發展出介詞用法後開始也只是表所代或目的等,表所向對象則是介詞"於(于)"的專職。我們認爲"爲"表所向很可能是受"於"的影響發展而來的。原因是"爲"、"於"一聲之轉(喻紐三等),而"於"跟影紐的"於"又混用無别。"爲"有了這種新用法後,跟"於(于)"的句法位置並未混同,用"爲"仍在動詞前,用"於(于)"仍在動詞後。例如:

> 爲淵驅魚＝驅魚於淵
>
> 爲人民服務＝服務於人民
>
> 爲祖國獻石油＝獻石油於祖國

兩相對照,"爲"、"於"意義和功能無别只是位置不同。這恰好反證了"爲"跟"向(對、給)"的意義和功能一致而不對立。"爲"的這種用法雖較爲後起,却也有了兩千年的歷史,不宜再判作"誤用"。劉先生一方面證明"爲"引進與事的用法"普遍存在",且"已經到了充耳不聞、視而不見的地步",一方面又把這種用法判爲"誤用",這種做法本身就表現出錯誤來。因爲語言的用法或規則,本無天然道理可言,正如荀子所説:"約定俗成謂之宜,異於約謂之不宜。"説明確點就是:約定俗成的就是正確的,違反約定俗成的就是錯誤的。劉先生把"普遍存在"的用法判爲誤用,不正是違反了約定俗成的語言原則嗎?

(原載《語文建設》1998 年第 12 期)

"心向其人曰'爲'"的語義類型
——兼説"爲"引進與事的可接受性

《馬氏文通》卷七之五對介詞"爲"進行了這樣的界定:

> "爲",介字,以聯實字也,解"因"也,"助"也。又凡心向
> 其人曰"爲"。要之,凡行動勤所以有者曰"爲",故"爲"必先
> 乎動字。

這就把"爲"的語法意義功能以及在句中的位置大體揭示出
來了。解"因",我們不去管它;解"助",又恐跟動詞混淆。下一句
既以"凡"統之,本文認爲不妨讓"心向其人"先作一個大類,與此
有關的介詞"爲"皆可入内,然後再分析其具體的語義類型。下面
就從古今語言事實出發,并參考前修和時賢的説法,對此加以
分析。

一、引進施事所代的受益對象。這種 "爲"可對應爲"替",然據意義的虛 實,又可細別爲兩類

A 類:

(1)善爲我辭焉。(《論語·雍也》)

(2)是猶代庖宰剥牲而爲大匠斫也。(《淮南子·主
術訓》)

(3)請爲我向主人表示謝意。(按:現代用例不注出處,
下同)

　　　（4）我爲他償還了債務。

這類"爲"意義較實,動詞化較明顯,不僅可讀爲"替",而且可進一步落實爲"代替",如例(2)中的"爲"就與"代"對文。

　　B 類:

　　　（5）爲天下興利除害。(《史記·陸賈列傳》)

　　　（6）我爲祖國守大橋。

這類"爲"意義較虛,已經純介詞化了,理解成帶點服務性的"替"(instead of)尚可,一般難以落實爲"代替"。

　　A、B 兩類"爲"賓語均不參與後面的謂語行爲,但行爲確是該賓語希望發生的或本該由它去完成的。而由於另有施事"替"它完成了行爲,致使它成爲受益者,所以這是"心向其人"的一種形式。

二、引進行爲目的所涉及的受益對象

　　　（1）盡如慈母之爲弱子慮也。(《韓非子·解老》)

　　　（2）爲君掃凶頑。(唐李白《豫章行》)

　　　（3）母親爲孩子日夜操勞。

　　　（4）我爲祖國守大橋。

這種"爲"可解作"爲了"。該"爲"既是"爲了"某對象發出行爲,它就同時具有服務性質的"替"(instead of)義,這就與第一種的 B 類發生了交叉,本文故意舉了一個兩類兼跨的例子"我爲祖國守大橋"。語言事實在,只是理解的角度不同而已。

三、引進行爲所向或與事的受益對象

　　　（1）持其踵爲之泣。(《史记·趙世家》)

　　　（2）不足爲外人道也。(晉陶潛《桃花源記》)

（3）爲淵驅魚者,獺也;爲叢驅爵(雀)者,鸇也;爲湯武
驅民者,桀與紂也。(《孟子·離婁上》)

（4）(董卓)拔手戟擲布,布捷避之,爲卓致謝,卓意亦
解。(《後漢紀·獻帝紀一》)

（5）但得酒中趣,勿爲醒者傳。(唐李白《月下獨酌》
之二)

（6）爲我殷勤送一杯。(唐白居易《酬別程秀才》)

這些"爲"都可解作"向"或"對"、"給"之義。例(1)(2)是一般的
行爲所向,例(3)—(6)中謂語動詞都有"給予"義,"爲"的賓語不
僅是行爲所向,而且是直接賓語所向,即間接受事。這種"所向"
同時也是施事心之所向,所以也是"心向其人"的一種表現,其賓
語就是受益者。這種"爲"有的也可作前兩種理解。如例(3)"爲
淵驅魚"等三個"爲"字句,楊伯峻《孟子譯注》就將"爲"譯成了
"替"。有的理解成表目的的"爲了"也未嘗不可。但怎樣理解都
不應輕易把語言事實判錯。

以上語言事實表明,"爲"可以引進間接受事。朱德熙《語法
講義》將間接受事叫作"與事",重點分析了介詞"給"引進與事的
功能,并指出"給"有時就是"爲"、"替"之義。這表明"爲"也是可
以引進與事的。可是《語文建設》1997年第10期劉大爲《介詞
"爲"爲什麼容易被誤用》一文,却把"我爲祖國獻石油"等一大批
句子中引進與事的"爲"給判錯。劉文説:

> 石油究竟獻給誰呢? ……"我爲祖國獻石油"的實際意
> 義却應該是我爲祖國把石油獻給祖國之外的某一對象。……
> "我爲祖國獻石油"之所以是錯的,原因就在於將與事當成了
> 受益者而出現在"爲"的介詞賓語的位置上。

劉文將"與事"跟"受益者"對立起來,不唯有違於語言事實,而且
與另一些學者的觀點不相符。朱德熙《語法講義》就認爲與事也
可受益,即"受益的與事";史有爲《"格素"論要》一文(載《語法研

究和探索(六)》)特立“受益”格,例句就有充當介賓的與事,可能標誌又舉了“爲”。

　　“爲”的介賓也確有只是受益者而非與事的情況,本文前述“爲”的第一種用法中的 A 類即是。如例(5)“請爲我向主人表示謝意”,“爲”的賓語“我”雖是一種形式的受益者,但卻非“謝意”的接受者,“謝意”另有與事來接受,那就是“向”的介賓“主人”。有時與事可以隱含,如例(6)“我爲他償還了債務”,與事(“債務”的接受者)就另有其人。該“爲”之所以不能引進與事,是由其語義功能決定的。它還保留着較強的動詞性,具有較實在的“代替”行爲義,因而只能表示被主語代替的對象,不能兼表間接受事對象。表示間接受事的“爲”是“向”或“對”、“給”之義,屬於本文第三種類型。但這並不妨礙兩種“爲”都表示受益者,被主語代替是受益,間接受事何嘗不是受益? 只是受益的方式不同而已。劉文將“與事”跟“受益者”對立起來,是沒有道理的。

　　我們認爲,引進與事的“爲”,絕不是語言中的誤用,而恰是個別語法學家的誤解。劉文認定“我爲祖國獻石油”的實際意思應該是“我爲祖國把石油獻給祖國之外的某一對象”,大家體會一下,這不正是把其中的“爲”誤解爲“代替”義了嗎? 對照一下被劉文樹立爲正確範例的“我爲他償還了債務”,更可證實這種誤解。劉文只知此句隱含一個接受債務的對象,卻不知該“爲”的背後還隱含一個“代替”行爲! 劉文以此句爲前提得出“爲”不能引進與事以及與事跟受益者對立的一套法則和公式,然後用去套“我爲祖國獻石油”一類句子,自然扞格不通,於是就出現了將引進與事的“爲”判爲誤用的不幸結果。殊不知兩句中的“爲”正是分屬不同的語義類型。兩句的表層句法結構相同,深層語義結構并不相同,不僅“爲”的語義不同,就連兩個謂語動詞“獻”和“償還”各自涉及的語義關係方面也大不相同。讀者對此不難體會,本文就不多加分析了。

　　總之，"爲"的諸種意義和用法，既已成爲大家普遍應用的客觀現實，就應該都是正確的，因爲判定語用正誤的根本原則只能是"約定俗成謂之宜"。當然還有個好不好的問題，那就要看在語境中諸種意義和用法會不會發生混淆，會不會造成誤解。如"我爲他償還了債務"，誰也不會把介賓"他"當作接受債務的對象，那麼它就是一個既對又好的句子。又如《孟子》的"爲淵驅魚"、"爲叢驅雀"、"爲湯武驅民"三個句子，兩千多年來並没有人誤解作者原意而到介賓之外去找接受賓語的對象；"英雄爲祖國捐軀"，"先烈爲人民獻出生命"，"全國上下爲災區人民捐款"，誰也不會懷疑會把賓語代表的事物捐獻到介賓以外去。語用習慣如此，這類引進與事的"爲"字句，同樣是既對又好的句子。但同樣正確的句子，如因情況不同有造成誤解的可能，就不能算是好句子。如"李雙江爲觀衆演唱了一首歌"，大家不會誤解把歌唱給"觀衆"以外的人聽。要是説"李雙江爲蔣大爲演唱了一首歌"，大家難免疑惑：是代蔣唱呢還是唱給蔣聽呢？因二人都是歌唱家，兩種可能都有。有歧義就不好，可據實情改爲"代"或"向"來避之。但是本無歧義而硬找歧義，或者隨意否定和取消語言中約定俗成的某種用法，却應爲語言研究者所不取。

（原載香港《語文建設通訊》1998 年 10 月總第 57 期）

拉祜語苦聰話的若干特點^①

　　我國現有苦聰人(今屬拉祜族)近 3 萬人,主要分布在雲南省的哀牢山和無量山一帶的高山地區。"苦聰"本是 kɔ¹tʂʻo¹一詞的譯音,文字記載中或稱"鍋錯"、"郭搓"、"古宗"、"果蔥"等,皆爲一音之轉,是史籍中所載"鍋銼蠻"的後裔。"苦聰"一般被解釋爲"生活在高山頭上的人"。1987 年 8 月 9 日,國家根據各方面的材料和本族人的意願,由《人民日報》正式發布消息,確定苦聰人的族屬爲拉祜族。

　　雲南省鎮沅縣有"苦聰"人 13000 多,主要分布於哀牢山一帶的者東、九甲兩個區。筆者於 1987 年 7、8 月份赴鎮沅對當地苦聰話進行了調查,主要方言點爲者東區木廠鄉廠洞村。調查結果表明:苦聰話和拉祜語有着密切的親屬關係,應視爲拉祜語的一個方言。但爲了與其他拉祜語方言相區別,本文仍稱其爲苦聰話。下面介紹的語音、詞彙、語法特點是與拉祜語相比較而言的。

---

　　① 本文選自筆者《鎮沅"苦聰"話調查報告》。此次調查及報告的寫作,始終得到了中國社會科學院民族研究所語言研究室金有景先生的指教。稿成,又蒙業師山東大學中文系教授殷煥先先生審閱,指正。鎮沅縣民族委員會主任王志榮等同志,縣醫院醫生田仕忠,者東區鄉長王應有等拉祜族朋友,給予了很好的發音合作及幫助,在此一併致謝。

語　音

一、音系

（一）聲調　有7個調類：

1. 中平┤33：na¹ 好　　ʂɿ¹ 黃
2. 低降↘31：na² 病　　piɛ² 分配
3. 中降˦˨42：la³ 虎　　pi³ 給
4. 高平˥55：na⁴ 深　　pi⁴ 剝開
5. 低促↘32：na⁵ 早　　tʂɔ⁵ 腰
6. 高促˦˦54：na⁶ 黑　　pɔ⁶ 跳
7. 低升˨˦24：ma⁷ 尾巴　pi⁷ 陳舊

以下聲調一般只標調類，如 la³ "虎"。（另外還有一個變調，中升調˧˥35）

（二）聲母　共有22個聲母：

雙唇音：p、pʻ、b、m；唇齒音：f、v；舌尖中音：t、tʻ、d、n、l；舌尖後音：tʂ、tʂʻ、dʐ、ʂ、ʐ；舌根音：k、kʻ、g、ŋ、x、ɣ。例詞如下：

p　pa¹ 交換	po¹ 生（孩子）	tʂ　tʂɿ¹ 街	tʂɣ¹ 吃
pʻ　pʻa¹ 布	pʻu¹ 白	tʂʻ　tʂʻʅ¹ 伸（手）	tʂʻa¹ 欠債
b　ba³ 嚼	bɔ² 懶	dʐ　dʐa¹ 歪斜	dʐɣ² 酒
m　mõ³ 馬、天	mɯ¹ 坐	ʂ　ʂɿ¹ 黃	ʂɣ⁶ 柴
f　fa⁶ 鼠	fɯ⁴ 胃	ʐ　ʐʅ³ 草	ʐa⁷ 困難
v　va⁵ 豬	vi² 豺狗	k　ki¹ 去	ku² 喊
t　ti¹ 栽種	tɔ³ 話	kʻ　kʻa⁶ 弩、村寨	kʻ³ 累
tʻ　tʻi¹ 照射	tʻɔ⁴ 倒（水）	g　gɣ¹ 幫助	giɛ² 開（門）
d　di³ 罵	dɔ² 喝	ŋ　ŋa² 我	ŋu⁴ 炒
n　nĩ¹ 紅	nɔ² 你	x　xɣ¹ 刮風	xiɛ⁶ 是

l　li¹（雞）叫　lɔ²輕　　　　　ɣ　ɣɯ¹光亮　ɣu⁵針

説明：1. tʂ、tʂʻ、dʐ、ʂ、ʐ 只與 ɿ、a、ɣ、ɯ 相拼，和 i、iɛ、ia 相拼時，變讀爲 tɕ、tɕʻ、dʑ、ɕ、ʑ，和 ɔ、o、u 相拼時，變讀爲 tʃ、tʃʻ、dʒ、ʃ、ʒ。

2. 舌根音和 ɔ 及其變體 o 相拼時變讀爲小舌音。小舌音變體是古音在苦聰話中的遺留。

（三）韻母　有韻母 22 個：單元音韻母 7 個：ɿ、i、a、ɔ、ɣ、ɯ、u；復元音韻母 5 個：iɛ、au、ia、ua、uɛ；帶鼻尾韻母 5 個：ɯn、ian、aŋ、iaŋ、uaŋ；鼻化韻母 5 個：ĩ、ã、ɣ̃、ɔ̃、ũ。例詞如下：

ɿ	tʂɿ¹街	ʂɿ¹黃	au	ŋau²鵝	kau²kuʻ⁴貓頭鷹
i	i¹小	pi⁷陳舊	ɯn	vɯn²蛇	mɯn⁴忙
a	fa⁶鼠	va⁵豬	ian	tʂʻian⁴ʂi⁷紐扣
ɔ	mɔ⁵猴子	ɔ⁴扳	aŋ	xaŋ³重、貴	tʂʻaŋ⁷很
ɣ	ɣ³四	kʻɣ²刮削	iaŋ	lɔ⁴liaŋ¹光滑
ɯ	ɯ⁷大	kʻɯ脚	uaŋ	tʂuaŋ³鑿子	tʂʻuaŋ¹甜
u	ku⁶説	tu⁴點燃	ĩ	nĩ¹紅	mĩ³粉刷
iɛ	iɛ¹竹葉毛	kiɛ³散	ã	nã¹好	mã³犁
ia	tʂia¹剪	via⁷是、真	ɣ̃	nɣ̃³推	ŋɣ̃³魚
uɛ	tuɛ¹出去	nuɛ³你的	ɔ̃	nɔ̃³醒	mɔ̃¹高
ua	tʂua⁷有			

説明：1. ɔ 讀 1 調和 3 調時是 [o]。2. 單元音 u 的實際音值是 [ʮ]。3. 元音 ɯ 與唇音聲母相拼時是復元音 [ɣi]，在拉祜語中則元音都是 ɯ。iɛ 的拼讀範圍要寬得多，能跟所有聲母相拼合。該復元音基本與拉祜語的單元音 ɛ 相對應。

二、音系特點

以下凡言拉祜語，均指拉祜納方言。①

---

① 補注：拉祜納（黑拉祜）、拉祜西（黃拉祜）是拉祜語的兩大 （轉下頁）

（一）促調不促與 2、7 兩調變讀。

5、6 促調，本是促調，但不像拉祜語那樣具有明顯的緊喉作用。這就出現了促調不促的現象。2、7 兩調，只要不存在意義對立，可以自由變讀。如"大"讀 ɯ^{31}①或 ɯ^{24}，"酒"讀 dzʐ^{31} 或 dzʐ^{24}，"到達"讀 ga^{31} 或 ga^{24} 均可。但它們的本調是 2 調，7 調是變調。拉祜語與此相反，本調是 7 調的詞，實際説話中要變讀爲 2 調，也就是説，2 調是變調。這樣，在聲調的對應關係上就出現了參差。讀這兩調的詞總數差不多，但在拉祜語中多分布於 2 調，在苦聰話中多分布於 7 調。如：拉祜語 2 調（31）的詞 ba^{31} "扔"、a^{53} mi^{31} "火"、ɔ^{31} ɕ^{31} "肝"、ta^{31} "從"，從苦聰話中屬於 7 調（24），分別讀作 ba^{24}、a^{24}、mi^{24}、ɔ^{31} ɕiɛ^{24}、ta^{24}。這樣，拉祜語 7 調的詞寥寥無幾，而苦聰話 7 調的詞却很多。

（二）捲舌聲母。

苦聰話的 tʂ、tʂʻ、dʐ、ʂ、ʐ 這組捲舌音，是拉祜語其他方言中所不曾發現過的。這組聲母大致和拉祜語的舌尖前音 ts 組相對應，而在本音系中則没有這套舌尖前音。它們偶爾變讀爲舌尖前音而不改變意義，如 tʂɤ^{3} "吃"有時可變讀成 tsɤ^{3}。

（三）帶鼻尾韻母。

苦聰話有帶鼻尾韻母，雖然詞數有限，但却構成了拉祜語所不具備的一大特點。因爲拉祜語不存在鼻韻尾，就是借詞也要將鼻韻尾去掉。

韻母 ɯn 只限於跟唇音聲母拼合，已發現的有這樣一些詞：

（接上頁）方言，拉祜納爲主要方言。1987 年 8 月 9 日《人民日報》發布消息，國家正式認定苦聰人屬於拉祜族，苦聰話成爲拉祜語第三方言。當時筆者正在雲南鎮沅縣調查苦聰話，有幸參加了該縣的慶祝活動，研究調查資料後來整理爲本文發表，是我國第一篇苦聰話研究論文。

①　因爲有變調問題此處只標調值，不標調類。

mɯn¹"坐"、mɯn²"唱"、mɯn³"嘴"、mɯn⁴"忙"、mɯn⁶"吹"、vɯn²"蛇"。有的還可以變讀爲ɤi,如mɯn¹"坐"讀成mɤi¹亦可。

除ɯn外,其他4個帶鼻尾韻母,很可能源於早期借詞。因爲4個韻母只有這樣孤零零的幾個詞:tʂʻian¹ṣi⁷"紐扣"、xaŋ³"賣、重"、aʻkaŋ¹laŋ¹"蜘蛛"、tʂaŋ³"群"、tʂʻaŋ⁷"很"、tʂuaŋ³"鑿子"、tʂʻuaŋ¹"甜"。但這些詞的來源,尚待考查。

（四）元音高化。

苦聰話有元音高化變讀現象,明顯的有 a→ɤ, ɔ→o 兩種情況,下面分別加以說明。

元音 a 無論拼任何聲母,當是 1、3 調時,均可高化成 ɤ,如:

pa¹→pɤ¹交換	pʻa¹→pʻɤ¹布	nā¹→nɤ̃¹好
va³→vɤ³竹子	ta³→tɤ³別	la³→lɤ³虎

這些a、ɤ兩讀的形式,并不形成意義對立,且以讀ɤ爲常。

ɔ高化成o也是表現在1、3調上,所不同的是,ɔ高化成o後只能讀高化的o,不能兩讀。如:

po¹生(孩子)	po³聾子	tʂʻo¹人 　tʂʻo³吸(煙)
mõ¹高	mõ³罵、天、老	kʻo¹洞、特角　kʻo³樓、偷

（五）元音鼻化。

有的元音在一定條件下可以出現輕微的鼻化。這種條件是:聲母須是 n、m、ŋ 3 個鼻音,聲調須是 1 調和 3 調。如:

nĩ¹紅	nā¹(nɤ̃¹)好	nĩ³一	mã³(或 mɤ̃¹)犁
mĩ³粉刷		ŋã¹草人	ŋã³魚、五

（六）元音高化與鼻化跟聲調的關係。

總結以上兩條,元音的高化和鼻化都是發生在1、3兩調上。這就提出了一個發人深思的問題:爲什麼其他聲調的元音不被鼻音聲母同化,也不出現高化呢? 1 調(33)和 3 調(42)必定是較爲特殊的調子。

特殊在何處呢? 據筆者向本族人詢問,他們自己感覺這兩種

調子比較地"低"一些,"軟"一些,也可稍微拖"長"一些。而其他
聲調則不然。2 調(31)和 5 調(32)雖是低調,但都不可再拖長。4
調(55)雖可拖長,但本身是高調。6 調(54)既高且短。7 調(24)
是升調,一拖長就變高。它們都不具備 1、3 調的特點,因而在這些
調子既不出現高化也不出現鼻化。這是一個很值得注意的現象。
深入研究一下,對於探討語言學界一直意見紛紜的元音的高低、鬆
緊、長短與聲調的關係及其相互影響的問題,可能會有較爲重要的
意義。

詞　彙

　　苦聰話的詞彙具有較爲原始、古老的特點。語言的發展是伴
隨着社會而發展的。尤其是詞彙,更是與社會有直接的聯繫。這
就不能不首先提一下苦聰人的社會發展。紅河州金平縣的苦聰
人,截止到 1958 年才陸續走出深山老林,他們才脫離"刀耕火種"
的原始社會。而鎮沅縣的苦聰人,至今仍居住在哀牢山一帶的山
坡和老林邊緣地帶。這種社會生活的原始與古老就決定了他們語
言的原始與古老。相對而言,瀾滄拉祜語就比苦聰話發展較快。
拉祜語中已有的很多詞,苦聰話中却沒有,拉祜語中很多有較爲細
緻分別的詞,苦聰話却不加分別。例如,在苦聰話中,沒有桌、椅、
床、杯、盤、櫃、櫥之類的詞;沒有反映剝削和等級的詞;表達思想、
情感等的抽象詞語極少,甚至連"高興"、"愛"、"恨"之類的詞也沒
有。有些詞反映了他們原始的生活習俗和思維。例如 $mɔ̃^3 ʃɔ^4$ "早
上", $mɔ̃^3 ʑa^1$ "晚上",這兩個概念很清晰。而"上午"、"下午"兩個
概念則表達不出,非要表達,則"上午"和"早上"是同一個概念,
"下午"和"晚上"是同一個概念。12 點以前通稱 $mɔ̃^3 ʃɔ^4$,12 點以
後通稱 $mɔ̃^3 ʑa^1$。而"中午"的概念也表達不出,要說就說成"白天"
$mɔ̃^3 lɔ^2 kɔ^1$。與此相對應,他們只有"早餐"、"晚餐"的概念,"早

餐”叫 mõ³ ʂɔ⁴ tɤ³ pu¹，“晚餐”叫 mõ³ za¹ tɤ³ pu¹，意爲“早上一頓”，
“晚上一頓”，沒有“午餐”的概念。何以如此呢？原來，苦聰人早
晨一起來就吃飯，飯後即下田幹活或外出打獵、砍柴，直到晚上才
回來再吃晚飯，飯後也就該休息了。至今在一些邊遠的苦聰寨子
裏仍保留着這一習慣。

語　　法

一、反身量詞和反身動詞

　　有些量詞是由名詞或名詞的最後一個音節構成，常竑恩主
編《拉祜語簡志》稱之爲“反身量詞”，我們認爲還是很能揭示這
種量詞的特點的。苦聰話中也可以舉出這種反身量詞的例
子，如：

zɛ² tɤ³ zɛ²一座房子　　k'a⁶ tɤ³ k'a⁶一個寨子
房　一　房　　　　寨　一　寨
k'o¹ tɤ³ k'o¹一個洞　　la⁵pa¹ tɤ³ pa¹一隻手
洞　一　洞　　　　手　一　手
gɤ⁵k'ɯ¹ tɤ³ k'ɯ¹一根綫　nũ³k'ɔ⁶ tɤ³ k'ɔ⁶一個牛圈
綫　一　綫　　　牛圈　一　圈
dzu¹k'ɯ¹ tɤ³ k'ɯ¹一根頭髮　ʂɤ⁶tʂiɛ² tɤ³ tʂiɛ²一棵樹
髮　一　髮　　　　樹　一　樹

　　值得注意的是，苦聰話中有一些動詞也是由名詞的最後一個
音節構成。我們不妨將其稱之爲“反身動詞”。例如：

mõ³xɤ¹風　mõ³xɤ¹xɤ¹刮風　ɣa⁶u¹雞蛋　ɣa⁶u¹u¹下蛋
mõ³zʅ²雨　mõ³zʅ²zʅ²下雨　dzu¹miɛ¹乳房　dzu¹miɛ¹
miɛ¹吃奶
ɔ²vi⁶花（草）　ɔ²vi⁶vi⁶（草）開花　u³tʂi¹酸菜　u³tʂi¹tʂi¹醃

酸菜

　　　ɔ²ʐ̩i²芽　　ɔ²ʐ̩i²ʐ̩i²發芽　　na²pʻɯ⁶瘧疾　　na²pʻɯ⁶pʻɯ⁶
打擺子

　　　a¹pʻiɛ⁵葉　　a¹pʻiɛ⁵pʻiɛ⁵長葉　　ɔ²miɛ¹名字　　ɔ²miɛ¹miɛ¹
起名字

這種"反身量詞"和"反身動詞",是語言尚處於較爲原始階段的表現。以量詞而言,除了度、量、衡單位爲人類語言所共有外,大量表示天然單位的量詞的存在,可以説是漢語的特徵。但漢語並非一開始就有這麽豐富的量詞,在上古漢語中一般是不用量詞的。

二、形容詞的生動形式

拉祜語中有一個形容詞後綴(有人稱之爲助詞)lɛ²ve¹,其變體爲ɛ²ve¹或ɛ²。這個後綴可以附加在任何一個形容詞上構成生動形式。而苦聰話中的每一個形容詞都有一個獨特的、與衆不同的後綴。如:

xɯ¹硬	xɯ¹lɯ¹硬邦邦	kɔ⁵彎	kɔ⁵lɔ⁵彎曲曲
nũ³軟	nũ³lũ³軟乎乎	bɯ⁴胖	bɯ⁴lɯ⁴胖乎乎
tʂiɛ⁵緊	tʂiɛ⁵liɛ⁵緊繃繃	ʂɤ⁴新	ʂɤ⁴lɤ⁴新新的
tʂʻa⁵髒	tʂʻa⁵la⁵髒乎乎	bi⁴小	bi⁴li⁴小小的
tʂɔ⁵直	tʂɔ⁵lɔ⁵直溜溜	tʂʻi¹尖	tʂʻi¹li¹尖尖的

以上例詞,我們發現:它們的聲母都是l,韻母和聲調則是沿用各自所屬的那個形容詞的,即l＋形容詞的韻母和聲調＝後綴。

表顏色形容詞的生動形式有些特殊,它不能由原詞加l-後綴直接構成,而是由已表示了程度變化之後的顏色詞加l-後綴構成。如"紅"、"大紅"、"粉紅"3詞,只有後兩個才能加l-後綴構成生動形式。如:

nĩ¹紅：nĩ¹ku⁴　大紅　　　　　nĩ¹ku⁴lu⁴　紅彤彤

　　　　nĩ¹ ɣa¹　粉紅　　　　　nĩ¹ ɣa¹la¹　紅紅的

nɔ̃¹綠：nɔ̃¹bi¹　深綠　　　　　nɔ̃¹bi¹li¹　綠油油

　　　　nɔ̃¹ ɣa¹　淺綠　　　　　nɔ̃¹ ɣa¹la¹　綠綠的

ʂ̩¹黃：ʂ̩¹ŋu¹　深黃　　　　　ʂ̩¹ŋu¹lu¹　黃橙橙

　　　　ʂ̩¹biɛ¹　淺黃　　　　　ʂ̩¹biɛ¹liɛ¹　黃黃的

na⁶黑：na⁶kiɛ⁴　深黑　　　　na⁶kiɛ⁴liɛ⁴　黑乎乎

p'u¹白：p'u¹biɛ¹　煞白　　　　p'u¹biɛ¹liɛ¹　白花花

　　這種 l-後綴的構成是：l + 形容詞末音節的韻母和聲調 = 後綴，兩種情況實質上是一樣的。

三、形容詞曲折

　　苦聰話有的形容詞能以變調的方式表示程度的加深，構成"比較級"。但在廠洞村方言點，用變調方式表示程度加深的，一般只限於顏色詞。不管原來是什麼聲調，一律變成第四調高平調，且習慣上還要加上一個 tiɛ⁵。

　　　　nĩ¹紅　　nĩ¹tiɛ⁵更紅些　　na⁶黑　　na⁶tiɛ⁵更黑些

　　　　nɔ̃¹綠　　nɔ̃¹tiɛ⁵更綠些　　p'u¹白　　p'u¹tiɛ⁵更白些

　　　　ʂ̩¹黃　　ʂ̩¹tiɛ⁵更黃些　　p'ɯ¹灰　　p'ɯ¹tiɛ⁵更灰些

　　tiɛ⁵可以去掉，只是語意略弱一點。附帶說一句，顏色詞的名詞形式也可用這種方式表示更重的顏色，如 ɔ²nĩ¹"紅色"，ɔ²nĩ⁴tiɛ⁵"深紅色"。茲不另述。顏色詞以外的其他形容詞則不能用變調的方式構成"比較級"，只能另加副詞 tʂ'aŋ⁷"很"來表示程度加深。如：zɿ²"長"，zɿ²tʂ'aŋ⁷"更長、很長"。但也有個別例外，如：tʂ'i¹"尖"，tʂ'i¹tiɛ⁵"更尖些"。

　　但是，其他地方，如筆者所接觸到的者東區那莊田村和屬於新平縣的一個地方，這兩個點用變調表示程度加深，很明顯不限於顏色詞，大小、長短、厚薄、早晚等，均可變調。變調方式：第一、三、

四、五、六調變成第四調高平,而第二、七調則變成中升(35),如:

$ni\epsilon^2$小　$ni\epsilon^{35}$更小些　z_aa^7窮　z_aa^{35}更窮些

$z_l l^2$長　$z_l l^{35}$更長些　　pi^7陳舊　pi^{35}更舊些

四、特殊的結構助詞(γ) $\mathfrak{s}i^7$

苦聰話有一個助詞(a) $\mathfrak{s}i^7$常變作(γ) $\mathfrak{s}i^7$(γ是 a 的高化變體)。這個助詞的功能是用在形容詞、動詞或動賓詞組的後面,使之成爲名詞前面的定語,或使之名物化。從這一點看,它同於漢語的"的"。說它特殊,是因爲這個 a 或 γ 不能發出音來,一帶而過;但其發音過程又絕不可少。把它解釋爲輕聲音節也不行,因爲它比漢語的輕聲還要輕,輕到只能聽到一點一帶而過的"氣音"。所以我們暫時采用加圓括號的方法來記録這個既發不出音而又不可缺少的發音過程的音節。如:

$n\tilde{i}^1$(γ) $\mathfrak{s}i^7$　$p'a^1$ 紅布　　vw^2(γ) $\mathfrak{s}i^7$　$a^1pi\epsilon^4$ 買的菜

紅　　的　　布　　　　　買　　的　　菜

$t\mathfrak{s}i^1$(γ) $\mathfrak{s}i^7$ $a^1p\mathfrak{o}^3$ $\mathfrak{s}i^7$酸芭蕉　$a^1pi\epsilon^4$　vw^2(γ) $\mathfrak{s}i^7$買菜的(人)

酸　　的　　芭蕉　　　菜　　買　　的

$m\tilde{\mathfrak{o}}^1$(γ) $\mathfrak{s}i^7$　$\mathfrak{s}\gamma^6 t\mathfrak{s}i\epsilon^2$ 高樹　$m\tilde{\mathfrak{o}}^3$ $t\mathfrak{s}i\epsilon^3$(γ) $\mathfrak{s}i^7$騎馬的(人)

高　　的　　樹　　　　馬　騎　　的

對於這個助詞特殊發音的解釋,則有待於進一步深入研究。

形容詞後加(γ) $\mathfrak{s}i^7$構成的名物化的詞,與形容詞前加前綴 $\mathfrak{o}^2$構成名詞不同。例如: $n\tilde{i}^1$(γ) $\mathfrak{s}i^7$是指"紅的"事物,而 $\mathfrak{o}^2 n\tilde{i}^1$則是指"紅"這種顏色;$t\mathfrak{s}i^1$($\gamma$) $\mathfrak{s}i^7$是指"酸的"東西,而 $\mathfrak{o}^2 t\mathfrak{s}i^1$則是指"酸"這種性質。

五、賓格助詞 $l\mathfrak{o}^7$

瀾滄拉祜語,主語、賓語後面都要加助詞,以表明它們是主語或賓語。其主格助詞是 $l\epsilon^2$,賓格助詞是 $t'a^5$。苦聰話不用主格助

詞,只有一個賓格助詞 lɔ⁷,並且不是所有情況下都加 lɔ⁷。只有兩
種情況下必須加 lɔ⁷,方向性動詞和動作性強的動詞的賓語。如:

pɯ²tʂiŋ¹　lɔ⁷　ki¹. 去北京。　kun¹miŋ²　lɔ⁷　la². 來昆明。
北　　京　(助)去　　昆　　　明　(助)來

　　動作性強的動詞前主、賓語都有發出這個動作的可能,從而容
易引起誤會。如:

ŋa²　ɔ³　lɔ⁷　dɔ⁶. 我打他。　　ŋa²lɔ⁷　ɔ³　dɔ⁶. 我被他打。
我　他　(助)打　　　　　　我　(助)他　打

　　動詞 dɔ⁶“打”牽涉到主動者、受動者兩個人,誰是受動者,就
把賓格助詞 lɔ⁷ 放在誰的後面。如果丟失了這個 lɔ⁷,就不知道誰
打誰了。其他如:

tʂa²　fa⁶　tʂʻɔ¹　lɔ⁷　si⁴. 扎發殺人。
扎　　發　人　　(助)殺

tʂa²　fa⁶　lɔ⁷　tʂʻɔ¹　si⁴. 扎發被人殺了。
扎　　發　(助)人　　殺

　　另外還有可加 lɔ⁷ 也可不加的情況,那就是不大容易發生誤會
的情形,如“打虎”、“殺牛”、“狗咬兔子”之類。其他情況一律不用
賓格助詞 lɔ⁷。比如“砍柴”、“洗衣”、“吃飯”、“栽秧”之類,主動者
只能是人,賓語絕無發出動作的可能,所以不加 lɔ⁷ 不致誤會。

　　　　　　　　　　　　　(原載《民族語文》,1992 年第 5 期)

殷焕先先生與聯綿字研究
——紀念先師誕辰一百周年

一

本師殷焕先先生（1913—1994），字孟非，江蘇六合縣人，生前任山東大學教授，爲我國著名語言學家。

先生生於清亡以後，但其家學淵源深厚，其叔父德仁公爲前清舉子業出身，舊學根底甚好，先生幼年即在叔父的嚴厲督責下開始了經史子集的舊學啓蒙，爲他的人生道路奠定了第一塊基石。他的中小學都是在南京就讀，青少年時期又接受了五四新文化思想的薰陶。

1936年，先生以國文、數學都是滿分的優異成績考入原中央大學中文系，受教於馬宗霍、汪東、汪辟疆、胡小石、吳梅、繆風林、趙少咸等國學大師。中央大學的學術空氣趨於傳統，先生在其《自敍小傳》中戲稱爲“四庫派”。① 但也正是這種學術空氣，才造就了他扎實的舊學功力。

大學畢業後，先生考取了西南聯大北京大學歷史語言研究所（又稱文科研究所）研究生，專攻語言學。研究所的正副所長分別是傅斯年、鄭天挺兩位史學大師，而西南聯大語言學有羅常培、王力、唐蘭、袁家驊這四大導師。當時實行正副導師制度，羅常培先

---

① 《慶祝殷焕先先生執教五十周年紀念論文集》，山東大學出版社1994年版，第2頁。

生是正導師,唐蘭、袁家驊先生是副導師,王力先生算是校外導師
(清華大學)。兩位所長鼎鼎有名不必説,這四大導師可以説都是
中國現代語言學史上的頂尖級人物。今天看來,如果能受到其中
任何一位大師的點撥亦可謂"三生有幸"了,而殷先生却均得了他
們的面授親傳。他淵博的語言學術素養和日後的成就,是與此分
不開的。

　　先生在研究生期間及畢業後,曾先後在西南聯大和四川大學
任教。但先生的學術生命從總體上還應説是貢獻給了山東大學,
因爲他在山大度過了近半個世紀的人生,直至去世。也就是説山
大百餘年歷史,殷先生與之伴隨了近五十年。

　　1946 年因抗戰而流亡的山東大學在青島復校,33 歲的殷先生
從四川應聘至山大任副教授(1952 年升任教授),成爲抗戰勝利後
重建山大的首批元老人物,直至 1994 年去世。50 年代號稱山大
文史見長的黃金時代,山大文史兩系各有七八位三級以上蜚聲海
內外的名教授,殷先生便是這衆多亮星之一,他們共同創造了華崗
校長領導下的 50 年代文史學術輝煌。先生是《文史哲》雜誌的創
始人之一,任常務編委兼秘書,同時兼任《中國語文》、《語言研
究》、《學術月刊》等多家學術刊物的特約編委。鑒於他在語言學
界的學術成就和名望,中國科學院語言研究所,特聘他爲兼職研究
員,並且是全國唯一的一位外聘研究員。先生隨同當時語言所的
研究員羅常培、呂叔湘、丁聲樹、陸志韋等學術大師,爲新中國的語
言學術建設,做出了篳路藍縷的開創性貢獻,比如後來成爲全中國
乃至全世界漢語文拼寫標準的《漢語拼音方案》和規範漢字標準
的《漢字簡化方案》等,都滲透着老一代語言學家們的心血和
汗水。

　　然而,天有不測風雲,1957 年那場政治風暴,把他從學術峰巔
卷落下來,接下來便是二十多年的不公正待遇。1978 年,沐浴着
全國撥亂反正的春風,這位年近古稀的老人,才又焕發出夕陽般燦

爛的學術青春。

先生作爲一位語言學家,一生發表學術論文上百篇,自著及主編專著十余部。綜觀其論著内容,我們發現最突出的特點是:融古貫今,既博且精,幾乎涵蓋了漢語言文字學的方方面面!筆者將先生的學術成就大致概括爲七個方面:1. 音韻學,2. 文字學,3. 訓詁學,4. 現代漢語方言學,5. 現代漢語語法學,6. 現代漢語語音學,7. 語文規範化和現代化研究。研究視野如此廣闊,這是後來的語言學家鮮能企及的。筆者是先生直接指導的最晚一届、也是自覺最無所專長的弟子,而筆者的學長們尤其先生的早期弟子們,大都學有專攻,或在自己的方向上卓成名家;但即便如此,我跟師兄弟和前輩學長們談起來,大家仍覺望先生境界及功力而興歎,大家的治學範圍加起來,仿佛"仍在先生的圈子裏跳舞"。這是學生對老師學術的由衷景仰。

二

先生多方面的學術成就,我爲什麽單取聯綿字研究來介紹呢?因爲先生作爲音韻學家和文字學家的成就和聲望早已爲世矚目,他在現代漢語諸方面的大量成果也早在 20 世紀 50 年代就廣爲學界所知,所以已無需過多介紹。而聯綿字研究雖也是他畢生關注的課題之一,早在西南聯大讀研究生時期就把它作爲畢業論文選題,後來又繼續研究思考,無論是在整體理論的建構上,還是在詞語的系列輾轉考證訓釋上,都有自己精闢獨到的見解;但由於種種原因,直到"文革"後才開始零散整理爲文發表,我們統計到以下幾篇:《聯綿字的性質、分類及上下兩字的分合》(1979),《逍遥釋義》(1983),《聯綿字的書寫》(1987),《聯綿字和古音》(1990),《簡論聯綿字的意義》(1994)。這些文章,1990 年出版的《殷煥先語言論集》收了兩篇,可惜該書只印了 500 本,流布不廣;而最後整理的,體現他對聯綿字系統觀點的《聯綿字簡論》,又未單獨出版。所以先生這方面的研究和貢獻,學界相對了解較少。同時,聯綿字問題又是學界一直感興趣且又爭論不休的問題,因而介紹先生這方面的貢獻對漢語研究應該更有現實意義。

聯綿字研究,今屬詞彙學,古屬訓詁學。傳統所謂聯綿字,又稱連語、駢字等,是漢語古來就有的一種特殊的雙音連綴結構,現代詞彙學上出於字、詞概念區分的需要,則習慣稱爲“聯綿詞”。自從宋人張有《復古編》立下“聯綿字”的專節題目以來,這種語詞便逐漸引起了人們的重視。明清以來,還出現了幾部彙集雙音詞語加以解釋的專書,如明人朱謀瑋《駢雅》,清人張廷玉等編《駢字類編》,近人王國維《聯綿字譜》,朱起鳳《辭通》,符定一《聯綿字典》等。這裏面當然包括了聯綿字,但却大多是純複合式的雙音結構,大抵凡二字連用者古人有時皆謂之“駢”或“聯綿”。後世有些學者開始對這種語言現象進行研究,雖作了一些有益的探討,但多流於表面,缺乏理論深度,甚至連判定標準也衆說不一;或者堆積材料,輕言“轉語”,失之於濫。鑒於此,殷先生在1940年代初讀研究生時就將聯綿字列爲自己的研究課題,花大氣力,窮搜博覽,寫下了《駢詞通釋》長篇論文。從那時起,他就力圖建立一個系統的聯綿字研究體系,只是由於研究領域的廣闊,早年尚未來得及以之爲專攻,後來便因政治的原因而中斷了。

1979年,先生恢復工作後不久便發表了《聯綿字的性質、分類及上下兩字的分合》(載《山東大學文科論文集刊》1979年第2期)一文。直至此時先生才逐步將自己這方面的研究成果公諸學界,這是他自己研究體系的組成部分。此文對聯綿字的性質,在王國維《聯綿字譜》的基礎上作了進一步的界定,並指出雙聲聯綿在性質上跟疊韻聯綿的不同:疊韻聯綿配得上“單純”的稱號,而雙聲聯綿在歷史上則可能是循“同源並列構詞”的方式凝成的,只是由於時代久遠而本來面目隱没而已。先生說:“雙聲聯綿字循‘同源並列構詞'的方式凝成的時間可能是很早的,早到幾乎難以被人看清其'來龍去脈'(所以,今日在'其實猶一字也'的'單純'與否問題上也只能説存在着'可懷疑')。"現代語言學界主流觀點一味認定"聯綿字＝雙音單純詞",這對聯綿字現當代的共時情形而言大致不錯。然殷先生的話却足以引發人們的歷時思考,並且也不難理解古代某些聯綿字的分訓分用情形了。對於聯綿字的分類,殷先生則在王國維三類的基礎上細別爲五類。關於聯綿字上下兩字的分合,一般認爲不可分,但先生從《詩經》、《楚辭》諸典籍中鈎稽出大量實證,證明聯綿字在施用中可分可合,亦可易位。此文是先生用考古的方法和"史"的動態發展觀點對聯綿字理論上的某些現代"成見"提出的挑戰。1987 年《語文導報》第 4 期發表李國正《聯綿字研究述評》一文,説:"殷先生用大量材料證明了聯綿字並非不容分割……承認這些事實,就意味着現行有關聯綿字的一整套理論和研究框架的解體和重建。因此,相當一部分學者寧肯視而不見,置若罔聞。"這足以見出先生文章的理論價值和學術建樹。

　　《逍遥釋義》一文,①應該説是用科學的觀點對聯綿字進行實例考察的典型。該文旨在窮盡式地研究"逍遥"轉語,從豐富的材料入手,提煉出與"逍遥"意義相通的聯綿字 25 則,並説明它們的意義引申輾轉途徑。若僅憑義之相近,則可定它們爲"一語之轉"了,但先生最後還是從音理出發審慎地將它們分爲兩類。第一類六組詞,各組之詞皆合乎"一聲之轉";第二類八組,各組之詞聲音上的淵源至難推定,只好讓它們自成一類,留給後人去下結論。這跟少數古代學者輕言轉語、不辨所以然的作風恰成鮮明對照,是真正從音理上科學嚴謹地研究聯綿字轉語的範例,當然先生精通古音韻的拿手本領在這裏充分發揮了特長。

　　1990 年,殷先生爲紀念他的老師王了一(力)先生寫作的《聯

---

① 《殷焕先語言論集》,山東大學出版社 1990 年版,第 228—255 頁。

綿字和古音》一文正式發表,該文從語音和音律上對聯綿字提出了
新的論斷和思考。文中提出,聯綿字的兩個音節叫"音偶",兩個
音義相關的音偶連用叫"音組"(譬如 pingling-panglang 和 jili-
gulu)。音偶、音組的使用,意在組織語言的"音樂美"。但"音樂
美"的構成還隱含着一個重要條件——"同異律":雙聲聯綿,聲同
則韻異;疊韻聯綿,韻同則聲異。這種同、異相交錯即可構成韻律
上的音樂美:

> 我們可以説,没有同異律,音偶、音組之音樂美就無法組
> 織成,而我們古代詩、騒、賦之作者,正是利用聯綿字之符合同
> 異律的音偶和由音偶組成之符合同異律的音組以組織成其文
> 章之音樂美的。

> 聯綿字雙、疊這種音偶正可滿足同異律的要求。其雙聲
> 聯綿字這種音偶,聲同則韻異,其疊韻聯綿字這種音偶,聲異
> 則韻同;由音偶組成的音組,亦復如是。

> 這種同異也應當是符合"異音相從謂之和,同聲相應謂之
> 韻"的文章的音律要求之一個方面。

> 雙聲聯綿字、疊韻聯綿字正是詩騒賦之作者在組織音樂
> 美的藝術文時之合格的、自自然然的材料。①

先生在文章中還特意強調了一個事實:三百篇是被之管弦的,楚
騒也是可以唱的。這説明了什麼呢? 我們想,早期聯綿字爲什麼
多出現於詩、騒這種文體中呢? 這應是基於此類歌唱型文體韻律
上的特殊要求,同時其句式上的四字句和六字句,音節雙雙鋪排的
特點,也對用詞提出了複音要求,要不怎麼在單音詞占絶對優勢的
情況下出現那麼多後世謂之"聯綿字"的複音詞呢? 到漢魏六朝,
賦——這種兼用四六句的文體,又催生了一批包括新聯綿字在内

---

① 殷焕先:《聯綿字和古音——爲紀念王了一師作》,《徐州師範學院
學報》1990 年第 2 期。

的複音詞,從此詞彙史上複音詞也就漸漸占了上風。顯然,詩、騷、賦這類特殊文體,對催生聯綿字和其他複音詞或者促進其發展,起了不可忽視的作用。筆者又想,事實上重言聯綿字和非雙聲疊韻聯綿字,又何嘗與詩騷賦韻律音節要求無關?《聯綿字和古音》對"同異律"的闡發,是爲了驗證古音學說。如《詩經·豳風·七月》:"九月肅霜,十月滌場。"先生指出:這裏"肅、霜"同聲,"肅、滌"同韻,"滌、場"同聲,"霜、場"同韻。從音樂美看,詩人真是"苦用心"的了。"滌場"、"肅霜"之雙聲,又恰可證明兩個著名的上古音聲母學說:古無舌上之說、精莊合一之說。而兩學說的原來取證,却並未倚重聯綿字,不能不説是一件憾事。

在跟隨先生的日子裏,我記得曾跟先生説過:"聯綿字歷來備受人們關注,至今爭議不休,可是學術界就是缺乏一部系統的《聯綿字研究》專著,或者理論性的《聯綿字通論》,哪怕是個簡略的《聯綿字概論》也好啊。而這又正是我輩後生不敢問津的,先生您研究思考聯綿字一輩子,寫這樣的書最有資格,況且已有那麼些舊稿爲基礎。如有這樣一部著作問世,絕對是傳世之作,豈止是嘉惠學林!"先生聽罷總是笑一笑。實際上先生在恢復名譽後就着手進行這項系統性的工作了,前舉文章就是其中的組成部分,當然早年的畢業論文《駢詞通釋》的精華也都吸收進來了。不過先生這次仍然沒有時間寫成皇皇巨著,而只是寫成一部《聯綿字簡論》。先生年輕時就體弱多病,經過二十多年的磨難尤其是"十年浩劫",體質更差了,特別是 1984 年大面積胃切除手術後,體力和精神日趨虛弱。但他却仍在爲教學和學術嘔心瀝血,不遺餘力。1994年,在癌細胞正將他的生命吞噬殆盡的最後關頭,他仍然牽掛着自己一字一字書寫修改和謄清定稿的《聯綿字簡論》。爲防文稿散失,先生於生命垂危之際在病榻上將它鄭重交給我的學長盛玉麒教授去複印備份,當然我們誰都知道——先生絕不會看到它的出版了。望着厚厚的文稿,我的淚水奪眶而出:它是先生心血和生

命的凝結,是先生的生命蠟炬留給人間的光熱! 什麼是真正的學
者風骨和學術獻身精神——我説不出。1994 年 11 月 19 日,先生
離我們而去。

三

先生去世後,我和師兄們一道整理先生遺稿。先生遺作手稿,
最成型的就是這部《聯綿字簡論》了,但由於客觀原因,單獨出版
或出文集一時都很困難。1999 年山東省語言學會《語海新探》出
版第四輯,爲了紀念先生,便把《聯綿字簡論》收入該輯,即書前第
1—67 頁——這也總算變成鉛字了。由於是以這種形式出版,流
布範圍更是有限,所以我們特在此略加介紹。然限於篇幅,無法全
面介紹《簡論》所有內容,謹將各章節小標題列舉如下以見其綱領
和概貌:

第一章　聯綿字的定義

一、古代漢語裏的兩字結構;二、不易與聯綿字相混的兩
字結構;三、聯綿字與互訓式的兩字結構;四、聯綿字的特性;
五、聯綿字與重言。

第二章　聯綿字的分類——從聯綿字的聲音來討論聯綿
字的分類

一、聲音分類法和意義分類法;二、意義分類法及其缺
點;三、按韻分類及其缺點;四、雙聲疊韻與非雙聲疊韻分類
法;五、聯綿字上下兩字聲韻上的關係;六、雙聲、疊韻與非雙
聲疊韻分類法的缺點;七、聲組分類法。

第三章　聯綿字的轉語

一、什麼是聯綿字的轉語;二、轉語的複用;三、轉語複
用與聯綿字的訓詁——聯綿字族;四、轉語複用與考求古音;
五、轉語中所見聯綿字的性質。

第四章　聯綿字上下兩字之分合

一、聯綿字、重言之兩字同出而相密接者;二、疊聯綿字之上下兩字者;三、分用聯綿字之上下兩字者;四、單出聯綿字之一字者;五、倒言聯綿字者。

第五章　聯綿字句例——從聯綿字句例看聯綿字的訓詁

一、聯綿字的訓詁有可以徵之於其所在句中之其他一字者;二、《詩經》中作形容用的聯綿字與其所形容者之間皆語氣直接;三、聯綿字於句中爲平列者其義相同;四、《詩經》上下諸章中之同位諸聯綿字其義相同。

第六章　聯綿字的書寫

一、音同字通;二、逐義易字;三、音同字通和逐義易字;四、聯綿字的書寫與聯綿字的訓詁。①

僅由這些題目大家不難看出,這應該是目前爲止關於聯綿字(詞)研究的最爲系統全面的一個體系,聯綿字的方方面面,在這裏都體現出來了。

這樣一個體系,完全是一部巨著的體制和規模,但殷先生只寫了約 5 萬字的篇幅,如果單獨出版,薄薄一本,與那些鴻篇巨制比起來,似乎有些"寒酸"。當然這可以用殷先生已精力不濟來解釋,但先生精力充沛時寫的著作如《字調和語調》、《反切釋要》、《漢字三論》,也都是幾萬字的篇幅,所以這應視爲他求是、求精一貫作風的反映。誠然,眾所周知,書的品質又不能簡單地以篇幅論,大著作小著作,有建樹即爲好著作。蔣禮鴻先生嘗謂:"殷孟非兄與余交往甚舊,嘗得其《反切釋要》一書,精審無儔。"②我想,同

---

① 　殷焕先:《聯綿字簡論》,《語海新探》(第四輯),山東教育出版社1999 年版,第1—67 頁。

② 　參見《慶祝殷焕先先生執教五十周年論文集》,山東大學出版社1994 年版。

爲學術大家，蔣先生的“精審無儔”四字應是對殷先生著作發自內心的稱揚，而非一般意義上好友之間的諛頌之辭。如今兩位大師均已作古，倘蔣先生在世讀到《聯綿字簡論》的話，定然會再次發出“精審無儔”的讚歎。老一輩這種精審、精煉、精闢的科學作風，不正應該成爲我們今日之爲學圭臬嗎？

四

《聯綿字簡論》內容宏富精審，須專文述評，筆者於此只就其中有關聯綿字的定義、特性及判別等問題略述一二要點，並附帶談點個人認識。

前面說到，關於聯綿字的性質，殷先生在 1979 年的文章中就突破“單純詞”說的藩籬，指出部分聯綿字尤其雙聲聯綿，從源頭上講是循“同源並列構詞”方式凝成的，這意思等於說：有些聯綿字最初是複合詞。到《聯綿字簡論》中，先生或許怕引起混亂等原因，沒有吸收這段話，而是繞開了“複合”、“單純”的提法，第一章一開頭就下了這樣一個定義：“古代漢語裏的聯綿字是古代漢語複詞的一種。……從書寫方面看，它是個兩字結構，也就是寫出來是兩個字。”“複詞”是着重於音節方面說的，單純也好，複合也好，都可包括在內了。但這絕不等於無視或取消了聯綿字的客觀存在。眾所周知，古代漢語尤其是上古漢語單音詞占優勢，好多兩字結構，都是結構鬆散的詞組。“複詞”肯定了聯綿字是“詞”，就是與其他兩字結構詞組相區分的重要依據之一。然正如“詞”與“詞組”的劃分永遠是一個老話題一樣，古代的聯綿字與其他種類的兩字結構“往往在某些例子上存在着界限不清的現象”。殷先生扼要列舉了“不易與聯綿字相混的兩字結構”之後，重點講容易與聯綿字相混的是“互訓式”這類兩字結構，如“盟誓”、“險阻”、“恐懼”、“綏靖”、“珍滅”、“散離”、“擾亂”、“傾覆”，並列舉出它們的上下兩字在《説文》、《爾雅》、《廣雅》中互訓的證明。它們之所以容易與聯綿字相混,"因爲有些明明是聯綿字的,也往往被一些訓詁家解釋作互訓的結構。這比如'泛濫'是聯綿字,《説文》就用互訓方式替它作訓;'輾轉'也是聯綿字,《説文》解釋作'展,轉也'(《詩經·周南·關雎》'輾轉反側',《釋文》'輾,本亦作展')。""互訓結構在文章中的應用習慣,不外合用、分用、單用等。……可是聯綿字在文章中的使用,也同樣有這類情況。"①關於聯綿字可合用亦可分用的情形,先生在後面又專設第四章《聯綿字上下兩字之分合》予以證明。

其實幾十年來學術界圍繞聯綿字"單純"與否的問題争執不休,癥結就在於聯綿字極易與"互訓式"的同義並列結構相混淆。那麼是不是就不能區分了呢? 殷先生講,要把它們區別開來,就必須了解聯綿字獨有的特性:"聯綿字的特性表現於外可供我們觀察的有二: 一是聯綿字的書寫變化不一,……二是聯綿字的聲音(特別是韻部)變化不一,……這兩種特性都不是互訓兩字結構所可能具有的,更不是其他兩字結構所可能具有的。所以,從這兩種性格可以明辨哪些是聯綿字,哪些是其他兩字結構。"②我們覺得"書寫變化不一"、"聲音變化不一"這兩條抓住了根本和關鍵,是先生從歷時發展變化的"動態"角度研究了漢語史的實際而得出的結論。有了這兩條,即便不能"包辦一切",治漢語史者畢竟有了判斷聯綿字和非聯綿字的行之有效的依據。也正因爲這種"變化不一",聯綿字最容易形成一系列訓詁學所稱的"轉語",爲此《聯綿字簡論》專設第三章《聯綿字的轉語》。同一語源的聯綿字短語,殷先

---

① 殷焕先:《聯綿字簡論》,《語海新探》(第四輯),山東教育出版社1999年版,第1—67頁。

② 殷焕先:《聯綿字簡論》,《語海新探》(第四輯),山東教育出版社1999年版,第7—8頁。

生稱作"聯綿字族"。探討聯綿字轉語和字族，就應該不限形體，循音轉義理清綫索去細心歸納聯繫。前述《逍遥釋義》一文，就是先生科學地探討"逍遥"這一字族及其轉語的典範。

　　歷史上的聯綿字，形音爲什麽"變化不一"呢？我們認爲應是聯綿字因時代久遠而消失了其原始造詞理據和本來面目的結果，到後來渾然一體，渾然到不可離析的地步。所以先生在《聯綿字簡論》中説完聯綿字的特性，又重新給聯綿字下定義説：

　　　　聯綿字實爲一個聲音單位（文獻可考，它是包含兩個音節的）而表之以兩字，非由兩字合成。

　　　　因此，聯綿字是用這一個聲音單位來代表一個意義的，這跟互訓兩字結構之合攏原來各是各的兩個義同或義近的字以表示意義（作爲複詞或詞組）的迥乎不同。

　　　　由此可知，聯綿字實是一個聲音單位表達一個意義，只是形式上寫成兩個字罷了。①

讀到這裏，可能有人覺得是否這意思又離"單純"不遠了（儘管先生避開"複合"、"單純"提法），這裏我們不妨談點個人認識。不錯，目前學術界對聯綿字看法頗有分歧，甚至形成截然對立的觀點：一種是不看歷史事實，一味强調聯綿字的單純詞性質，即"聯綿字＝雙音單純詞"説；一種是看到先秦某些聯綿字帶有同義並列複合的性質，便覺應全盤否定其單純性，甚或否定"聯綿字（詞）"這一術語概念及其客觀存在。筆者暗忖：别這麽水火不容，折中一下好不好？《大般涅槃經》卷三十二不是記了一個瞎子摸象的故事嗎？我們從褒義的角度看，幾個瞎子應該是都對了，因爲他們各自"摸"到了一個方面。聯綿字性質的對立認識也是角度不同：一是説古代，一説現代；一是看源頭，一是看流變。我們可再舉其

①　殷煥先：《聯綿字簡論》，《語海新探》（第四輯），山東教育出版社1999 年版，第 8 頁。

他方面與此類似的對立認識爲佐證。語言學上把讀音相同而意義無聯繫的一組詞叫做"同音詞"，如果寫法也相同，那就是"同音同形詞"。意義無聯繫當然是指現在，不否認歷史上曾經是有聯繫的。如花草之"花"與負傷掛花之"花"，雕刻之"刻"與時刻之"刻"，因爲意義聯繫隱晦，有的書上曾把它們作爲兩個同音詞對待，現在一般都認爲有聯繫了，就作爲一個多義詞。又如經過多次修訂的《現代漢語詞典》第 5 版的【聲色】1、2、3 這一組同音同形詞，我們將其釋義紬繹出來：【聲色】1 "説話時的聲音和臉色"；【聲色】2 "① 指詩文等藝術表現出的格調和色彩。② 指生氣和活力"；【聲色】3 "〈書〉指歌舞和女色"。① 在該詞典中，這三個"聲色"是同音同形而意義不相關的三個詞。可是懂古漢語的人，或者歷史性語文詞典，會把它們當做一個多義詞的三個義項（《漢語大詞典》即如此），並且還應有一個"聲音和色彩"的意義。誰錯了？應該是瞎子摸象——各執一端，都有道理。聯綿字的認識何嘗不可以作如是觀——源頭呈現複合性，流變而爲單純性？另外我們想，語言各要素的發展也是不平衡的。漢語詞彙發展史上有過所謂"複音化"，漢魏六朝以來，複音詞逐漸占了上風。複音詞來源有二：一是新造，二是由原來的詞組凝結而成。由詞組變爲複合詞，現在又出來個新術語叫"詞彙化"。老資格的聯綿字在詩、騷爲代表的周代漢語中就頻頻使用了，它們應該是最早的"複音化"成員，前面說到它們與詩騷這種歌唱型文體對詞彙運用提出了韻律上、音節上的特殊要求有關。蛛絲馬迹表明，確有些老資格聯綿字具有"複合"的痕迹。我們設想它們在遠古時期可能是詞組，如此它們又應該是最早的"詞彙化"成員。正因其"早"，早到難以被人看清"來龍去脈"，覺得詞素凝化已不可離析，認其爲"單純"亦

---

① 《現代漢語詞典》（第 5 版），商務印書館 2005 年版，第 1222 頁。補按：該詞典 2012 年第 6 版又將這三個詞條合併爲一。

在情理之中了。不是有句俗話"五百年前是一家"嗎，五百年後呢？何況《詩經》時代距今兩三千年了呢！不是有句老話叫"蜕化變質"嗎？日久生變是正常的。即便後起的複音詞，只要詞素不易或不宜離析了，人們也寧願作聯綿字觀，如"扭捏"、"忐忑"之類。又如"斯文"，它在"天之將喪斯文也"中是個偏正結構，後來結構意義發生蜕變，形成文雅、緩慢義的"斯文"，結構和詞素都不易分析了，且有"斯斯文文"的重疊式，有人認其爲聯綿字不是没道理。又如《現代漢語詞典》收了"窩囊"，標爲形容詞，釋爲"因受委屈而煩悶"和"無能；怯懦"兩義項。① 如果認其爲複合詞，什麼結構？理解爲"窩於囊中"作動補結構，倒也形象，却難免望文生義，重疊式"窩窩囊囊"又如何分析？實際上"窩囊"在山東方言中又説成"偎儂"，《漢語大詞典》收了該詞："【偎儂】窩囊，無能懦怯。《醒世姻緣傳》第七九回：'惟獨小珍珠一人，連夾襖也没有一領……幸得他不像别的偎儂孩子，凍得縮頭抹脖的。'"②"窩囊"、"偎儂"顯系一語之轉，認其爲非雙聲疊韻類的聯綿字當無異議了吧？可是筆者於此試揭秘：它們原應來自"唯諾"。"唯"和"諾"都是上古的應答辭（和現在的"是"或"Yes"差不多），訓詁家認爲前者更早些。後來它們合成一個動詞"唯諾"表示答應，當然是同義並列結構。再後來就"蜕化變質"成爲形容詞，表卑恭順從，且可重疊爲"唯唯諾諾"。普通百姓限於文化水準，口説"唯諾"而不知寫法，即使寫出來也不知其所以然，更不知其出身來歷，久之發生音變，然後再依音寫字，"唯諾——偎儂——窩囊"一組轉語不覺間就形成了。它們不正符合殷先生所説"書寫變化不一"、"聲音變化不一"的特性了嗎？倘因能找到源頭而否認其聯綿"單純"性

---

① 《現代漢語詞典》（第5版），商務印書館2005年版，第1433頁。

② 羅竹風主編：《漢語大詞典》（第一卷），漢語大詞典出版社1986年版，第1549頁。

質,是否有失允當? 如前所説,先生在 1979 年文章中就對聯綿字之"單純"與否發出"可懷疑"之聲,但他並沒有走向另一個極端,而是接下來默默寫作,對其本質、特性、類別、轉語、訓詁和具體應用進行全面細緻地探討,把事實擺出來讓學界評判思考。我們以先師一貫思想來體會,他意識裏正應有一個"古今"、"源流"的歷時動態觀在,有一個全面、聯繫、中和的辯證觀在。筆者在研讀先師聯綿字論著過程中,正是體會到了這種嚴謹、辯證、踏實的樸學作風,並嘗試在學習先師思想的基礎上予以進一步的認識,以期於人於己有所啓示。只是點滴想法無從向吾師請教了。

五

我們接下來要説的是殷先生在治聯綿字方面所體現出的不盲從古人的科學精神。眾所周知,在聯綿轉語方面,清人程瑤田有一篇著名的"佚著"《果臝轉語記》,收於《安徽叢書》中。此記在程氏《通藝錄》中本爲有録無目之四篇,有人忽於 1931 年在北平發現稿本一篇,且卷末有王念孫跋語,謂之爲"訓詁家未嘗有之書、亦不可無之書",學界自然爲之震動。由於有王念孫的"高度評價",學者們信之不疑,許多人認其爲乾嘉樸學的代表作,奉之爲音韻訓詁學的典範。然而,殷先生 1940 年代初在西南聯大寫作研究生論文《駢詞通釋》時,便對"佚著"産生了懷疑,在"自敍"中一針見血地指出:"今取其文爲之細按,覺其殊傷泛濫,實不足以當王氏之稱譽。"該"佚著"言轉語,"果臝"轉爲"諸慮",轉爲"蒲盧",乃至轉爲梵言"菩提"! 音理呢? 一點不講。經過數十年的思考,1980 年代爲紀念自己的老師袁家驊先生,他寫下《逍遙釋義》一文,進一步對程氏"佚著"做出了這樣定案性的評價:

> "佚著"對它所談的"轉語"皆未給出所以爲"轉語"的論據。認真地説,"佚著"也實在給不出合乎"轉"的樸學論據!

"佚著"而如果可以被認做學術論文,則當前的,以及往古來今的,音韻訓詁之學只好被認做"無意義"。

"佚著"背道而馳地遠離了樸學精神。①

"背道而馳地遠離了樸學精神",這一下子就把從王念孫以來的評價轉了個一百八十度! 所謂程氏"佚著"不僅稱不上佳作,連一般的學術論文都算不上了。殷先生這還是僅就內容而論,不過我們想,這樣一來,"佚著"連同王念孫跋語的真僞都成了問題。如此"衆人皆醉我獨醒"式地大唱反調,如此激烈嚴厲的措辭,需要多麼大的勇氣呀! 先生常鼓勵我們敢於唱反調——但關鍵是要唱對。當時他的師友輩的不少老先生仍健在,却並無人對先生此論提出不同意見,更未掀起什麼軒然大波,但這並非表明他是比程瑤田、王念孫還要大的"權威",而只能表明學界對其意見的認同。此例從另一個側面反映了殷先生的治學精神,同時它本身就是對聯綿字研究以及整個"小學"研究的一個貢獻。

最後我們要說的是殷先生在治聯綿字方面體現出的嚴肅認真的精神。他從 1940 年代從羅常培先生撰寫碩士論文《駢詞通釋》,到 1990 年代成體系的《聯綿字簡論》約 5 萬字定稿,時間跨度長達半個世紀! 這種嚴謹,不禁令我們想起羅常培先生的一部名著。該書 1949 年初版名爲《中國音韻學導論》,1956 年中華書局再版改爲《漢語音韻學導論》。作爲音韻學基礎和入門著作,不過 7 萬余字,薄薄一本,然羅先生《自序》第一句話就說:"這本小書到現在已經八易稿了。"這種嚴肅認真的精神,也正象徵着他們師生相承的優秀傳統和"門風"。1986 年值《文史哲》創刊三十五周年,殷先生作爲創始人之一應邀寫下《祝〈文史哲〉精神發揚光大》一文,開宗明義便道:"我覺得有個《文史哲》精神存在,這就是嚴肅認真的精神。"最後又寫道:"《文史哲》精神:嚴肅認真的精神。這也

---

① 殷煥先:《殷煥先語言論集》,山東大學出版社 1990 年版,第 229 頁。

是山東大學的精神,這也是中華民族得以屹立於世界民族之林的精神!"斯亦足見,先生堪稱嚴肅認真方面身體力行、言信行果的楷模。

值先師誕辰百年之際,我們介紹其聯綿字研究,以期對當前學術研究有所啓發、裨益和推進。先師在日,每以"學無止境"訓誨吾等,今師言在耳,學界對殷先生研究及觀點亦宜作如是觀。至若筆者個人理解體會,限於水準,聊供學界參考批評耳。①

(原載《文史哲》2013 年第 6 期)

---

① 本文初稿五六千字,寫於 2004 年,是爲殷先生逝世十周年紀念會議而作。寫作數易其稿,曾先後分呈盛玉麒教授、吉發涵教授、張樹錚教授等幾位學長審閲,尤其是樹錚學長,曾逐字逐句地修改三遍,尊師重誼之情,怎一"謝"字可言?結果因故我未參會,然拙文却被熱心朋友掛在網上,百度百科詞條"殷煥先"亦將主要内容悉數吸收。然我仍覺其淺略,奈因承擔教研任務同時又陷於繁重的國家課題而未惶訂補,一擱八年。今值先師誕辰一百周年之際,心念恩師,時不我待,因予以較大幅度訂補,字數擴充近一倍,舛謬之處,概由筆者負責。

殷焕先先生的學術人生
——紀念孟非師誕辰一百周年

業師殷焕先先生（1913—1994），字孟非，江蘇六合縣人。生前任山東大學中文系教授，兼任中國音韻學研究會顧問、中國語文現代化學會顧問、山東省語委副主任、山東省語言學會理事長等職，爲我國老一輩著名語言學家之一。先生畢生耕耘在祖國的教育和文化學術園地上，其道德文章久已飲譽海内外，尤其在語言學的各個領域建立了不可磨滅的貢獻。1985 年當先生 73 歲高齡之時，不才考取先生獨立招收的最後一届研究生，忝列門牆，幸沾教澤。畢業後留校，得常侍先生左右：或室内閒談，或校外散步，或酒肆，或道旁，飲酒品茗，講學論道，説古論今，何其幸哉！光陰荏苒，先生辭世，倏近廿載。撫今追昔，不勝感念。今值恩師誕辰一百周年，特寫出對先生學術人生的一知半解，以爲紀念。

一、奇異亂離的求學之路

1913 年 11 月 13 日，殷先生出生在江蘇省六合縣一個詩書禮儀之家，不幸五歲喪父，從叔父德仁公習經史及古詩文。德仁公爲前清舉子業，且對子弟督策甚嚴，這對先生幼年的國學啓蒙起到了良好的作用。先生的小學、中學分别在南京中學附小和南京中學就讀，這期間又接受了"五四"以來新文化運動的影響。

1936 年，先生以國文、數學都是滿分的出色成績同時考取了兩所名牌大學——中央大學和北京師範大學。這期間又有一段戲劇性的插曲：南京郵電系統招考，先生也以優異成績被録取了。這在當時幾乎是最好的職業，月薪二三百塊大洋之多，甚至比上大學更有吸引力。高收入，好職業，即便是當今，不同樣是人生所企求的麽？可是先生中學的一位老師對他説："你爲的就是錢嗎？你就不想成爲一位名學者了嗎？"老師的一句話改變了他的人生道路，於是他踏入了南京的中央大學的校門。

南京是當時的國都，中央大學便被稱爲"南雍"。南雍、北雍本來是對明代南京、北京的國子監的稱呼，後來人們便習慣性地用來稱南北二都的國家最高學府。當時南雍中央大學的文科較爲偏向於傳統和守舊，先生曾戲稱之爲"四庫派"。當時的老師如馬宗霍、汪東、汪辟疆、胡小石、吳梅、繆鳳林、趙少咸等，就傳統國學而言，都是大師級的人物。先生在其《自敍小傳》中描述當時的情形："老師都是淵深廣博的。我還没有悟到'學有專功'，就逍遙於文、史、哲之苑，隨遇而'雜'了。"不過這也有好處，先生扎實的舊學根底，廣博的學識，也就在這種氛圍中奠定了。其實他後來語言文字方面的"專功"，也在這時露出端倪，受到了繼黃侃先生之後在中央大學講授"小學"的趙少咸先生的加意培養。要説這期間還有什麽不幸的話，那就是學業剛剛開頭，中央大學便急匆匆由南京遷到重慶去了。可那是日寇入侵的"大氣候"造成的，也是整個中華民族的不幸。

1940 年，先生大學畢業了。但江蘇家鄉早已淪爲敵占區，有家歸不得。先生又早有獻身學術之志向，正好，同樣因戰亂而遷至昆明西南聯大的北京大學歷史語言研究所（又稱文科研究所）招收研究生，先生長途跋涉趕往應考。可却因交通不便誤了考期，只好等下屆再考。這期間，經友人介紹，暫在雲南曲靖中學任教。對先生這位"旅人"，校長謝顯琳先生予以特別關照。不久寒假到來，且延長假期，別人都回家過年了，爲了讓他安心讀書，謝校長一日三餐派人送至樓上，這就有了學界流傳的殷先生讀《説文》（段

注)四十天不下樓的佳話。他在曲靖中學只待了短短十個月,但直到八十歲時他仍作詩懷念這段"蓬飄"生活,懷念謝公顯琳校長。

1941年,先生終於如願以償,考取了北京大學文科研究所的研究生。當時的所長是傅斯年,副所長是鄭天挺,導師是羅常培,副導師是唐蘭和袁家驊,校外導師是王力(清華大學)。兩位所長鼎鼎有名不必說,這四大導師可以說都是中國現代語言學史上頂尖級的、具有開創意義的大師。今天看來,如果能受到其中任何一位的點撥即可謂"三生有幸"了,而殷先生却均得了他們的面授親傳,他後來融貫古今、既博且精的語言學成就,與諸位大師的教誨是分不開的。

綜觀先生的早期求學,可以說是幸運與不幸相交織的。所謂幸運,可說是命當"學運亨通"。主觀上是由於他的刻苦努力和潛心向學,客觀上則由於他就讀於兩所名牌大學,且是號稱"南雍""北雍"的南北兩地的最高學府。並且這兩所大學的教育和學術又各有所長,名師薈萃。中央大學文科基本上屬"四庫派"模式,但先生的舊學根底也因而比較厚實;北京大學是五四運動的發源地,學風扎實而又新鮮活躍,這又使得先生思想開通而不保守。正如他的老師羅常培先生1948年寄自美國的手書所言:"及門諸子中孟非最爲循謹,治學亦兼南北雍之長,恪遵師法。"他一生的學術成就和思想,就奠定在這種古今融會、中外貫通的基礎之上了。

與這種學術幸運相伴隨的則是另一種飄泊亂離的不幸:大學考的是南京中央大學,却是在重慶讀的;研究生考的是北京大學,却是在昆明讀的——那是一個"放不下一張平靜的書桌"的年代!江蘇老家早已淪落在日寇鐵蹄之下,先生只身飄流在外,雖爲"後方",敵機也常去轟炸,警報一響就得鑽防空洞,所以並無古人那種少年遊歷的豪邁,正如他在一首詩中寫道:"我是蓬飄異壯遊。"先生正是在敵人的炮火聲中,在憂國、憂民、憂家、憂己的重重憂慮中度過了他的大學和研究生時代。

二、起伏跌宕的治學之路

先生一生從事教育事業。還在大學讀書時,他就在中央大學附小兼過課,後又在雲南曲靖中學短期任過教,研究生時又在西南聯大的幾所大學任過教,還没正式走向工作崗位,小學、中學、大學就多少都教過了。不過先生正式執教的還是大學教壇,長達五十多年。離開西南聯大後,先是在四川大學任教;1946 年,抗戰結束後山東大學在青島復校的第一年,他就被聘爲副教授,從四川來到山東,那年他才 33 歲。從此他便與山東大學結下了不解之緣,在山大度過了近半個世紀的教書治學生涯。

1949 年,先生在青島迎來了全國的解放,也開始了他新的政治生命。從此,他再也不用遭受戰亂之苦,再也没有"亡國奴"的隱憂,因而最有"站起來了"的感覺。他生活安定,精力充沛,心情舒暢,感到有了用武之地,到了學有所用、發揮專長的時候了。由於學養的深厚廣博,他幾乎成了語言學方面的"全能",舉凡文字學、音韻學、訓詁學,現代漢語的語音、詞彙、語法、方言以及文字改革等課程,他都能够擔綱,也都教授過。這是年輕一輩難以企及的。在繁重的教學任務之餘,他又勤奮著述,成果迭出。這裏我們且列舉先生建國初期的部分論文以見一斑:1.《豐潤話裏的單用韻母》(《光明日報》1950 年 12 月 6 日);2.《請注意一字兩音的分歧現象》(《新文字週刊》1950 年第 34 期);3.《談方言調查》(《新文字週刊》1950 年第 35 期);4.《北拉方案裏的 o、uo、e》(《新文字週刊》1950 年第 50 期);5.《新舊文字與聲調》(《文史哲》1951 年第 1 期);6.《談句子的完整》(《文史哲》1951 年第 4 期);7.《漢字是怎樣才能適合各地方言的》(《文史哲》1951 年第 5 期)。以上舉例還僅限於 1950 和 1951 這兩年的,但細心的讀者僅從論文題目仍不難發現:建國伊始,殷先生便篳路藍縷,殫精竭

慮,爲新中國語言文字學的學術和應用方面的建設,做奠基性和開
創性的工作了。據不完全統計,先生僅 1950—1957 年這幾年間就
在全國有影響的學術刊物上發表論文 30 餘篇,出版專著一本。由
於他突出的學術成就,黨和政府也給了他優厚的待遇。50 年代初
先生被定爲正教授,有一年在一學期内就連晉三級。殷先生作爲
50 年代的三級教授,是山大歷史上“文史見長”黄金時期的名教授
之一;同時他還是全國最高語言學術研究結構——中國科學院語
言研究所的特聘兼職研究員,並且是全國唯一的一個外聘研究員。
由此亦可看出先生當年在全國語言學界的崇高學術地位了。當時
他還擔任全國十幾家學術機構和團體的學術職務,《中國語文》、
《語言研究》、《學術月刊》、《文史哲》等多家重要學術刊物都聘他
爲編委。對黨和人民給予的崇高榮譽,他只能以加倍的努力去回
報。他不知疲倦地工作,研究成果迭出。新中國 50 年代的文化建
設,舉其要者: 現代漢語規範問題學術會議的召開,《漢字簡化方
案》、《中文拼音方案》、《暫擬漢語語法教學系統》等的研究或制
訂,他都理所當然地參加了,其中也都滲透着他的心血和汗水。

　　還真應了“天有不測風雲”那句話。先生的一生仿佛注定要
與戲劇性或曰傳奇性連在一起似的,1957 年那場擴大化的政治風
雲,不幸將他“擴”了進去,將他從學術峰巔卷了下來。那年,他才
44 歲。我們搜集先生的學術論著,發現 1958—1961 這四年間是一
片空白。1962 年先生被摘掉“右派”帽子,至“文革”前這三四年
間,又零星發表了十餘篇論文。“文革”期間,先生再被加上一頂
“反動學術權威”的帽子,就徹底靠邊站了。1965—1977 年間,又
是他的學術空白。這一下子又是 14 年啊!

　　1978 年,黨的十一屆三中全會的春風吹遍了全國大地,先生
的錯劃問題也得到了徹底糾正。但他已是向着古稀之年邁近的老
人了。

　　可先生畢竟又焕發出了第二次青春。“四人幫”被粉碎,“文

革"結束,三中全會召開,國家走上了改革開放的大路,他内心無比
興奮。他曾將自己的書房、居室更名爲"歡慶堂",自號"歡慶堂
客"。以此可見他那時溢於言表的喜悦心情。他不顧年老多病,連
續帶研究生、進修生,著書立說,提攜後進,爲推動祖國語言學事業
的發展不遺餘力。從 1978 年到 1994 年,這是先生生命的最後十
六七年,尤其是 1984 年大面積胃切除手術之後,飯量極小,身體更
加虛弱。可他抱着老病之軀,竟又發表了數十篇學術論文,自著、
主編了七八部專著,形成了與五十年代遥相呼應的第二度學術輝
煌。由於先生的學術威望,1980 年中國語言學會成立,他當選爲
首屆理事,後又當選爲學術委員。其他一些全國性學會如中國音
韻學研究會、全國高校文字改革研究會、中國對外漢語教學學會、
全國中文拼音教學研究會等,也都紛紛聘他爲專家顧問。1994 年
10 月中國語文現代化學會在北京成立,他又被聘爲顧問,至 11 月
不幸逝世,這是先生一生中的最後一個榮譽學術職務了。從此,他
生命的蠟炬,在爲國家爲民族釋放盡自己的光和熱之後,靜靜地熄
滅了。

三、豐富多彩的學術成就

先生所謂"逍遥於文史哲之苑,隨遇而雜",是指自己早年讀
書治學的廣泛涉獵而言,就其一生的學術道路而言,他最終還是成
就爲一名語言學家。然綜觀先生的學術成就,即在語言學方面,仍
可顯出"隨遇而雜"的廣博特色。當今學者如果做個自我介紹,除
專業外,總要指明一兩個具體研究方向。殷先生的專攻雖在"語
言",但他的研究領域卻很難用一兩個方向來概括。由於他既受過
傳統國學的訓練,又接受了現代語言科學的培養,研究起語言學來
就能上下貫通,左右逢源。跟他的教學實踐一樣,他的研究領域也
幾乎涵蓋了語言學的方方面面。就古代漢語和現代漢語這兩大範

疇來説，他的建樹是博古通今的；就古代的音韻、文字、訓詁和現代的語音、語法、方言等小的方向來説，他的建樹是多姿多彩的。但博而不妨其精，其論著的另一特色是凝練而精到。先生著作，薄薄數本，却皆能“精審無儔”（蔣禮鴻先生語），邁越前賢；上百篇論文，無多長篇大論，然即使一篇短文，亦能解決實際問題，示人以真知灼見，給後人研究留下卓有價值的參照、借鑒和啓發。對殷先生諸方面的學術成就，我們只能擇其要者做一簡略介紹。

　　1. 音韻學。殷先生首先是以音韻名家的。在這方面，他上大學時受益於趙少咸先生。趙先生對他的才學倍加賞識，加意培養，他們師生情誼一直到後來都極其親密深厚。研究生時音韻學則受益於羅常培、王力、袁家驊諸先生。這幾位大師都接受過西方語言學的訓練，是我國現代語言學的開拓者。這就使得先生能够在繼承傳統的基礎上用現代科學的眼光觀察研究音韻學。即如“反切”，它是中國傳統的注音方法，也是治音韻學的津渡，不明反切也就無從談聲韻之學。其“上字定聲，下字定韻”的道理也非常簡單，古人掌握起來也並没什麽困難；可是隨着語音的長期演變，用現代語音來讀古反切，許多已經切不出它應切的正確讀音來了。於是先生在 20 世紀 60 年代初期發表了《反切釋例》和《反切續釋》二文，創造性地用中文拼音解釋反切，1979 年又進一步增訂爲《反切釋要》一書，第一版就印了 15 萬册！先生的論著將切音不準的現象分門別類詳加辨析，歸納出古今音變的一些原則性和規律性問題，這就把反切之學從“絶學”的陰影裏解放出來了。至今先生的《反切釋要》仍被公認爲研習音韻學必不可少的參考書。蔣禮鴻先生謂“《反切釋要》一書，精審無儔”，可謂至評。在上古音、中古音等領域，先生均有系統、獨到的研究。他長期講授音韻學課程，著有《古韻學》、《廣韻研究》講義，發表有《破讀的語言性質及其審音》(1963)、《上古去聲質疑》(1986)、《上古複輔音的幾個問題》(1988)、《重紐的歷史研究》(1991) 等重要論文。1990 年，先生將自己一生研治音韻學的心得和精要濃縮爲《實用音韻學》一書（與董紹克合作），由齊魯書社出版。

2. 文字學。先生文字學方面的學識，中央大學時從胡小石先生受益良多，北大研究生時則直接受教於文字學大家唐蘭先生，尤其唐先生用歷史發展的觀點來研究文字學的正確主張，給了他終生的影響。20世紀50年代初，先生發表了《漢字是怎樣才能適合各地方言的》（1951）、《怎樣對待“正”“俗”字》（1952）、《談新形聲字》（1954）、《漢字簡化中的系統和類推問題》（1955）等論文。先生的研究，是對當時我們國家正在進行的漢字整理和簡化工作的直接參與，並作出了積極的貢獻。國家公布了《第一批異體字整理表》（1955）和《漢字簡化方案》（1956）以後，先生的研究繼續深入，在漢字的規範、應用和教學等方面，都作出了建設性的貢獻，成果有：《漢字改革和漢語規範化》（1956）、《形聲字的形體結構和形聲原則》（1962）、《關於漢字形體結構的簡化》（1963）、《漢字的組成與漢字的簡化》（1963）、《“同音代替字”一定會引起混淆嗎?》（1978）、《漢字字形的性質》（1981）、《漢字的語言性質》（1982）、《動觀文字學》（1982）、《談漢字的部件》（1983）、《對現行漢字性質的再認識》（1988）、《關於“六書説”》（1989）等。1981年，齊魯書社出版了先生的《漢字三論》一書，書中對漢字的性質、發展、簡化、教學、筆畫形體等，提出了一系列的真知灼見，受到學界的普遍讚譽。

綜觀先生的文字學研究，他作爲老一代的學者，對這一古老的學科，不是關在書齋裏搞“空頭學問”，而是密切關注時代發展和現實應用，將自己的研究與中華民族的現實利益和長遠利益緊密聯繫起來。這不愧爲以歷史唯物主義和辯證唯物主義作指導的典範，也不愧爲“古爲今用”的典範。

3. 訓詁學。在過去不通訓詁不能讀古書，先生作爲老一代學者，此固亦爲看家本領。先生爲大學生、研究生講授訓詁學，也爲別人的訓詁學書作校訂、作序，但他自己並沒有對這一學科的理論發表過諸如“通論”、“概論”的見解。要說先生對訓詁學的貢獻，那要算他對聯綿詞的研究了。

聯綿詞，過去又稱聯綿字，或稱駢詞，是漢語古來就有的一種特殊雙音詞。明清以來，有些學者開始對這種語言現象進行研究，做了一些有益的探討，但多流於表面，缺乏理論深度，甚至連判定標準也眾說不一；或者堆積材料，輕言“轉語”，失之於濫。鑒於此，殷先生在 40 年代讀研究生時就將聯綿詞列爲自己的研究課題，花大氣力，窮搜博覽，寫下了《駢詞通釋》長篇論文。從那時起，他就立志建立一個科學嚴謹的聯綿詞研究體系。爲此他認真吸取前賢的成果，但絕不盲從古人。例如對於被王念孫譽爲“訓詁家未嘗有之書、亦不可無之書”的程瑤田的《果臝轉語記》，他在《駢詞通釋·自敍》中一針見血地指出，“今取其文爲之細按，覺其殊傷泛濫，實不足以當王氏之稱譽”；晚年則更進一步指出程文“背道而馳地遠離了樸學精神”，乃至難當學術論文之稱（見其《逍遙釋義》一文）。

1979 年，先生寫下了《聯綿字的性質、分類及上下兩字的分合》（載《山東大學文科論文集刊》1979 年第 2 期）一文。這是先生第一次將自己這方面的研究成果公諸於世，是他自己的研究體系的組成部分。文中對聯綿字的性質，在王國維《聯綿字譜》的基礎上作了進一步的界定，並指出雙聲聯綿在性質上跟迭韻聯綿的不同；分類則在王國維三類的基礎上細別爲五類；關於聯綿字上下兩字的分合，一般認爲不可分，可先生從古籍中鈎沉索隱，找出大量例證，證明聯綿字在施用中可分可合，亦可易位。1987 年《語文導報》第 4 期發表李國正《聯綿字研究述評》一文，說：“殷先生用大量材料證明了聯綿字並非不容分割……承認這些事實，就意味着現行有關聯綿字的一整套理論和研究框架的解體和重建。因此，相當一部分學者寧肯視而不見，置若罔聞。”這足以見出先生文章的理論價值和科學求實的態度。先生也並不是要用特殊否定一般,而是要提醒大家"知常知變",全面地看問題。先生的《逍遙釋義》一文(1983),則更是用科學的觀點對聯綿字進行實例考察的典型。該文旨在窮盡式地研究"逍遙"轉語,從豐富的材料入手,提煉出與"逍遙"意義相通的聯綿字二十五則,並説明它們的意義引申輾轉途徑。若僅憑義之相近,則可定它們爲"一語之轉"了,但先生最後還是審慎地將它們分爲兩類。第一類六組詞,各組之詞皆合乎"一聲之轉";第二類八組,各組之詞聲音上的淵源至難推定,只好讓它們自成一類,留給後人去下結論。我們完全可以説:在中國學術史上,科學嚴謹地研究聯綿字轉語,殷先生實爲第一人。關於聯綿字的文章還有《聯綿字的書寫》(1987)、《聯綿字和古音》(1990),《簡論聯綿字的意義》(1994)等。值得一提的是,先生在去世之前已將自己畢生研治聯綿字的結晶凝縮爲《聯綿字簡論》一書,並親筆謄清,1999 年在山東省語言學會《語海新探》第四輯刊出。

4. 現代漢語方言學。先生研究生時的老師袁家驊先生,也是著名的方言學家,其《漢語方言概要》是我國第一部現代方言學著作。因此,殷先生也把方言學作爲自己研究的領域之一。1950年,先生在《新文字週刊》第 35 期發表了《談方言調查》一文,文中談了七個方面的問題,呼籲"把方言調查的工作發動起來"。這是建國後最早倡導方言調查的文章。1955 年中央便發出了《關於漢語方言聯合普查的指示》,先生被任命爲山東省方言普查委員會副主任。1956 年 2 月國務院發布了《關於推廣普通話的指示》,先生及時寫出了《推廣普通話中的方言調查工作》一文,在《文史哲》1956 年第 1 期發表,同時率先在山東大學開設方言調查課程,培養了一批方言調查研究人才。1982 年,先生被選爲新成立的山東省方言研究會會長,1983 被省政府任命爲"山東省志方言志編纂委員會"主編。而今,先生主編的《山東省志·方言志》和任顧問的《山東方言詞典》早已先後問世,可惜先生未及見其出版就離開了人世,留給後人的唯有"鞠躬盡瘁,死而後已"的欷愴。

在方言學理論上,先生還力主把方言與音韻緊密結合起來,探索一條"方言音韻學"的道路。成果有《方言與音韻》(1981)、《方言音韻釋例》之一(1981)、《方言音韻釋例》之二(1983)、《關於方言中讀破的現象》(1987)、《方言音韻學構架》(1990)等。目前先生的主張已爲學界所接受,"方言音韻學"日益受到重視。

5. 現代漢語語法學。先生的語法研究集中在五十年代前期。成果計有《談句子的完整》(1951)、《用詞恰當可以幫助表明語法關係》(1952)、《談動賓短語》(1953)、《句子形式作謂語》(1954)、《語法體系和語法教學》(1954)、《談連動式》(1954)、《怎樣自學語法》(1954)、《複雜的謂語》(1956)等。他還參加了著名的"暫擬漢語教學語法系統"的制訂。先生這一系列的工作,在新中國語法學史上作出了開創性的貢獻。

6. 現代漢語語音學。1957 年,先生的《字調和語調》一書,由新知識出版社作爲"漢語知識叢書"之一出版。書中詳細講解了字調和語調方面的種種問題,例證豐富,形象生動,深入淺出,環環緊扣,真是把死問題講活了。這本書出版至今已四十多年了,仍被公認爲講述現代漢語字調和語調論著中的上乘之作,難怪 1984 年再版時一下子又印了 66700 册。此外論文還有《聲調和聲調教學》(1954)、《關於字調》(1957)、《輕聲的教學》(1957)、《語調概説》(1957)、《關於變調》(1957)等。先生的語音研究都集中在 1958年《中文拼音方案》發布之前,這就爲方案的制訂和推廣起到了奠基和開路的作用。

7. 語文規範化和現代化。先生很早就意識到了語言文字規範化的重要性,建國伊始,他就發表了《請注意一字兩音的分歧現象》(1950),這是我國第一篇倡導對異讀字詞進行審音的文章。1955 年 10 月,國家在北京召開了"現代漢語規範問題學術會議",

先生應邀參加了這次具有歷史意義的盛會。此後他便更加自覺地將自己的某些研究與語文規範化結合起來,會後便發表了《漢字改革與漢語規範化》一文(1956)。先生後來又發表了《談詞語書面形式的規範》一文(1962),不僅將詞語書面異形現象予以歸類,而且提出規範原則凡五條。進入八十年代以來,整理和規範"異形詞"或曰"異體詞"的討論與研究,開展得轟轟烈烈,可大家都知道,殷先生正是這項研究的真正的開路先鋒。進入80年代後,由於電腦的應用和漢字編碼的需要,將漢字進一步切分爲"部件"或曰"字根",一時間成了時髦的名詞。可專家們發現,殷先生早就從識字教學的角度從事這項工作了,例如他曾將最常用一千字切分出700個部件!1983年,他專門爲漢字編碼"漢字部件標準化"學術討論會寫下了《談漢字部件》的論文,其中對部件切分的原則、部件的使用頻率、名稱和筆順的規範等問題,都提出了精闢的見解,並附有他和學生們一同研製的《部件表》。這是先生作爲一名老專家,對漢字現代化和中文信息處理事業的竭誠奉獻。直到晚年,先生更把他的語文規範化及現代化的視野與祖國統一聯繫起來,寫下了《海峽兩岸漢語規範化的思考》,作爲提交給"第三屆國際漢語教學討論會"的論文(見會議論文選,北京語言學院出版社1991年版),此足可見出先生盼望祖國統一的拳拳之心。

先生在語言學研究之外,還雅好古典詩詞創作,早在中央大學時就與師友詩歌結社,慷慨悲歌。惜年代已久,所作多散佚。先生還喜愛書法,然無多功夫模仿,偶爾揮毫,率多以意爲之。1993年山東大學出版社推出了《殷煥先詩詞墨迹》一書,將搜集到的先生自作詩詞30餘首,由先生手書影印,可謂兼擅詩詞與書法之妙。筆者於此爲門外,不敢侈談,讀者自去欣賞便了。惟對其書法,著名書法家魏啓後先生在1994年5月16日《書法藝術報》上有《談殷先生的書法藝術》一文,謂"殷先生是明清以來文人字寫得很好的一位";"多處重點橫畫,細微處比王羲之《姨母貼》裏的橫畫還

好”;“殷先生的書法凝結着中國文化高層次上的精華。”斯爲行家
之評,讀者有興趣可參看。

四、務實創新的學術精神

先生的學術主張和追求,有的是他談到的,有的則是他的治學
生涯中體現出來的,我這裏僅根據個人體會簡談幾點。

1. 開闊視野。先生有一篇談治學之道的文章叫《視野和信
念》(見《文史哲》1981 年第 4 期)。先生所謂“視野”指的就是知
識面。先生在文章中講了一個笑話:一個學生到現代漢語教研室
裏去問問題,被推到古漢語教研室,老師是搞語音的,又被推去找
搞詞彙的。先生給我們講課時也講到這個笑話,之後加重語氣說:
“這怎麼能行呢!”所以先生教導我們起碼要把語言作爲一個整
體,從“視野”來講,就常識而言,不能學現代漢語不通古代漢語,
學音韻不通文字訓詁。從前述先生的學術成就看,先生也正是這
樣一位視野開闊的“全”才。我們同門師兄弟們每在一起議論,我
們一生能在語言學的某一方面取得像先生那樣的成就也就不錯
了,而先生却取得了那麼多方面的成就,況且還有 1957 年後 30 多
年的不幸呢。這就更令我們對先生由衷地嘆服。當然先生生當那
個時代,自幼受國學教育,也有其特殊條件。我們現在沒有了那種
條件,也許一輩子也達不到老一代那種“淵博”。但我們也有一些
新的有利條件。所以我個人體會,先生的“開闊視野”作爲一種指
導思想,治學者應該儘量去做,因爲任何學術成就都是建立在豐
厚、扎實的知識積累基礎之上的。師言在耳,我自己亦當電勉
以求。

2. 學無止境。先生《視野和信念》中的“信念”就是學無止
境。具體説來就是不迷信、不盲從,像魯迅先生那樣“以真理愛
師”,要勇於“推陳出新、邁越前賢”。不迷信古人,前面已經舉了

先生批評清人程瑤田的例子。尤爲難能可貴的是,先生還能勇於提出與自己的老師不同的見解。先生有一篇重要論文叫《談新形聲字》,發表在《中國語文》1954 年第 12 期上。"新形聲字"是漢字改革運動中的一種著名主張,即:保留舊漢字那種形符的形式,用注音字母或拉丁字母拼出音節做聲符。這樣既保留了漢字表意的特點,又有了表音準確的優點,從理論上講,是相當理想的。所以當時國務院已收到了好多種這樣的設計方案。可先生這篇文章却與此大唱反調,深入細致地分析了新形聲字的種種根本困難,結論自然是:此路不通!這篇文章給建國初期新形聲字的討論與設計劃上了句號。時過半個世紀再看此文,我們會更清楚它的歷史地位。可是後來我更驚訝地發現,"新形聲字"的主張竟然是唐蘭先生最初提出來的!唐先生在其 20 世紀 30 年代的大著《古文字學導論》中最後專門有一節講"創造新文字",就是指這種"新形聲字",並且設計了創制大綱凡十條。唐先生是享譽世界的文字學大師啊!並且又是殷先生的受業恩師。我這才深深體會到先生所説"以真理愛師"的真正含義。1963 年,《古文字學導論》照原樣印了第三版,唐先生特意在《跋》中説了這樣一段話:"這本書裏顯然有一些錯誤的地方……在創造新文字的方面,我現在的看法,已有很多不同,但由於付印匆促,來不及改了。"這説明唐先生已經虛心研究了學生的意見,自己原來的見解有了改變,由此也更顯出一代大師虛懷若谷的風範,絲毫無損於大師之大。從 30 年代唐先生最早提出新形聲字的設想,到 50 年代他的學生論定新形聲字的行不通,反過來唐先生又重新斟酌自己的觀點,這應是我國學術史上一段佳話。王力先生也是殷先生的老師,在上古聲調問題上,王先生基本同意段玉裁的"古無去聲"説而略有訂補。可是殷先生 1963 年發表《破讀的語言性質及其審音》一文(《山東大學學報》1963 年第 1 期),從其他聲調都跟去聲發生破讀的角度,對"古無去聲"説提出反證;1986 年先生又發表《上古去聲質疑》一文,論定與去聲構成的破讀可推至殷商時代,上古去聲作爲一個"虛位"的"類"早已存在。先生不愧爲以"真理愛師"的典範。這樣一種精神和信念,在當今學術界難道不正是應該大力倡導的嗎?

3. 貼近時代。做學問要考慮客觀需要,當然首先要考慮學術方面的需要;但更應考慮國家民族的需要,時代發展的需要。縱觀先生一生的治學經歷,可以説始終貫穿着這種時代精神。他精研音韻學,治聯綿字,重新解釋反切,把舊學推向了前進;他治文字學,講究"破"與"立",反對静觀論、退化論,主張動觀論、進化論,提出了"動觀文字學"的著名學説;他倡導並進行漢字簡化與規範的研究;他倡導並從事中文拼音推廣應用的研究;他倡導並從事字詞讀音與書寫形式規範的研究;他倡導並從事漢語方言的調查與研究;他參與現代漢語教學語法體系構建的研究;他重視對現行漢字形體結構的研究,一字一形、一筆一畫、不憚其煩地計算分析筆畫、筆順和構字成分的差異,呼籲識字教學的"千字觀";他切分字根,推進漢字編碼……這一切都因爲他心中始終想着時代和學術發展的需要,群衆應用的需要,學校教學的需要,語文現代化的需要。

我的學長盛玉麒教授在研究先生學術思想時概括了這樣兩句心得:"與時代共進、求學術發展",並以此爲題撰述成文(見《慶祝殷焕先先生執教五十周年論文集》,山東大學出版社 1994 年版)。我覺得這還是頗能體現先生一生的學術追求的。我們在學習先生學術的同時,更要學習他那種先進的學術精神,把祖國的文化學術事業不斷推向前進。

(本文系另一篇文章的擴充改寫,原題《殷焕先教授的治學之路》,載於《山東高教自學考試》1997 年第 9 期。)

至誠至愛　可敬可親
——懷念吾師殷煥先先生

　　吾師殷孟非(煥先)先生,走完了他 82 個春秋的人生歷程,於
1994 年 11 月 19 日永遠地離開了我們。

　　先生 20 世紀 30 年代考入前中央大學中文系,20 世紀 40 年代
初考取北京大學文科研究所研究生。抗戰勝利後山東大學復校伊
始,先生即來山大執教,在山大度過了近半個世紀。20 世紀 50 年
代先生已是名教授,當時培養的研究生,如今都已是著名學者。我
生也晚,是先生晚年的關門弟子。畢業後我留校工作,得以常侍先
生左右,得沐殷先生更多的春風雨露。在問學的同時,更加領略了
先生嚴肅認真的人生態度、平易近人的處世方式、樸實無華的生活
作風、至誠至愛的內心世界、坦蕩無私的高潔品格。

　　先生治學,力主視野開闊,不要單打一,只顧一點不及其餘。
這就是處理好"博"與"約"的關係,要我們立足專業,兼及相關學
科,做到觸類旁通。1985 年 9 月 11 日下午,那是先生給我們上的
第一堂課。先生上來就強調"把語言當作一個整體,不要割裂,不
要孤立"。記得先生曾講過這樣一個故事:一位學生到古代漢語
教研室裏去問問題,一位老師告訴他這是現代漢語方面的問題,讓
他到現代漢語教研室去問。說到這裏,先生加重語氣說:"這怎麼
能行呢!"先生告誡我們,一個人的精力有限,不可能"博"到無所
不通,但我們學語言的,起碼要對語言的各個方面有個大致的了
解,不能學現代漢語不通古代漢語,學音韻不通文字、訓詁。先生
本人正是這樣做的,他的教學和研究,幾乎遍及語言學科的方方面

面,即使在 1957 年後受到不公正的待遇期間,也沒有被剝奪"教書育人"的權利,因爲沒有他很多課就會擱淺。先生的老學生姜可瑜教授告訴我:"像殷先生這樣把古代漢語、現代漢語兩個教研室的課都能開全、都開過的教授,山大歷史上沒有第二個,全國也難找出幾個。"可見先生學識之淵博。

先生教我們治學,也教我們做人。在一次課上,先生首先讓我們記下了這樣幾句話:"端正品德,健全體魄,鑽研學術,推進科技,振興中華。"先生讓我們把"端正品德"放在第一位。先生教我們熱愛學術,更教我們熱愛國家民族。一次我陪先生飲酒談心,先生忽然問我:"你知道什麼是亡國滅種嗎? 你知道什麼叫民族危亡嗎? 你知道什麼叫亡國奴嗎?"接着便對我講起他的一生經歷。先生出生在軍閥混戰的動亂時代,目睹過北洋軍閥政府的專制、腐敗與昏暗。讀大學和研究生更富戲劇性:大學考的是南京中央大學,却是在重慶上的;研究生考的是北京大學,却是在昆明上的。因爲 1936 年考上大學,1937 年抗戰爆發,日寇大規模入侵中國,中央大學便遷至重慶;同樣原因,北京大學也遷至昆明,與其他大學一起組成西南聯大。雖説重慶、昆明當時是後方,却也並不安全,敵機轟炸,有時上着課,警報器一響,馬上鑽防空洞。尤使先生掛心的是處在日寇鐵蹄之下江蘇老家中的老母、愛妻和嬌兒,真是有家歸不得,親人見不得。當時東三省人民早已成了亡國奴,全國人民眼看將都成爲亡國奴。先生説:"這就是民族危亡,這就是亡國滅種,那是一種什麼滋味!"基於這樣一種體驗,先生衷心熱愛黨、熱愛新中國。先生説,新中國成立後,他才真正體會到什麼叫"揚眉吐氣",因而也最懂得"站起來了"的含義。

解放後,先生生活安定,精神舒暢,以飽滿的熱情,百倍的幹勁,爲新中國和文化學術建設,爲培養高質量的國家建設人才而忘我地工作。先生説,20 世紀 50 年代前期是他學術上的黃金時代,一大批高質量的論著接連發表,全國十幾家學術機構的團體都聘他擔任學術職務,黨也沒有忘記他,給了他很高的榮譽,建國伊始,他就被評爲正教授,有一年,在一學期内竟給他連升三級工資。對此他只能以加倍的工作回報。

先生熱愛學術,也更熱愛真理。他在認真教學、科研的同時,關心時事,關心黨的建設和國家的發展,看到違背黨的方針政策的情形,便痛心疾首,仗義執言。並在報上撰文,希望基層部門領導糾正錯誤,做好工作,讓人民群衆感受黨的光輝。這正表明了一位高級知識分子愛黨、愛國、愛人民的一片赤誠! 萬沒想到,在反右擴大化中,這竟然被當成了"反黨"的罪證,先生一下子被打成了極右派。尤其沒能想到的是,此後政治運動不斷升級,先生受到不公正待遇一下子就是二十餘年,即使如此,先生也從未動搖對黨、對國家和民族的忠誠。"文革"後,先生焕發了第二次青春,他在一首詩中寫道:"劫後身猶健,老來志更堅。願輸老驥力,駕挽換有生年。"先生抱着病弱之軀,連續帶研究生和進修生,著書立説,爲推動祖國語言學事業的發展不遺餘力,終於在 75 歲時光榮地加入了中國共産黨。

先生雖是一名蜚聲海内外的語言學家,但他的生活却簡單、質樸得令人吃驚。我初識先生是 1980 年先生應邀到聊城做學術報告時,當時先生穿一件半新不舊的藍滌卡中山上衣。五年後我成爲先生的研究生,他仍是穿那件上衣,而更加破舊了。直到 1989年我才陪先生到舜井街買了一身灰中山裝,我清楚記得花了 78 元錢,在先生看來,已是破費了。先生最大的嗜好也就是喝酒了。天氣暖時,先生還喜歡出來喝鮮啤酒,提着兩個舊袋子,裝着書稿,信件之類。人多時就端一杯蹲在馬路邊喝,有時還邊喝邊看書寫信。先生喝酒多不要菜,即使有也是幾粒花生米或一包瓜子兒足矣。後來先生病重,走不動了,我只好用自行車推着他出來,喝啤酒也成了象徵性的,只不過借機排遣一下煩躁心情,散散心而已。這種情形一直維持到 9 月底先生住進省立二院,不到兩個月先生即與世長辭。我再也不能陪先生喝酒了，以前……以前……成了我永久的記憶。

先生平易近人，沒有一點大教授的架子，讓人覺得可親可敬。記得初入校時，我覺得先生是一位大學者，總是在他面前顯得有些拘束。先生仿佛看透了人的心思，對我說，"師生如兄弟，師生如朋友"，當時令我誠惶誠恐。先生還說，當老師要讓學生"親而近之"而不要讓學生"敬而遠之"，從此我的心便一下子與先生靠近了許多，逐漸地無拘無束，無所不談。同時我也深切地感受到，先生是一位真正值得我"親而近之"的慈愛長者，是一位循循善誘的良師。記得一次長談時，先生教我記住三句話："一、不要忘記努力；二、寬容別人得到別人的理解；三、切忌得意忘形。"先生還給我手書一個條幅"極高明而道中庸"。這些足以使我受益終生，是對我一生爲學爲人的嚴格要求。

先生去了。他爲祖國培育了大批優秀人材，寫下了數百萬言論著作來充實祖國學術寶庫。他留給這個世界的太多了，而他從這個世界上拿去的却太少了。先生在其《自述小傳》中寫道："以至誠至愛之心善待學生和朋友。""至誠至愛"，可以說是先生內心世界的真實寫照。

先生去了，他留給了這個世界以永遠的愛。

（原載《山東大學報》1996 年 3 月 27 日第 2 版。後被收入：韓明濤、王歷生、楊雲雷主編《百年紀人》，知識産權出版社 2004 年版；樊麗明、劉培平主編《我心目中的山東大學》，山東大學出版社 2005 年版）

以真理愛師的楷模

　　三年前,我的導師殷焕先先生(1913—1994)走完了他82個春秋的人生旅程,永遠地離開了這個世界。先生畢生從事教育事業,僅在山東大學就度過了近50個春秋,他的教學和研究又幾乎涉及了語言學科的各個方面,給祖國文化寶庫留下了數百萬言的學術論著。這篇小文,不可能反映先生治學爲人的全貌,只能選取一點,以見先生學者風範之一斑,那就是:先生在傳道授業的同時,又以他的身體力行教導我們,怎樣樹立正確的爲人治學的態度,怎樣去愛老師,又怎樣去愛真理。

　　先生早年畢業於前中央大學中文系,受教於馬宗霍、汪辟疆、胡小石、吳梅、趙少咸等國學宗師。每當給我們談起這些老師的秉性特點和治學風格時,先生常常神采飛揚,對老師們充滿懷念和敬仰之情。抗戰期間,先生考入西南聯大,在北京大學文科研究所讀研究生,師從羅常培、唐蘭、袁家驊、王力諸位現代語言學大師,從此走上了專攻語言學的道路。先生在其晚年的《自敍小傳》①中再次緬懷這幾位老師的教誨之恩。當時羅是導師,唐、袁是副導師,先生對他們三位崇敬有加自不待言;王力先生是特聘的校外導師(清華大學),可王先生參與了他的入校考試,親審他的入校論文,且評價甚高,畢業時羅先生去美國哈佛大學,又是王先生主持的論文答辯。因此,先生特別懷念王先生,説:"我對了一師的感情是很深厚的……感念王了一師對我在入學和畢業這樣的人生發展關頭

---

① 殷焕先:《自敍小传》,《大衆日報》1994年11月27日第7版。

的知遇之恩。"

先生對自己的老師充滿質樸、純真的愛,但在學術真理方面却反對唯師說是從。他的一生又是"吾愛吾師吾尤愛真理"這句名言的實踐者。翻檢我過去的聽課筆記,上面赫然記着先生這樣一段話:"可以和老師唱反調,只要唱得對,是給老師爭光榮。"先生有一篇專門談治學之道的文章叫《視野與信念》,其中視野謂知識範圍,信念即是指對真理的"學無止境"的追求,反對把老師作爲真理的頂點,更反對爲老師護短。

建國初期,先生有一篇重要論文叫《談新形聲字》。"新形聲字"是漢字改革運動中的一種著名主張,即借用漢字的舊有偏旁,或乾脆畫成事物的大致象形,或另用一些規定性符號——作爲形符;用注音字母或拉丁字母拼出漢字的音節——作爲聲符。先生在文章中對此提出了相反的觀點,詳細論定了新形聲字的根本困難:事物太紛繁,形符擔負不起替萬事萬物標意的責任;造字用形符限定"意"(這種限定有的本來就是隨意的),而用字又時時在突破形符的"意"使之失效,按照形符所示之"意"反而會走進錯誤。新形聲字在方案中就已經老了,因爲它"半形半聲"的原理與老形聲字完全相同,那麼它在實用中也必然走上老形聲字的末路。讀罷此文,我不禁深深服膺於先生嚴謹縝密的論證和思辨。先生這篇論文可以說給建國伊始的新形聲字的爭論以及那種種方案的設計畫上了句號。時過四十多年,我們再讀此文,會更清楚它在漢字發展史上,在漢字學發展史上的地位。然而事情遠不止此。在後來的讀書中,尤使我大吃一驚的是,"新形聲字"的主張最初是唐蘭先生提出來的!唐先生在三十年代著的《古文字學導論》中最後專門有一節講"創造新文字",就是指用保留舊形聲字形符(並加修訂)、而以注音字母代替其聲符的辦法創造一種"新形聲字",並設計了創制大綱凡十條。唐先生是享譽世界的文字學大師啊!並且又是殷先生的授業恩師!至此,我才深深體會到先生教導我們的"可以和老師唱反調,只要唱得對,是給老師争光榮"這句話的真正含義,也體會到先生在《視野與信念》一文中稱道的"以真理愛師"的真正含義。這樣去愛師,絲毫無損於老師的偉大,就像風吹過雲片而太陽會更明亮一樣。1963 年《古文字學導論》照原樣出了第三版,唐先生特意在《跋》中説了這樣一段話:"這本書裏顯然有一些錯誤的地方……在創造新文字的方面,我現在的看法,已有很多不同,但由於付印匆促,來不及改了。"①這説明唐先生已經接受了殷先生的意見,改變了原來"新形聲字"的主張,由此也更顯出一代大師虛懷若谷、從善如流的大家風範。從三十年代唐先生最早提出創制新形聲字的設想,到五十年代他的學生論定新形聲字的行不通,反過來唐先生又虛心修正了自己的觀點,這應該成爲我國學術史上的一段佳話。

先生對自己所崇敬的另一位老師王力先生也是這樣。在上古聲調問題上,清人段玉裁認爲上古只有平上入三聲,去聲是魏晉時才從其他各聲轉來的。王力先生接受了段玉裁的"古無去聲"説,而又補充了一點:入聲有兩種,即長入和短入,其中長入發展爲後來的去聲。這有典籍和韻書中大批去入兩讀的字爲證。至於和平上聲有關係的去聲字,王先生仍同意段的觀點,認爲是魏晉時才産生的。殷先生針對上古音到底有無一個獨立的去聲問題,寫下了《上古去聲質疑》一文。② 先生的論據是從"聲調破讀"入手的。破讀構詞是典籍中經常的語言現象。問題是對破讀的性質和年代的認識。在這之前,先生早就寫過《破讀的語言性質及其審音》一文,③批駁

---

① 唐蘭:《古文字學導論》(增補本),齊魯書社 1981 年版。

② 殷煥先:《上古去聲質疑》,《音韻學研究》(第二輯),中華書局 1986 年版。

③ 殷煥先:《破讀的語言性質及其審音》,《山東大學學報》1963 年第 1 期。

了顧炎武等人認爲破讀乃六朝經師臆造的説法,論定了破讀是反映的語言自然,年代也遠在魏晉之前。在《質疑》中更着重論定了破讀的年代問題,不惟兩漢和先秦,西周和殷商也有了破讀。先生舉出了《大盂鼎》、《尚書》和甲骨文中的確鑿例證。尤爲重要的是,破讀總是由平上入三聲分別跟去聲構成的,而沒有"平上"、"平入"和"上入"的破讀。先生概括這種規律叫"離去無破"! 和入聲破讀的去聲(先生稱作"去 C"),王力先生劃歸"長入"了;和平、上聲破讀的去聲呢(先生分別稱作"去 A"、"去 B")? 這種現象照"古無去聲"説就不好解釋了。所以先生的結論是:上古去聲作爲一個"虛位"的"類"來説,它早已存在,其時代也可以推到殷商時代。當然,先生的結論並不意味着就是上古去聲問題的定論,正如他在《視野與信念》中所説:學術問題,"但有研究之日,即無到頂之時"。但是起碼可以説,先生的工作給上古去聲的研究開拓了新視野,提供了新思考、新證據,在前人以及自己老師研究的基礎上,把學術推向了前進。這種"學無止境"的信念,"吾愛吾師吾尤愛真理"的追求,給後人樹立了一個學習的榜樣。

在這方面,我自己又有切身的體會。自清人陳澧將中古的照系聲母一分爲二後,關於照系二等的上古音,黄侃有著名的"照二歸精"之説,王力先生因爲難於解釋後來的分化條件,而讓照二系獨立爲一類。而我的學位論文恰恰是《論照二系在上古音中的獨立地位應該取消》,我列舉出了古代的諧聲、異文、通假、又音、聲訓、雙聲聯綿、等韻類隔等諸多方面照二系與精系密不可分的大量實證,認爲應從事實出發把它們合併,而日後的分化,則只是個理論的解釋問題。記得我最初懷着惴惴不安的心情向先生彙報了選題構想,心想很可能通不過。沒想到先生仔細傾聽後,當場拍板;論文寫成後,先生又稱賞有加,令我誠惶誠恐。多少年過去了,先生當時和我邊飲酒邊談論文修改意見的情形,至今仍歷歷在目……

　　愛師與愛真理,二者不可偏廢,其實是説易做難。出於愛師而不敢越師説之雷池一步,那就會妨礙學術的發展;而以勢利愛師或打着"愛真理"的旗號毀謗老師,同樣是人們所唾棄的。作爲先生的一名小學生,我覺得自己不僅是跟先生學得了學問與治學之道,更重要的是跟先生學得了尊師與求真理之道。先生去了,他在我的心目中留下了一塊以至誠愛師、以真理愛師的碑。

　　　　　　　　　　　　　　（原載《語文建設》1997 年第 9 期）

踏實做人　認真做事　書寫人生輝煌

——在儒學高等研究院 2012 年畢業典禮上的發言

各位領導、老師,親愛的同學們:

　　一年一度一回別,又到依依難舍時。今天,我們儒學高等研究院舉行隆重的畢業典禮,我作爲導師代表,受全院教師的委託,向圓滿完成學業取得博士碩士學位、即將踏上新的征程的 09 級全體同學們,表示衷心的祝賀!

　　三年前,你們懷着對學術真理的高端追求,進入素以“文史見長”著稱的山東大學,你們是幸福的快樂的;孟子説“君子有三樂”,①第三樂就是“得天下英才而教育之”,所以老師們也是幸福的快樂的! 在山大這所具有悠久歷史的著名高等學府中,在老師們的精心培育下,你們經過數年辛勤努力,書寫下完美燦爛的人生一頁,所以我們師生都是幸福的快樂的!

　　在同學們離校前夕,領導要我代表老師們給大家説幾句話。談什麽? 無非還是做人、做事呀,工作、學習、生活呀,這類老話題。但我力爭像廚師做菜一樣做出點自己的味道,談出點我獨特的認識和人生感想,以與大家共勉。我準備分五個小話題談,下面先説第一個話題。

　　一、踏實做人,貫徹儒家思想。做人,過去、現在和將來,都是

---

　　①　出《孟子·盡心上》,這三樂分別是:“父母俱存,兄弟無故,一樂也;仰不愧於天,俯不怍與人,二樂也;得天下英才而教育之,三樂也。”

一個永久的話題,不同時代各有其特點。我們是儒學研究院,用儒
家思想,用儒家的話來説,做人的要求又該如何表達呢? 我體會要
圍繞一個"仁"字來展開。首先要做一個仁人君子。"仁"是儒家
思想的核心,是五常"仁義禮智信"的第一位。從語源上講,"仁"
的音義是從"人"這個詞派生分化出來的。二字同音,意義也有聯
繫: 表示天地間最可寶貴最有靈性的動物這個概念就是"人",表
示如何做人的概念就是"仁"。王力先生《同源字典》把"仁"和
"人"作爲一對同源詞緊密聯繫在一起了。儒家兩位聖人也都把
"仁"和"人"聯繫起來考察。《中庸》引孔子的話説:"仁者,人也,
親親爲大。"《孟子・盡心下》:"仁也者,人也。合而言之,道也。"
朱熹給孟子的話做注説:"仁者,人之所以爲人之理也。然仁,理
也;人,物也。以仁之理,合於人之身而言之,乃所謂道者也。"這就
把"仁"強調爲人之理的意義以及與"人"一脈相承的聯繫説清楚
了。"仁"謂做人,當然從自身做起,但又不能一個人想怎麼做就
怎麼做。《説文》:"仁,親也。從人,從二。"這説明"仁"是個會意
字,指人與人之間的相親相愛的關係。孔子説"仁者,愛人",愛人
從愛雙親開始,所以孔子説"親親爲大"。可見作爲儒家思想核心
的"仁",首先從做人的道理開始,主張愛人,強調仁德,然後賦予
"仁"豐富的内涵,再向其他範疇延伸。但仁德不是天生就有的,
需要後天的培養,所以儒家特別重視個人道德修養,強調"正心、修
身",然後才能"齊家、治國、平天下"。具體到我們今天的工作學
習中,"仁"應該怎樣體現呢? 説個小例子,同學們寫思想總結的
時候往往寫上"尊敬師長、團結同學",你們到單位後則會寫"服從
領導、團結同事"。我是説大家決不能把這僅僅作爲空話套話,這
實際也是儒家仁德思想的體現。"仁"就是指人與人之間相親相
愛和諧相處,再説處理好上下左右關係也是做好工作的前提。所
以希望大家走向單位一定要做到把"服從領導、團結同事"落到實
處。在能力才幹方面努力發展自我,在做人處世方面則要淡化自

我,學會尊重和服從。但也要注意千萬不要把尊重和服從等同於盲從,更不等於刻意地去討好逢迎。孔子不是説過了嗎:"巧言令色鮮矣仁!"慣於靠巧言令色巴結領導的人當然都是不仁的小人了。在黨提出文化強國戰略、建設社會主義核心價值體系的形勢下,弘揚儒家仁德思想,具有了新時代的現實意義。

二、**終身學習,永遠與時俱進**。大家獲得了博士、碩士學位,就學習成功而言都是佼佼者。但歷史發展永不停步,人們形容當今社會是知識爆炸的時代,所以你們進入社會大課堂,勤奮學習、認真鑽研的精神不能丟。就是爲自己而言,找工作、換工作,逢聘必考,必須學習;幹工作,不斷有新任務、新課題,必須學習;晉職稱、升職務,也是逢升必考,必須學習。學習是終身的事,否則知識陳舊,思想落伍,甭説幹一番事業,恐怕要被時代淘汰了。

三、**認真做事,實現人生價值**。前面説做個好人、仁人,但還要認真做事,做個能人,才能幹出一番事業。我們好好學習,也是爲了提高知識素養,增長才幹,更好地幹事業,做貢獻。但人生高度多高是高呢? 可以説是"高高愈善"。你爲官能當到省長、部長、總理、主席那才好呢,你經商能成爲千萬、億萬富豪,中國、世界首富那才好呢。但這只是一種願望或目標,所謂"不想當元帥的士兵不是好士兵"僅是對目標追求而言。一個沒有目標追求,沒有任何想法的人,注定是一個平庸的人。但話説回來,元帥只有一個,多少年後,你最終沒當上,那麼就是失敗了? 不是的。我個人認爲人生的意義説一千道一萬,最重要的一條在於:實現自己的人生價值! 但勿忘儒家"取之有道"的原則。孔子視富貴如浮雲? 不對。孔子説"不義而富且貴於我如浮雲"。不義的富貴才如浮雲。老諺語"能看賊挨打,不看賊吃飯",也是這個意思。踏實做人,認真做事,守住一個"義",不偷懶耍滑,不搞歪門邪道、投機鑽營和強取豪奪,最後自己的事業成就、名譽地位,達到多高是多高,如孔子那樣"義然後取,人不厭其取"。實現人生價值,能夠做到"當你回首往事的時候,不因虛度年華而悔恨,不因碌碌無爲而羞恥"就行了。比如我,是搞語言學的,快退休了都沒有成爲趙元任、羅常培那樣的語言學家,那麼我該就跳樓? 不能,我覺得認真了,努力了,本事就這麼大,這就算實現了自己的人生價值了。如王安石《遊褒禪山記》所說:"盡吾志也,而不能至者,可以無悔矣,其孰能譏之乎?"前面説孟子的"三樂",第二樂就是:"仰不愧於天,俯不怍於人"。同學們,幾十年後當你總結人生的時候,不管你取得的成就如何,你認爲實現了自己的人生價值,爲社會做出了應有的貢獻,既感到沒有虛度年華,又感到無愧天人,那將是多大的快樂呀?

　　四、磨練意志,戰勝各種壓力。按儒家觀念,我們這部分人都屬於"士"這個階層。《論語·泰伯》引曾子的話説"士不可以不弘毅","弘毅"就是指性格意志方面的寬宏、堅強、剛毅。因爲曾子後面還有一句話"任重而道遠,仁以爲己任"。蘇東坡也説過:"古之立大事者,不惟有超世之才,亦必有堅忍不拔之志。"但"弘毅"這種品格也不是先天就有的,而是後天培養的。吃苦磨練,戰勝困難和壓力,都能培養和增強"弘毅"精神。一個害怕壓力、不想吃苦、不願付出的人,也注定是個平庸之人。"不怕年輕苦,就怕老來貧"的諺語發人猛省。當前生活提高了,從小吃苦的環境沒有了,所以意志毅力更需要在人生實踐中磨練。人生道路漫長,難免各種壓力。戰場、商場、職場、考場,哪個好混? 壓力是壞事也是好事,那是磨練自己意志和毅力的好機會。遇到壓力怎麼辦? 第一是增強信心決心,想方設法去克服。第二我告訴大家,不妨學點"阿Q精神":用比較的辦法去化解一下。遇到壓力的時候,想想人家的壓力會更大,老一輩的壓力更大,使自己的心理寬鬆一下,增強一下信心和勇氣。過去有句老話叫"苦不苦,想想紅軍二萬五;累不累,比比革命老前輩",話老理不老,這樣一想一比,我們又有什麼苦累可言? 有兩種最要緊的壓力你們沒有了,那就是最基本的生活生存壓力和政治權利上不平等的壓力。去年畢業典禮杜澤遜老師講了他小時候的生活困苦和上學條件的艱難,同學們心靈很受震動。我比杜老師大幾歲,除了嘗受到過物質貧困的生活生存壓力,還嘗受到過政治權利不平等的壓力。"文革"有個稱謂詞叫"黑五類"大家知道吧? 那時候,"地富反壞右"這五類人叫"五類分子",是正牌的階級敵人,他們的子女就叫"黑五類"(與"紅五類"相對)。論出身,我家祖輩貧農。可是父親解放前兩年不幸被國民黨抓了兵,南京解放時恰在"總統府"裏。解放後他由此得了一頂"歷史反革命"的帽子;反右運動中,他又得了一頂"右派分子"帽子。"文革"到來,父親成了雙料的階級敵人,子女的命運也在劫難逃了。你知道那是什麼壓力呀:政治權利沒有了,人生前途希望也沒有了。什麼推薦上大學、參軍、入黨、提幹,這些統統無緣了。"文革"開始我 11 歲,上小學五年級,記得我們班人人發了紅衛兵袖章,可是不幾天我的袖章就被收回了;後來升級時,學習很好的我,不許升級反被留了級。升初中時又沒有我,是找人說好話跟着上的,升高中對我來說就成了奢望。1973,也就是出"白卷英雄"張鐵生的那年,"文革"中只有那一年,高中大學忽然都興考試,只好按成績推薦,我竟然被推薦考上了高中! 可是好景不長,1974 年,考試就被當作了"修正主義教育路綫回潮"批判,一切照舊,大學的門向我緊閉了。要不是我黨結束"文革",鄧小平恢復高考,實行改革開放,我做夢也想不到站在這裏跟大家說話呀! 所以,你們找工作今天考明天考,固然壓力很大;可是從另一個角度講,這是社會進步、政治昌明的表現,因爲暗箱操作和權利干預被限制到最低程度,公平、公正、透明程度越來越高。從我個人經歷的角度,更覺得是一種平等和幸福,因爲你起碼有了權利和資格去參與競爭了! 考不上,哪方面差一點,下次再努力嘛。毋庸諱言,近些年大學生輕生現象增多,找工作失敗、失戀等都成了他們不可承受的壓力。這都是心理脆弱、意志薄弱的表現,離儒家的"弘毅"精神可就十萬八千里了。我想大家聽了我這番話,比較之下，所受壓力和委屈或許會得到一絲寬解，並且希望你們今後按照"弘毅"精神磨練意志，以達觀心態勇敢迎接挑戰，戰勝可能出現的各種壓力，爲國爲民書寫人生輝煌！

　　五、強健體魄，提高生活情趣。要實現人生價值，成就一番事業，身體也是重要條件。我說這一點，不是說我給大家做了什麼表率，而恰恰是我的教訓。我體質條件先天就差，從年輕就體弱多病，一星期睡不着的情況有過，一個月吃不下飯的現象幾乎年年鬧一回。我想我的身體若更好些，精力更充沛些，能作出的成績或許更多一些。但是我儘量加強鍛煉，不會其他運動，我會跑步；現在跑不快了我就散步。我還愛爬山，當食欲不振的時候，咬着牙也去爬山。2005年搬到興隆山校區住以後，爬山更方便了，儘量找機會，有時帶着學生一起爬山，不僅鍛煉了身體也磨練了意志。有了電腦，累了或夜間睡不着覺時就掛上耳機聽京劇。總之這都是休息和調節，身體好了，情緒更好，工作會更好。希望大家今後學會忙裏偷閒，勿忘合適的體育鍛煉和業餘娛樂活動，不斷增強身體素質，提高生活情趣，取得成就，感恩母校，報效祖國！

　　最後我想再引用領袖毛澤東說過的一句老話贈給大家："世界是屬於你們的！中國的前途是屬於你們的！"

　　（原載《山東大學報》2012年9月26日，開頭部分原有刪節，爲與文中有關部分相協調，今予補充。）